ÊTRE FEMME AU TRAVAIL

ANNE-CÉCILE SARFATI
avec la collaboration
de Julia Dion

ÊTRE FEMME AU TRAVAIL

Ce qu'il faut savoir pour réussir
mais qu'on ne vous dit pas

Nouvelle édition

Odile Jacob
poches

15, RUE SOUFFLOT, 75005 PARIS

www.odilejacob.fr

ISBN 978-2-7381-3083-9
ISSN 1621-0654

À Hervé
À Charles, Marc et Tom

Sommaire

Quatrième partie

Le management, le leadership et les femmes

Cinquième partie

La grossesse et le travail

Sixième partie

Le couple, la maternité et le travail

Septième partie

Le développement de soi

Huitième partie
Le changement

Avant-propos

Les jeunes femmes d'aujourd'hui ont des doutes. Elles veulent travailler, bien sûr, mais elles ne sont pas prêtes à tout pour réussir leur vie professionnelle. Elles se refusent à mettre en péril leur vie personnelle, comme elles ont vu leurs aînées – et parfois même leur propre mère – le faire.

Il y a soixante ans encore, le destin des filles était tout tracé : trouver un mari, faire des enfants, entretenir la maison… À cette époque, si elles étaient malheureuses, elles n'avaient d'autre choix que de le rester. Elles n'étaient pas libres. Il y a quarante ans environ, les jeunes générations se sont révoltées, bousculant les dogmes du passé, prônant l'égalité des hommes et des femmes. Les filles ont investi les universités, les grandes écoles, les entreprises. Ces pionnières voulaient faire carrière comme des garçons. Mais elles ont parfois payé cher, dans leur vie privée, cette juste revendication. Certaines ont fait des bébés toutes seules, d'autres ont divorcé, un grand nombre n'ont pas fondé de famille. Nombreuses sont celles qui ont souffert dans leur vie de femme, estimant qu'on ne pouvait pas « tout avoir ».

Leurs héritières ne veulent pas de cette vie-là. Le couple, les enfants, la famille leur semblent aussi importants qu'un métier. Elles ne voient pas pourquoi elles choisiraient. Elles veulent tout. Elles ont raison.

Si elles jugent que les combats de leurs aînées ont été nécessaires, elles estiment que le temps n'est plus aux plaintes ni aux récriminations. Elles ont fait des études supérieures, obtenu des diplômes prestigieux, prétendent aux mêmes emplois que les hommes. Quand elles commencent à travailler dans l'entreprise, elles se sentent sur un pied d'égalité.

Mais, un beau jour, elles annoncent leur première grossesse au bureau et ce moment de bonheur se transforme trop souvent en épreuve. Devant les réactions timorées, voire carrément hostiles, de leur manager, elles déchantent… Leur congé de maternité achevé, elles sont consternées de voir les promotions leur passer sous le nez au profit de jeunes gens arrivés après elles dans l'entreprise – quand elles ne se retrouvent pas au placard…

Des augmentations de salaire leur sont refusées au prétexte qu'elles seraient « moins disponibles désormais », trop accaparées par leurs enfants. Au XXIe siècle, dans le monde du travail, la grossesse renvoie encore les femmes à leur sexe.

L'époque de la maternité triomphante et du retour au naturalisme (dénoncée par Elisabeth Badinter[1]) ne dissipe pas leurs doutes, au contraire. Les jeunes femmes sont poussées à investir totalement (exclusivement ?) leur rôle de mère. Ne pas allaiter n'est plus politiquement correct. Et revenir aux couches lavables est, paraît-il, meilleur pour la planète... Parallèlement, la majorité des hommes rechigne toujours à partager les tâches ménagères et familiales. Et, dans l'entreprise, c'est précisément au moment où elles peuvent donner le moins professionnellement (en raison des grossesses et des jeunes enfants) que les femmes doivent fournir le plus : les promotions décisives se distribuent aux salariés âgés de 30 à 40 ans. Si l'égalité existe dans les textes, il en va autrement dans les faits : les postes à responsabilité sont trustés par les hommes, et les inégalités salariales demeurent.

Quand elles réalisent tout cela, les jeunes mères actives voient leurs certitudes vaciller. Le sondage IFOP publié le 7 mai 2010, au moment des États généraux de la femme (organisés par le magazine *Elle*), en témoigne. Si 77 % des femmes tiennent à leur indépendance financière, elles sont cependant 35 % (et 44 % entre 25 et 29 ans) à envisager un retour au foyer ! Preuve de leur ambivalence et de leurs difficultés à articuler leurs différentes vies.

Et pourtant... Des femmes qui réussissent à concilier carrière et vie privée, il y en a beaucoup. Des femmes heureuses en famille et épanouies au bureau, qui assument des responsabilités professionnelles, sans renoncer à leur couple, ni laisser tomber leurs enfants. Elles ne sont pas aussi connues et n'occupent pas des postes aussi élevés qu'une Anne Lauvergeon, lorsqu'elle était à la tête d'Areva, mais elles existent. Des *superwomen* ? Pas forcément. Toutes ne se reconnaissent pas dans cette étiquette d'héroïnes des temps modernes, sûres d'elles-mêmes et de leurs choix. Elles aussi passent par des moments difficiles au travail et à la maison – c'est la vie qui est ainsi. Elles se refusent à être citées en exemple et à donner des leçons, tant elles savent leur équilibre fragile.

Si leur ton n'est plus à l'arrogance des années 1980, il n'est pas pour autant à la résignation. De ce type de parcours, en effet,

---

1. *Le Conflit. La femme et la mère*, Paris, Flammarion, 2010.

on peut tirer une constatation : si le monde du travail est encore hostile aux femmes, ces dernières ont quand même une marge de manœuvre. Les moyens d'action individuels ne manquent pas. Les femmes qui réussissent en sont la preuve.

De leur expérience, on peut tirer quantité de « bonnes pratiques » à adopter, d'erreurs à éviter et de stratégies à privilégier. L'objet de ce livre est de les recenser.

Pensé par les hommes pour les hommes, le monde professionnel fonctionne encore trop souvent avec des codes méconnus des femmes. Exemples ? Les promotions et augmentations de salaire ne s'obtiennent pas comme les bons points à l'école. La présence physique prime souvent sur les résultats obtenus. Le faire-savoir reste aussi important que le savoir-faire. Les réseaux d'influence comptent (au moins) autant que la compétence… Autant de règles non écrites qui se vérifient partout mais ne sont enseignées nulle part – en tout cas, ni à l'université ni dans les grandes écoles, exception faite de quelques rares formations d'élite. Elles ont été mises en lumière par les réseaux de femmes cadres qui se sont développés depuis la fin des années 1990 pour stimuler la progression des diplômées, ainsi que par de nombreux experts, sociologues, psys et coachs. On trouvera dans cet ouvrage la plupart de leurs recommandations.

Sans prétendre être un manifeste de la carrière au féminin, ce livre se veut un « outil » pratique et concret à l'usage des femmes que les difficultés et les aléas de la vie professionnelle peuvent parfois dérouter, voire décourager. Son originalité réside dans une vision à 360° de la vie active qui n'écarte pas la vie privée, tant il est vrai que les femmes passent sans cesse de l'une à l'autre, sans jamais les séparer vraiment – à l'inverse des hommes.

Vous souhaitez obtenir une augmentation, mais ne savez pas comment vous y prendre ? Votre collègue s'arroge vos succès ; comment ne pas laisser passer sans sortir de vos gonds ? Votre chef a un caractère « difficile », pour ne pas dire infernal ; comment réussir, malgré tout, à fonctionner avec lui ? Vous travaillez au milieu d'hommes ; comment vous imposer sans passer pour une féministe intégriste ? Dans tous les cas, il vous faut savoir réagir, trouver les mots et l'attitude efficaces.

Encore plus fondamental pour les femmes que pour les hommes (qui souvent maîtrisent tout ça d'emblée) : comment faire votre marketing ? créer votre réseau professionnel ? gérer votre image sur Internet ?

Plus angoissant : la prise en compte de la parentalité dans l'entreprise. Vous êtes enceinte et craignez la réaction de votre manager quand il le saura ? Vous élevez des enfants en bas âge et avez du mal à tout mener de front ? Comment mieux vous organiser ? Gérer votre temps plus efficacement ? Faut-il faire un break ? Comment ralentir au bureau sans tout envoyer promener tout en restant stratégique ? Et si la maternité était pour vous l'occasion de vous réorienter, voire de créer votre entreprise ?

On trouvera dans ce livre des propositions pour aborder ces étapes classiques de la carrière d'une femme et aussi des conseils pour mieux gérer sa culpabilité de mère et impliquer davantage le père dans la maison…

Le pouvoir, bien sûr, est un sujet de malaise pour les femmes : l'autocensure les empêche encore d'y réfléchir sereinement. Comment savoir si vous êtes faite ou non pour manager les autres ? Comment faire tomber les barrières psychologiques que vous vous imposez peut-être sans le savoir ? Comment refuser une promotion piège sans insulter l'avenir ? Quelles sont les règles de base pour gérer une équipe ? Comment faire savoir que vous êtes intéressée par les responsabilités ?

Face à tant de questions épineuses, espérer fournir les éléments d'une solution rapide peut paraître présomptueux. On comprendrait mal, certes, qu'un propos aussi sérieux et vaste que celui du travail féminin puisse faire fi des spécificités de chaque femme, de chaque métier, des différences de personnalité ou d'environnement. Notre propos ne prétend pas plus à l'exhaustivité qu'à l'universalité. Il constitue un ensemble de propositions de réponses à des interrogations somme toute ordinaires qui relève davantage de la trousse de premiers secours que de la thèse de management ou du traité de psychologie. Les suggestions qui sont ici formulées par les spécialistes interviewés, quoique fondées sur l'expérience et maintes fois éprouvées, gagneront toujours à être nuancées en fonction des personnes et des situations.

À l'inverse des ouvrages de management ou de sociologie qui traitent de telle ou telle question en particulier – souvent de façon théorique –, ce livre en aborde une multitude sous une forme pratique, pour pouvoir en tirer une stratégie, sans perdre de temps. Son but est résolument pragmatique, tourné vers l'action, mais il ne néglige pas la réflexion et le décryptage sans lesquels certains conseils pourraient sembler trop stéréotypés.

Il comporte autant d'entrées que de chapitres. Indépendants les uns des autres, tous peuvent se lire dans n'importe quel ordre, au hasard des interrogations et des difficultés rencontrées. Le ton pourra parfois sembler péremptoire, mais c'est le ton de la conviction, qui permet de lutter contre le manque d'affirmation de soi qui frappe encore trop souvent les femmes dans le monde du travail.

En aucune façon ce livre ne doit vous assaillir ni vous culpabiliser. Son objectif est au contraire de donner confiance en soi, d'inviter à un certain empirisme dans la carrière au féminin. Le lire de façon linéaire pourrait décourager. En effet, la femme qui appliquerait tous ces conseils n'existe pas – ce serait un robot ! Il s'agit surtout d'avancer des pistes, d'esquisser des réponses dans lesquelles on pourra picorer au gré de ses besoins.

Pour que les femmes soient un jour vraiment les égales des hommes au travail, les progrès qui restent à faire sont immenses. La loi du 27 janvier 2011, qui oblige les plus grandes entreprises[1] à nommer au moins 40 % de femmes dans leurs conseils d'administration et de surveillance d'ici à 2017 constitue une indéniable avancée, mais elle ne réglera pas tout. C'est la société tout entière qui doit évoluer. À l'avenir, les entreprises auront tout intérêt à faciliter elles-mêmes la conciliation de la vie professionnelle et de la vie familiale chez leurs salariés. C'est en effet le critère n° 1 invoqué par les représentants de la génération montante, dite « génération Y », pour choisir un emploi[2]. En outre, le recrutement de nouveaux collaborateurs est compliqué dans certains métiers par la mondialisation de l'économie et les départs à la retraite des seniors. Ce qu'on appelle la « guerre des talents » n'en est qu'à ses prémices. Les entreprises ne peuvent plus se priver des compétences féminines. Or, pour recruter et fidéliser les salariés, elles n'auront pas d'autre choix que de prendre en compte leur équilibre de vie.

Les politiques aussi doivent contribuer à cette évolution : il leur revient notamment d'accélérer l'édification d'un véritable service public de la garde d'enfants, et de lutter contre les stéréotypes qui perpétuent les inégalités. De plus en plus d'hommes

1. Les entreprises cotées en Bourse et celles de 500 salariés avec un chiffre d'affaires annuel supérieur de 50 millions d'euros.

2. Voir le livre de Jérôme Ballarin, *Travailler mieux pour vivre plus. Comment concilier vie professionnelle et vie familiale ?*, Paris, Nouveaux Débats publics, 2010.

n'aspirent-ils pas, eux aussi, à une répartition moins conventionnelle des rôles ?

Il reste que tout ne dépend pas de l'État, des patrons et des lois. Chaque individu a le pouvoir d'agir à son niveau. Pas seulement pour que les choses changent, mais simplement pour parvenir à conjuguer le succès professionnel et l'épanouissement personnel – autrement dit : pour réussir sa vie.

Première partie

Le travail et les femmes

Réussir pour une femme, c'est quoi ?

CAFD

Source d'autonomie, d'épanouissement et de réalisation de soi, le travail est un des piliers de la réussite au féminin. Pourquoi ? Comment ? Explications.

Petit rappel : pas de liberté sans travail

Les vertus de l'indépendance financière

C'est un lieu commun de le rappeler : une femme ne peut être vraiment libre que si elle est indépendante financièrement. Hormis l'héritage, seul le travail (et les revenus et le statut qui vont avec) permet une telle autonomie. Avoir une profession est la clé de l'émancipation féminine. On peut le regretter, trouver cela injuste, mais la femme au foyer, en France, n'a ni statut ni reconnaissance. Même si elle a travaillé plusieurs années auparavant, elle n'a pas de Sécurité sociale propre. Elle se trouve contrainte d'être rattachée à celle de son mari. C'est ce qui est arrivé à Carole[1], 43 ans, qui avait abandonné son travail de chef de publicité pour s'occuper de ses deux fils. « Ce fut un vrai choc, raconte-t-elle, j'avais travaillé une dizaine d'années et voilà que je perdais toute identité. J'ai pu me faire inscrire sur la carte de mon mari, mais quand j'ai demandé à l'employée ce qui se serait passé si j'avais été seule dans la vie avec mes enfants, on m'a simplement répondu qu'on a toujours un frère, ou quelqu'un, non ? Quel mépris ! » De même, une femme qui a consacré sa vie à éduquer ses enfants ne bénéficie pas davantage d'une retraite propre[2].

1. Témoignage cité dans *Marianne*, 16-22 septembre 2003, article de Liliane Sichler, « Femmes au foyer, la révolution silencieuse ».

2. À la mort de son mari, elle a droit à une pension de réversion calculée au prorata du nombre d'années de mariage. Et ce même en cas de divorce. Seulement, si le mari s'est remarié, l'épouse précédente doit partager la pension de réversion avec l'épouse suivante.

Enfin, celle qui a simplement interrompu sa carrière, un moment, pour se consacrer à sa famille voit sa retraite se réduire comme une peau de chagrin. Au XXIe siècle, les jeunes filles ont compris l'importance de l'autonomie : elles font des études plus longues et réussissent mieux leurs examens que les garçons.

Le couple n'est pas un contrat à durée indéterminée

Bien sûr, la vie à deux est pour de nombreuses femmes (et hommes) le grand idéal à atteindre, le berceau de l'épanouissement personnel. Encore plus quand l'économie va mal et que l'emploi est incertain. Loin de nous l'idée de les en blâmer. La vie amoureuse, quand elle est heureuse, est un des plus grands bonheurs de la vie. Mais cela n'empêche pas de rester vigilante. En effet :

- Le nombre de divorces ne cesse d'augmenter

En 2008, 45,1 % des mariages se sont soldés par un divorce. Entre 1960 et 2008, le nombre de divorces a été multiplié par 4[1]. Près de 134 000 divorces ont été prononcés en 2010, soit 2,5 % de plus qu'en 2009[2]. Au bout de dix ans, toujours plus de mariages finissent par un divorce : c'est le cas de 2 mariages sur 10 célébrés en 2000 (pour 1,8 sur 10 célébrés en 1990) et au bout de vingt ans, c'est 3 mariages sur 10 qui aboutissent à un divorce. On sait, par ailleurs, que la fréquence la plus élevée des séparations intervient désormais après quatre à cinq années de mariage contre six à sept ans dans les années 1960-1970. Pour autant, de nombreux couples divorcent encore après vingt ou trente ans de mariage. Souvent au moment de la retraite, quand les enfants sont partis.

Il ne s'agit pas de tomber dans un pessimisme excessif sur l'amour et la vie à deux, mais d'observer une certaine prudence. En effet, regrette la psychanalyste Maryse Vaillant[3], « l'imaginaire du mariage "pour la vie" n'est pas en désuétude. Les femmes savent être pragmatiques dans tous les domaines, sauf en amour. [...] Ce fantasme du "c'est pour toujours" les rend dépendantes.

1. Insee, 2009.
2. *La Situation démographique en 2010*, Insee, « Société », juillet 2012.
3. *Elle*, 7 mai 2010. Auteure de *Comment aiment les femmes. Du désir et des hommes*, Paris, Seuil, « Points », 2008 et *Les Hommes, l'Amour, la Fidélité*, Paris, Albin Michel, 2009.

Du coup, elles continuent de chercher dans l'amour une réponse à leurs blessures d'enfance, à leur besoin de narcissisme, et cherchent le prince charmant ».

Le mariage n'est plus une assurance-vie

« Dans la plupart des divorces, les femmes sont plus touchées que les hommes sur le plan financier, assure l'avocate spécialiste en droit de la famille Dominique Piwnica[1]. Les premières années, chacun des ex-époux voit son niveau de vie chuter de 17 à 20 % : il faut payer deux loyers, deux taxes d'habitation, racheter des lits, etc. mais la situation se dégrade encore plus pour celles qui avaient fait le choix de ne pas travailler. Divorcées, elles ont peu de chances de retrouver leur ancien niveau de vie. D'une part, parce que les prestations compensatoires ne couvrent que leurs besoins de première nécessité, mais pas tous les petits plus qui rendaient leur vie agréable (d'autant que, depuis la loi de juin 2000, les juges ont baissé le niveau de ces indemnités). D'autre part, parce que, dès qu'une procédure de divorce est entamée, certains hommes s'arrangent pour gagner moins d'argent. Effrayés à l'idée de ne pouvoir assumer une deuxième épouse, leurs enfants et leur première épouse, ils se débrouillent parfois pour diminuer leurs revenus au moment de passer devant le juge : des P-DG ne se versent plus de dividendes, d'autres prétendent que la crise économique a fait fondre leur rémunération variable… Je voudrais rappeler aux femmes qui décident de cesser de travailler que le mariage n'est pas une assurance-vie, et que sa durée est aléatoire. » Et l'avocate de constater l'apparition d'un phénomène aussi récent que pathétique devant les tribunaux : d'anciennes femmes au foyer divorcées, désormais nécessiteuses, se mettent à réclamer en justice des pensions alimentaires à leurs enfants devenus majeurs…

Être mère n'est pas un statut

« C'est plutôt un cadeau de la vie », affirme Valérie Toranian[2], directrice de la rédaction du magazine *Elle*. La psychanalyste Sylviane Giampino[3] renchérit : « En cherchant à se réaliser exclu-

1. *Elle*, 7 mai 2010.
2. Et auteure de *Pour en finir avec la femme*, Paris, Grasset, 2004.
3. Psychologue et psychanalyste, Sylviane Giampino travaille depuis plus de trente ans auprès des enfants et de leur famille. Dans son travail au sein de services d'accueil et

sivement *via* leurs enfants, certaines mères se leurrent. Aucun être humain ne peut se servir d'un autre être humain pour escamoter la question existentielle qui agite tout individu. À savoir : "Qui suis-je ?" Un jour ou l'autre, cette question revient. On est tous obligés de s'y confronter pour avancer et aller bien. »

Le travail peut être source d'équilibre et d'épanouissement

Une source d'équilibre

« Depuis la chute de l'Ancien Régime, le travail est devenu une valeur démocratique et égalitaire, plus ou moins partagée par tous, mais néanmoins considérée comme naturelle, explique le psychiatre Dominique Servant[1]. Il est, en ce sens, à percevoir comme une source d'équilibre, et concentre des vertus positives que l'on ne peut nier. »

Un facteur de réalisation de soi

« S'il peut faire souffrir, le travail peut aussi générer le meilleur, lorsqu'il est facteur d'accomplissement de soi, d'émancipation, lorsqu'il nous vaut la reconnaissance de la qualité de ce que l'on fait, remarque Christophe Dejours, psychiatre et psychanalyste[2]. Au centre de la construction identitaire, le travail stabilise, transforme, épanouit s'il est aussi le lieu d'apprentissage du respect de l'autre, de la solidarité. »

« Au-delà de la dimension matérielle du salaire, la dimension symbolique, à savoir la reconnaissance sociale acquise grâce au salaire, est extrêmement forte, ajoute la sociologue et philosophe

---

de prévention en petite enfance, elle rencontre tant de mères actives qui se torturent, qu'elle s'est décidée à faire le point sur ce phénomène dans *Les mères qui travaillent sont-elles coupables ?*, Paris, Albin Michel (réédité en 2007). Elle a également publié, en 2009, avec la neurobiologiste C. Vidal, *Nos enfants sous haute surveillance*, chez le même éditeur.

1. Dominique Servant est responsable de l'unité Stress et anxiété au CHU de Lille et auteur de *Ne plus craquer au travail*, Paris, Odile Jacob, 2011. *Le Figaro*, 8 novembre 2010, article de Pascale Senk, « Ce qui rend heureux au travail ».

2. Et auteur de *Travail vivant*, Paris, Payot, 2009, vol. 1 et 2. *Elle*, 6 novembre 2009, article de Patricia Gandin, « Faire face à la souffrance au travail ».

Dominique Méda[1]. Les Français que nous avons interrogés disent que le travail ne doit pas être uniquement un moyen de gagner de l'argent, mais qu'il doit aussi leur permettre de se réaliser. Lorsque l'on demande aux Anglais ce qu'évoque pour eux le travail, ils répondent plutôt "la routine", alors que les Français vont parler d'"accomplissement de soi" ou de fierté. Et, dans un récent travail, nous avons montré que les femmes considèrent plus encore que les hommes le travail comme un élément important de leur identité. Même si elles souhaiteraient qu'il prenne moins de place dans leur vie. Car, en France, le travail déborde, les gens voudraient passer plus de temps en couple et en famille. »

À condition d'avoir du sens

D'une enquête menée par le cabinet de conseil M@rs-Lab, qui a soumis 6 700 personnes d'horizons très variés à 50 questions sur le travail[2], il résulte que l'entreprise peut rendre « heureux » si elle respecte trois facteurs : la transparence (de la direction, des décisions, etc.), la proximité (des dirigeants avec le terrain, de l'amont et de l'aval), l'enthousiasme (d'une vision partagée, des valeurs…), ce qui pourrait se résumer dans le slogan « la TPE attitude ». Ainsi, ceux qui voient l'apport de leur production finie ou qui se sentent en phase avec ce que fabrique l'entreprise ont plus de chances de vivre bien au travail. « Ce dont les Français ont le plus besoin, c'est de sens, pas de soins », résume Pierre-Éric Sutter, psychologue du travail et directeur de M@rs Lab. « Cette notion de sens est aujourd'hui primordiale, poursuit Marc Traverson, coach et consultant du cabinet Acteus[3]. Le plus important, quel que soit le poste que vous occupez, c'est de vous sentir acteur de votre travail, que celui-ci soit cohérent avec vos valeurs, qu'il vous donne l'occasion d'apprendre, de vous "challenger" par touches, tout en éveillant en vous le sentiment de faire partie d'un groupe où vous avez une place et une utilité. »

---

1. Philosophe et sociologue, Dominique Méda est spécialiste de la place du travail dans la vie des gens, ainsi que de la place des femmes dans la société. Elle a publié entre autres : *Le Temps des femmes. Pour un nouveau partage des rôles*, Paris, Flammarion, « Champs-Actuel », 2008 ; *Travail. La révolution nécessaire*, La Tour-d'Aigues, Éditions de l'Aube, 2010, et *Au-delà du PIB. Pour une autre mesure de la richesse*, Paris, Flammarion, 2008. Elle est également la cofondatrice du Laboratoire de l'égalité.
2. *Le Figaro*, 8 novembre 2010, article de Pascale Senk, « Ce qui rend heureux au travail ».
3. Et auteur de *Lettre à ceux qui ont momentanément perdu leur emploi*, Paris, Payot. *Le Figaro*, 8 novembre 2010, article de Pascale Senk, « Ce qui rend heureux au travail ».

Mais la réussite n'est pas vécue de façon identique par les femmes

Les femmes cherchent l'« accomplissement »

Dans son livre[1], consacré à la notion de réussite en général, le journaliste Christophe Deloire rappelle que « les trois motifs américains de réussir sont : *achievement* (accomplissement), *power* (pouvoir) et *money* (argent) ». Il précise que les femmes ne retiennent souvent que le premier motif. « Il existe une différence radicale entre la réussite et l'accomplissement professionnel, assure Sylviane Giampino[2]. La réussite est une notion objective (avoir du succès dans sa carrière, dans ses affaires...), alors que l'accomplissement a quelque chose de beaucoup plus subjectif qui s'approche davantage d'un sentiment de plénitude. Les femmes « accomplies » professionnellement sont souvent celles dont les avancées professionnelles suivent une ligne parallèle à leur évolution personnelle : un parcours intérieur scandé par le couple, les enfants, la prise de conscience du vieillissement... Pour elles, une vie professionnelle accomplie porte la marque de ces étapes personnelles qui ont pu se réaliser en lien les unes avec les autres. Autrement dit, un parcours professionnel réussi n'aura pas entravé l'accomplissement personnel, mieux, il l'aura soutenu et en sera le reflet. Les transformations personnelles pourront se mettre en musique dans la vie professionnelle et inversement les changements professionnels pourront relancer une dynamique personnelle. »

Elles veulent tout : la carrière et la famille

Les femmes n'auraient pas toujours une ambition comparable à celle des hommes. « Elles cherchent le cumul, une forme d'harmonie de vie », précise Patricia Barbizet, directrice générale de la holding Artemis, présidente du conseil de surveillance de PPR (Pinault-Printemps-Redoute[3]).

1. Christophe Deloire, *La Tragédie de la réussite*, Paris, Albin Michel, 2009.
2. Psychologue et psychanalyste, voir note 2 page 23.
3. *In* Christophe Deloire, *La Tragédie de la réussite*, Paris, Albin Michel, 2009.

Ce rapport particulier des femmes à leur travail est corroboré par des enquêtes quantitatives et qualitatives menées en 2005 et 2007, par l'Ipsos pour le compte du réseau GEF (Grandes écoles au féminin) auprès des hommes et des femmes diplômés des neuf plus grandes écoles en France[1].

- L'étude de 2005 montre que ces femmes cadres très diplômées caractérisent leur ambition différemment de celle des hommes : pour 78 %, elles pensent que la réussite n'est pas pareille pour une femme et pour un homme ; leurs priorités étant : « faire un métier que j'aime », « travailler avec des gens de qualité », face à ce qu'elles imaginent être les priorités masculines : « avoir de l'ambition professionnelle », « être reconnu par sa hiérarchie ».
- L'étude de 2007 montre qu'au départ si ces hommes et ces femmes ont suivi ce type de formation d'élite c'est, dans l'immense majorité des cas (84 % pour les hommes et 86 % pour les femmes), pour la même ambition : faire la meilleure carrière possible. Mais à la question : « C'est quoi pour vous la réussite ? », les réponses hommes/femmes divergent : pour 67 % des femmes il s'agit d'avoir une vie professionnelle satisfaisante, mais également un équilibre vie professionnelle/vie privée (40 %). Cette dernière exigence n'étant partagée que par 23 % des hommes... Ces femmes diplômées reconnaissent elles-mêmes les handicaps qui peuvent les freiner dans leur carrière : le fait de moins demander de promotions et d'augmentations, le fait de ne pas bien savoir se mettre en avant et valoriser leur travail, un moindre goût du pouvoir et une moindre participation à des réseaux informels...

Quand leurs enfants sont petits, elles souffrent

Elles payent cher – en termes de fatigue et de gestion du temps – leur désir d'être tout à la fois. Car ce double exercice continue d'être une équation infernale. Selon leur personnalité, elles ont différentes stratégies pour la résoudre.

1. ECP, ENA, ENPC, ESCP-EAP, Essec, HEC, Insead, Mines et Polytechnique. Ces enquêtes sont disponibles sur le site www.grandesecolesaufeminin.net.

Certaines se réfugient dans l'étiquette de la *superwoman* des années 1980

« Osons le dire, écrit Valérie Toranian[1], la course à tout faire et à tout concilier n'est plus tellement un motif de plainte mais plutôt un motif de fierté. Même si les femmes sont peu aidées (pas assez de crèches, d'aide à la garde d'enfants...), même si le sentiment de solitude est réel, même si la fatigue physique est importante, il existe une jouissance secrète à revendiquer ce statut impossible et à s'afficher en héroïne moderne, mère battante, femme exemplaire. Et cette jouissance est un élément clé du dispositif qui nous fait tenir et réussir. » C'est aussi un moyen de défense et de protection : il vaut mieux afficher le plaisir de la réussite, le sentiment de pouvoir, que la réalité des doutes et des questionnements qui peuvent assaillir.

D'autres jettent carrément l'éponge

Il y a des jours où la maternité, ses implications émotionnelles et ses contraintes quotidiennes font vaciller les femmes, encore plus quand elles ont été élevées par des mères *superwomen*. « Certaines jeunes femmes revendiquent d'assumer pleinement leur maternité, explique Véronique Morali, chef d'entreprise, fondatrice de l'association Force Femme et du site Terrafemina et présidente du Women's Forum. Elles veulent prendre le temps de vivre, ne pas gâcher leur vie de famille comme elles ont pu voir leurs aînées (et parfois leur propre mère) le faire, à cause de leur carrière. » Si 77 % des femmes tiennent à leur indépendance financière, les plus jeunes seraient nombreuses à être tentées par un retour à la maison[2] ! Certaines vont jusqu'à sauter le pas (*voir* « Faire un break pour mieux s'occuper de sa famille ? », p. 334). « Chaque année, environ 380 000 personnes, en quasi-totalité des femmes, cessent de travailler pour s'occuper de leur enfant de moins de 3 ans et bénéficient d'une compensation financière, écrivent les chercheuses à l'Ined, Ariane Pailhé et Anne Solaz, en introduction à leur grande enquête *Entre famille et travail* publiée en 2009[3]. Près de la moi-

1. *In Pour en finir avec la femme*, Paris, Grasset, 2004.

2. Sondage *Elle*-IFOP réalisé à l'occasion des États généraux de la femme et publié le 7 mai 2010. Si 77 % des femmes estiment qu'une femme accomplie est une femme indépendante économiquement, elles ne sont pas moins de 35 % (et 44 % de 25 à 29 ans) qui pourraient être tentées par un retour au foyer.

3. *Entre famille et travail. Des arrangements de couple aux pratiques des employeurs*, sous la direction d'Ariane Pailhé et Anne Solaz (chercheuses à l'Ined), Paris, La

tié d'entre elles auraient préféré continuer à travailler. Ce "choix" de l'alternance, plutôt que celui de la conciliation, est souvent réalisé faute de conditions de travail et/ou de modes de garde adéquats ou abordables. En outre, la progression du taux d'activité féminin se ralentit pour les femmes nées après 1955. Pour ces générations, la hausse du taux d'emploi féminin s'effectue uniquement grâce à la montée de l'emploi à temps partiel. Cette rupture de tendance met en évidence les difficultés croissantes d'articulation entre vie familiale et vie professionnelle. »

Les dernières s'accrochent en attendant des jours meilleurs

Elles savent qu'elles n'ont pas d'autre choix pour rester libres. « De plus en plus, les femmes sont conscientes qu'il y a un avant et un après la maternité », poursuit la psychanalyste Sylviane Giampino. Un signe qui ne trompe pas : l'âge auquel elles décident de faire leur premier bébé ne cesse de reculer. Avant de fonder une famille, les jeunes femmes s'installent d'abord dans leur carrière et vivent différentes expériences amoureuses. Avec l'allongement de la durée de la vie, elles savent également que la maternité n'occupera pas toute leur existence. En effet, ces problèmes de conciliation n'ont qu'un temps. Plus les enfants grandissent, plus les difficultés logistiques s'éloignent. Et les enfants grandissent vite. Certes, une fois devenus grands, ils ont toujours besoin de leurs parents. Mais leurs besoins correspondent davantage à une disponibilité psychique, qu'à une présence physique de chaque instant. Et même si, bien sûr, la présence physique compte aussi à l'adolescence, elle peut davantage s'organiser, se planifier, s'anticiper.

Découverte, 2009.

Concilier vie professionnelle et vie privée : est-ce vraiment possible ?

88 % des femmes trouvent très difficile de concilier vie professionnelle et vie privée[1]. Et pourtant, certaines femmes semblent résoudre l'équation. « À quel prix ? », s'interrogent les uns. « Comment font-elles ? », se demandent les autres. Éléments de réponse.

Pourquoi cette question ?

Parce que – comme l'a très bien montré la sociologue Dominique Méda[2] – la société française ne s'est pas suffisamment adaptée au travail des femmes. Résultat : la réussite au féminin ressemble encore à un parcours du combattant.

Le monde du travail

Créé par les hommes pour les hommes du temps où les femmes étaient censées prendre en charge la totalité des tâches parentales et familiales, il est encore régi par les mêmes règles. Certaines grandes entreprises ont beau faire évoluer leurs règles de fonctionnement interne, la majorité d'entre elles ne se sont toujours pas adaptées à la parentalité. Combien interdisent les réunions tardives ? Combien anticipent et gèrent efficacement les congés de maternité de leurs salariées ? Combien promeuvent les femmes à des postes élevés « malgré » le fait qu'elles soient mères de famille ? La réponse à ces trois questions tient en deux mots : trop peu. Une grande enquête sur l'articulation entre travail et vie privée chez les couples[3] montre que conci-

1. Sondage *Elle*-IFOP du 7 mai 2010.

2. *In Le Temps des femmes. Pour un nouveau partage des rôles,* Paris, Flammarion, 2008. Voir note 3, p. 25.

3. *Entre famille et travail. Des arrangements de couple aux pratiques des employeurs,* sous la direction d'Ariane Pailhé et Anne Solaz (chercheuses à l'Ined), Paris, La Découverte, 2009.

lier travail et vie de famille reste compliqué. Plus de la moitié des entreprises n'offrent aucun soutien à la parentalité. Et, surtout, la plupart rechignent à répondre à la principale revendication des salariés : l'introduction d'une certaine souplesse dans les horaires. « Les assouplissements d'horaires sont permis de façon ponctuelle le jour de la rentrée scolaire ou, parfois, en cas d'enfant malade, mais il existe peu d'aménagements réguliers », constate l'enquête. De plus, de nombreuses cultures d'entreprise font encore de la présence un signe de motivation. « Tant que les réunions importantes se tiendront à 19 heures, il est sans doute vain d'espérer une réelle égalité hommes/femmes dans les carrières professionnelles et la répartition des tâches domestiques », écrit l'économiste Thomas Piketty dans la préface de ce travail.

Les modes de garde

Certes, notre pays est cité en exemple dans le monde entier pour ses « incroyables » taux de fécondité des femmes (2,01 enfants par femme en 2011, le plus haut de l'Europe des vingt-sept[1]) et d'activité des mères de famille (83,9 % des femmes de 25 à 49 ans travaillent). Selon l'Insee[2], si 10 % des enfants de moins de 3 ans sont accueillis en crèche et si 18 % vont chez une assistante maternelle, 63 % d'entre eux sont gardés à la maison, majoritairement par leur mère. Quant à la scolarisation des enfants de moins de 3 ans, elle s'est réduite. Après avoir fait la sourde oreille pendant des années, les politiques, de gauche comme de droite, semblent avoir pris conscience du problème. Mais on est loin du compte. Le Laboratoire de l'égalité[3] estime que pour aboutir à un véritable service public de la petite enfance, il faudrait créer 500 000 places dans des services d'accueil collectif... Par ailleurs, de nombreux professionnels dénoncent une baisse de qualité des modes d'accueil. Aussi, le collectif « Pas de

1. Insee, 2009.

2. *Femmes et hommes. Regards sur la parité*, Insee, « Références », édition 2012, cité dans *Elle*, 12 novembre 2012, article de Julia Dion, avec Clémence Leveau, « Garde d'enfants : la grande débrouille ».

3. www.laboratoiredelegalite.org. Le Laboratoire de l'égalité rassemble 500 hommes et femmes qui partagent une culture commune de l'égalité. Tous, quelle que soit leur sensibilité politique, sont déterminés à mobiliser des moyens pour obtenir une mise en œuvre effective de l'égalité professionnelle. Les membres sont issus de différentes sphères : associations, entreprises, réseaux de femmes, fonction publique, syndicats, monde politique, recherche, médias, blogosphère...

bébé à la consigne » a lancé une pétition dans le but d'améliorer et de développer les modes d'accueil, ainsi que le collectif « Crechequisepasse ? », fondé en 2012 par des parents excédés de devoir recourir au système D.

Les « nouveaux pères »

Depuis plusieurs décennies, on n'en finit pas de s'émouvoir devant ces merveilleux papas qui câlinent, jouent au foot et lisent des histoires à leurs enfants[1]. On s'extasie devant leurs capacités à nouer des relations plus affectives et ludiques avec leurs enfants que celles que leurs pères n'ont jamais tissées avec eux. Mais, même s'il existe une évolution dans la jeune génération, la plupart d'entre eux laissent encore aux mères la gestion du quotidien et les tâches les moins glamour[2]…
Résultat ? Lorsque l'enfant paraît, la femme est brutalement obligée de gérer deux journées en une. Certaines se retirent carrément du marché du travail avec les risques pour leur avenir qu'on connaît (*voir* « Faire un break pour mieux s'occuper de sa famille ? », p. 334), d'autres mettent un frein à leurs ambitions (*voir* « Dépasser l'autocensure au féminin », p. 209) et d'autres encore essayent de continuer en mettant un peu de stratégie dans leur vie pour continuer à tout faire (*voir* « Décélérer au bureau sans arrêter », p. 340).

Pourquoi certaines femmes n'y arrivent-elles pas ?

Elles souffrent d'une culpabilité excessive – plus ou moins consciente – vis-à-vis des enfants

Pour des raisons souvent liées à leur histoire personnelle, certaines femmes souffrent d'une telle culpabilité vis-à-vis de leurs enfants qu'elles se sabordent professionnellement[3]. Bien souvent, elles ne peuvent – psychiquement s'entend – pas faire autrement (*voir* « Surmonter la culpabilité », p. 296).

---

1. *Elle*, 23 octobre 2009, article de Dorothée Werner, « Pas si super les nouveaux pères ? ».
2. Les pères sont seulement 3,5 % à avoir recours au congé parental, CNAF, janvier 2013.
3. Claire Léost, *Le Rêve brisé des working girls. Comment éviter les pièges*, Fayard, 2013.

Elles cumulent parfois les « non-choix »

Souvent, ces femmes font des choix qui n'en sont pas, des choix du « moins pire ». « Elles vivent de façon un peu passive ce qui leur arrive dans la vie sans forcément y avoir réfléchi avant, avance Gilly Weinstein, *executive coach* et consultante de 20-First. Elles laissent les événements mais aussi leur boss et leur homme décider pour elles. Et elles finissent, parfois, par ne plus être au volant de leur vie. »

Comment font celles qui semblent tout réussir ?

Ce ne sont pas des *superwomen*, elles détestent souvent ce mot, qui leur rappelle de mauvais souvenirs. Elles n'ont pas de recettes à donner car elles disent, humblement, faire ce qu'elles peuvent. Mais quand on les interroge et qu'on les observe, un certain nombre de traits de caractère et de stratégies se dégagent de leurs parcours. Les voici :

- Elles réfléchissent assez tôt à la vie qu'elles souhaitent avoir

« Ce n'est pas systématique, mais ces femmes ont souvent clarifié, quand elles étaient assez jeunes, leurs objectifs de vie, poursuit Gilly Weinstein. À celles qui ont besoin d'être guidées dans cette réflexion, je conseille d'utiliser la métaphore du bocal et des cailloux. Pour construire une vie solide, il est préférable de commencer par placer les grosses pierres au fond, puis le gravier, le sable et enfin l'eau. Pour les femmes, les gros cailloux ce sont : le couple, la maternité, la carrière (pas forcément dans cet ordre...). Pour chacun de ces trois axes, elles devraient s'interroger : oui ? non ? Viennent ensuite les amis, le sport, les loisirs, etc. » Bien sûr, la vie personnelle n'est pas un plan de carrière, mais les femmes qui réussissent à tout concilier ont souvent répondu assez tôt à ces grandes questions. « Cette métaphore vaut ce qu'elle vaut, poursuit Gilly Weinstein, elle a, en tout cas, le mérite de faire comprendre une chose : si l'on construit sa vie sur l'accessoire (le gravier, le sable, l'eau), on risque de manquer de temps pour le plus important. »

▪ Elles comprennent vite les règles du jeu du monde du travail

« La vie professionnelle n'est rien d'autre qu'un jeu gouverné par des règles non écrites et souvent cachées pour la plupart des femmes », explique la coach JoAnne Freeman du cabinet Diafora[1], qui en a listé 10 à l'intention des jeunes femmes qui commencent leur vie professionnelle, notamment en entreprise :

1. On est censé connaître les règles du jeu.
2. Le jeu est compétitif.
3. Le but est de gagner.
4. Quand on perd une partie, on l'accepte, sans rancune envers le gagnant.
5. On n'a pas d'ennemi déclaré. Au contraire, on entretient des relations amicales avec ses opposants.
6. On appartient à une équipe dont les membres se soutiennent les uns les autres.
7. On s'inscrit dans les pas des leaders.
8. On a confiance en soi.
9. Les alliés et sponsors sont essentiels.
10. Les progrès dans une carrière sont linéaires. Les interruptions peuvent limiter, voire interrompre une carrière.

▪ Elles gèrent bien leur trentaine

Dans la mesure du possible, elles assoient leur carrière avant de se lancer dans la maternité (*voir* « Un enfant en travaillant, oui mais à quel moment ? », p. 253). Puis elles ralentissent sans arrêter, en acceptant qu'il est très difficile de mener de front un job à hautes responsabilités et plusieurs enfants en bas âge (*voir* « Décélérer au bureau sans arrêter », p. 340). Ou alors, elles font des enfants très jeunes, à un moment où elles sont encore facilement « interchangeables » dans l'entreprise et elles diffèrent leur entrée dans le management à un âge (encore jeune) où leurs enfants sont moins dépendants d'elles et où leurs collègues femmes qui avaient grimpé plus vite partent, à leur tour, en congé de maternité.

---

1. Diafora est un cabinet de conseil, formation et coaching, qui accompagne les entreprises désireuses de maximiser les bénéfices d'une plus grande mixité au sein de leur management. Les propos ci-dessus ont été prononcés le 9 décembre 2010, lors du programme Eve, organisé par la société Danone à Évian.

Elles comptent sur leurs capacités d'adaptation

Il résulte d'une étude de l'observatoire Cegos, publiée en novembre 2008[1], que « face aux obstacles qui se dressent contre elles, 73 % des femmes comptent avant tout sur leurs capacités d'adaptation » pour réussir leur carrière.

Elles impliquent l'homme de leur vie

(*voir* « Impliquer le père dans la maison », p. 311), elles se font aider et s'organisent pour la vie de famille (*voir* « Être organisée chez soi », p. 287).

Elles gèrent leur temps de façon rigoureuse

(*voir* « Organiser son temps », p. 361).

Elles apprennent à vivre avec, voire à dépasser, leur culpabilité de mère, de femme, de professionnelle

(*voir* « Surmonter la culpabilité », p. 296).

Elles renoncent à être parfaites

Elles savent et acceptent que la vie, la vraie, ce n'est jamais être au top partout, au même moment. « Certains jours tout sera moyen, il y aura même des jours catastrophiques, mais ce ne sera pas dramatique pour autant puisque demain ou après-demain sera un jour meilleur. Les femmes doivent apprendre à être moins dures avec elles-mêmes », assure Gilly Weinstein. Il y a des semaines où elles seront plus femme que mère et d'autres où ce sera l'inverse. Il y a des périodes où leur carrière primera sur leur famille et d'autres où les enfants capteront (presque) toute leur énergie. Ces femmes gèrent leurs priorités dans le temps : à la semaine, au mois, ou sur plusieurs mois, elles ajustent et réajustent celles-ci en permanence. L'équilibre est souvent fragile, il s'apparente parfois à du funambulisme mais, pour beaucoup, il tient sur la durée. « Or une vie se juge sur les objectifs réalisés, pas toujours sur les gratifications immédiates obtenues, poursuit Gilly Weinstein. C'est l'idée par exemple que dans les prochains mois, on dînera moins

1. *In Le Figaro*, 8 novembre 2010, article de Bruno Askénazi, « Concilier travail et famille demeure difficile pour les femmes ».

avec ses amis parce qu'on s'est fixé comme objectif d'écrire un livre ou alors qu'on ne sortira qu'exceptionnellement, le soir, le week-end, parce que le nouveau poste qu'on vient d'accepter nous fait rentrer tard, la semaine, auprès des enfants. Mais c'est aussi l'idée que, pendant un an, on accepte d'assumer la vie de famille quasi en totalité parce que son mari monte son entreprise. À charge de revanche, bien sûr » (*voir* « Impliquer le père dans la maison », p. 311).

Deuxième partie

Les autres et soi

Passer avec succès un entretien d'embauche

Pour tout le monde, l'entretien d'embauche comporte des pièges. Mais, pour les femmes, il existe quelques risques supplémentaires. Voici comment les éviter pour mettre toutes les chances de votre côté.

Avant l'entretien

Harmonisez les documents qui parlent de vous

- Votre CV et votre lettre de candidature

Bien sûr, mais aussi votre e-mail d'accompagnement et votre image numérique, si vous êtes inscrite sur un réseau social. « En effet, met en garde Aymeric Vincent, auteur de plusieurs livres sur l'entretien d'embauche[1], vous ne savez pas comment votre recruteur va trouver votre candidature. S'il y a une incohérence entre le CV que vous lui avez envoyé et celui qui se trouve sur le réseau Viadeo ou Linkedin, par exemple, vous risquez de perdre votre chance d'obtenir un entretien, voire si vous êtes convoquée malgré tout, d'être interrogée sur ces incohérences. » Comme 90 % des candidatures sont envoyées par e-mail, la lettre de motivation passe parfois à la trappe, « il n'est pas rare que le recruteur demande au candidat d'en rédiger une à la suite de l'entretien », explique Laure Sourcis, consultante en recrutement chez Hudson[2].

- Votre photo

« Pas de paysage de plage ou de forêt en arrière-plan, encore moins de chat à côté, rappelle Aymeric Vincent. Cela peut

1. DRH du pôle littérature d'Éditis et auteur de *Réussir son entretien d'embauche*, Paris, Hobsons, 2009, et de *Répondre aux questions des recruteurs*, Paris, Vocatis, 2010.
2. *Elle*, 12 octobre 2012, article d'Amandine Grosse, « La lettre de motivation est-elle out ? ».

paraître fou, mais je vois tous les jours ce genre de petites touches personnelles, y compris chez de jeunes diplômées de grandes écoles ! » Privilégiez, bien sûr, de jolies photos, mais veillez à ce qu'elles soient neutres. Pensez aussi au noir et blanc, qui rend mieux sur une impression papier[1].

- Les hobbies indiqués sur le CV

Vous devez pouvoir en dire quelques mots qui soient en lien avec le poste auquel vous postulez. Sinon, inutile de les faire figurer sur votre CV.

- La vie personnelle

Certains professionnels déconseillent d'indiquer sa situation de famille sur le CV (couple, enfants), au motif que ces éléments pourraient être discriminants pour obtenir un entretien d'embauche. Ce conseil n'est pas fondé. Il n'est pas illégitime pour un patron de vouloir savoir à qui il a affaire. Si un recruteur potentiel élimine votre CV au seul motif que vous avez une famille, alors autant ne pas aller travailler pour lui ! De plus, cette position ne fait guère progresser la prise en compte de la parentalité dans l'entreprise…

Préparez une dizaine de questions sur le poste

C'est le conseil de Sylvie Bernard-Curie, associée et directrice des ressources humaines de KPMG. « Bien sûr il faut avoir lu la presse dans les semaines qui précèdent l'entretien pour être au courant de l'actualité du marché, voire de l'entreprise elle-même si elle est connue, précise-t-elle. Et il est important de préparer des questions sur l'équipe, la taille des effectifs, les grandes orientations de l'entreprise, les chantiers en cours, etc. En fin d'entretien, poser deux ou trois questions sur le poste apportera la démonstration de votre motivation. »

1. Bon à savoir : lors du forum Elle-Active, le rendez-vous annuel des femmes actives, L'Oréal-Paris vous maquille et vous photographie comme des pros, histoire de repartir avec une photo nickel pour votre CV et votre profil numérique.

Préparez vos réponses aux questions pièges

▪ Les questions pièges classiques

Sylvie Bernard-Curie suggère également de préparer quelques questions fréquentes comme :

– ***« Que savez-vous de l'entreprise » ?***
« Il faut évidemment aller surfer sur le site de l'entreprise avant, être au courant de l'actualité qui la concerne, chercher de l'information sur le recruteur qui va vous recevoir en le "google-isant" et éventuellement parler avec une ou deux personnes qui y travaillent déjà », conseille-t-elle.

– ***« Vos trois principaux défauts/vos trois principales qualités ? »***
« Le but est de trouver des défauts qui sont des qualités pour le job ou alors des défauts qui sont ceux des qualités exposées, comme par exemple : « Je suis rigoureuse (qualité) mais parfois un peu perfectionniste (défaut). Cela peut être une bonne idée aussi de prendre un vrai défaut (mais pas très grave !) pour permettre un échange, qui de ce fait, aura un accent d'authenticité. »

– ***« Donnez-moi un mot pour vous décrire »***
« Certains recruteurs aiment ce type de pique visant à déstabiliser légèrement le candidat. Vous pouvez reprendre une de vos qualités ou votre objectif majeur. Comme la question suivante sera "Pourquoi ?", vous pourrez développer à loisir. »

– ***« Pourquoi vous plutôt qu'un autre pour ce poste ? »***
« C'est encore une façon de vous demander vos qualités mais en les croisant avec votre compréhension du poste. C'est une question importante à préparer car elle oblige à bien réfléchir à votre compatibilité avec les attentes de l'entreprise. »

– ***« Quel est votre projet à cinq ans ? »***
« Vous pouvez répondre que cinq ans, c'est très long et accepter de développer les trois ans qui viennent. Ce genre de question n'apporte pas grand-chose : en effet, vous allez répondre que vous vous projetez dans le poste et l'entreprise auxquels vous postulez ! »

– ***« Racontez-moi une situation dans laquelle vous avez échoué »***
« Il faut trouver une situation réelle qui montre les difficultés rencontrées et votre analyse de comment vous auriez pu, avec le recul, faire différemment. »

– ***« De quelle réalisation êtes-vous le plus fier ? »***
« En général, c'est facile, il suffit de raconter un de vos succès qui vous fait encore pétiller les yeux. »

– ***« Quel est le titre du dernier livre que vous avez lu/film que vous avez vu ? »***
« Attention de partir sur une œuvre qui vous a enthousiasmée, qui vous a fait vibrer… Et qui est en ligne avec vos valeurs profondes. »

– ***« Y a-t-il une question que je ne vous ai pas posée et que j'aurais dû vous poser ? »***
« Là, reprenez les questions préparées… Il faut toujours poser une question précisant un point évoqué précédemment mais après avoir indiqué que l'entretien a été, selon vous, très complet. Si vous avez fait mention d'un engagement humanitaire sur votre CV, c'est le moment d'en parler. »

▪ Les questions sur la vie privée

– ***« Comptez-vous avoir un enfant prochainement[1] ? »***
« Bien sûr, ce genre de question est interdit par la loi, rappelle Brigitte Grésy, inspectrice générale des affaires sociales[2]. Cependant, je déconseille de répondre : "Ça ne vous regarde pas !" Le problème de l'entretien d'embauche, c'est le choc entre une histoire personnelle ("Je veux ce job, j'en ai besoin, il me le faut, donc je dois prendre le moins de risque possible") et une histoire collective ("Essayons de faire avancer les choses pour les femmes, l'entreprise doit prendre en compte la parentalité"). L'entretien d'embauche n'est, en aucun cas, le lieu pour afficher ses convictions en faveur des femmes si l'on en a. Le rapport de forces est trop inégal. Si la candidate est très intéressée par le poste et l'entreprise, je lui conseillerai plutôt de ruser. Plutôt que de jouer la franchise totale ("Oui, je veux mettre en route un enfant dans un an"), il est préférable de répondre : "Oui effectivement je viens de me marier (variante : "Je vais me marier"), mais je tiens à m'investir

1. 23 % des femmes sont interrogées sur leurs projets parentaux lors d'un entretien d'embauche. *Source* : CSA/la Halde, 2009.

2. Auteure du *Rapport préparatoire à la concertation avec les partenaires sociaux sur l'égalité professionnelle entre les femmes et les hommes,* daté de juillet 2009, du livre *Petit traité de sexisme ordinaire,* Paris, Albin Michel, 2009 et du rapport de juin 2011 sur l'égal accès des femmes et des hommes aux responsabilités familiales et professionnelles.

pleinement dans ce poste et la question d'un enfant n'est pas à l'ordre du jour." »

– ***« Je vois que vous avez deux jeunes enfants, comment êtes-vous organisée pour les faire garder*[1] *? »***
Même si la question vous révulse, répondez-y de façon la plus rassurante possible. Mais veillez à rester discrète. En effet, dans un entretien d'embauche, les réponses peuvent être beaucoup plus indiscrètes encore que les questions… Inutile de commencer à raconter votre vie. Une chose est de dire : « J'ai deux enfants gardés à la maison par une nounou », une autre de donner leurs noms, leurs âges, leurs dernières maladies, etc. Ramenez toujours l'entretien à votre désir de vous impliquer dans ce poste.

– ***« Que pensez-vous des programmes en faveur de la parentalité qui existent dans certaines entreprises ? »***
Répondez sincèrement que vous trouvez cela « formidable pour les parents – et pas seulement pour les femmes, puisque les jeunes pères aussi ont vocation à s'occuper de leurs enfants et souhaitent le faire désormais », mais restez sur vos gardes. Il s'agit peut-être aussi d'un piège pour mesurer votre degré d'implication dans votre travail et votre famille, si vous en avez une, ou envisagez d'en fonder une. « Ne mettez pas vos tripes sur la table », insiste Brigitte Grésy.

▪ Les questions sur votre ancien job

Si le départ d'une entreprise s'est mal passé, autant dire pourquoi de façon franche avec vos propres mots. Mais attention : resituer les faits dans un environnement, une équipe, un cadre (harcèlement, plan social, restructuration interne…). S'il est préférable de bien quitter son entreprise (*voir* « Changer d'entreprise ? », p. 399), ce n'est malheureusement pas toujours possible.

▪ La question qui revient à des moments différents et sous des formes variables.

« Cela fait partie des pièges classiques des recruteurs de poser la même question plusieurs fois, prévient Aymeric Vincent. L'idée est de tester votre constance dans la réponse et de

1. En France, seules 25 % des entreprises se disent prêtes à embaucher davantage de mères de famille et 41 % des employeurs craignent un défaut de flexibilité, selon une enquête Régus publiée dans *Le Figaro* du 24 janvier 2011.

traquer d'éventuelles incohérences. Ou bien d'éclairer un point qui semble obscur au recruteur. Moins vous donnez d'éléments au recruteur, plus son imagination peut prendre le pas et l'affoler. Mieux vaut être précise et là encore, resituer les choses dans leur contexte. »

- Les questions sur le management au féminin

Si vous postulez pour un poste de management, vous avez tout intérêt à vous préparer à cette question : « Pensez-vous que les femmes managent différemment leurs équipes que les hommes ? » Pour trouver des réponses, *voir* « Devenir manager, est-ce pour moi ? », p. 220.

Entraînez-vous à l'entretien

- Entraînez-vous à parler à haute voix

Seule ou devant un proche, essayez de vous exprimer sur chacune des lignes de votre CV (titre et contenu). Cela vous permettra de vous sentir mieux préparée, voire de retravailler votre CV. Posez-vous à chaque fois ces questions : qu'ai-je voulu dire ? suis-je capable d'en discuter ?

- Anticipez le trop-plein d'émotivité

Aymeric Vincent en est persuadé : « Les femmes sont plus sensibles, plus émotives que les hommes sur certains sujets et cela peut être gênant lors d'un entretien. » La réalité n'est évidemment pas si stéréotypée : il existe aussi des hommes sensibles et des femmes peu émotives. Mais si vous rougissez ou si vous vous retrouvez au bord des larmes facilement, faites un peu attention aux débordements. Pour cela, Antoine Pelissolo[1], docteur en médecine, professeur de psychiatrie à l'université Pierre-et-Marie-Curie, praticien hospitalier à la Pitié-Salpêtrière et chercheur au CNRS, conseille d'anticiper cette éventualité. « Il faut comprendre que ces manifestations d'émotivité (transpirer, rougir, impression de trembler, battements du cœur qui accélèrent, etc.) sont des signes qui accompagnent normalement les émotions d'anxiété et de peur. Dans le cerveau, les systèmes qui gèrent les peurs déclenchent en partie des réactions physiques. Vouloir empêcher ces manifestations sur le moment n'est pas

1. Et coauteur de *Ne pas rougir et accepter le regard de l'autre*, Paris, Odile Jacob, 2010.

suffisant. La volonté ne suffit pas. Il vaut mieux “travailler” un peu sur soi en amont. La relaxation peut être précieuse, mais elle n'est pas toujours efficace pour les hyperactifs. L'idée est plutôt de faire diminuer son stress avant l'entretien. Or l'essentiel de ce stress vient de la lecture que l'on se fait de la situation avant de la vivre. Il faut donc s'efforcer de dédramatiser un peu, se dire que sa vie ne dépend pas de cet entretien, que tout ne va pas se décider dans les trente secondes et que l'enjeu est d'être bien concentré pendant une vingtaine de minutes. Si votre interlocuteur vous déstabilise, évacuez les pensées automatiques qui peuvent vous assaillir (“Je vais tout rater”, “Je suis nulle”) et concentrez-vous sur l'échange en plaçant votre attention sur l'autre plutôt que sur vous. Dans un entretien, c'est toujours préférable de se centrer à 80 % sur l'autre et à 20 % sur vous. Pour cela, il faut le regarder dans les yeux, écouter ce qu'il dit et répondre en revenant toujours à votre parcours. Cela va à l'encontre d'une tendance un peu naturelle des personnalités anxieuses à éviter l'autre pour s'éloigner de l'objet qui fait peur. C'est pourquoi, il est important de s'entraîner avant avec un proche ou même tout seul devant sa feuille de papier. Cela permet de visualiser à l'avance les situations désagréables et de préparer une petite stratégie pour y faire face. »
Enfin, si vous venez d'être frappée par un décès ou par un autre drame dans votre famille, il vaut mieux reporter l'entretien. Le recruteur comprendra très bien et, s'il ne comprend pas, alors mieux vaut ne pas travailler pour lui…

Pensez à la tenue que vous porterez

▪ Les vêtements

Il faut que vous vous sentiez à l'aise.

– ***La jupe***

Si vous y tenez absolument, choisissez-la suffisamment longue pour qu'elle couvre les cuisses quand vous serez assise. Dans ce cas, préférez des collants neutres et veillez à ne pas croiser et décroiser les jambes sans cesse.

– ***Le pantalon***

C'est une valeur sûre. N'oubliez pas de choisir des chaussettes suffisamment hautes pour ne pas découvrir le mollet en repliant la jambe.

– ***La veste***

Elle donne de l'assurance et du chic à toute allure. Depuis plusieurs saisons, elle est de retour dans les magazines de mode. Et dans les univers professionnels un peu traditionnels comme le conseil ou l'industrie, elle est incontournable comme gage de crédibilité (*voir* « Le look, jusqu'où ça compte ? », p. 180).

– ***Les couleurs et imprimés***

Évitez le trop vif ou bariolé qui risque de vous faire passer dans la catégorie des « excentriques », sauf si vous postulez dans un univers très créatif. Et encore… vous ne savez pas à qui vous avez affaire. Préférez le classique chic : la chemise blanche, le tailleur-pantalon bleu marine, c'est simple et un peu ennuyeux, mais efficace. Attention quand même que les coupes ne soient pas trop masculines. Inutile de vous déguiser en homme.

– ***Attention au décolleté***

Il attirera l'attention de votre interlocuteur sur autre chose que vos compétences et déplaira fortement à votre interlocutrice ! Évitez, c'est plus sûr.

▪ Le maquillage

Pour être à l'aise, pas d'innovation de dernière minute.

– ***Le make-up***

Il doit être léger pour donner une impression de fraîcheur et de dynamisme : fond de teint light, touche de blush rosé, un peu de mascara et une bouche « nude » légèrement satinée, pas trop mate pour ne pas durcir le visage.

– ***Les ongles***

Ils ne doivent pas être trop longs. Si vous le pouvez, offrez-vous une petite manucure. Le beige rosé, c'est parfait. Évitez la french manucure ou alors demandez un bord très fin, de l'épaisseur d'un fil : le bord blanc trop large, peut être perçu comme ordinaire.

– ***Le parfum***

Préférez une eau de toilette un peu neutre, très légère et fraîche aux parfums capiteux qui peuvent incommoder votre interlocuteur. Pas de *pshitt* en bas de l'immeuble du recruteur. Une eau de toilette met du temps à se stabiliser. En revanche, si vous avez tendance à transpirer sous le coup des émotions, n'hésitez pas à remettre un peu de déodorant (sans parfum) avant l'entretien.

▪ Les accessoires

– ***Les chaussures***
Elles doivent être bien cirées. Ne les choisissez pas trop hautes. Vous ne connaissez pas la taille de votre recruteur… Mais un talon (bien stable) de 6-7 centimètres peut vous donner de l'assurance.

– ***Le sac à main***
Évitez le grand fourre-tout, qui donnera l'impression que vous êtes désorganisée, quand vous fouillerez dedans pour trouver un stylo… Privilégiez le sac à main (dans lequel vous n'oublierez pas un paquet de Kleenex, au cas où vous auriez besoin de vous moucher…) et une chemise cartonnée qui contiendra vos documents, quelques feuilles et un stylo.

– ***Les bijoux***
N'oubliez pas votre montre, bien sûr, ce n'est pas le jour à être en retard. En revanche, évitez les bagues, colliers et autres verroteries volumineux et/ou précieux, qui vous propulseront dans le camp des trop coquettes (donc pas professionnelles) et feront du bruit au moindre mouvement.

Les conseils de dernière minute

▪ Attention au café-cigarette, dix minutes avant l'entretien

« Ou alors buvez un verre d'eau juste après et prévoyez un spray ou une pastille haleine fraîche. Évitez également le croissant qui laisse les mains grasses et des miettes partout. De même, si l'entretien a lieu juste après le déjeuner, la bruschetta à l'ail n'est peut-être pas le meilleur choix… Pensez à votre confort et à celui de votre interlocuteur », poursuit Aymeric Vincent.

▪ N'oubliez pas que l'entretien commence au coin de la rue

« Éteignez votre portable et cessez de fumer, votre recruteur est peut-être, lui aussi sur le trottoir, en train d'arriver, avertit Aymeric Vincent. De même, faites attention à votre manière de vous comporter dans le hall. Vous ne savez pas qui vous y croisez. Un sac qui se vide involontairement, un parapluie qui laisse une flaque sur la moquette peuvent donner une première impression de désordre, qu'il vous faudra effacer, ensuite, durant l'entretien. »

- Relisez votre CV juste avant, surtout si vous l'avez changé récemment.
- Quand le recruteur vient vous chercher.

« S'il vous demande si vous avez eu du mal à trouver, évitez de répondre oui, poursuit Aymeric Vincent. En effet, vous êtes censée connaître Mappy.fr… »

Durant l'entretien

Regardez votre interlocuteur dans les yeux

« Fuyants ou présents, les yeux disent beaucoup avant même le premier mouvement des lèvres, poursuit Aymeric Vincent. Utilisez votre regard pour tranquilliser le recruteur, l'amadouer. Offrez une certaine chaleur avec vos yeux, une réelle disponibilité. Le recruteur en transformera également sa propre attitude. Regardez bien droit dans les yeux. Rien de plus désagréable, lorsque durant toute la discussion, les regards ne font que se croiser. Si vous n'arrivez pas à regarder longuement une personne, fixez un point entre les deux yeux, votre interlocuteur n'y verra que du feu. Très pratique également quand celuici louche. »

Souriez mais pas trop

« Le sourire souligne une envie de gagner, d'entrer dans cette fonction, ajoute Aymeric Vincent. Il donne également une impression de bonne humeur, donc une capacité à s'intégrer dans une équipe. Cependant l'entretien d'embauche ne doit pas se transformer non plus en franche rigolade (voir point suivant). Il faut trouver la juste mesure entre le sourire blanc immaculé des stars hollywoodiennes et celui du clown triste. »

Gardez un ton professionnel tout au long de l'entretien

« Que vous ayez affaire à un DRH ou un chef de service, le langage employé, les tournures de phrases doivent rester professionnels, poursuit Aymeric Vincent. On ne parle pas à un recruteur potentiel comme à l'un de ses amis. Bien sûr, tout dépend du poste et de l'univers professionnel dans lequel on postule, mais il faut rester vigilant durant tout l'entretien, même quand on commence à être à l'aise et à se détendre. C'est justement là qu'on peut baisser la garde et passer pour culottée. Si par la suite, une fois qu'on est recrutée, la relation avec la hiérarchie évolue vers une plus grande familiarité, pourquoi pas. Mais l'entretien d'embauche doit rester professionnel jusqu'au bout. »

Et si la conversation prend un mauvais tour ?

Si le ton de votre interlocuteur vous déplaît, si vous ressentez un malaise grandissant n'hésitez pas à interrompre l'entretien. Vous n'êtes jamais à l'abri d'un recruteur machiste, sexiste ou raciste. « Rien ne vous empêchera de former ensuite un recours devant un organisme comme le Défenseur des droits (qui a remplacé l'ancienne Halde) ou de rejoindre un réseau de femmes pour tenter de faire évoluer les mentalités », poursuit Brigitte Grésy. Présidente du réseau Grandes écoles au féminin[1] (GEF), Clarisse Reille estime que les jeunes diplômées de ces écoles prestigieuses, surtout les ingénieures – qui sont des talents très recherchés de nos jours parce que trop rares en Europe –, ont désormais le choix. « Elles doivent redevenir actrices de leur vie professionnelle, dit-elle. Elles ne sont pas obligées d'aller travailler dans des entreprises qui ne s'occupent pas de mixité, n'ont aucune femme au comité exécutif et aucune politique d'aide à la parentalité. »

---

1. ECP, ENA, ENPC, ESCP-EAP, Essec, HEC, Insead, Mines et Polytechnique.

Après l'entretien

Soyez un peu fataliste. Vous avez fait votre maximum pour décrocher ce poste, mais, si ça ne marche pas, c'est que ça ne devait pas marcher. « Il est très important de comprendre qu'un entretien est une rencontre entre une entreprise et un candidat à un moment précis, dans un cadre précis, une équipe précise, rappelle Aymeric Vincent. Autrement dit, si celui-ci ne débouche pas sur une embauche, c'est que la rencontre n'a pas eu lieu, et non que vous êtes supernulle ! »

Optimiser ses cent premiers jours dans une entreprise

En politique, on sait l'importance des cent premiers jours. En entreprise aussi, ils sont fondamentaux. C'est le moment où l'on construit son image et où l'on tente d'imprimer sa marque. Marche à suivre pour gérer cette période au mieux.

Pourquoi cette période est-elle si importante ?

« Durant les premiers temps d'un poste, vous serez observée comme un poisson dans un bocal, tous les yeux seront braqués sur vous, explique l'*executive coach* Gilly Weinstein. Ceux qui regrettent de ne pas avoir été nommés à votre place ou qui auraient préféré voir un autre candidat à votre poste, mais aussi ceux qui étaient très attachés à la personne que vous remplacez, attendent plus ou moins consciemment que vous vous plantiez. » Cela ne doit pas vous rendre paranoïaque, mais une certaine vigilance s'impose. En même temps, le fait d'être nouvelle dans ce poste vous auréole d'un certain mystère qui peut vous aider à imposer certains changements. D'où l'intérêt de soigner ces premiers temps.

Comment réussir votre intégration ?

Faites bonne impression

▪ Soignez votre tenue vestimentaire

Ce n'est pas le moment de porter des tenues trop sexy avec des décolletés plongeants, des hauts talons ou des jupes courtes. Si vous aimez vous habiller de façon très féminine, attendez un peu avant d'exprimer cet aspect de votre personnalité. Le faire dès maintenant reviendrait à donner un bâton à vos adversaires pour vous battre (*voir* « Le look, jusqu'où ça compte ? », p. 180). « Quand vous venez d'arriver dans une entreprise, les gens attendent de vous coller une étiquette, met en garde Gilly Weinstein. Une tenue "low profile" qui obéit aux codes de l'entreprise est plus appropriée. »

▪ Luttez contre votre tentation de tout révolutionner

Bien sûr, si on vous a nommée à ce poste, c'est dans un but (plus ou moins) précis. Bien sûr, vous avez envie d'imprimer votre marque, vous êtes pleine de la fraîcheur qui caractérise les nouveaux venus dans un job. Mais soyez prudente : ne cédez pas à la tentation du bulldozer qui veut tout balayer sur son passage, ce serait le meilleur moyen de vous mettre tout le monde à dos et de susciter de multiples résistances. Si vous voulez opérer des changements, soyez plus habile que cela. Vous devez vous montrer affirmée, confiante en vous, sans non plus en faire trop.

▪ Faites-vous respecter dès le départ

« Quand on arrive dans un nouveau poste, l'une des erreurs les plus gênantes à long terme, explique le psychiatre François Lelord[1], est de laisser passer toutes les petites tentatives des

---

1. Après avoir exercé la psychiatrie à l'hôpital puis en cabinet libéral, travaillé comme conseil en entreprise et écrit plusieurs essais best-seller avec Christophe André – *Comment gérer les personnalités difficiles, L'Estime de soi, La Force des émotions* (Odile Jacob) –, François Lelord a écrit une série de contes, *Les Voyages d'Hector*, qui ont été publiés en plus de vingt langues. Son plus grand succès *Le Voyage d'Hector ou la Recherche du bonheur* a été publié à plus d'un million d'exemplaires. Aujourd'hui, il vit entre Paris, Bangkok et Saigon, où il travaille comme psychiatre pour la Fondation Carpenter.

collègues qui cherchent, plus ou moins consciemment, à vous asservir. Exemples : on vous refile du travail qui n'est pas le vôtre, on ne vous tient pas au courant des choses importantes... C'est pourquoi il faut laisser entrevoir tout de suite ses capacités de défense pour ne pas avoir à trop les utiliser par la suite. » (*Voir* « S'affirmer au bureau », p. 56.)

Cernez ce que l'on attend vraiment de vous

- Identifiez les objectifs du poste, si cela n'a pas été fait lors de votre recrutement. « Demandez, dès votre prise de fonction, un entretien de mise au point avec votre chef pour connaître précisément ses attentes et définir les priorités de votre mission. Essayez également de mieux identifier les non-dits du poste. » Rassurez-vous : si vous avez été recrutée, c'est que votre hiérarchie souhaite que vous réussissiez. Elle devrait vous soutenir avec une bienveillance supérieure à celle de vos collègues de niveau équivalent ou vos N–1 (si vous encadrez une équipe).

- Rencontrez votre prédécesseur, si cela est possible. « Ce qu'il aura à vous apprendre ne sera pas forcément parole d'évangile, avertit Gilly Weinstein, mais vous donnera une idée de ce qui ne marchait pas et de ce qui marchait avant. Demandez-lui aussi ce qui l'a poussé à partir et avec le recul, ce qu'il ferait différemment si c'était à refaire ».

Respectez une période d'observation

« C'est une étape indispensable pour repérer les personnes vraiment décisionnaires, qui ne sont pas forcément celles qui arborent les titres les plus ronflants sur leurs cartes de visite, poursuit Gilly Weinstein. Cette phase permet aussi de s'imprégner des us et coutumes, comme les petites choses à dire ou à ne pas dire, à faire ou à ne pas faire. C'est le moment d'absorber un maximum de données sur la culture maison en surfant sur l'Intranet, mais également en rencontrant le plus de gens possible en tête à tête. Prenez du temps avec chacune des personnes avec lesquelles vous êtes amenée à travailler – au cours d'un café, d'un déjeuner ou d'un entretien plus formel si cela vous semble plus approprié. »

Soyez vraiment à l'écoute des gens que vous rencontrez

Profitez à fond de cette période durant laquelle on va vers les autres sans *a priori* ni pression. Montrez du respect pour les gens qui vous entourent (ils ont une expérience dans cette entreprise que vous n'avez pas, ils ont des choses à vous apprendre), de l'humilité par rapport à ce nouveau job. Posez des questions : quelles sont les forces et les faiblesses de l'équipe dans laquelle vous venez d'arriver, quelles sont ses valeurs, quelles sont les difficultés de la mission ? Écoutez les réponses, mesurez les préoccupations professionnelles de chacun. Si quelqu'un dit du mal d'une autre personne, ne l'étiquetez pas forcément « mauvais esprit », « déloyal » ou « ronchon de service », mais essayez d'en savoir plus pour vous faire votre propre opinion. Interrogez : « Que voulez-vous dire par là ? Sur quel événement vous appuyez-vous pour dire cela ? » Ainsi, vous démêlerez le ressenti forcément subjectif des faits véritablement objectifs. Quoi qu'il en soit, restez neutre le plus possible. Apprenez à vous taire. Méfiez-vous de « radio Moquette », qui répétera systématiquement vos propos, souvent en les déformant. Absorbez comme une éponge, sans forcément vous dévoiler.

Analysez les atouts et les faiblesses de votre entreprise et de votre service

Profitez de l'œil neuf que vous avez sur la situation. Celui-ci vous permet de voir plus facilement ce qui fonctionne ou ce qui patine dans un service ou sur un dossier. Ainsi, vous déduirez les besoins et ce que vous pouvez apporter, vous, en termes de valeur ajoutée.

Constituez-vous un réseau interne

Plus vous aurez d'alliés, plus vous aurez de chances de vous intégrer et de faire passer vos idées. Soyez attentive à tout le monde, pas uniquement aux gens de votre âge ou de votre service (*voir* « Se constituer un réseau », p. 143).

Gagnez la confiance des autres

« Inventez le petit truc qui fait la différence, une action pas forcément prioritaire mais qui porte ses fruits rapidement[1]. C'est ce qu'on appelle en anglais les *quick wins* ("gains rapides"). Ça peut être symbolique ou matériel. Cela permet de couper l'herbe sous le pied à vos détracteurs potentiels, prêts à critiquer votre immobilisme. »

Pour le reste de la relation avec vos collègues, *voir* « Travailler au mieux avec ses collègues », p. 78.

Insistez dès le départ sur vos valeurs

« En les communiquant oralement bien sûr, mais aussi en les appliquant dans vos actions et décisions, conseille Gilly Weinstein. N'envoyez pas de messages contradictoires, il n'y a rien de pire pour saper votre image. Exemple ? Si vous voulez prêcher le bon esprit dans une équipe, ne médisez pas sur une personne avec une autre ! »

Proposez des idées innovantes

Une fois votre intégration réussie – et/ou l'équipe soudée autour de vous, si vous êtes manager –, n'attendez pas trop pour opérer certains changements, en avançant des idées originales, afin d'asseoir votre crédibilité.

1. *In Elle*, 16 mai 2009, article de Julia Dion, « Réussir ses 100 premiers jours ».

S'affirmer au bureau

Au travail, votre comportement compte autant que vos compétences. Mais trouver le ton et le positionnement justes ne s'apprend ni à l'université ni dans les grandes écoles. Quelques conseils et techniques pour développer votre assurance.

Pourquoi tant d'erreurs de comportement sont-elles commises au bureau ?

Parce que l'entreprise est souvent présentée comme un monde très rationnel, où seuls les résultats comptent, alors que la dimension émotionnelle joue aussi un rôle fondamental. « Être un bon professionnel repose sur des compétences pour moitié techniques et pour moitié psychologiques, estime le psychiatre François Lelord[1]. Or les gens sont encouragés à développer les premières et ignorent souvent tout des secondes. »
Jusqu'à une époque récente, le système scolaire français apprenait surtout à travailler seul et à attendre les instructions du professeur. Dans l'entreprise, au contraire, il faut savoir travailler en équipe, prendre des initiatives et définir parfois soi-même ses propres tâches.

Quelles sont les erreurs le plus fréquemment commises ?

L'erreur que les coachs et les psys rencontrent le plus est une mauvaise gestion des conflits. « Beaucoup de gens oscillent entre deux attitudes contradictoires : "s'écraser" tout en nourrissant un fort ressentiment ; ou bien exploser avec violence, ce qui laisse des traces et endommage la relation de travail, poursuit

1. Voir note 1, p. 52.

François Lelord. Or ces deux comportements sont aussi inappropriés l'un que l'autre. »

« Pour être bien dans sa peau au bureau ou en famille, je dirais qu'il ne faut être ni paillasson ni hérisson », ajoute le psychiatre Christophe André[1].

Comment se comporte le « paillasson » ?

« Il est obsédé à l'idée que le lien entre l'autre et lui se casse, poursuit Christophe André. Du coup, il est mal à l'aise dans quatre types de situations : faire une demande, dire non, adresser ou recevoir une critique. Comme il ne possède pas le savoir-faire pour adopter la bonne attitude, il finit par s'écraser complètement. Ce comportement est pernicieux. Peu à peu, sans s'en rendre compte, la personne perd l'habitude de parler en son nom, de voir ce qui est important pour elle. Elle s'efface au profit des autres. Et, au final, comme elle ne se donne plus jamais la parole, elle finit par se mépriser. L'estime de soi en prend un sacré coup. »

Le « hérisson » est-il mieux loti ?

« Absolument pas, répond Christophe André. Celui qu'on appelle "timide agressif" réagit à tout par l'agression. Il est tellement soucieux de ne pas se faire avoir qu'il est beaucoup trop offensif. Il anticipe systématiquement le refus de l'autre. Il n'a pas confiance en lui pour négocier, alors il essaie de passer en force en criant ou en humiliant. Certes, il obtient souvent ce qu'il veut, mais il est rongé par la tension pendant qu'il agresse l'autre et par la culpabilité après coup. Le prix relationnel et émotionnel de ce type de comportement est très lourd à payer. »

---

1. Psychiatre à l'hôpital Sainte-Anne, Christophe André est l'auteur d'une vingtaine de livres depuis 1995, dont plusieurs best-sellers : *L'Estime de soi, Imparfait libre et heureux, Comment gérer les personnalités difficiles, La Force des émotions* (Odile Jacob) et *Le Bonheur* (Les Arènes).

D'où viennent ces comportements excessifs ? Est-ce un handicap avec lequel on naît ou l'acquiert-on par la suite ?

« Nous, les professionnels, appelons cela une anxiété d'évaluation, poursuit Christophe André. Derrière ce mot barbare se cache un mal très répandu qui nous touche presque tous. L'acquis y est pour beaucoup. Il y a des familles dans lesquelles la soumission ou l'agressivité sont de véritables règles de fonctionnement. Les enfants observent les parents et reproduisent les schémas familiaux… Ajoutez à cela toutes les petites phrases assassines qui insécurisent l'enfant sur sa propre valeur ("Ce n'est pas assez bien", "Fais attention, tu vas déranger"…) et l'anxiété trouve un terrain encore plus propice pour se développer. Enfin, cet acquis prend d'autant mieux chez les enfants au tempérament émotif et vulnérable. »

Mais quand on a peur pour son poste, n'est-il pas prudent de ne pas réagir aux conflits ?

« Au contraire : ne jamais s'exprimer en cas de conflit risque peu à peu, d'aboutir à ne plus être respecté, assure François Lelord. Un tel comportement conduit à de petites situations quotidiennes d'échec et, au final, rend plus vulnérable à une perte d'emploi. Au travail, notre santé quotidienne dépend aussi de notre capacité à ne pas laisser passer les remarques désobligeantes, à nous exprimer quand quelque chose nous tracasse, à formuler des critiques et à dire non à son chef. »

Pourquoi aujourd'hui faudrait-il être plus sûr de soi qu'hier ?

« Notre société, poursuit François Lelord est passée des valeurs de devoirs et de respect de la norme à des valeurs de bien-être et d'épanouissement personnel. Et, contrairement aux sociétés du passé où tout était joué à la naissance – du métier au conjoint, en passant par la situation sociale –, actuellement, tout est possible. » Revers de la médaille : cette nouvelle liberté nous intime le devoir d'en profiter, ce qui implique d'avoir sans cesse à faire nos preuves.

Les femmes sont-elles moins sûres d'elles que les hommes ?

Dans le monde du travail, c'est incontestable. Les spécialistes des inégalités professionnelles entre les hommes et les femmes sont formels : si les femmes sont moins nombreuses dans les postes de direction, ce n'est pas parce qu'elles sont moins compétentes que les hommes, mais parce qu'elles osent moins demander des promotions, faire connaître leurs succès, bref qu'elles ne sont pas assez sûres d'elles-mêmes.

Dans leur livre *L'Estime de soi*[1], les psychiatres Christophe André[2] et François Lelord[3] citent des études qui démontrent que les femmes manquent davantage d'estime de soi que les hommes. Explications de Christophe André : « La première raison tient à l'éducation : les parents ont tendance à encourager davantage leurs enfants mâles à défendre leurs intérêts et à affirmer leur personnalité, ce qu'ils ne font pas pour leurs filles. À l'inverse, ils encouragent – plus ou moins consciemment – ces dernières à être obéissantes et coquettes, autant de comportements peu propices au développement d'une estime de soi forte et stable. Mais, heureusement, les choses changent : de nos jours, on élève de moins en moins les petites filles de

1. Odile Jacob, 2002.
2. Voir note 1, p. 57.
3. Voir note 1, p. 52.

cette façon. La seconde raison vient de la société dans laquelle nous vivons : les femmes d'aujourd'hui subissent une terrible pression culturelle. L'omniprésence de modèles féminins au physique parfait dans la mode et la publicité rend les femmes obsédées par la minceur et la jeunesse. »

Être plus sûre de soi, est-ce que ça s'apprend ?

« Oui, rien n'est écrit une fois pour toutes », répondent les psychiatres cognitivo-comportementalistes[1]. « Pour les gens qui expriment un vrai déficit et donc une vraie souffrance, une psychothérapie brève, de type cognitivo-comportementale, est parfois nécessaire pour les aider à devenir sûrs d'eux, explique Christophe André. On essaie de réparer une sorte d'inégalité qui les frappe, en les ramenant au même niveau d'assurance que les autres, ceux qui sont sûrs d'eux, dès le départ. » Mais sans recourir forcément à un professionnel, on peut déjà progresser en assimilant quelques techniques de base, en n'oubliant jamais cette évidence martelée par les bons spécialistes : devenir sûr de soi, ce n'est pas devenir agressif, et encore moins tout-puissant. « C'est même tout le contraire, assure François Lelord[2]. C'est aussi communiquer efficacement avec les autres et être conscient de ses limites. »

Quelles sont les techniques de base de l'affirmation de soi ?

Dans l'entreprise plus qu'ailleurs, ces techniques sont utiles et efficaces. « Pour avoir un minimum d'assurance, il faut croire en ses capacités à agir efficacement, en harmonie avec les autres », affirme le docteur Frédéric Fanget, psychiatre, psychothérapeute et auteur de *Affirmez-vous !* (Odile Jacob, 2011). Il nous donne son mode d'emploi.

---

1. Renseignements à l'Association française de thérapie comportementale et cognitive (AFTCC), www.aftcc.org.
2. Voir note 1, p. 52.

Faites évoluer votre rapport avec vous-même

Dans un premier temps, il s'agit de lutter contre les pensées négatives qui vous empêchent de croire en vous et d'agir. C'est parce que vous n'osez pas demander ou dire quelque chose que vous ruminez contre vous-même. C'est parce que vous osez le faire que vous augmentez votre fierté de vous-même. Quelques pistes pour y arriver :

- Fixez-vous des objectifs raisonnables. Attention au syndrome de la barre trop haute, qui frappe de nombreuses femmes particulièrement exigeantes avec elles-mêmes.
- Contentez-vous de petites satisfactions, comme d'oser demander à un chef très distant et impressionnant un retour sur un dossier. Dites-lui : « Vendredi, vous m'avez demandé une analyse du dossier Martin en urgence, depuis je ne vous ai pas vu, j'aimerais bien que vous me disiez ce que vous avez pensé de mon travail. » C'est plus réaliste que de demander d'emblée une grosse augmentation à votre boss.
- Encouragez-vous après chaque petite action réussie (exemple : vous avez osé demander à une assistante rebelle de vous faire des photocopies), en vous accordant un petit plaisir, cadeau ou autre. Ce peut être simplement de le dire à votre sœur à qui vous aviez parlé de cette assistante un peu terrifiante. Par la suite, apprenez à vous satisfaire de vous-même de l'avoir fait.
- Acceptez la demi-réussite ou le demi-échec. Pour reprendre l'exemple du dossier Martin, acceptez que votre patron vous dise qu'il a apprécié votre réactivité, mais que telle partie aurait pu être plus fouillée.
- Forcez-vous à prendre le risque de l'échec éventuel.
- Tirez les leçons de vos échecs en modifiant votre comportement en conséquence.
- Développez vos domaines de compétences et d'expertise.
- Mettez un espace entre la valeur de votre personne et celle de votre action. Vous avez le droit à l'erreur et restez une personne de valeur même quand vous faites une bourde.

Faites évoluer votre rapport avec les autres

Dans un second temps, il s'agit d'apprendre à ne plus être passive, sans tomber dans l'agressivité. Cinq situations fréquentes à connaître :

▪ Faire du feed-back positif

– ***Pourquoi ?***

Parce que la relation de travail est une relation semi-obligatoire, donc délicate. Il faut la soigner. Si l'on veut pouvoir s'affirmer au travail (en disant non, en faisant parfois des critiques, etc.), on ne peut le faire utilement que si l'on est aussi capable d'adresser des messages positifs à ses interlocuteurs. Faire une critique à quelqu'un qu'on ne remercie ni ne félicite jamais n'est pas très efficace, voire expose à passer pour l'« emmerdeuse de service ». Pour travailler utilement, il faut pouvoir communiquer aussi sur ce qui va et non toujours sur ce qui ne va pas.

– ***Comment ?***

✓ ***Repérez les choses (actions, paroles) que vous appréciez au quotidien dans votre travail.*** Ce peut être une réunion hypercréative, un déjeuner à la cantine sympathique, un service rendu par un collègue, un rapport que vous avez trouvé brillant, etc. Si vous cherchez bien, vous verrez que vous trouverez du positif au bureau.

✓ ***Trouvez les bons mots pour faire un compliment***

Dites : « L'autre jour, quand on a brainstormé tous ensemble sur le dossier Schmurtz et qu'on a fini par trouver la solution grâce à toi, j'avoue que j'ai vraiment apprécié. » Variante : « Je tiens à te remercier infiniment de m'avoir dépanné dans l'urgence, j'ai vraiment apprécié de pouvoir compter sur toi » ou encore : « Je voulais te dire que j'ai trouvé ta présentation brillante et que cela fait plaisir de faire partie de ton équipe. »

✓ ***Votre interlocuteur n'accepte pas votre compliment ?***

Il vous répond mi-figue mi-raisin : « Tu te fiches de moi ? », insistez calmement : « Je suis sincère, j'ai beaucoup apprécié et pour moi c'est important de te le dire. »

■ Faire une demande

– ***Pourquoi ?***

Pour exprimer vos désirs et vos besoins. Si vous ne demandez jamais rien, vous ne risquez pas d'obtenir quoi que ce soit et vous vous exposez à avoir de moins en moins confiance en vous. En revanche, le simple fait de demander, même quand on n'obtient pas satisfaction, renforce la confiance en soi, parce que, au moins, on a osé le faire.

– ***Comment ?***

✓ ***Autorisez-vous à demander*** en luttant contre les pensées négatives qui vous bloquent, comme : « L'assistante du service pourrait penser elle-même à faire les photocopies… », « Mon boss aurait pu penser lui-même à me faire un retour sur les dossiers qu'il me confie ! »

✓ ***Si votre demande risque de poser un problème à quelqu'un*** (exemple : vous aimeriez prendre la première semaine des vacances scolaires), anticipez la réaction négative de cette personne, tenez compte d'elle en lui demandant son avis, sinon vous vous exposez à la bombe à retardement (elle vous en voudra et pourra chercher à se venger d'une manière ou d'une autre).

✓ ***Demandez de la bonne manière.*** Utilisez-le « je » et soyez précise et directe. Dès la première phrase, votre demande doit être claire. Exemple : « J'apprécierai beaucoup de prendre la première semaine des vacances de février parce que j'ai mes enfants cette semaine-là. » Mais tenez compte de la position de votre interlocuteur, en ajoutant : « Je voudrais savoir ce que tu en penses. Cela te paraît-il possible ? Y verrais-tu un inconvénient ? » Ainsi, vous ne tomberez pas dans l'agressivité, grand piège, on l'a vu, de l'assurance. L'affirmation de soi, ne l'oubliez pas, c'est aussi le respect de l'autre.

✓ ***Si on vous oppose des arguments qui n'ont rien à voir*** avec votre demande, usez calmement de la formule : « Je comprends » sans vous écarter de votre demande. Évitez de monter le ton, ne vous laissez pas dévier.

✓ ***Ne vous enfermez pas non plus dans le tout ou rien***, n'hésitez pas à négocier. Dans le cas des vacances, si votre demande dérange trop votre collègue, reconnaissez-le et essayez de trouver une solution gagnant/gagnant (exemple : aux prochaines vacances c'est vous qui prendrez la première semaine). Dans le cas d'une demande d'augmentation, si vous n'avez obtenu qu'une petite partie de ce que vous demandiez, mesurez le chemin parcouru. Et n'oubliez pas non plus le contexte économique dans lequel exerce votre entreprise. Ce n'est pas parce que vous méritez cette augmentation que vous y avez forcément droit. Il est important d'accepter qu'on vous dise non quand l'autre ne peut vraiment pas vous satisfaire (*voir* « Parler d'argent avec son employeur », p. 163).

✓ ***Concluez toujours positivement***, même si vous n'obtenez pas tout ce que vous voulez. Exemple : « Je vous remercie de m'avoir écoutée. » Ainsi, vous assurez un avenir à votre relation avec votre interlocuteur et posez des jalons pour la prochaine fois où vous demanderez.

■ Dire non

– ***Pourquoi ?***

Quand on ne dit jamais non, on ne montre aucune limite aux autres et on s'expose à se laisser envahir. On finit par s'oublier, par ne plus agir par soi-même, mais par procuration. Le non-refus permanent, c'est comme une maison sans fenêtres et sans portes : la pluie, les intempéries, les squatteurs peuvent entrer, s'installer et rester dormir. Par ailleurs, quand on sait dire non, on donne du prix à ses oui.

– ***Comment ?***

✓ ***Luttez contre vos pensées inhibitrices*** comme : « Je vais le blesser », « Ça va entraîner un conflit », « Je suis une sale égoïste »…

✓ ***Votre collègue cherche à vous refiler une partie de son travail ?*** Dites : « J'aimerais t'aider mais je ne peux vraiment pas, je suis moi-même complètement noyée en ce moment. »

✓ ***Votre boss vous commande le vendredi soir une étude de deux cents pages pour lundi matin ?*** Dites : « Je vais vous décevoir et cela m'ennuie, mais je ne peux vraiment pas faire ce que vous me demandez. »

✓ ***Il insiste ?*** N'hésitez pas à vous répéter comme un disque rayé. Si c'est un collègue envahissant qui ne vous rend jamais aucun service, un « non » sec devrait suffire à clore la discussion. Si c'est votre boss et son fameux rapport pour lundi, négociez un délai, en lui proposant mercredi.

■ Répondre aux critiques

– Pourquoi ?

Pour mettre un espace entre vos actes et votre personne et ne pas laisser libre cours aux critiques personnalisées et généralisées. Si vous vous laissez critiquer sans répondre, vous vous minez de l'intérieur et laissez attaquer votre personne ce que vous ne devez pas tolérer.

– Comment ?

✓ ***Luttez contre vos pensées négatives*** du genre : « Si j'ai foiré ce dossier, c'est que je suis nulle. »

✓ ***Évitez la contre-attaque immédiate*** qui risque de vous pousser au conflit et aux dérapages. Cherchez plutôt à savoir ce que l'on vous reproche exactement.

Est-ce des actes ? Dans ce cas, soyez ouverte et essayez d'évoluer, car, en vous disant cela, on cherche à vous faire progresser.

Est-ce votre physique, votre caractère, bref votre personne ? Dans ce cas protégez-vous, car cette critique est destinée à vous blesser. Soyez très ferme : « Je veux bien que vous me fassiez des reproches sur mon travail, mais je ne vous permets pas d'attaquer ma personne. » En matière de critique, n'oubliez jamais la règle : exigez des faits, rien que des faits. Si la critique n'a qu'un but, celui de vous humilier en public, faites un geste de la main comme pour repousser physiquement cette parole et dites : « Si tu continues à me parler comme ça, je sors de la salle. »

Est-ce un propos désagréable sur votre travail qui est revenu à vos oreilles ? Dans ce cas, faites une enquête négative. Allez voir la personne qui est l'auteur de ce propos et dites : « On m'a dit que tu as dit telle chose sur mon dossier X, j'aimerais que tu m'en dises plus. Y a-t-il quelque chose qui ne va pas dans ce travail que j'ai fait pour toi ? Y a-t-il autre chose ? » Si en effet, vous avez commis une erreur, reconnaissez-le (« Tu as raison, je vais arranger ça », variante : « La prochaine fois je ferai mieux »). Et même si vous vous sentez un peu vexée, dites-vous que cette critique est faite pour que vous progressiez, non pour vous faire mal. En revanche, si vous n'êtes pas d'accord avec la critique, dites : « J'ai bien entendu ce que tu avais à me dire, mais en l'occurrence ce n'est pas exact, je vais t'expliquer pourquoi… »

✓ ***Faites diversion.*** Si lors d'un entretien annuel, votre boss vous serine que vous n'avez pas rempli vos objectifs, dites-lui : « Et à par ça, qu'est-ce que vous avez trouvé de positif dans mon travail ? » (*Voir* « Réussir son entretien annuel », p. 156.)

▪ Faire une critique

– ***Pourquoi ?***

Parce que, dans le monde du travail, il est nécessaire de pouvoir dire à quelqu'un que son travail ou son comportement ne va pas. Faute de quoi, on s'expose à ruminer en silence éternellement contre lui, voire à exploser de façon totalement disproportionnée un beau matin, selon le bon vieux principe de la goutte d'eau qui fait déborder le vase…

– ***Comment ?***

✓ ***Soyez sûre que votre critique est recevable.*** Interdisez-vous de critiquer la personne, mais concentrez-vous sur ses actes.

✓ ***Mettez-vous en état d'« intentionnalité positive »*** vis-à-vis de cette personne avant de faire votre critique. Faites un effort pour regarder ses côtés positifs – ce que vous appréciez chez elle, ce que vous respectez – et les formaliser. Pourquoi ? Pour éviter d'abîmer, voire de détruire la relation avec elle en étant trop violente dans votre critique. Même avec votre pire ennemi vous pouvez être amenée à travailler et à faire ensemble du bon travail. La relation de travail a ceci de supérieur à d'autres relations (auxquelles vous pouvez mettre fin si elles ne vous conviennent plus) qu'elle vous oblige à chercher chez l'autre ses qualités puisque vous êtes obligés de travailler ensemble. Ne perdez pas de vue que votre critique est destinée à obtenir un changement, une amélioration, non à critiquer pour critiquer. Alors cherchez bien, vous allez trouver du positif et cela va vous aider à faire votre critique de façon constructive.

✓ ***Choisissez un moment où vous êtes seule avec ce collègue,*** au besoin suscitez ce moment en prenant rendez-vous.

✓ ***Regardez votre collègue droit dans les yeux.***

✓ ***Ouvrez la communication*** en disant : « J'apprécie beaucoup de travailler avec toi car tu es très rigoureux et tes dossiers sont toujours nickel. »

✓ ***Enchaînez ensuite sur votre critique en utilisant le « je »*** à la place du « tu » trop culpabilisateur : « En revanche, je me sens agressée par tes mails dont le ton est vraiment très sec. » Variante : « L'autre jour, sur le dossier Schmurtz, j'ai eu l'impression d'assumer seule tout le travail car tu es arrivé en retard presque tous les matins. »

✓ ***Demandez-lui de vous exposer la manière dont lui perçoit la situation*** : « J'aimerais bien connaître ton point de vue sur la situation. »

✓ ***Écoutez votre interlocuteur et signalez que vous avez compris ses arguments.*** Pour reprendre l'exemple des mails : « J'ai bien compris que tu ne pensais pas te montrer agressif en écrivant des mails si secs. » Variante : « J'ai bien compris que tu avais des problèmes d'organisation avec ta fille à régler la semaine dernière. »

✓ ***Précisez vos attentes à l'avenir.*** Pour l'exemple des mails : « À l'avenir, j'aimerais bien que tu n'écrives plus tes mails en majuscules pour ne plus donner l'impression de crier et que tu mettes une formule de politesse. » Variante : « À l'avenir, je souhaiterais que tu me préviennes suffisamment tôt si tu ne peux pas être complètement disponible sur un projet. »

✓ ***Concluez positivement*** : « Cette conversation n'était peut-être pas très agréable, mais elle a été utile. Si nous réussissons à améliorer notre manière de communiquer, nous serons tous plus efficaces et heureux au bureau. »

S'adapter à sa hiérarchie

Si les femmes semblent douées pour gérer des collaborateurs, elles seraient moins compétentes dans la relation avec leur chef. Pourquoi ? Comment y remédier ?

Pourquoi la relation hiérarchique est-elle parfois compliquée ?

« Parce que, contrairement à la famille et à l'école, l'entreprise est l'un des derniers bastions où la relation d'autorité reste bien présente, répond le psychiatre François Lelord[1]. Même si les choses changent, même si l'entreprise ne veut plus être un lieu d'autorité, mais plutôt d'adhésion à ses projets, la relation hiérarchique est encore bien présente dans le monde du travail. Or, pour certains jeunes, l'entreprise est parfois la première vraie expérience d'autorité à laquelle ils sont confrontés. Par ailleurs, il arrive que la conception de l'autorité héritée de notre enfance se révèle inadaptée à celle en vigueur dans l'entreprise. Ainsi, une personne élevée avec un grand respect de l'autorité pourra être perçue comme "soumise et mal à l'aise" dans une entreprise où la distance hiérarchique est faible. Une autre, un peu trop familière, pourra être considérée comme "sans gêne" dans une organisation plus traditionnelle. Enfin, dans la relation hiérarchique, les gens revivent souvent (inconsciemment) des conflits parents-enfants, ce qui peut les conduire, malgré eux, à se mettre en danger. Ainsi, ils peuvent adopter un comportement rebelle avec leur chef pour prouver à papa ou à maman leur indépendance et leur autonomie… Ou bien ils peuvent exprimer à leur patron un besoin inassouvi de reconnaissance, parce que, dans leur enfance, ils étaient en perpétuelle quête d'amour parental… Pour sortir de tels schémas, il faut être attentif à ce risque, car il est naturel de revivre des conflits infantiles avec son chef : ce

1. Voir note 1, p. 52.

dernier dispose d'un large pouvoir de récompense et de punition et on dépend de lui en termes de statut et de moyens de subsistance. Mais il faut aussi être capable de prendre du recul avec la relation hiérarchique, en étant prêt à suivre la règle du jeu sans être infantilisé ni dévalorisé, au besoin avec l'aide d'un thérapeute. Le meilleur moyen d'éviter que cette relation ne devienne trop envahissante est de conserver une vie personnelle riche et de tisser, dans l'entreprise, des relations de confiance avec d'autres personnes. »

Pourquoi les femmes ne gèrent-elles pas toujours au mieux la relation avec leur chef ?

Souvent atteintes du « syndrome de la bonne élève » quand elles finissent leurs études, elles ont parfois tendance à se transformer en « servantes » dans la vie professionnelle. Encore plus quand elles travaillent pour un patron charismatique… Bien sûr, ce peut être une excellente stratégie de s'inscrire dans les pas d'un supérieur brillant avec lequel on apprendra et progressera beaucoup. Mais la vigilance s'impose. « Nous jouons un rôle qui nous a été inculqué dans l'enfance et nous ne passons jamais complètement du stade de petite fille à celui de femme adulte, affirme Lois Frankel, docteur en psychologie, coach et psychothérapeute depuis plus de vingt ans aux États-Unis[1]. En tant qu'éducatrices, compagnes, collaboratrices, nous cherchons davantage à réaliser les désirs des autres qu'à faire valoir nos aspirations. Et nous nous enfermons dans une logique infernale. Car lorsque nous décidons enfin de rompre avec les habitudes pour choisir la maturité et l'autonomie, nous nous heurtons à diverses formes de résistance plus ou moins subtiles, visant à nous remettre dans le droit chemin. Des réflexions du style "Tu es si mignonne quand tu te mets en colère", "Qu'est-ce qui t'arrive, tu as tes règles ?", ou "Tu n'es jamais satisfaite, tu possèdes pourtant une situation enviable !" sont destinées à nous maintenir dans ce rôle d'enfant gâtée. Dès que quelqu'un met en cause notre féminité ou le bien-fondé de nos sentiments, nous battons

1. Auteure de *Ces filles sympas qui sabotent leur carrière. Les 101 pièges à éviter,* Paris, Pearson Éducation, 2008.

en retraite au lieu de contre-attaquer. Nous arrivons à nous interroger sur la validité de l'expérience que nous avons acquise. Entre le combat et la fuite, nous optons le plus souvent pour la dernière. Ce faisant, nous régressons vers l'infantilisme et mettons en danger notre amour-propre. Nous pactisons avec ceux qui veulent nous contraindre à réintégrer notre rôle de petite fille au lieu de nous aider à devenir des femmes. Assumons la responsabilité de notre échec quand nous ne parvenons pas à imposer nos désirs ni à aller au bout de nos possibilités. Eleanor Roosevelt déclarait fort justement : “Personne ne peut vous convaincre de votre infériorité sans votre consentement.” Ne consentez pas. Ne vous rendez pas complice de votre propre abaissement. Cessez de vous conduire en petite fille irresponsable ! »

Caricatural ? Le propos est celui d'une Américaine, avec les excès que sa culture peut produire. Mais si l'on y réfléchit bien, cette analyse de la situation des femmes au travail est parfois assez juste. En revanche, pour ce qui concerne la solution proposée, la coach incite les femmes à « contre-attaquer », à « combattre », ce qui peut être mal compris. En effet, la lutte peut faire tomber dans le piège de l'agressivité et de la violence, deux maux qui font beaucoup de mal aux femmes au travail : elles se retrouvent étiquetées « mec », « hystérique », « virago », etc. C'est pourquoi, il est préférable d'utiliser les techniques de l'affirmation de soi (*voir* « S'affirmer au bureau », p. 53), beaucoup plus efficaces pour trouver la bonne distance avec ses chefs – comme avec ses collègues.

Comment gérer la relation avec son chef de façon professionnelle

En général

- Ne vous laissez pas abuser par un milieu professionnel apparemment cool, où tout le monde se tutoie (pub, presse, cinéma...). Un chef qui rigole avec vous et vous invite à sa fête d'anniversaire sera toujours un chef. « Aujourd'hui, les managers ne veulent plus être “obéis”, mais veulent que leurs troupes “adhèrent” à leurs projets, ils ne donnent plus d'“ordres”, mais fixent des “objectifs”, explique Frédéric Adida, coach en management et carrière et président d'Assaté. Il n'empêche : ils attendent toujours que le travail soit fait le mieux possible dans les délais impartis. »

- **Ne court-circuitez pas votre N+1** en cherchant à obtenir du big boss ce que, lui, vous a refusé. Vous obtiendrez peut-être gain de cause cette fois-ci, mais votre chef direct vous en voudra et sa confiance en vous sera sérieusement altérée. Votre N+2 vous confie spontanément un travail ? Acceptez bien sûr, mais informez-en votre chef de service.

- **Apprenez à vous repérer dans les hiérarchies multiples et à gérer plusieurs chefs en parallèle.** De plus en plus, dans les entreprises, un collaborateur a affaire à deux, voire à plusieurs managers en même temps : le chef du service auquel il est rattaché et les managers qui pilotent les projets sur lesquels il doit travailler. D'où l'intérêt d'apprendre à gérer ces relations. « Vous devez fidélité et loyauté à votre chef de service, mais vous devez également respecter des obligations implicites vis-à-vis des autres chefs avec lesquels vous devez travailler au quotidien », explique la coach Évelyne Stawicki, créatrice de la société Croissance RH. Comment éviter les rivalités entre ses différents chefs ? « Il faut être très carré et demander à chaque nouvelle mission quel type de reporting on doit faire, à quel rythme et à qui », répond Évelyne Stawicki. Certes, mais s'ils ne sont pas d'accord entre eux, comment réagir ? « Il faut développer des talents de compromis et d'influence, poursuit-elle et ne pas prendre pour soi les éventuelles critiques que l'un des chefs peut formuler sur votre travail quand l'autre l'a trouvé bon. Parfois, ces critiques sont des luttes de territoire déguisées entre deux chefs. Dans ce cas, la meilleure façon de procéder est de se retirer du projet en les laissant se débrouiller entre eux. Dites : "Je suspends le projet, jusqu'à ce que vous soyez d'accord entre vous." »

- **Évitez de faire perdre la face à votre patron devant quiconque.** Si vous n'êtes pas d'accord, attendez d'être seule avec lui pour lui en parler.

- **Ne vous attaquez pas – en actes ou en paroles – à un protégé du boss.**

- **Ne jouez pas les « fayotes ».** Même si cela peut séduire certains chefs, cela vous dévalorisera aux yeux de certains autres. Et vous attirera des ennuis avec vos camarades de bureau.

- N'attendez pas trop de la relation à votre chef. Certains managers sont incapables de féliciter leurs troupes. C'est dommage car cela n'encourage pas à continuer à se démener pour l'entreprise. « En effet, de plus en plus d'études montrent que les entreprises les mieux gérées sont celles qui savent reconnaître les talents masculins et féminins », rappelle la consultante et conférencière internationale Avivah Wittenberg-Cox, directrice générale de 20-First[1]. On peut déplorer l'attitude peu encourageante de ces managers et espérer que cela change dans les années à venir, mais cela fait encore partie des réalités actuelles du monde du travail et, dans ce cas, il est vain de rechercher ce qu'on ne peut pas trouver. De même, ne personnalisez pas tout. Si votre chef est ainsi, vous n'y êtes pour rien, c'est sa personnalité qui est en cause, non la vôtre. Si vous en souffrez, essayez de voir le bon côté des choses. Interrogez-vous : quelles sont ses qualités par ailleurs ? Si votre chef est avare de compliments et d'encouragements mais qu'il est très fiable, ne vous plaignez pas trop. Un chef de ce type est toujours préférable à celui qui vous fait des mamours, en brassant beaucoup d'air, mais ne tient pas ses engagements… Par ailleurs, ce type de chef peut aussi vous aider à progresser sur vous-même et à trouver une distance intéressante avec votre entreprise. Ne pas trop attendre de reconnaissance vous rend plus autonome et libre pour réclamer promotions, primes et augmentations.

- Soyez affirmée. Osez dire non à des objectifs irréalistes tout en vous accordant sur des buts simples, mesurables, accessibles et temporellement définis[2]. *Voir* « S'affirmer au bureau », p. 56.

- Soyez transparente et fiable. Dites ce que vous faites et faites ce que vous dites (*voir* « Faire (enfin) ce qu'on dit », p. 370). « Il ne faut jamais oublier que les managers ont énormément besoin d'être sécurisés parce qu'eux-mêmes subissent

---

1. 20-First est l'un des premiers cabinets de conseil mondial en mixité, qui accompagne les entreprises à faire de la mixité un levier de croissance et de performance, tant du côté des talents que des marchés. Avivah Wittenberg-Cox est également l'auteur avec Alison Mailtland, de *Womenomics. La croissance dépend aussi des femmes…*, Paris, Eyrolles-Éditions d'Organisation, 2008, et de *Mixité dans l'entreprise, mode d'emploi. Femme + hommes : pour un management d'un nouveau genre*, Paris, Eyrolles-Éditions d'Organisation, 2011.
2. *Elle*, 21 décembre 2012, article de Laure Leter, « Travail : rebellez-vous ! ».

d'énormes pressions et que plus on monte dans la hiérarchie, plus on est fragile et donc moins libre, rappelle Évelyne Stawicki, avant d'ajouter : Le salarié doit donc s'efforcer de rassurer et sécuriser son N+1 et donc de se demander, avant cela, de quoi son chef a-t-il besoin ? » Vous trouvez anormal de devoir vous adapter à votre chef ? C'est pourtant comme ça que ça marche dans l'entreprise. « En effet, poursuit Évelyne Stawicki, votre chef est comme un client, c'est à vous de vous adapter à ses besoins, ses habitudes et ses fixettes. »

- Soyez « corporate ». Ne permettez jamais qu'on attaque devant vous votre entreprise, mieux ne perdez pas une occasion de la défendre à l'extérieur, comme à l'intérieur.

Comment manager son chef en fonction de sa personnalité

Essayez de comprendre rapidement la conception de la distance hiérarchique de votre chef pour mieux vous adapter à lui.
Évelyne Stawicki dresse quatre prototypes de chefs. Même si ces profils sont un peu stéréotypés, ils peuvent vous aider :

- Le contrôlant

– ***Comment le reconnaître ?***

Il est assez froid, rationnel, logique et très orienté sur le travail et l'objectif. Il ne confond pas vie privée et vie professionnelle, vous ne saurez rien de lui. La confiance avec lui se gagne.

– ***Comment s'adapter à lui ?***

✓ ***Ne mélangez pas l'affectif, la séduction et le travail.***

✓ ***Soyez très précise et professionnelle, respectez les procédures le plus possible.***

✓ ***Respectez vos engagements écrits et oraux à la lettre.***

✓ ***Avant de commencer un entretien avec lui, demandez combien de temps il peut vous accorder.***

✓ ***Exprimez-vous sans fioritures*** : sujet, verbe, complément. Privilégiez les chiffres, le factuel, le précis pour démontrer ce que vous dites.

✓ ***Si vous ne savez pas répondre à sa question***, dites : « Je me renseigne et je reviens vers vous sous 48 heures. »

✔ ***N'attendez pas d'intérêt pour votre personne*** mais pour votre travail.

✔ ***N'attendez pas trop de reconnaissance.***

✔ ***Voyez le bon côté des choses*** : avec lui, vous allez progresser en rigueur professionnelle et en autonomie affective. Si vous aviez besoin d'un papa, d'un mari ou d'un frère au bureau, il vous guérira.

✔ ***Apprenez à gérer ses mauvais côtés.*** Rendez-vous au chapitre « Gérer les comportements difficiles au bureau », rubriques « Le pinaillage obsessionnel » et « Le stakhanovisme », p. 81.

■ L'entrepreneur

– *Comment le reconnaître*

✔ ***Il est dans la séduction, le show off, le bling-bling, le narcissisme***, il cherche la lumière car il a besoin du regard des autres.

✔ ***Il possède du bagou, de l'audace et produit une idée à la minute*** (qui représente souvent dix ans de boulot pour les autres !).

✔ ***Il tutoie, aime toucher par chaleur humaine et séduction.***

✔ ***Il est opportuniste.***

✔ ***Il est entouré d'une cour et mélange sans cesse vie privée et vie professionnelle.***

✔ ***Il est détesté et adoré.***

✔ ***Il fait confiance, mais par paresse, non forcément par éthique…***

– *Comment s'adapter à lui*

✔ ***Faites partie de sa cour, ce sera plus facile pour vous.*** Vous vivrez des choses brillantes, car il adore changer, innover, se lancer dans de nouveaux challenges.

✔ ***Voyez le bon côté des choses*** : comme c'est un homme ou une femme de réseau et qu'il fonctionne de façon clanique, il vous fera progresser.

✔ ***Palliez ses manques*** (il en a beaucoup !), ainsi, vous vous rendrez essentielle.

✔ ***Écoutez-le, valorisez ses idées.***

✔ ***Mettez les formes sur toutes les réserves que vous émettez*** : jamais en public, il serait capable de se venger violemment et ce, même longtemps après…

✓ ***Apprenez à lui présenter les choses.*** Ne lui dites jamais : « J'ai un problème », il a horreur de ça ! Dites plutôt : « J'ai un sacré challenge à relever. »

✓ ***Faites-vous respecter.*** Reportez-vous au chapitre « S'affirmer au bureau », p. 56.

✓ ***Attendez-vous à être adorée un jour et détestée le lendemain.*** Apprenez à vous adapter à ses sautes d'humeur : reportez-vous au chapitre « Gérer les comportements difficiles au bureau », dans la catégorie du narcissisme, de l'hystérie et de la paresse, p. 81.

✓ ***Ne vous faites pas trop d'illusions*** : le jour où vous le gênerez d'une façon ou d'une autre, il ne vous fera pas de cadeau. Par conséquent, gardez bien la tête froide face à ses grandes déclarations.

■ L'analysant

– ***Comment le reconnaître***

✓ ***C'est un anxieux, qui aime la précision*** et part du principe que le diable se trouve dans le détail. Il est un peu obsessionnel, se raccroche à des rituels, qui le rassurent. Il peut avoir des tics.

✓ ***Il est timide, introverti,*** a horreur de se tromper ou d'échouer.

✓ ***Il réfléchit plus qu'il n'agit.***

✓ ***Il n'est pas très bon chef car il n'a pas de vision globale et n'aime pas le pouvoir.*** Il a sans doute été placé à ce poste en raison de ses compétences techniques car il est clairement plus un expert qu'un manager. Il a un petit côté Professeur Nimbus.

– ***Comment s'adapter à lui***

✓ ***Respectez son attachement à la politesse.*** Soyez ponctuelle, par exemple.

✓ ***Ne le stressez pas, rassurez-le*** en permanence.

✓ ***Soyez précise dans les demandes et les délais.*** Anticipez le fait qu'il doit toujours vérifier et revérifier ce qui le conduit à être en retard.

✓ ***Faites éventuellement alliance avec l'un de ses supérieurs*** pour lui imposer des délais fermes de façon directive.

✓ ***Soyez attentive aux microsignes de mécontentement*** qu'il peut envoyer. S'il rougit, adopte un regard fuyant, ne sourit plus, c'est peut-être le signe qu'il boude. Attention car ce genre de personnalités peut parfois glisser dans des comportements de sabotage… Reportez-vous au chapitre « Gérer les comportements difficiles au travail », p. 81 rubriques « Le pinaillage obsessionnel » et « L'incapacité à trancher ».

■ L'empathique

– ***Comment le reconnaître***

✓ ***Il fait confiance.***

✓ ***Il aime plus les gens que le travail.***

✓ ***Il prend soin de son équipe.***

✓ ***Il passe du temps à vérifier que les gens qui l'entourent sont heureux.***

✓ ***Il connaît tout de la vie de ses troupes et peut parfois se montrer intrusif.***

✓ ***Il aime et a besoin d'être aimé. Il est dans l'affectif, l'émotionnel.*** Il a un sens aigu de la justice et de l'injustice. Il a un côté sauveur. En cas de problème, il vole au secours des autres.

– ***Comment s'adapter à lui***

✓ ***Mesurez votre chance*** : avoir un boss comme ça, c'est facile et agréable au quotidien. Sauf si vous êtes du genre distante qui ne supporte pas de parler de votre vie privée…

✓ ***S'il fuit les conflits*** de façon excessive, reportez-vous au chapitre « Gérer les comportements difficiles au bureau », dans la partie « L'incapacité à trancher », p. 81.

✓ ***Personnalisez la relation*** au maximum avec lui. Mais ne vous laissez pas non plus trop materner.

✓ ***Soyez bien consciente qu'il vous faudra un jour le quitter.*** Ce n'est pas, en effet, le genre de chef qui vous fera grandir. Il ne vous dira pas forcément très clairement ce qui ne va pas dans votre travail, ni comment progresser.

Comment conserver la confiance de votre chef sur la durée ?

- **Demandez régulièrement du feed-back** à votre manager pour vérifier que vous allez toujours dans la bonne direction pour lui. « Trois ou quatre fois par an, sollicitez un petit entretien avec elle ou lui pour vérifier que vous êtes toujours bien alignés tous les deux. Encore plus si votre chef est du genre introverti », conseille Évelyne Stawicki.

- **Une ou deux fois par an, prenez rendez-vous avec votre chef** pour reparler avec lui des objectifs et de la façon de les atteindre. Et ce, même si l'entreprise ne prévoit pas d'entretien annuel.
Durant ce face-à-face, demandez-lui sur quoi il va vous évaluer précisément dans les mois qui viennent : avoir fait un audit de telle situation et bâti un plan d'action ? Avoir rencontré tous les acteurs ? Réussi votre intégration dans cette nouvelle équipe ? Conquis tant de nouveaux clients ? Lancé le premier appel d'offres ? « Il faut "factualiser" le plus possible la relation avec son chef, en prenant des exemples concrets de tous les jours, conseille Évelyne Stawicki, sinon on s'expose à être jugée sur du ressenti, du préjugé, de l'interprétation, de la déception, du subjectif… Le manager, il faut aller le chercher, l'obliger à être clair. Moins on se met d'accord avec son boss sur ce qu'il attend exactement, plus on va au-devant de difficultés sur la durée de la relation. Parfois, je vois des gens qui ont laissé le chemin se séparer entre leur chef et eux. Bien souvent, il est trop tard pour arranger les choses car le manager est arrivé en bout de course d'une déception qui fait qu'il n'arrive plus à changer son regard. C'est pourquoi, je suggère de tout faire pour ne pas en arriver là. »

Travailler au mieux avec ses collègues

Vous passez la majeure partie de votre temps avec eux. Comment trouver la juste distance qui permette de travailler ensemble tout en ayant du plaisir ?

La bonne distance avec ses collègues, c'est quoi ?

- « Ne cherchez ni à être aimée ni à être crainte, mais plutôt à être perçue comme compétente et sympathique », conseille Frédéric Adida[1]. La relation de travail reste avant tout professionnelle. Une certaine prudence s'impose dans les informations que vous communiquerez sur vous à vos collègues. *Voir* « L'amitié au bureau est-ce (vraiment) possible ? », p. 102.
- « Trouvez le bon positionnement dans votre équipe entre deux extrêmes : le boy-scout et l'arriviste forcené, conseille le psychiatre François Lelord[2]. Le premier est déconnecté de la réalité, car il ne s'aperçoit pas que le monde de l'entreprise est une compétition et que ceux qui l'entourent cherchent avant tout leur intérêt. C'est le cas des personnes qui manquent d'estime de soi (*voir* « S'affirmer au bureau », p. 56) ou qui, de par leur éducation, vivent le fait de se mettre en valeur presque comme un péché… À l'inverse, l'arrivisme forcené ne permet pas non plus toujours de tirer son épingle du jeu, car il expose à perdre la confiance de ses collègues et à être perçu comme une menace par ses chefs. »
- Ne vous laissez pas happer par la sinistrose des losers de votre boîte. Vous pouvez compatir à leur sort, mais méfiez-vous de la compagnie des gens toujours négatifs : ils sont toxiques pour votre moral, et aussi pour votre image…

1. Frédéric Adida est coach en management et carrière et président d'Assaté.
2. Voir note 1, p. 52.

- Évitez de vous brouiller avec les gens, mais sachez parfois poser une limite à un collègue indélicat (*voir* « S'affirmer au bureau », p. 56, et « Gérer les comportements difficiles au travail », p. 81).

Au quotidien quelles sont les clés d'une bonne relation avec ses collègues ?

Les conseils de Frédéric Adida, coach en management et carrière et président d'Assaté :

- Faites-vous une réputation de « professionnelle », de « réglo ». Tenez vos promesses et vos délais (*voir* « Faire (enfin) ce qu'on dit », p. 370). Prévenez, à l'avance, quand vous ne pouvez pas les tenir et proposez une autre échéance.
- Soyez conviviale. En plus de dire bonjour et au revoir, essayez de ne pas oublier l'anniversaire de votre voisine, soyez respectueuse avec les assistantes, les standardistes et les hommes de ménage. Il faudrait que vos collègues aient le sentiment de travailler dans une atmosphère sympathique, un peu grâce à vous.
- Apprenez à maîtriser les circuits de l'information de haut en bas, de bas en haut et en transversal. Ainsi, vous serez informée des événements cruciaux, partagerez l'information et la ferez remonter et redescendre à temps.
- Travaillez l'idée de confiance réciproque : je te fais confiance si tu me fais confiance, je te laisse t'exprimer sur ton territoire si tu ne viens pas m'envahir sur le mien. Ainsi, la coopération pourra se faire sur des bases clairement définies au départ.
- Sachez renvoyer l'ascenseur. Si vos collègues savent qu'ils peuvent compter sur vous en cas de coup dur, ils seront plus enclins à vous venir en aide, le moment venu.
- Laissez vos collègues vous aider à progresser. Ne soyez pas trop susceptible devant les remarques de certains jeunes

gens un peu cash sur la forme mais qui peuvent avoir raison sur le fond. Le tout dans les limites de l'acceptable, bien sûr (*voir* « S'affirmer au bureau », p. 56 et « Gérer les comportements difficiles au travail », p. 81).

- Apprenez à faire des critiques constructives en respectant les formes. Interdisez-vous, par exemple, de régler vos comptes en réunion (*voir* « S'affirmer au bureau », p. 56 et « Gérer les comportements difficiles au travail », p. 81).
- Gardez un esprit collectif en essayant de distiller des modes de travail coopératif où l'on s'écoute vraiment pour progresser ensemble. Dites-vous que vous êtes une équipe et non les uns contre les autres et que les succès de votre équipe seront vos succès.
- Évitez de vous répéter que tout le monde est superindividualiste. Et, même si c'est le cas, essayez de prendre vos collègues à contre-pied en partant de l'idée que vous êtes là pour progresser ensemble.
- Acceptez la différence : si vous n'êtes pas d'accord, ce n'est pas grave, au contraire ; si vous avez des façons de faire différentes, c'est cela la richesse d'un groupe. C'est une chance de travailler avec des gens différents de soi et non des clones. Une équipe d'individus qui se ressemblent tous et passent leurs temps dans de grandes effusions, n'est pas toujours très efficace. Une bonne équipe est une équipe hétérogène.
- Mettez-vous au maximum dans une position de bienveillance, incitez les gens qui travaillent avec vous à se concentrer comme vous sur le positif, soyez optimiste : il y a toujours des solutions.
- Fuyez les complots et autres coups tordus, qui sont de véritables pièges. Restez en dehors des règlements de comptes et sales rumeurs lancées sur les uns et les autres. En revanche, débrouillez-vous pour être informée de ce qui se trame par votre réseau interne (*voir* « Se constituer un réseau », p. 143).

Gérer les comportements difficiles au travail

Accès de mégalomanie, pointillisme excessif, hyperactivité... Au bureau, certaines personnes, qu'elles soient vos chefs ou vos collègues, peuvent être pénibles à vivre. Les conseils des psychiatres François Lelord[1] et Christophe André[2], auteurs de *Comment gérer les personnalités difficiles* (Odile Jacob).

Faire avec les personnalités difficiles

Face à une personnalité difficile au travail, il existe trois zones de réaction.

- L'acceptation

  Les personnalités difficiles font partie de la psycho-diversité du genre humain, au même titre que les frelons appartiennent à la biodiversité. En conséquence, inutile de se scandaliser : cela ne conduit qu'à des réactions émotionnelles excessives, qui non seulement sont vaines, mais potentiellement destructrices (victimisation, violence, etc.). Une autre stratégie consiste à accepter l'existence de ces membres du genre humain. Cela ne signifie pas se réjouir, mais permet d'essayer de comprendre leur mode d'emploi pour pouvoir fonctionner avec eux.

- Le mode d'emploi

  C'est l'attitude qui consiste à se dire : « Il est là, je fais quoi ? » En effet, si certains profils toxiques sont très enracinés, on peut moduler l'expression de leur comportement. Il ne s'agit pas de vouloir les changer, mais de se rappeler que ces gens ne sont pas les mêmes, tout le temps, avec tout le monde. Il y

1. Voir note 1, p. 52.
2. Voir note 1, p. 57.

a toujours une marge de manœuvre. Il suffit de la trouver (voir plus bas).

- L'inacceptable

Quand on est dans le registre de la permanence et de la chronicité, il ne faut pas laisser passer (voir plus bas).

Les comportements à problème

Bien sûr, la réalité est toujours plus complexe, mais les catégories traitées ci-dessous vous aideront à mieux comprendre le fonctionnement de certaines personnes et à vivre avec elles, malgré leur caractère difficile.

Le narcissisme

- Comment reconnaître ce comportement

– ***Quand il parle avec vous, votre chef ou collègue prend 95 % du temps de parole*** pour vous raconter ses réalisations, ses problèmes, sa vie… En effet, il se considère supérieur à vous et aux autres en général, il a donc l'impression de mériter plus.

– ***Dans son bureau, il lui arrive d'installer des photos de lui*** en plein rafting ou safari, ou – encore mieux – avec des gens connus…

– ***Il pratique souvent la comparaison avec les autres*** car, pour lui, la vie quotidienne est une compétition permanente, dans laquelle il faut qu'il gagne toujours.

- Pourquoi c'est pénible

– ***Il a tendance à s'approprier vos idées*** et à oublier que ce sont les vôtres.

– ***À force de prendre toute la place, il réduit la vôtre au minimum.*** Il manque d'empathie, n'est pas touché par ce que vous pouvez ressentir. Travailler à ses côtés peut finir par vous poser de sérieux problèmes d'estime de soi.

– ***Il peut se retrouver envieux de vous,*** avoir l'impression que vous lui faites de l'ombre et développer une méfiance, un ressentiment, voire une malveillance. Et ce, même si c'est votre chef (*voir* « L'envie, la jalousie », p. 93).

– ***Il peut se mettre en rage*** parce qu'il n'a pas obtenu le privilège qu'il attendait et s'en prendre à vous.

– ***Il peut vous manipuler*** et vous exploiter pour atteindre ses buts.

■ Comment réagir

– ***Comprenez ce qu'il vous apporte***

Les personnalités narcissiques sont des experts de l'ego et du marketing de soi, elles savent se vendre mieux que personne et n'ont jamais honte de leurs réussites. Observez celui qui vous est proche et absorbez ses façons de faire – sans les outrances.

– ***Ne tolérez pas l'inacceptable***

✔ ***S'il s'est approprié votre idée***

Allez le voir en tête à tête, regardez-le dans les yeux et dites-lui : « Cela m'a gênée que vous ne m'ayez pas citée en réunion toute à l'heure. » Vous pensez que cela ne sert à rien ? Erreur ! D'une part, cela vous fera du bien vis-à-vis de vous-même et vous évitera de réagir en hurlant de façon totalement disproportionnée le jour où vous n'en pourrez plus (*voir* « S'affirmer au bureau », p. 56). D'autre part, s'il s'agit de votre chef, cela le forcera à ouvrir les yeux sur votre travail : n'oubliez pas que sa nature profonde l'incite plutôt à refouler votre apport. Il vous rétorque : « Mais bien sûr, c'est votre travail » ? Concluez la conversation avec cette formule : « Je voulais vérifier quand même pour qu'on soit bien d'accord. » Si c'est votre collègue, cela lui montrera que vous n'êtes pas prête à vous laisser piller de la sorte et le dissuadera de recommencer (du moins avec vous...). De la même manière, pointez tous les manquements, mais en restant toujours sur les faits, rien que les faits. Vous craignez d'être prise pour une enquiquineuse ? C'est bien possible car les personnalités narcissiques ont tendance, dans une discussion pénible pour elles, à ne pas se remettre en question et à se concentrer sur l'autre, vous en l'occurrence. Mais ce n'est pas un drame. Mieux vaut passer pour une enquiquineuse qu'on respecte que pour une gentille qu'on piétine.

✓ ***S'il vous a humiliée***

Il vous a fait une remarque en public sur votre physique ou votre caractère, bref sur votre personne et non vos actes. Fait pour blesser, ce genre d'humiliation a toujours une dimension perverse, il faut donc y réagir au plus vite pour vous protéger. Essayez de vous calmer et de ne pas sauter sur votre interlocuteur avec agressivité. En effet, en vous transformant en furie, vous lui donneriez une arme supplémentaire contre vous : il en profiterait pour se concentrer sur la forme de votre message (« Hystérique ! », s'empresserait-il de raconter à tout le monde) et non le fond (qui serait perdu dans la forme). Mais cela ne vous empêche pas d'être très ferme. Au contraire, c'est même vivement recommandé. Fixez son regard et dites : « Je ne vous permets pas d'attaquer ma personne, si vous continuez je sors ! » Si sur le moment vous êtes trop tétanisée pour réagir, revenez sur l'épisode en différé et dites : « Écoutez, je ne vous ai rien dit hier car il y avait tout le monde, mais je n'ai vraiment pas apprécié ce qui s'est passé. Je veux bien que vous me fassiez des reproches sur mon travail, mais je ne vous permets pas d'attaquer ma personne. » Encore une fois, en cas de critique, exigez des faits, rien que des faits. Mais ne vous attendez pas à ce qu'une personne narcissique s'excuse, c'est souvent trop compliqué pour elle. Il n'en reste pas moins que si votre message est bien délivré, il mettra le holà à une relation toxique qui aurait pu dégénérer vers le harcèlement moral (voir plus loin).

Le pinaillage obsessionnel

▪ Comment reconnaître ce comportement

– ***Votre chef ou collègue se noie dans les détails,*** il gère mal les priorités.

– ***Il s'arrête à vos fautes d'orthographe*** alors que vous devez rendre pour le lendemain un rapport hyperconstruit et créatif de quarante pages…

– ***Il a un mal fou à déléguer.***

– ***Il ne supporte pas l'improvisation,*** la spontanéité, l'imprévu.

– ***Il est rigide sur tout,*** notamment sur les horaires.

■ Pourquoi c'est pénible

– ***Son côté obsessionnel et rigoureux peut heurter votre propre névrose,*** si vous êtes du genre brouillon qui remet souvent au lendemain (*voir* « Faire (enfin) ce qu'on dit », p. 370).

– ***En cas d'urgence, il risque de se transformer en boulet*** plutôt qu'en allié.

– ***Si c'est votre supérieur, il peut créer des conflits absurdes*** en jouant les petits chefs sur vos horaires et vos absences.

■ Comment réagir

– ***N'oubliez jamais que ce genre de comportement appartient souvent aux grands anxieux.*** Il est convaincu que c'est en vérifiant et en revérifiant qu'on évite les catastrophes. Et reconnaissez-le : ce n'est pas toujours faux !

– ***Rassurez-le en étant le plus fiable possible*** dans le respect de vos engagements. Tissez un vrai lien avec lui en lui montrant que vous êtes sérieuse et que vous aimez votre job.

– ***Montrez-lui avec douceur, qu'il existe d'autres façons de bien faire*** son travail. Comprenez qu'il confond « essayer de se rapprocher du parfait » avec « être dans la perfection ».

– ***Ne laissez pas passer l'inacceptable***

S'il pique une crise sur des détails alors que vous devez rendre votre dossier le lendemain, respirez un grand coup et essayez de vous calmer pour sortir du système dans lequel il est en train de vous enfermer. Puis, décrivez-lui ce qui est en train de se passer : « Écoutez, cela fait une heure qu'on discute sur l'introduction, alors qu'on a encore des pages et des pages à lire avant de rendre ce travail demain matin, il me semble qu'il faut qu'on avance. » Si c'est votre chef, ajoutez : « Mais c'est vous le chef, à vous de décider. » Dites-lui qu'il a raison, que c'est vrai que ce serait mieux si on faisait comme il le voulait, mais que vu les conditions dans lesquelles vous vous trouvez en termes de délais et de ressources, vous allez vous épuiser pour un maigre bénéfice. Rappelez-lui toutes les fois où ça n'a pas si mal marché alors que le dossier rendu n'était pas absolument parfait.

La peur du conflit, l'incapacité à trancher

▪ Comment reconnaître ce comportement

Chaque fois qu'il faut donner un avis, prendre une décision, courir un risque, procéder à un arbitrage, il se défile. Si c'est un manager, il définit les rôles de ses collaborateurs de manière floue. D'une manière générale, il peut manquer de courage et se montrer lâche.

▪ Pourquoi c'est pénible

– ***Il pourra se défausser sur vous***
S'il a avalisé votre travail et que sa hiérarchie lui en fait le reproche, l'allergique au conflit pourra faire mine de découvrir ce travail sur lequel il n'avait pourtant rien trouvé à redire devant vous…

– ***Les situations non tranchées pourrissent ou explosent,*** avec de nombreux conflits à la clé. Lorsqu'un chef est allergique au conflit, son équipe se transforme souvent en nœud de vipères où chacun se tire dans les pattes.

– ***Il n'est pas convivial***
À ce gros défaut s'ajoute parfois un manque de savoir-faire relationnel. Parfois, ce type de personnalité évite le contact avec les autres au maximum. Il ne sait pas dire bonjour le matin, s'isole dans son bureau, n'assiste pas aux pots de départ, ni à l'arbre de Noël de l'entreprise. Il ne sait pas mettre une bonne ambiance dans le travail.

▪ Comment réagir

– ***Trouvez des occasions de personnaliser votre relation***
Si c'est votre collègue ou collaborateur, montrez-lui que son avis vous importe. Mais n'espérez pas y arriver du premier coup. La personnalité « évitante » ne se dévoilera qu'après avoir été mise en confiance au cours de plusieurs rencontres rassurantes.

– ***Encouragez-le habilement à décider***
Si c'est votre chef, dites-lui : « Je vois bien que vous souhaitez ne pas provoquer de conflit, j'ai bien compris comment vous nous managez, en nous laissant beaucoup de latitude et c'est très agréable d'ailleurs car ça nous laisse beaucoup de liberté, mais là, dans le cas précis, il me semble que c'est mon rôle de

vous signaler quelque chose que vous n'aviez peut-être pas vu et sur quoi, nous avons besoin de vous pour trancher. »
Enfin, si votre patron résiste à vos efforts pour l'encourager doucement à prendre des décisions, vous devrez peut-être envisager les autres choix qui s'offrent à vous : soit vous plaindre à une autorité supérieure, soit chercher un autre emploi.

– ***Ne laissez pas passer l'inacceptable***
S'il fait mine de découvrir ce travail sur lequel il n'avait pourtant rien trouvé à redire devant vous, adoptez la réaction *ad hoc*.

✓ ***Si c'est votre collègue,*** utilisez les techniques de l'affirmation de soi pour lui signifier votre mécontentement. *Voir* « S'affirmer au bureau », p. 56.

✓ ***Si c'est votre chef,*** ajoutez en plus : « Je suppose que vous aviez de bonnes raisons de faire ça, qu'il ne vous était pas possible de faire autrement, mais il faut que vous sachiez que c'est très désagréable pour moi et qu'à l'avenir je préférerais que l'on fonctionne différemment, que s'il y a des critiques sur mon travail, je préférerais que ce soit vous qui me les fassiez. »

L'incompétence

▪ Comment reconnaître ce comportement

Apprenez à distinguer deux sortes d'incompétents :

– ***L'incompétent temporaire*** : il vient d'être nommé à son poste, il est jeune dans ces fonctions et un peu en surrégime, mais il va apprendre.

– ***L'erreur de casting*** : il n'est définitivement pas au niveau du poste auquel il a été nommé.

▪ Pourquoi c'est pénible

– ***Si c'est votre collègue*** et que vous travaillez avec lui en équipe, vous devez fournir double travail.

– ***Si c'est votre chef,*** vous n'avez pas d'interlocuteur quand vous doutez sur un dossier, vous êtes seule à régler les difficultés que vous rencontrez.

– ***Dans les deux cas,*** ce type de personnalité peut se réfugier dans l'évitement (voir profil précédent) et ajouter la lâcheté à ses défaillances. Ce qui peut s'avérer vraiment difficile.

▪ Comment réagir

– ***Si c'est votre collègue***

Renseignez-vous discrètement auprès de votre réseau interne (*voir* « Se constituer un réseau », p. 143) pour comprendre les raisons de sa nomination à ce poste. Est-il proche de la direction ? Est-il arrivé à ce poste par piston (il n'a pas les diplômes, ni l'expérience requis) ? Jusqu'à quel point est-il protégé ? Par qui ? Soyez prudente et bordez-vous au maximum en devenant la reine des mails et du reporting écrit. S'il ne bénéficie d'aucune protection, débrouillez-vous pour faire savoir à votre supérieur hiérarchique que vous êtes la seule à travailler dans ce binôme et que cela commence à vous poser problème. Si rien ne bouge, n'excluez pas de demander votre mutation dans un autre service, voire de chercher ailleurs.

– ***Si c'est votre chef***

✓ ***Faites-vous une raison*** : il est là, vous allez devoir faire avec lui, du moins pour un temps.

✓ ***Voyez le bon côté des choses*** : être meilleure que son chef offre une certaine autonomie, voire une vraie liberté. Si vous avez de jeunes enfants, cela peut être confortable pour vous (*voir* « Décélérer au bureau sans arrêter », p. 340).

✓ ***Profitez-en pour réfléchir un peu à votre parcours.*** Si cette personne moins compétente que vous a été nommée à ce poste, c'est peut-être parce que vous n'avez pas fait savoir que ce poste vous intéressait… Variante : en voyant cette personne nommée au-dessus de vous, peut-être réalisez-vous que vous auriez été bien meilleure dans ces fonctions. Ne l'oubliez pas pour la prochaine fois (*voir* la partie « Le management et soi », p. 203).

✓ ***Instaurez une relation d'aide et de bienveillance avec ce chef*** encore surdimensionné. Au quotidien, il est beaucoup plus stratégique de vous en faire un allié plutôt qu'un ennemi. N'oubliez pas : il est votre chef, vous devez faire avec, du moins pour un temps…

✓ ***Ne laissez pas passer l'inacceptable.***

Si l'on vous rend responsable de ses fautes, n'hésitez pas à vous défendre en désignant le véritable fautif à vos accusateurs. Dites : « Je comprends votre mécontentement, mais je vous conseille d'en parler directement avec Benoît qui vous expliquera ses raisons de vouloir procéder de cette manière. »

Si la situation devient intenable. S'il vous fait sans cesse porter le poids de ses erreurs, camoufle son incompétence en autoritarisme, crée du conflit entre les gens, fait couler les résultats de votre division, regroupez-vous avec d'autres collègues, collectez des preuves et allez en référer, à plusieurs, à votre N+2.

La paranoïa

■ Comment reconnaître ce comportement ?

Celui qui en souffre se caractérise souvent par sa rigidité, voire sa psychorigidité. Il a du mal à lâcher ses certitudes, manque d'écoute, ne sait pas faire de compromis. Par ailleurs, il interprète souvent de travers ce qui se passe autour de lui. Par exemple, il peut focaliser sur un simple mot ou un acte (exemple : il n'a pas été invité au pot de départ d'Untel), l'amplifier et le sortir de son contexte (en réalité, celui qui partait de l'entreprise ne voulait inviter que son équipe) pour lui faire dire tout autre chose (si on ne l'invite plus aux pots de départ de la boîte, c'est parce qu'il est dans la prochaine charrette de licenciements). Après, il existe deux sortes de personnalités de ce type : le parano de combat qui explose ouvertement et fait du grabuge et le parano « sensitif », l'hypersensible, qui va intérioriser son malheur, faire la tête, s'isoler, voire déprimer. Mais on peut tous avoir son logiciel parano en alerte, notamment dans des périodes d'insécurité personnelle (divorce, deuil…) ou professionnelle (restructuration, plan de licenciements…).

■ Pourquoi c'est pénible

Le manque de flexibilité du parano rend le travail en équipe avec lui fatigant, car il s'accroche à ses positions et fait perdre à tout le monde beaucoup d'énergie. En sa présence, il faut faire très attention car tout ce que l'on pourra dire ou faire pourra être mal interprété. Le parano sensitif peut glisser vers un délire sur le mode « Tu ne m'aimes pas », « Tu ne me comprends pas », qui est encore plus difficile à supporter dans la vie professionnelle que dans la vie privée, puisque l'on est quand même là pour travailler.

Le parano pourra aussi s'enfermer dans ce que l'on appelle le comportement « passif agressif », qui consiste à ne pas réagir sur le moment, mais à se venger plus tard, de façon plus ou moins détournée…

▪ Comment réagir

– ***Soyez le plus claire et précise possible*** dans vos messages afin de ne pas lui donner l'occasion de nourrir son soupçon que vous souhaitez lui nuire.

– ***Respectez scrupuleusement les formes,*** car toute erreur d'étiquette de votre part risque d'être prise pour une moquerie ou un signe de mépris. Ne le faites pas attendre, répondez rapidement à ses mails sans oublier les formules de courtoisie, ne faites pas d'erreur en le présentant à quelqu'un d'autre, évitez de lui couper la parole, sauf si c'est absolument nécessaire.

– ***Maintenez un contact régulier avec lui.*** Si vous l'évitez systématiquement, il pensera que vous le méprisez, vous moquez de lui, voire complotez contre lui. Encore plus tordu : il pourra imaginer que vous le fuyez par crainte de ses représailles après une crasse que vous lui avez faite mais qu'il n'a pas encore découverte. Par exemple, s'il vient de se prendre un savon de son boss et que cela fait plusieurs semaines que vous l'évitez, il pourra s'imaginer que c'est vous qui avez dit du mal de lui à la hiérarchie ! C'est pourquoi un certain degré de contact est utile avec un paranoïaque.

– ***Ne copinez tout de même pas trop avec lui.*** En effet, il risquerait de s'accrocher et d'attendre de vous plus que vous n'êtes prête à lui donner…

– ***Ne renoncez pas à éclaircir les malentendus.*** Reconnaissez votre faute s'il y a lieu, dites-lui que vous comprenez qu'il ait pu se sentir blessé mais resituez l'événement dans le contexte : « J'étais débordée, je n'ai pas pensé à vous prévenir, j'en suis désolée. » Puis, essayez de faire passer l'idée que la vie est faite de petits ratages.

– ***N'attaquez pas l'image qu'il se fait de lui-même.*** Même si vous le trouvez de parfaite mauvaise foi et n'en pouvez plus, retenez les insultes qui vous brûlent la langue. Cela ne ferait que le renforcer dans ce qu'il soupçonnait depuis le début : vous le haïssez et le méprisez, il avait raison de se méfier ! Si vous avez des reproches à lui faire utilisez les techniques de l'affirmation de soi (*voir* « S'affirmer au bureau », p. 56).

– ***Ne vous mettez pas en faute.*** Pesez vos mots, n'en dites pas trop, soyez irréprochable et ne le laissez surtout pas croire que vous êtes son ennemie. Sinon, il cherchera toutes les occasions de vous affaiblir.

– ***Ne soyez pas tentée de ricaner sur son dos*** avec d'autres collègues. Son hypersensibilité lui permettra de l'apprendre. Ou alors l'un de vos rivaux dans l'entreprise pourra lui répéter vos propos en les déformant pour le dresser contre vous. Encore une fois, si vous avez quelque chose à lui dire, utilisez les techniques d'affirmation de soi pour exprimer votre mécontentement.

Le *workaholism* ou stakhanovisme

▪ Comment le reconnaître

Premier arrivé, dernier parti, il affiche un air très concentré et montre quelques petites irritations quand on l'interrompt ou qu'on lui expose une situation. Il passe moins de temps que les autres à faire ami-ami avec ses collègues et a toujours l'air pressé. Dans une discussion, il a tendance à argumenter jusqu'à ce que l'autre abandonne sa position. Lui aussi veut gagner, même dans les situations anodines de la vie courante, comme la conversation ou le sport. Il est souvent un peu obsessionnel (voir plus haut), très ambitieux et passionné par son boulot.

▪ Pourquoi c'est pénible

– ***Si c'est votre chef,*** il est tellement impliqué dans son poste qu'il a tendance à vous imposer de travailler au même rythme que lui. Si vous ne le suivez pas dans sa course contre le temps, il risque de vous considérer comme un frein. En cas de conflit, il est capable de se mettre dans des colères noires.

– ***Si c'est votre collègue,*** son stakhanovisme peut vous culpabiliser et contribuer à faire baisser votre estime de vous-même, particulièrement les jours où vous êtes fatiguée, alors que lui, toujours en pleine forme, abat un boulot monstre…

▪ Comment réagir

– ***Si c'est votre collègue***

✔ ***Acceptez l'idée que tout le monde n'a pas la même énergie,*** ni les mêmes priorités. Le *workaholic* est souvent soit célibataire, soit marié à un conjoint qui gère tout. Dites-vous qu'il ne sert à rien de vous comparer à des gens qui ne vous ressemblent pas.

✓ ***Reconnaissez vos limites.*** Il y a des gens dans l'entreprise qui sont capables de se dépenser plus que d'autres, c'est ainsi, c'est la vie. Si vous n'êtes pas faite du même bois, mieux vaut l'accepter en refusant la compétition avec lui. Ce sera beaucoup plus efficace et moins frustrant que de vous user la santé à tenter d'égaler cette personne.

✓ ***Concentrez-vous plutôt sur les forces que vous avez sûrement*** par ailleurs et développez-les. Si vous avez également une certaine ambition, soignez votre valeur ajoutée à vous. La puissance de travail est une grande qualité, mais tous les gens qui réussissent ne sont pas « addicts » au bureau. Le monde professionnel a besoin de tout un tas d'autres qualités que vous avez sûrement : l'intelligence relationnelle, la créativité… Repérez dans quel domaine vous pourriez vous distinguer en apportant quelque chose à votre organisation.

✓ ***Réalisez que vous préférez votre vie à la sienne.*** Si ce collègue carbure au boulot, c'est peut-être aussi qu'il fuit le vide ou l'échec de sa vie personnelle.

✓ ***Appuyez-vous sur lui.*** Montrez-lui que vous appréciez son travail, son sens du détail, son désir de faire les choses parfaitement. N'oubliez pas qu'un profil de ce type est précieux dans une équipe. Le grand avantage étant qu'il produit pour tout le monde.

✓ ***Ne vous en faites pas un adversaire, vous auriez tout à perdre.*** En effet, les *workaholics* sont souvent très appréciés dans le monde du travail en général et par la hiérarchie en particulier. Faites plutôt alliance avec lui, c'est la meilleure stratégie. D'autant que ce collègue risque, un jour, de devenir votre chef…

– ***Si c'est votre chef***

✓ ***Soyez fiable et à l'heure,*** c'est ainsi que vous gagnerez son respect. Si vous sentez que vous ne pourrez être là dans les temps, prévenez, en indiquant l'heure prévisible de votre arrivée. Ainsi, il pourra faire autre chose en vous attendant et vous lui donnerez l'impression de retrouver le contrôle de son emploi du temps.

✓ ***Ne laissez pas passer l'inacceptable***

S'il vous noie sous les tâches avec des délais impossibles à tenir, affirmez-vous en négociant. Mais attention : ne négociez pas à chaud, il chercherait aussitôt à « gagner » contre vous et la discussion risquerait de dégénérer. Choisissez plutôt un moment calme. N'annoncez pas tout de suite la date que vous voulez, laissez-le vous proposer la sienne. Puis, regardez-le bien dans les yeux et dites : « Je ferai ce travail avec plaisir, mais ce délai me paraît vraiment trop court. » Puis, laissez-le parler et demandez-lui un délai plus long d'une semaine par rapport à celui que vous voulez. Vous devriez pouvoir transiger sur la date que vous souhaitiez au fond de vous-même. Enfin, procédez ainsi, à chaque fois qu'il cherchera à nouveau à vous imposer les choses en force.

– ***Si vous êtes entourée de workaholics***
C'est peut-être que vous avez choisi un univers professionnel où ils sont très recherchés : cabinets de conseil anglo-saxons, firmes d'avocats internationaux, etc. Si tel est le cas et que vous n'en pouvez plus, n'excluez pas de chercher un job dans une entreprise à la culture plus cool.

L'envie, la jalousie

■ Comment la reconnaître

Il existe différents types d'envieux.

– ***L'envieux compétitif*** ne cesse de se comparer aux autres et à vous en particulier, mais sa compétition reste honnête, elle n'est pas forcément hostile, il s'agit plutôt d'une saine émulation. Si l'on prend la métaphore de l'escalier, l'envieux essaie de courir plus vite que vous pour arriver en haut le premier, mais il ne cherche pas à vous faire tomber en passant. Il se reconnaît à son énergie et à son ambition. Il essaie de faire mieux que vous, mais sans vous nuire, sans vous mettre de bâtons dans les roues.

– ***L'envieux agressif*** use de procédés déloyaux pour parvenir à ses fins (vous dépasser). Pour poursuivre avec la métaphore de l'escalier, cet envieux-là cherche toujours à arriver en haut avant vous, mais, en essayant de courir plus vite, il vous bouscule et ne peut s'empêcher de vous décocher des coups dans le but de vous faire trébucher. Il est plus difficile à repérer puisqu'il avance masqué. Cela étant, son envie peut se révéler dans ses expressions faciales. Regardez-le bien : quand il apprend l'un de vos succès, son visage se crispe. C'est subtil, mais si vous y prêtez attention, vous pourrez le remarquer. Variante : il peut être tenté de dénigrer vos réussites par de petites phrases du genre : « C'est maintenant que les ennuis vont commencer pour toi ! », ou il vous décrit par le menu tous les inconvénients « bien supérieurs aux avantages » que vous allez désormais rencontrer et il finit avec : « Moi cette mission, j'en voudrais pas ! » Autre signe de l'envie d'un collègue : quelque temps après votre promotion, il vous agresse à un tout autre moment, en général quand vous vous y attendez le moins. Par exemple, il va dire du mal de vous à des collègues totalement gratuitement… Pourquoi ? Parce que votre succès lui fait mal, c'est plus fort que lui !

■ Pourquoi c'est pénible

L'envieux agressif est beaucoup plus difficile à vivre parce qu'il utilise des procédés déloyaux pour vous battre. Ses techniques malhonnêtes favorites sont : la médisance, la dissimulation, le mensonge et l'agression devant les autres.

■ Comment réagir

– ***Reconnaissez que l'envie existe autour de vous,*** même si elle est très éloignée de votre personnalité. Les envieux le sont souvent pour des raisons que vous ne soupçonnez même pas (enfance difficile, revanche sociale à prendre, etc.) et dans lesquelles vous n'êtes pour rien. Ne soyez pas dans le déni. Souvent, on s'aveugle sur ce sentiment car, il a quelque chose d'indicible. C'est une émotion de loser vraiment pas gratifiante. Alors, sans devenir parano, ouvrez l'œil. Dans les entreprises comme dans les familles, il y a des envieux.

– ***Réfléchissez bien avant de raconter votre vie,*** car tout ce que vous direz pourra être retenu contre vous. Sans les cacher, soyez discrète sur vos succès, n'en faites pas des tonnes dans le registre : « J'ai explosé mes chiffres ! » Soyez délicate avec vos interlocuteurs. Si votre voisine de bureau galère pour payer son loyer, n'en rajoutez pas en exhibant fièrement la bague en diamants que vient de vous offrir votre mari ! Si sa fille est en échec scolaire, ce n'est peut-être pas la peine de lui raconter que votre fils vient d'être présenté au concours général de mathématiques… D'une manière générale, inutile d'exciter inutilement l'envie de vos voisins de bureau.

– ***Ne laissez pas passer l'inacceptable.*** À chaque manquement, utilisez les techniques de l'affirmation de soi (*voir* « S'affirmer au bureau », p. 56) pour poser une limite à votre interlocuteur. Exemple : ce collègue dit du mal de vous par-derrière. Si vous êtes sûre de la personne qui vous a rapporté les amabilités colportées sur vous, proposez au fautif d'aller boire un café. Puis regardez-le dans les yeux et dites-lui calmement, mais fermement : « On me dit que tu as dit ceci. Il est hors de question que cette situation se reproduise. » Il nie ? Ne vous démontez pas et rétorquez : « Peut-être que les choses se sont passées comme tu le dis, mais ce n'est pas ce qu'on m'a raconté. En tout cas, à l'avenir, il n'est pas question qu'une situation comme celle-là se reproduise. » Et concluez : « Cette conversation a peut-être été pénible, mais je pense qu'elle était nécessaire pour qu'on puisse continuer à travailler ensemble. Maintenant, n'en parlons plus. » Dans les jours qui suivent, faites comme si vous aviez oublié, en vous montrant aimable avec l'intéressé. Sans espérer que l'envieux vous aime, vous pouvez au moins obtenir qu'il vous craigne un peu.

L'hystérie ou plutôt l'histrionisme

▪ Comment le reconnaître

En général, ce type de personnalité difficile est précédé par sa réputation. C'est un « complicateur ». Il est incapable de donner des informations claires et concises sur les sujets sur lesquels il travaille (ou est censé travailler…). Il raconte des situations qui le mettent en scène avantageusement. Il aime jouer à décrypter les secrets des dieux, le sens caché des choses. C'est le champion de la propagation de rumeurs. Son but est de donner l'impression qu'il est important. Parfois, ce genre de personne est un peu mythomane, elle cherche à « se faire mousser » en théâtralisant ses interventions et ses relations.

▪ Pourquoi c'est pénible

Parce que ces gens vous fatiguent et vous font perdre un temps fou. Avec leurs émotions exacerbées, ils peuvent compliquer les situations les plus simples.

▪ Comment réagir

– ***Protégez-vous de discussions qui partent dans tous les sens*** en cadrant et recadrant vos échanges. Dites : « Explique-moi rapidement, je suis très pressée », « Très bien, mais venons-en aux faits », etc.

– ***Pratiquez ce que l'on appelle le « retrait d'attention »*** quand votre interlocuteur est parti dans des digressions infernales où il parle pour ne rien dire. Prenez l'air indifférent de celle qui pense à autre chose. À la longue, cela peut le lasser et l'encourager à vous dire les choses plus clairement.

– ***Montrez-lui de l'intérêt chaque fois qu'il a un comportement « normal ».*** Quand il vous donne une bonne information, regardez-le, approuvez de la tête, posez des questions qui montrent que vous écoutez. Puis, félicitez-le : « Je suis contente que tu m'aies exposé si clairement ce dossier, merci beaucoup. »

– ***Ne vous moquez pas, même si votre collègue se comporte de façon vraiment ridicule.*** Dans le monde du travail, ce genre de personnalité, somme toute assez fragile, est rarement un adversaire redoutable d'où la tentation, parfois, de s'en moquer… Or la moquerie qui blesse tout le monde blessera peut-être davantage encore une personnalité histrionique et risquera de la pousser à regagner votre attention par tous les moyens disponibles : arrêt de travail, crise de larmes, voire dans les cas extrêmes tentative de suicide…

– ***Attendez-vous à passer dans son cœur du statut de héros à celui de minable*** et inversement. Ce genre de personnalité a tendance à idéaliser ou à dévaloriser les personnes qui les entourent. Ainsi, votre collègue peut vous admirer un jour et vous détester le lendemain. Mais ne vous inquiétez pas trop, si vous lui manifestez à nouveau de l'intérêt, il vous adorera à nouveau.

– ***Ne vous laissez pas marcher sur les pieds.*** Si vous savez que cette personne a propagé une sale rumeur sur votre compte, utilisez les techniques d'affirmation de soi (voir chapitre précédent) pour lui poser une limite. Cela ne la dissuadera pas de recommencer, mais cela la calmera un temps. Avec ce genre de personnalité, comme avec les enfants, il est nécessaire de mener des « opérations de police » de temps en temps pour les neutraliser un moment (parfois deux à trois semaines seulement), tout en sachant qu'elles ne seront jamais vraiment « éduquées ».

La paresse

▪ Comment la reconnaître

– ***Votre collègue, boss ou collaborateur, ne fait pas son travail*** en temps voulu ou avec un niveau de qualité suffisant. Il ne « délivre » pas pour utiliser un anglicisme.

– ***Il trouve sans cesse des excuses bidon pour se dérober.***

▪ Comment réagir

– ***Si ses manquements sont récents,*** avant de lui coller une étiquette de « tire-au-flanc », vérifiez qu'il ne traverse pas une période difficile dans sa vie personnelle. Peut-être a-t-il actuellement d'autres urgences à régler dans sa famille : proche très malade, etc. Dans ce cas, si vous êtes sa chef, suscitez une discussion avec lui pour aménager son travail durant cette période. Si vous êtes sa collègue, proposez de lui venir en aide, en liaison avec votre hiérarchie.

– ***Apprenez à repérer les vrais et les faux paresseux.*** Le faux dilettante a besoin d'être excité par ce qu'il fait. L'ennui peut assécher complètement sa créativité et l'installer dans l'inactivité. Ce type de personnalité a souvent aussi besoin de récompenses (estime de son chef, augmentation de salaire…) pour donner le meilleur de lui-même. Si vous êtes son responsable hiérarchique, réfléchissez à la manière de le remettre dans une bonne dynamique. S'il s'agit d'un collègue, peut-être pouvez-vous l'inciter à parler de son malaise à son chef pour envisager une redéfinition de ses tâches, voire une mutation dans un autre service plus approprié.

– ***Si vous êtes en présence d'un vrai paresseux***

✓ *Si c'est votre collègue* : ne soyez pas tentée de le protéger en assumant son travail en plus du vôtre, comme tant de femmes le font, dans le souci – certes louable – de faire avancer les choses malgré tout. Prenez au contraire le plus possible de distance avec ce collègue et évitez d'avoir à travailler en binôme avec lui, sinon c'est sûr, vous vous taperez tout le travail et devrez partager les louanges avec lui.

Quand il cherche à vous refiler son travail, dites : « J'aimerais t'aider mais je suis complètement noyée en ce moment » et filez vite. Si vous devez malgré tout travailler avec lui, attention à ne pas apparaître vous aussi, comme paresseuse par association… Débrouillez-vous pour rendre identifiable votre travail et le sien. Si malgré tout, on vous rend responsable des insuffisances de ce collègue, n'hésitez pas à vous défendre pied à pied pour ce qui concerne votre travail et à renvoyer votre hiérarchie sur votre collègue pour le reste. Dites : « Je comprends votre mécontentement, mais je vous conseille de demander à Paul de vous expliquer ses raisons de procéder ainsi sur sa partie. »

✓ ***Si c'est votre manager*** : ne le laissez pas vous déléguer son travail au-delà du raisonnable. Une chose est d'apprendre de nouvelles techniques et de montrer à votre chef qu'il peut compter sur vous. Une autre est de vous laisser marcher sur les pieds en permettant à votre chef de se décharger intégralement sur vous. N'oubliez jamais que les gratifications (promotions, augmentations, primes, etc.) récompensent le travail terminé et pas nécessairement celui que l'on a effectué soi-même. Par ailleurs, en trimant toute la journée à la place de votre supérieur, vous lui permettez de « réseauter », de s'occuper de sa carrière et de préparer son avenir professionnel (*voir* « Se constituer un réseau », p. 143). Ce que, pendant ce temps, vous ne faites pas…

✓ ***Si c'est votre subordonné***

Ne lui permettez pas de se délester sur vous de son travail sous prétexte que « ça irait plus vite et serait mieux fait ».

Apprenez plutôt à mieux encadrer ses tâches. Fixez-lui des dates précises pour vérifier régulièrement que le travail avance.

Quand vous êtes contente, dites-le-lui pour encourager cette amélioration.

Quand ça ne va pas, exprimez votre insatisfaction très clairement et au fur et à mesure, de préférence en tête à tête dans votre bureau, en le regardant droit dans les yeux. Chaque fois, rappelez le cadre que vous vous étiez fixé : « Je ne suis pas contente du tout, on s'était pourtant bien mis d'accord. » Il tergiverse, invente un bobard pour justifier ses manquements ? Rétorquez : « La dernière fois vous m'avez déjà dit ça. Ça ne peut pas continuer comme ça. » Si aucune remise en question n'est possible de sa part, faites référence à vos autres collaborateurs en disant : « C'est curieux mais avec Untel et Untel, le travail est impeccable et rendu à l'heure. »

Ne tombez pas dans le piège de ne plus lui confier aucune tâche, c'est ce qu'il attend ! N'oubliez pas que, dans l'entreprise, qui ne dit mot consent. Si vous laissez cette personne inoccupée sans jamais lui faire de remarque, votre entreprise aura du mal à la faire partir le jour où elle le décidera. Au contraire, confiez-lui des tâches et pointez ses manquements par écrit, à chaque fois. Et si, vraiment, elle n'évolue pas, demandez conseil à la direction des ressources humaines et à votre hiérarchie.

Efforcez-vous de pointer ses défaillances au fur et à mesure qu'elles se produisent. En effet, si vous ne dites rien, un beau jour, vous risquez d'exploser de façon totalement disproportionnée en traitant cette personne de tous les noms, voire en l'insultant en public. Dans ce cas, c'est vous qui seriez en faute…

Le cas particulier de la femme macho

▪ Comment la reconnaître

C'est une femme atteinte de ce que l'on appelle le « syndrome de la reine abeille ». Mis en lumière et analysé par les recherches en psychologie sociale, dans les années 1970, ce syndrome est toujours d'actualité[1] dans le monde du travail. « En effet, explique Leila Selimbegovic, assistante de recherche en psychologie à l'Université de Genève, il existe des femmes qui, ayant réussi à des postes à responsabilité traditionnellement occupés par des hommes, s'opposent, plus ou moins ouvertement, à ce que d'autres femmes progressent dans l'entreprise. » Comment expliquer un tel phénomène ? « Ces femmes se détachent de leur propre groupe (les femmes) et vivent les autres femmes plus jeunes, qui voudraient faire comme elles, comme des menaces. Avoir atteint le succès dans un domaine difficile les valorisait personnellement. Envisager

1. Une recherche universitaire publiée en 2004 dans le *British Journal of Social Psychology* fait état du même syndrome.

que d'autres femmes y arrivent aussi reviendrait à démontrer qu'elles ne sont pas si exceptionnelles que ça… » « Ces femmes ont réussi leur carrière en adoptant un comportement professionnel conforme à la norme masculine, poursuit le coach David Veenhuys[1]. Celles-ci étaient persuadées qu'elles ne pourraient jamais y parvenir en conservant leur propre norme féminine. En conséquence de quoi, elles ont dû se battre dans un univers qui n'était pas adapté à leurs besoins de femme, travailler très dur et sacrifier nombre de leurs valeurs originelles pour réussir. »

■ Pourquoi c'est pénible

Parce que ces femmes entravent la réussite au féminin en général. Si elles ont renoncé à une vie personnelle pour faire carrière, la grossesse ou la maternité de jeunes femmes qui prétendent tout réussir (le travail et la famille) peuvent être vécues par elles comme une injustice. De même, si elles ont eu des enfants mais qu'elles ont souffert dans leur vie professionnelle et personnelle, elles peuvent être tentées – le plus souvent inconsciemment – de se venger sur les plus jeunes qui arrivent derrière elles en leur mettant des bâtons dans les roues. Si pour vous la solidarité féminine a un sens, c'est d'autant plus pénible.

■ Comment réagir

Les conseils de Gilly Weinstein, *executive coach.*

– ***Comprenez bien comment cette femme fonctionne.*** En général, les « reines abeilles » sont intimement convaincues qu'elles doivent leur réussite à leur capacité à se fondre dans le système de valeurs et le *modus operandi* des hommes, avec les manières brusques (pour ne pas dire la violence) que cela implique. Inutile donc de chercher à vous en faire des alliées au nom de la solidarité féminine, ces femmes ne se sentent aucunement solidaires du genre féminin.

– ***Décryptez ce qui se cache derrière la manière « virile » de travailler*** de cette femme. Bien souvent, il s'agit de cacher aux autres et à elle-même sa propre vulnérabilité et par là même, de s'en protéger.

1. Auteur de *Femmes ! Emploi et marketing de soi*, Lausanne, Favre, 2004.

– ***Mesurez ce qu'elle ressent quand vous montrez des faiblesses*** : vous lui renvoyez au visage ce qu'elle essaie à tout prix de dissimuler à la terre entière. Elle est comme un malade du psoriasis qui dépenserait des fortunes en maquillages et en vêtements pour camoufler ses plaies et qui se retrouverait en face d'un malade couvert de plaques rouges…

– ***Évitez, donc, de montrer des doutes, de la dépendance et de la fragilité.*** Si vous avez envie de vous plaindre, ces femmes ne sont vraiment pas les bonnes personnes pour vous écouter et vous réconforter. Trouvez une oreille compatissante, de préférence en dehors de votre entreprise.

– ***Ne prenez pas pour vous personnellement ses critiques et déclarations*** à l'emporte-pièce sur les uns et les autres. Dites-vous que vous n'y êtes pour rien. Pour asseoir sa domination, elle a besoin de faire son show en démontrant à tout le monde qu'elle est « un homme comme les autres »…

– ***Ne remettez pas en question sa façon de faire, si c'est votre chef.*** Si vous trouvez bon son travail, soutenez-le vis-à-vis des autres mais restez discrète sur sa personne. Si c'est une collègue, éloignez-vous et évitez de travailler avec elle.

– ***Ne laissez pas passer l'inacceptable.*** Si elle va trop loin, montrez-lui des limites, elle vous respectera d'autant plus… Pour savoir comment faire selon la situation, reportez-vous au chapitre « S'affirmer au bureau », p. 56.

– ***Cherchez à la quitter dès que vous le pourrez, si c'est votre N+1.*** Il y a certains chefs avec lesquels il vaut mieux ne pas rester trop longtemps, sous peine de se faire du mal (*voir* « Déjouer le harcèlement moral », p. 113).

L'amitié au bureau, est-ce vraiment possible ?

Selon une récente enquête réalisée par la Fondation de France[1], on ne se fait plus d'amis au travail, et une personne sur cinq n'a pas de relations sociales dans le cadre de son travail. Faut-il le déplorer, en prendre acte ou tenter d'améliorer les choses ? Éléments de réponse.

Pourquoi l'amitié au travail peut-elle être délicate ?

- Parce que l'entreprise est un objet économique qui rime avec stress, concurrence et ambition et où il existe parfois une forme de violence dans les rapports entre les salariés.
- Parce que l'amitié, au sens le plus pur du terme, implique une transparence et un désintéressement dans la relation entre les individus qui peuvent s'avérer difficiles dans l'entreprise.

Faut-il alors renoncer à l'amitié au travail ?

« Surtout pas !, lance le philosophe Fabrice Midal[2]. Tout dépend, en réalité, de la résonance que l'on donne au mot "amitié". Si l'on parle de l'amitié au sens sentimental du terme, bien sûr que l'entreprise n'en est pas le lieu puisqu'elle est celui de l'efficacité. En revanche, si l'on entend par amitié la notion d'être bien ensemble, alors oui elle a toute sa place dans l'entreprise. En fait, il serait plus simple de penser les choses en termes

1. Publiée dans *Le Parisien*, 1er juillet 2010.
2. Auteur de *Et si de l'amour on ne savait rien ?*, Paris, Albin Michel, 2010.

d'"amicalité[1]". L'amicalité est une question centrale, puisque c'est celle de la possibilité de la vie en commun et donc de la société. L'amicalité c'est tout ce qui fait qu'on vit ensemble réellement, en étant en relation avec l'être de l'être humain. »

Pourquoi l'amicalité a-t-elle moins de place aujourd'hui dans le monde du travail ?

« Car on est, à mon sens, dans une attaque radicale de l'être humain, répond Fabrice Midal. Nous pensons de plus en plus les hommes comme des objets, des machines, voire des stocks à gérer, qu'on engage, qu'on désengage, voire qu'on délocalise… Dès lors, l'être de l'homme est mis à mal. La disparition de l'amicalité au travail est un signe de la disparition du vivre ensemble et donc de la société car la société ne peut pas tenir uniquement sur des bases économiques. Il est important de remettre cette question dans ce contexte général pour comprendre dans quelle situation on est pris à titre individuel, dans notre plus immédiate quotidienneté. »

Comment distinguer amitié et amicalité ?

« L'amitié, c'est découvrir que l'on peut avoir, avec certaines personnes, des rapports complètement autres que de pouvoir ou de calcul, répond Fabrice Midal. C'est un véritable don de la vie et c'est donc très rare. L'amicalité, c'est une certaine cordialité, une complicité, une inquiétude pour l'autre, qui n'exclut pas un petit jeu d'intérêts mutuels, voire une certaine prudence dans la relation. C'est un rapport de sympathie qui fait qu'on est touché par l'autre. Mais on nous a tellement inculqué que la vie était une lutte, que cette sensibilité à l'autre est parfois vécue comme une faiblesse, d'où sa disparition de certaines entreprises. »

1. Ce mot est la traduction faite par le philosophe Jean Lauxerois, du mot *philia*, qui signifie « ce qui m'est cher » dans les écrits d'Aristote.

Pourquoi le monde du travail a-t-il besoin d'amicalité ?

- « Parce que nier que les êtres humains sont des humains, c'est courir à la catastrophe, répond Armelle Carminati-Rabasse, directrice générale capital humain et diversité chez Accenture monde. Pour bien travailler ensemble, il faut reconnecter le capital humain avec son intelligence émotionnelle. Les jeunes de chez nous fonctionnent beaucoup en tribus, on essaie de faire en sorte qu'ils soient bien ensemble en respectant leurs émotions, mais ils savent que cela n'implique pas pour autant qu'ils soient engagés ensemble, dans des liens d'amitié durables, puisqu'ils sont quand même en concurrence pour grimper les échelons. »
- Parce qu'au travail on aime les relations amicales. Il ressort d'une enquête, réalisée par l'Observatoire du travail BPI-BVA-*L'Express* en septembre 2010, que les salariés plébiscitent les relations avec leurs collègues – majoritairement jugées « amicales » (par 56 % d'entre eux) et « conviviales » (par 53 %). Signe que « la déshumanisation du travail n'est pas du tout acceptée », selon Pascale Portères, vice-présidente de BPI[1].
- Parce que dans ce monde compliqué, on ne peut pas avancer seul. « Le travail est devenu plus complexe et on ne peut plus être compétent seul, poursuit Norbert Alter, docteur en sociologie et professeur à l'université Paris-Dauphine[2]. Si les salariés n'ont plus le temps d'échanger, ils deviennent mal à l'aise dans leur rapport au travail et donc moins compétents. »
- Pour être efficace au travail. « La finalité de la vie professionnelle est l'efficacité, ajoute le psychiatre Éric Albert, fondateur de l'Institut français d'action sur le stress[3]. Il est donc nécessaire d'entretenir des relations de bonne qualité avec les gens

1. *L'Express emploi*, 17 novembre 2010, article de Christophe Dutheil, « Les salariés en quête de lien social ».
2. *Ibid.*
3. Fondé en 1990, l'IFAS est un cabinet spécialisé dans l'accompagnement du changement comportemental en entreprise (conseil, coaching, formation, mesure du stress). Ses consultants ont une compétence en psychologie comportementale et cognitive qui leur permet de favoriser et d'accompagner les changements individuels, mais ils sont également des praticiens de l'entreprise. Ils connaissent

avec lesquels on doit travailler. Parfois, la relation entre deux personnes est tellement inexistante ou dégradée que rien ne peut passer entre elles. La relation est un tuyau. Pour que ce tuyau ne soit pas en papier et n'explose pas au moindre événement, il faut y faire circuler des choses de soi. Si l'on est totalement lisse, si l'on ne livre jamais rien, on ne peut pas être en relation avec l'autre. Il faut offrir quelques aspérités pour créer une émotion chez l'autre qui permette de nouer une relation un peu personnelle. Une relation se construit autour de la tonalité émotionnelle que vous employez avec l'autre. Pour qu'elle soit solide, il lui faut un environnement émotionnel positif. »

Comment cultiver son amicalité au travail ?

Autorisez-vous

« Déjà, il faut donner droit à cette émotion, répond Fabrice Midal. Pour vous y aider, il faut vous dire que vouloir être bien avec autrui permet de vivre mieux. Ce qui compte, c'est la joie et l'enthousiasme qui peuvent exister dans la relation de travail. »

Ne vous laissez pas dissuader

Il existe la possibilité d'une déception éventuelle que vous pourriez éprouver au cas où votre relation amicale serait abîmée par le travail. « D'une part la déception est inhérente à la vie pourvu qu'on la vive comme une aventure, poursuit Fabrice Midal. Rater ou trébucher n'est pas un signe de faiblesse, mais celui du courage d'avoir pris un risque. Pour l'être humain, rien n'est jamais figé, on n'est jamais une fois pour toutes. On doit tous avancer et, à chaque étape, on a à être différemment. Il y a toujours des moments où l'on est déçu. Si l'on est obsédé par cette éventualité, on ne vit plus vraiment car on se ferme un nombre important de possibles. Il ne s'agit pas de risquer pour risquer, mais heureusement qu'on peut être déçu, c'est inévitable et c'est très bien ! En attendant c'est beaucoup plus amusant et agréable de travailler avec des gens avec lesquels on s'entend bien qu'avec de purs

---

les entreprises dans leur réalité, en particulier au niveau des jeux relationnels qui s'y déroulent.

inconnus ! » Donc si vous vous sentez des affinités avec tel ou tel au bureau, intéressez-vous à l'autre, acceptez de déjeuner avec lui et même de partager certains de vos soucis mutuels. Bien sûr, restez quand même prudente sur les informations que vous lui transmettez. Avant de lui faire quelques confidences, testez sa capacité à garder sa langue. Et si votre collègue en est incapable, intégrez ce point dans votre relation. D'une manière générale, appliquez les techniques de l'affirmation de soi pour mieux communiquer avec les autres au bureau (*voir* « S'affirmer au bureau », p. 56).

Restez lucide en toutes circonstances

Ne confondez pas amitié et amicalité en glissant dans une hypocrisie qui consisterait à nier l'entreprise comme un lieu désintéressé et en entretenant des relations trop privées avec vos relations professionnelles. Dîner ensemble sans cesse avec vos conjoints respectifs, voire partir en vacances avec une collègue, ne vous protégera jamais d'une lutte de pouvoir avec elle, le jour où vous viserez toutes les deux le même poste… mais vous exposera, en revanche, à une vraie déception parce que vous aurez trop mélangé les registres. « C'est vrai qu'il y a une forme d'amitié difficile au bureau », conclut Fabrice Midal. « Gardez bien en tête que vous êtes dans un cadre dont le but premier est l'efficacité », ajoute Éric Albert.

Choisissez bien vos relations plus profondes

En revanche, rien ne vous empêche de tisser des relations plus personnelles avec des gens de votre entreprise avec lesquels vous ne serez jamais en concurrence : personne beaucoup plus senior que vous, par exemple, ou travaillant dans des services totalement différents. En sachant, tout de même, qu'il vous arrivera peut-être un jour d'être en possession d'informations confidentielles que vous ne pourrez lui donner et *vice versa*.

Restez professionnelle toujours

« C'est la règle la plus importante à suivre dans l'entreprise, conseille Frédéric Adida, coach en management et carrière et président d'Assaté. Ne tombez pas dans le piège de faire tourner toute votre vie autour de l'entreprise. Le soir, le week-end et durant les vacances, il est bon de rencontrer d'autres gens pour parler d'autre chose, sinon vous allez tourner en rond et vous scléroser. »

Les relations intimes au travail sont-elles viables ?

« Il n'y a pas de ça chez nous ! », prétendent les grandes entreprises. Et, pourtant, on rencontre souvent son conjoint sur son lieu de travail... De l'aventure d'un soir au mariage, comment vivre l'amour au bureau ?

Le sexe au bureau, mythe ou réalité ?

Il n'existe pas de chiffres très fiables sur ce sujet. Les voici tout de même...

Le sexe au travail selon Monster

Un baromètre a été réalisé par Monster (spécialiste de la gestion et du recrutement en ligne) entre mars et avril 2010 auprès de 3 154 salariés français. À la question : « Vous arrive-t-il de fantasmer sur vos collègues au bureau ? », 46 % des votants ont répondu : « Non, je ne mélange jamais travail et sentiments, c'est une règle d'or ! », 4 % des votants ont répondu : « Non, car je passe rapidement à l'action », 16 % : « Oui, souvent » et 34 % ; « Oui ça m'est arrivé quelquefois ».

L'enquête d'un site féminin anglais

Newwoman.co.uk a mis en ligne un questionnaire « Sex in the office » et en a tiré des réponses à prendre avec des pincettes puisque la méthodologie du sondage reste inaccessible et ne concerne que des internautes anglaises[1]. Ces réserves mises à part, les pourcentages publiés ici peuvent être considérés

1. Le site Doctissimo.fr a interrogé en vain le site anglais sur l'échantillon des réponses, le nombre de femmes ayant participé et la période sur laquelle le sondage a été réalisé.

comme des éléments du débat ; 82 % des femmes avoueraient flirter avec des collègues masculins qu'elles trouvent séduisants ; 61 % auraient couché avec un collègue, dont 51 % étaient leur supérieur. Et, sur celles qui ont franchi le pas, 65 % avoueraient n'avoir aucun regret.

Le sondage en ligne du site singles.nl

Réalisé auprès d'internautes néerlandais[1], ce sondage révèle que 71 % des célibataires interrogés ont déjà eu une aventure avec un collègue. Les non-célibataires seraient, eux, 40 % à avoir déjà eu une relation extraconjugale dans le cadre professionnel.

Pourquoi l'entreprise est-elle propice au rapprochement homme-femme ?

Le milieu du travail serait par nature aphrodisiaque

C'est la thèse avancée par le conseil canadien en management Alain Samson[2]. À l'appui de cette affirmation, il avance trois motifs :

- Les points communs

  Dans l'entreprise, on est amené à rencontrer des gens avec lesquels on partage des choses, voire qui nous ressemblent par les études que l'on a faites et les valeurs partagées.

- Le sentiment d'affiliation

  Au travail, on vit des moments de complicité intense quand on doit produire et livrer un travail en commun à temps. Se retrouver à travailler dans le stress jusqu'à 22 heures pour boucler un dossier peut faire naître un sentiment d'excitation tel qu'il peut être pris pour un sentiment amoureux, alors que ça n'est pas forcément le cas, qu'il s'agit souvent juste d'une

1. Citée dans le *Elle* Belgique, septembre 2010, article de Harold Nottet et Manuella Damiens, « Sexe au travail, ça aide ? ».
2. Auteur de *Sexe et flirt au bureau*, Paris, First, 2002.

euphorie réciproque momentanée. Il n'empêche, ce genre de situation peut conduire à certains rapprochements.

- L'effet de « halo »

Dans la vie professionnelle, personne n'est vraiment soi-même. On se montre sous son meilleur jour, on fait attention à sa tenue, on se tient droit même si on est déprimé, on fait des efforts pour jouer un rôle. On apparaît à l'autre dans une sorte de flou, de rideau de fumée, qui dissimule nos caractéristiques objectives et réelles. Rien à voir avec le jeune homme amorphe ou la jeune femme épuisée qui s'affale parfois devant la télé en jogging… Le cadre quasi théâtral du travail rend la tension érotique fréquente.

Notre époque serait propice aux relations intimes au travail

C'est l'avis de Loïck Roche, docteur en psychologie et directeur de l'école de management de Grenoble[1], qui propose deux explications.

- Les relations informelles se développent dans les organisations.

Pots, soirées, séminaires, autant d'occasions de nouer des relations extraprofessionnelles au travail…

- Le sexe au bureau comme moyen de défense ?

Aujourd'hui, il arrive que les relations professionnelles soient devenues si difficiles que les gens se sentent niés en tant qu'êtres humains. Nouer des relations intimes au bureau apparaît alors comme un mécanisme de défense. Dans ce cas, la sexualité, comme pulsion de vie, apparaît ni plus ni moins comme une pulsion de survie.

1. Et auteur de *Cupidon au travail*, Paris, Éditions d'Organisation, 2006.

Y a-t-il des secteurs plus propices que d'autres aux relations sexuelles ?

« Oui, répond Loïck Roche. Dans les milieux créatifs comme les médias ou le show-biz, la pulsion créatrice n'est jamais loin de la pulsion sexuelle. Mais la sexualité est fréquente également dans les milieux où le stress est important. Le stress pousse aux rapprochements érotiques qui peuvent aider à résister à la pression. Dans le milieu médical s'ajoute au stress le fait de côtoyer la mort. Dans ce cas, la sexualité aide à reconstruire du vivant. »

Pourquoi le sexe au bureau est-il une pratique risquée ?

Pour plusieurs raisons, poursuit Loïck Roche :

- L'entreprise n'est pas un lieu fait pour ça. Le bureau est le lieu du travail alors que la sexualité appartient au domaine privé. Avoir une relation sexuelle avec quelqu'un donne accès à une vérité intime qui n'est pas celle normalement donnée sur le lieu de travail. Après coup, l'un des deux partenaires peut ne pas supporter ce regard posé sur son intimité. D'où les conflits éventuels qui peuvent aller jusqu'au licenciement. De plus, pour la hiérarchie, cela peut poser problème : donner une promotion à l'un, c'est prendre le risque de voir l'autre s'interroger sur les raisons pour lesquelles il n'est pas promu, lui. Refuser quelque chose à l'un c'est s'exposer au mécontentement de deux personnes en même temps, muter l'un, c'est risquer la démotivation de l'autre…
- Passée l'ivresse des débuts, la relation intime peut devenir déstabilisante et parasiter le travail.
- Une relation intime au travail est très difficile à cacher aux collègues. Outre les rumeurs et autres cancaneries, le soupçon peut naître que, si l'on est nommée à tel poste, c'est par l'effet d'une promotion canapé…

- Souvent, les histoires se terminent mal, les séparations intelligentes sont rares. Quand tout va bien, la situation reste gérable, mais en cas de séparation, cela peut devenir invivable. On a tous entendu des histoires de couples en furie en train de s'écharper devant les collègues et les chefs, voire plus grave, devant les clients. De plus, certains conflits peuvent naître autour du harcèlement sexuel (*voir* « Se protéger du harcèlement sexuel », p. 125).

À quelles conditions ces relations sont-elles viables ?

Selon Alain Samson, il faudrait respecter trois conditions :

- Un même niveau hiérarchique entre les deux personnes. Une relation de pouvoir entre deux personnes étant ensemble peut s'avérer compliquée pour les deux. Le supérieur hiérarchique risque de perdre sa crédibilité à chaque promotion qu'il sera amené à annoncer. Quant au subordonné, non seulement il sera soupçonné par ses collègues d'être adepte de la promotion canapé, mais il risque également de se demander lui-même s'il doit réellement ses succès professionnels à sa compétence. Son estime de soi peut en être affectée.
- Un même niveau d'attente de la relation. Si l'un des deux a envie d'une relation à long terme tandis que l'autre ne cherche qu'une aventure sexuelle, ce décalage va forcément peser sur le travail. La collaboration en équipe peut devenir un enfer.
- Un niveau de liberté équivalent. Si l'un des deux est en couple par ailleurs, l'histoire peut devenir compliquée et se transformer en vaudeville pathétique. Il ne faut pas croire sur parole un homme qui promet de divorcer.

Quand ces trois conditions sont réunies, faut-il garder le secret ?

« Je recommande la discrétion absolue », répond Loïck Roche. Par la suite, quand la relation est vraiment sérieuse, il est préférable de l'annoncer et de se débrouiller, soit pour que l'un des deux quitte l'entreprise, soit pour que leurs postes soient assez éloignés l'un de l'autre. Afin de ne pas gêner la bonne marche de l'entreprise, mais aussi celle du couple.

Déjouer le harcèlement moral

Terrain miné, restructurations… En temps de crise, le climat est propice aux situations de harcèlement. Comment les repérer et les désamorcer avant qu'il ne soit trop tard ? Les réponses d'Anne-Françoise Chaperon, psychologue clinicienne[1].

Dans quels cas peut-on parler de harcèlement ?

Il existe deux cas de figure.

- On est dans une entreprise au terrain miné, dans laquelle il n'y a pas de plan social mais où se développe un climat d'incertitude sur les postes, une insécurité sur le travail, le sentiment que la direction pousse les gens à partir de façon insidieuse. Ce climat est « idéal » pour que se développent des situations de harcèlement exercées par des personnes qui ne sont pas des pervers au départ, mais qui se transforment en harceleurs en raison de l'organisation. S'il n'y avait de harceleurs que les pervers, il n'y en aurait pas autant. On estime, en effet, à 1 % le nombre de pervers narcissiques, tandis que 10 à 15 % des gens disent avoir subi des situations de harcèlement.
- On est en présence d'un pervers narcissique : chef, collègue, voire N–1 (oui il y en a !), c'est-à-dire d'une personne qui n'a pas de scrupule, pas d'états d'âme, une personne qui veut réussir à tout prix et prend les autres pour des objets. Ses motivations principales sont le pouvoir, le profit et l'envie.

1. Et consultante chez Stimulus, cabinet de conseil en prévention du stress dans les entreprises et auteur de *100 Réponses sur le stress*, avec Marie-Édith Alouf, Paris, Éditions Tournon, 2007.

Comment se déroule le harcèlement ?

Il existe trois phases :

- La lune de miel durant laquelle le harceleur fait tout pour séduire le harcelé. À ce stade, le harcèlement est très difficile à déceler.
- La déstabilisation. La personne harcelée est déstabilisée, elle se sent coupable, se débat dans une vision illogique du monde. Cette phase peut durer de plusieurs semaines à quelques années.
- La destruction. La cible tombe malade, fait un burn-out ou une dépression, voire une tentative de suicide. Elle est K.-O. et ne peut plus résister.

Comment déceler et désamorcer le harcèlement avant la phase de destruction ?

Dans la phase de séduction

Dès le début, vous pouvez déceler certains signes. Charismatique, séducteur, le harceleur porte un masque de sympathie, mais ce n'est qu'un masque. Il n'est pas sincère et cela se voit. Il sourit beaucoup, mais avec sa bouche et non du fond des yeux. Sa voix est trop gentille, mielleuse, légèrement obséquieuse. Il vous fait des cadeaux, prend du temps pour vous aider, vous remplace en réunion. Tout ça pour quoi ? Dans le but d'asseoir son pouvoir sur vous, voire vous le reprocher plus tard. Il vous pose beaucoup de questions, non parce qu'il s'intéresse à vous, mais pour retourner plus tard contre vous les informations obtenues. Il vous met en confiance en vous mettant dans le secret des dieux, en vous donnant des informations qu'il ne devrait pas vous donner. Certes tous les gens qui agissent ainsi ne sont pas des harceleurs en puissance, mais attention au trop qui doit vous mettre la puce à l'oreille.

Dans la phase de déstabilisation

À ce stade, il est plus simple de repérer le processus en cours. La communication entre vous devient confuse. Ses demandes ne sont pas claires, ses réponses sont floues. Vous demandez si vous devez traiter le dossier A ou le dossier B en priorité, il vous répond : « Tu sais ce que tu as à faire. » Il ne se mouille plus, ne prend jamais ses responsabilités. Si vous réussissez votre tâche, il en prend les honneurs avec vous, si vous échouez, il vous laisse seule au milieu de la route. Si c'est votre chef, il vous fixe des objectifs peu clairs, vous lâche dans la nature, ce qui vous pousse à la faute. Dans cette phase, vous avez l'impression d'être dans un piège, quoi que vous fassiez, vous ne vous sentez pas libre de dire non.

Comment réagir ?

Déculpabilisez. Cela arrive à des gens très bien.

Ne restez pas isolée

Plus vous êtes seule, plus vous êtes fragile. Parlez-en à la direction des ressources humaines s'il en existe une dans votre entreprise, au médecin du travail, à l'inspection du travail. N'hésitez pas à vous faire aider d'un psy extérieur à l'entreprise. Exprimez-vous, dites ce qui ne va pas, n'excluez pas de demander conseil à un avocat. Le harcèlement moral est désormais un délit pénal.

Contre-manipulez votre harceleur

Comment ? En utilisant les techniques d'affirmation de soi pour lui résister. Plus précisément, apprenez à dire non, à faire des demandes, à être capable d'insister comme un disque rayé pour savoir où vous devez aller, à vous défendre contre les critiques. Relisez bien les chapitres « S'affirmer au bureau », p. 56, et « Gérer les comportements difficiles au travail », p. 81. Ainsi, vous appuierez là où ça fait mal chez votre harceleur : son narcissisme. Il va d'abord essayer de vous manipuler encore plus, mais, au bout d'un moment, il finira par lâcher sa proie parce qu'il comprendra qu'il n'a plus de prise sur vous. Cela prend en moyenne deux mois pour décourager un manipulateur. Bien sûr, durant toute cette période, soyez très prudente sur le plan professionnel. Gardez des traces écrites de votre travail en imprimant discrètement vos mails et les siens et en les conservant dans un dossier, au cas où.

S'imposer dans un univers masculin

Automobile, BTP... De plus en plus de secteurs s'ouvrent aux femmes, mais avant d'atteindre une réelle mixité il faudra du temps. De même, dans les milieux plus mixtes, plus on monte les échelons, moins on trouve de femmes. Comment s'imposer en tant que femme au milieu des hommes ?

Pourquoi être une femme dans un univers masculin peut-il être compliqué ?

Du côté des femmes

Tandis que les hommes sont habitués à brider leurs émotions depuis leur plus jeune âge, les femmes y sont davantage autorisées. Mais dans le monde du travail, créé par les hommes pour les hommes, les émotions ne sont pas toujours les bienvenues et les hommes et les femmes se retrouvent parfois en décalage émotionnel (*voir* « Montrer ses émotions au bureau ? », p. 174). Les femmes ont tellement peur qu'on leur reproche de se laisser envahir par leurs émotions qu'elles ont tendance à les réprimer. D'où un certain malaise qui les conduit parfois à s'écraser ou à se durcir.

Du côté des hommes

« Pour eux, bien souvent, le monde de l'entreprise est le terrain d'un jeu dont le but est de gagner, ce qui implique une relation plus souple au travail que celle des femmes, explique la coach JoAnne Freeman, du cabinet Diafora[1]. Quand ils perdent, ils se

1. Diafora est un cabinet de conseil, formation et coaching, qui accompagne les entreprises désireuses de maximiser les bénéfices d'une plus grande mixité au sein de leur management. Les propos ci-dessus ont été prononcés le 9 décembre 2010, lors du programme Eve, organisé par la société Danone à Évian.

sentent obligés de l'accepter sans rancune envers le gagnant, comme dans une compétition sportive. Ensuite, ils se remettent en selle pour retenter leur chance. Les femmes, de leur côté, sont souvent moins intéressées par la compétition, ce qu'elles attendent du travail, c'est de gagner leur vie en s'amusant, en se faisant plaisir. C'est pourquoi, elles prennent parfois leurs déconvenues et échecs trop à cœur et à titre personnel, d'où une certaine incompréhension avec leurs collègues hommes. »

En pratique comment ce malaise peut-il se traduire ?

Cela va des conversations de vos collègues hommes qui stoppent net dès que vous arrivez dans la pièce, aux réflexions ouvertement machistes[1] en passant par tout ce que Brigitte Grésy, inspectrice générale des affaires sociales[2], appelle le « sexisme ordinaire » au quotidien.

Comment se comporter au milieu des hommes ?

- Comprenez ce que certains hommes peuvent ressentir face aux femmes au travail. « Peur d'en faire trop ou pas assez, ils ne savent pas toujours quoi dire, quoi faire, ils n'ont pas le décodeur, ils peuvent se sentir déstabilisés,

1. *In* Hervé Gattegno et Anne-Cécile Sarfati, *Femmes au pouvoir. Récits et confidences*, Paris, Stock, 2007, Armelle Carminati-Rabasse, directrice générale capital humain et diversité chez Accenture monde raconte : « Les jeunes femmes qui sont dans nos équipes vivent souvent des situations embarrassantes, pour ne pas dire plus. Depuis l'attitude odieuse du client qui dit, en avisant une des filles : "On n'a pas de table, mets-toi à quatre pattes", jusqu'au jeune homme romantique mais un peu collant qui insiste pour l'inviter à dîner pendant la mission. Le problème, c'est que le contact avec le client est si important que certaines entendent leur manager leur dire :"Tu la fermes, je ne veux rien savoir." C'est l'un des sujets sur lesquels j'essaie, chez Accenture, d'améliorer les règles éthiques et la formation de nos cadres. »

2. Auteure du *Rapport préparatoire à la concertation avec les partenaires sociaux sur l'égalité professionnelle entre les femmes et les hommes*, daté de juillet 2009, et du livre *Petit traité de sexisme ordinaire*, Paris, Albin Michel, 2009.

voire en danger de mal se comporter, décrypte Anne-Marie Cariou[1], psychologue clinicienne et directrice associée de Stimulus[2]. » Et ce, encore plus dans les milieux où les femmes se font rares. S'ils n'ont pas été élevés dans des écoles mixtes, ils peuvent craindre que la relation soit compliquée, que la séduction s'en mêle et vienne tout embrouiller.

- Soyez très professionnelle, bûchez vos dossiers, notamment avant les réunions où vous serez en représentation. « Si vous arrivez sans avoir préparé, que vous êtes jolie, habillée un peu sexy et que vous souriez à pleines dents, vous reculez de dix cases dans la conquête de votre crédibilité », avertit Anne-Sophie Béraud, responsable du programme Accent sur elles d'Accenture. « Ce genre d'attitude n'est pas fréquent, nuance cependant le psychiatre Éric Albert[3]. J'ai plutôt l'impression que les femmes en entreprise comprennent très vite et très tôt que pour être prises au sérieux, elles ne doivent pas montrer ne serait-ce qu'un début de possibilité d'une disponibilité sexuelle. »

- Ne vous sentez pas obligée, non plus, d'en faire trois fois plus que les hommes pour prouver que vous n'êtes pas la blonde de service. Non seulement c'est épuisant, mais c'est un véritable piège dans lequel tombent de nombreuses femmes au travail. Pendant qu'elles se fatiguent à travailler dur dans leur coin, elles ne s'occupent pas de leur carrière, contrairement aux hommes… « Le mythe selon lequel il faut travailler avec acharnement pour faire avancer sa carrière a la vie dure, regrette Lois Frankel, docteur en psychologie, coach et psychothérapeute depuis plus de vingt ans aux États-Unis[4]. En réalité, personne n'a jamais été promu à force de travail. La réussite d'une carrière dépend de plusieurs facteurs ; citons entre autres la capacité à se faire apprécier, l'aptitude à élaborer une stratégie gagnante, la possession d'un réseau de relations… »

---

1. Coauteure de *L'Affirmation de soi par le jeu de rôle : en thérapie comportementale et cognitive*, Paris, Dunod, 2006.
2. Stimulus est un cabinet de conseil et de formation à la prévention du stress et des risques psychosociaux au travail.
3. Éric Albert est le fondateur de l'Institut français d'action sur le stress (IFAS), voir note 3, p. 104.
4. Auteure de *Ces filles sympas qui sabotent leur carrière. Les 101 pièges à éviter*, Paris, Pearson Éducation, 2008.

- **Ne singez pas les hommes pour vous faire adopter par eux.** Au lieu de vous durcir de crainte de voir déborder vos émotions, servez-vous de votre sensibilité : celle-ci est précieuse dans le monde de l'entreprise. « Les femmes ont souvent des capteurs émotionnels qui leur permettent de ressentir les choses davantage que certains hommes, ajoute Anne-Marie Cariou. C'est un atout précieux dans le monde du travail pour repérer et analyser ce qui s'y passe (*voir* « Montrer ses émotions au bureau ? », p. 174). Mais elles préfèrent souvent dépenser une énergie considérable à contrôler leurs émotions, de peur de donner le sentiment de ne pas être maîtresses d'elles-mêmes. » Dans le même esprit, ne tombez pas dans le travers fréquent de certaines femmes au travail : se durcir à l'excès, se masculiniser dans l'apparence et le comportement, en devenant agressive, voire en humiliant les autres. « S'écraser ou se durcir sont deux attitudes non seulement inadéquates, mais épuisantes psychiquement, poursuit Anne-Marie Cariou. À terme, elles sont, de surcroît, moins efficaces. »

- **Apprenez à vous faire accepter en étant vous-même.** « Le mieux est de revenir à plus de naturel, conseille Anne-Marie Cariou, en se demandant : “Qu'est-ce que je ressens ?”, “Qu'est-ce que ça m'évoque ?” Puis, de dire ce que l'on en pense, même lorsqu'on est en désaccord, mais en respectant les formes, de préférence en tête à tête pour ne pas humilier votre interlocuteur, ni susciter en sa faveur un esprit de corps des autres hommes de l'assemblée, si vous êtes la seule femme ou presque. » Reportez-vous au chapitre « S'affirmer au bureau », p. 56.

- « **Sortez de la lutte féministe de base**, recommande enfin Anne-Marie Cariou. Les mouvements tels que le MLF ont été indispensables, mais aujourd'hui, dans le cadre de l'entreprise, il faut s'écarter de ce registre, dans un souci d'efficacité. Il est très important de se donner l'autorisation de poser ses limites en s'affirmant, en disant parfois non, voire en exprimant que l'on n'est pas contente. Mais l'affirmation de soi, si l'on ne veut pas être perçue comme l'emmerdeuse de service, c'est aussi pouvoir dire qu'on est contente quand on l'est. C'est pourquoi, il faut s'obliger à repérer ce que l'on trouve de bien chez l'autre et à faire du feed-back positif en disant par exemple : “Il s'est passé tel truc pendant cette mission et j'avoue que j'ai vraiment apprécié.” Si votre interlocuteur n'accepte pas votre compliment et vous répond : “Tu te fiches de moi ?”, insistez calmement : “Je suis sincère, j'ai beaucoup apprécié et pour moi c'est important de te le dire.” Ainsi, la prochaine fois que vous aurez une remarque négative à faire, elle aura plus de poids et sera davantage acceptée » (*voir* « S'affirmer au bureau », p. 56).

Comment repérer le sexisme ordinaire[1] ?

« Ce sont toutes ces petites flèches qui excluent les femmes parce qu'elles sont des femmes en les ramenant à leur biologie, répond Brigitte Grésy[2], inspectrice générale des affaires sociales. Cela peut prendre la forme du paternalisme, de la condescendance ou de la séduction lourde. Ce n'est ni du harcèlement ni de l'agression caractérisée, qui sont sanctionnés par la loi (voir plus loin), c'est une situation où l'on reçoit quelque chose unilatéralement, sans être dans l'échange et où l'on se dit que si l'on avait été un homme, cela ne se serait pas passé comme ça. C'est le cas, lors d'une réunion, quand un homme argumente avec une femme et lâche : “Vous êtes charmante, mais…” C'est l'histoire d'une jeune chef de bureau de 28 ans, embauchée pour prendre en charge des dossiers transversaux dans son entreprise. Le jour de son arrivée, son sous-directeur l'accueille devant vingt personnes et lui dit : “En somme, vous aurez une légitimité horizontale…” Parfois, les hommes ne se rendent même pas compte de leur comportement sexiste, mais ce genre de phrase peut vraiment blesser parce qu'elles délégitiment celle qui en est la destinataire. »

---

1. Voir *Elle*, 26 février 2010, article de Julia Dion, « Halte au sexisme ordinaire ! ».
2. Voir note 2, p. 118.

Comment faire la différence entre une blague de potache et une vraie attaque sexiste ?

« C'est vrai que c'est délicat, mais il faut toujours partir de son ressenti, poursuit Brigitte Grésy. Dès qu'on est mal à l'aise, gênée, que l'on se sent piégée, voire déstabilisée par une remarque ou une attitude, il faut être en alerte. Je ne parle ni de compétition ni de médiocrité des relations humaines qui existent partout y compris entre les hommes. Non, je parle de toutes ces petites tentatives qui, mises bout à bout, mettent en doute les compétences des femmes et les atteignent dans leur légitimité. C'est un ressenti visqueux qui consiste au départ à se culpabiliser, à se dire que c'est de notre faute, que si l'autre a dit ça, c'est parce qu'on n'est pas compétente. Mais non, c'est du sexisme. »

Pourquoi de nos jours cela existe-t-il encore ?

« Parce que historiquement, dans le monde du travail, la relation entre un homme et une femme a longtemps été cantonnée à la relation patron/secrétaire, analyse Brigitte Grésy. La relation égalitaire au travail est une relation trop récente pour être simplement pensée. Dans cette relation, l'homme avance souvent bardé de stéréotypes. »

Comment réagir sans passer pour une féministe intégriste ?

- « Utiliser l'arme de l'humour est souvent une meilleure solution, assure Brigitte Grésy. Une bonne répartie a le mérite de n'être ni trop violente ni trop définitive. C'est une manière d'impliquer les hommes sans raviver la guerre des sexes ». La coach Chine Lanzmann renchérit[1] : « Si vous êtes en réunion

1. *In* Carole Gamelin, *Manager au féminin*, Paris, Vocatis, 2010.

de cadres et qu'on vous demande de servir le café, vous pouvez utiliser l'humour : "J'espère que vous ne me demandez pas ça parce que je suis la seule femme ici ?" ou "Je ne suis pas votre assistante, mais je vais appeler votre secrétaire". Il ne faut pas laisser passer, il faut verbaliser. »

- « Ne pas relever apparaît parfois plus simple, ajoute, Brigitte Grésy, surtout quand la remarque maladroite vient de votre chef et que vous ne vous sentez pas prête à faire une réponse brillante. Le principe, alors, c'est de laisser passer, d'en parler à une copine ou à son mari pour s'assurer qu'on n'est pas parano. »

- « S'exprimer calmement mais fermement si cela se reproduit est important, poursuit Brigitte Grésy. Vous pouvez dire : "Je suis blessée par ce que tu m'as dit." La règle : toujours employer le "je", plutôt que le "tu" trop accusateur. » C'est ce qui est arrivé à Florence, ingénieure et manager dans une entreprise de technologies de l'information. « J'encadre une équipe composée exclusivement d'hommes. Un jour, lors d'un déjeuner tous ensemble, l'un deux a sorti une blague graveleuse. Je suis intervenue tout de suite pour dire : "Pas avec moi, pas quand je suis là !", ça a un peu cassé l'ambiance, mais tant pis. Par la suite, j'ai reparlé au garçon en question en tête à tête pour lui dire que sa réflexion m'avait fait mal et que je trouvais que ça ne servait à rien. Il s'est excusé et je dois dire que ça n'a plus jamais recommencé. Mais j'ai conscience que c'est peut-être parce que c'est moi la chef… » Pour apprendre à réagir de façon *ad hoc* à ce genre de situation, reportez-vous au chapitre « S'affirmer au bureau », p. 56.

Riposter, n'est-ce pas tomber dans l'antisexisme primaire à l'américaine ?

« Non, je ne crois pas, répond Brigitte Grésy. Aux États-Unis, en effet, les rapports hommes/femmes sont très codifiés, jusqu'à la caricature. Surtout au sein de l'entreprise : un homme doit faire attention à ne pas toucher une femme ou la regarder d'une manière appuyée, sous peine d'être accusé de harcèlement sexuel… En France, heureusement, notre culture latine nous préserve de ces excès : les Françaises aiment trop les joutes oratoires et le jeu de séduction avec les hommes. »

Se protéger du harcèlement sexuel

Des histoires graveleuses racontées pour « blaguer », aux demandes, voire aux gestes carrément déplacés, le harcèlement sexuel, ça n'arrive pas qu'aux autres. Comment s'en défendre.

Ce que dit la loi

- Les images pornographiques installées en fond d'écran sur votre ordinateur, les blagues sexuelles et autres gestes déplacés peuvent être qualifiés de « harcèlement sexuel » et relèvent de la loi pénale (article 222-33 du Code pénal) et civile (article L.122-46 du Code du travail). Au pénal, le harcèlement sexuel est puni de deux ans d'emprisonnement et de 30 000 euros d'amende. En cas de circonstances aggravantes (notamment en cas d'abus d'autorité ou de faiblesse), les peines peuvent être portées à trois ans d'emprisonnement et à 45 000 euros d'amende.
  Au civil, un recours existe devant le conseil des prud'hommes pour faire cesser ces agissements et obtenir des dommages et intérêts. Dans l'entreprise, le harcèlement sexuel doit, en principe, être puni de sanctions disciplinaires. Dans une entreprise, toute organisation syndicale représentative peut, avec l'accord écrit de la personne harcelée, engager à sa place l'action en justice.

- « Les manifestations du harcèlement sexuel peuvent être non verbales (regards, exhibition du sexe, pornographie), physiques (frôlements, attouchements, baisers) ou verbales (invitations, remarques, questions ou confidences sur la vie sexuelle de la victime ou de l'agresseur, propositions sexuelles), assure l'AVFT[1]. Le harcèlement sexuel est constitué même en cas d'acte unique ; une menace peut suffire.

1. Association européenne contre les violences faites aux femmes au travail. www.avft.org.

Les tribunaux ont précisé les textes du Code pénal et du Code du travail. Les faveurs de nature sexuelle sont ainsi définies : « La jurisprudence ne limite pas la notion de faveurs sexuelles au coït proprement dit, mais l'étend aux simples contacts physiques imposés et aux propos à connotation sexuelle dont l'objet est de provoquer la victime afin d'obtenir des faveurs de nature sexuelle ou de l'injurier en raison du refus » (arrêt de la cour d'appel de Bordeaux, 1er octobre 1997). L'expression : « agissements de harcèlement », selon la chambre sociale de la cour d'appel de Paris, « peut englober [...] outre les contacts physiques imposés, les propos dont l'objet est de provoquer sexuellement le salarié pour qu'il soit enclin à accorder des faveurs de nature sexuelle. Peuvent également recevoir cette qualification, les dénigrements professionnels, voire sexuels, ainsi que menaces, invectives, et injures de toutes sortes proférées en cas de refus d'accorder des faveurs de nature sexuelle, notamment lorsque ces menaces, invectives, et injures ont elles-mêmes dans ce contexte une connotation sexuelle directe et indirecte » (cour d'appel de Paris, XVIIIe chambre, 18 janvier 1996).

- « Il appartient à l'employeur d'organiser au sein de son entreprise la prévention contre le harcèlement sexuel, affirme Me Muriel Cahen, avocate[1]. Il dispose pour cela d'une totale liberté de choix dans les moyens à mettre en œuvre. Dans les entreprises de vingt salariés et plus, les dispositions relatives au harcèlement sexuel doivent figurer dans le règlement intérieur et être affichées sur le lieu de travail. Les délégués du personnel disposent d'un droit d'alerte, ils peuvent donc saisir l'employeur qui doit procéder sans délai à une enquête afin de mettre un terme à la situation litigieuse. À défaut, le salarié ou le délégué, avec son accord, peut saisir le référé prud'homal. »

1. Voir le site www.murielle-cahen.com.

Est-ce si fréquent en France ?

- Selon une enquête réalisée pour la Commission européenne et citée par Le Lobby européen des femmes, le 4 mars 2011, 40 à 50 % des femmes de l'Union considèrent avoir été victimes de harcèlement sexuel sur leur lieu de travail. En France, quand on demande aux salariés s'ils ont été témoins de « l'utilisation de plaisanteries à connotation sexuelle visant un ou une collègue, en sa présence ou non, 14 % répondent oui[1] ». Un sondage plus ancien Cergors-Observatoire des discriminations[2] avait déjà établi l'ampleur du phénomène de harcèlement sexuel en France : « Ainsi, pour 44 % des hommes et 39 % des femmes, les femmes sont confrontées à des avances sexuelles, lit-on dans les commentaires du sondage. On peut se demander ici si l'image des femmes au travail n'est pas exagérément "sexuée" ou machiste ; à moins que les femmes ne déclarent pas totalement les sollicitations dont elles sont l'objet. […] Ce qui est nouveau, poursuit l'enquête, c'est de disposer de résultats sur le lien qui existe aux yeux des salariés entre les avances, voire les abus sexuels et le déroulement de la vie professionnelle. Ainsi, pour 9 % des hommes et 7 % des femmes, ces dernières doivent céder à des avances sexuelles pour évoluer dans leur carrière. 13 % des plus de 65 ans le pensent alors que les moins de 35 ans ne sont que 4 % à le déclarer. »

- « Des histoires, j'en ai entendu à la pelle, mais en France, ça ne sort jamais ! regrette le psychiatre Éric Albert, fondateur de l'Institut français d'action sur le stress[3]. Quand il s'agit de femmes cadres, la plupart du temps les affaires se règlent en interne, en liaison avec le service des ressources humaines. Soit on déplace la victime à un autre poste pour l'éloigner de son harceleur, soit on lui propose une grosse transaction pour qu'elle quitte l'entreprise sans porter plainte. De toute façon, si le type rapporte un gros chiffre d'affaires à la boîte, la direction a rarement envie qu'il parte. »

1. Les pratiques de la discrimination et de la diversité en entreprise, Cegos, 2011.
2. Voir le site observatoiredesdiscriminations.fr.
3. L'IFAS, voir note 3, p. 104.

- « Tout dépend, en fait, du type d'entreprise, explique Catherine Le Magueresse, juriste, qui a présidé l'AVFT[1] pendant dix ans. Soit c'est une filiale française d'une boîte américaine, ou une société de culture catholique, qui s'est éventuellement dotée d'une politique interne de prévention édictée dans une charte éthique et, dans ce cas, les harceleurs potentiels n'ont qu'à bien se tenir. Soit l'entreprise n'a aucune réflexion sur cette question, voire possède une culture traditionnellement machiste (hôtellerie, bâtiment…) dans laquelle, même entre hommes, se donner des tapes sur les fesses, par exemple, fait partie du métier, et, dans ce cas, le harcèlement pourra prospérer plus facilement, sans que cela choque grand monde. Il y a encore, en France, une culture très répandue de la gauloiserie et de la séduction qui banalise certaines attitudes déplacées. Et puis, il y a toutes les entreprises dont la hiérarchie ne cautionne pas le harcèlement, mais qui répugnent à se séparer d'un harceleur qui produit du chiffre d'affaires. En fait, bien souvent, plus le harceleur rapporte de l'argent à sa boîte, plus il peut agir en toute impunité. Car il faut savoir que les harceleurs recommencent dans 70 % des cas ! »

Lorsque cela arrive, que faire ?

Conseils de psy

« Quand j'accompagne des femmes harcelées, explique le psychiatre Éric Albert, mon premier objectif est de les aider à déculpabiliser. En effet, la plupart du temps, elles se disent que c'est leur faute, qu'elles n'auraient pas dû faire ceci ou cela, dire ceci ou cela. Puis, je ne les encourage pas toujours à porter plainte car, en l'état actuel de ce genre de contentieux en France, la procédure, le juge, la confrontation avec le harceleur, le procès, l'appel, etc., tout cela est d'une violence inouïe et aller jusqu'au bout est vraiment très dur. Je leur conseille plutôt de réunir des preuves et de régler le problème avec les ressources humaines et la direction, sans attendre non plus de miracle quant à la punition de leur

1. Association européenne contre les violences faites aux femmes au travail. www.avft.org.

harceleur. C'est vrai que ce n'est pas satisfaisant sur le plan des principes, mais, sur le plan émotionnel et psychique, c'est parfois moins lourd à supporter qu'un long procès très pénible. »

Conseils d'avocats

« Toute la difficulté consiste pour la victime à apporter des preuves dans une affaire qui se passe sans témoin, peut-on lire sur le site cabinets.avocats.com. Il est très important pour le salarié de fournir tout élément concernant à la fois la réalité des faits ou paroles, de nature à convaincre le juge : documents, lettres, copies d'e-mail, cadeaux, témoignages des personnes qui travaillent avec vous afin de corroborer la preuve des pressions exercées par votre supérieur… »

Conseils d'experte

Par Catherine Le Magueresse, juriste, ancienne présidente de l'AVFT pendant dix ans, chercheuse et chargée de cours à Paris-VIII.

- Faites confiance à votre intuition. Si un geste, une parole ou une attitude vous met mal à l'aise, réagissez immédiatement de la façon la plus claire possible. Ainsi, vous désamorcerez d'emblée l'argument de défense classique du harceleur : « Oh mais je pensais que tu étais d'accord, qu'on rigolait ! Je n'ai pas compris que c'était un problème pour toi ! » (*Voir* « S'imposer dans un univers masculin », p. 117.)
- Évaluez bien à qui vous avez affaire. Si votre harceleur est protégé par la direction, en raison de son réseau (c'est le fils du big boss, par exemple) ou de son chiffre d'affaires (s'il part, la boîte dépose le bilan ou presque…), vous êtes coincée. Dans ce cas, soit vous vous sentez les reins assez solides pour mener ce qui s'apparente à une véritable croisade, mais ce n'est pas forcément payant et c'est toujours très éprouvant (voir plus loin), soit vous décidez de partir en transigeant au mieux de vos intérêts, d'où l'intérêt de réunir des preuves pour monter un dossier.
- Écrivez un mail, dès le deuxième épisode. Voici un modèle : « Le 10 janvier vers 10 heures, je t'ai déjà dit que ton attitude (la décrire) n'était pas opportune. Je constate que tu

as recommencé aujourd'hui à 11 heures en me disant que (détailler). Je te demande de cesser ces agissements, faute de quoi, la prochaine fois, je saisis la direction (variante si c'est le numéro un de la filiale française d'une entreprise américaine : Je saisis le siège à Washington ; variante si c'est le numéro un tout court : Je porte plainte). »

Dans ce dernier cas, il ne s'agit pas forcément de mettre votre menace à exécution, mais de vous défendre devant votre patron, qui pourra être tenté de vous harceler moralement après avoir échoué à vous harceler sexuellement (*voir* « Déjouer le harcèlement moral », p. 113). Ce mail vous permet d'envoyer le signal à votre harceleur que vous n'allez pas vous laisser faire, mais également de monter un dossier pour négocier votre départ au mieux de vos intérêts financiers, si vous décidez de partir.

- Prenez, si possible, conseil auprès d'un avocat spécialisé en droit du travail.
- Tenez un journal factuel et précis de ce qui vous arrive. Que vous alliez ou non en justice par la suite, ce document est la pièce maîtresse de votre protection. La mémoire étant sélective, il vous permettra de ne pas oublier.
- Imprimez tous les mails échangés avec le harceleur au fur et à mesure. N'oubliez pas que si l'entreprise décide finalement de se séparer de vous parce que vous êtes devenue un problème pour elle (et oui, cela arrive…), elle pourra trouver le moyen de vous mettre en congé et vous n'aurez plus accès à votre messagerie…
- Cherchez discrètement d'autres victimes dans l'entreprise. Sachez aussi que le droit du harcèlement sexuel protège, en théorie, les salariés témoins. Si votre harceleur est récent dans la boîte, renseignez-vous sur la société où il se trouvait auparavant et essayez d'en savoir plus par votre réseau, de façon confidentielle. Il n'est pas impossible qu'il ait déjà sévi ailleurs…
- Contactez les syndicats et l'inspection du travail en leur demandant de garder la confidentialité pour l'instant. Ainsi, vous constituez une mémoire interne qui pourra vous protéger. En effet, si l'entreprise décide de se séparer de vous, votre accusation de harcèlement sexuel ne pourra plus passer pour de la vengeance, comme elle essaiera de le soutenir.

- **Mesurez ce que représente un procès.** Beaucoup de conditions doivent être réunies. C'est une épreuve qui dure de quatre à dix ans – si l'on épuise toutes les voies de recours – sur un emploi du temps qu'on ne maîtrise pas. C'est cher (avocat, jours de congé, etc.). C'est usant, car il faut se replonger dans le dossier sans cesse, répéter les faits à la police, aux juges, aux psys, subir les railleries : « Elle l'a peut-être un peu cherché », « Elle aurait dû lui mettre une gifle », « Elle est trop sensible »... L'entourage finit par se lasser : comme ça dure des années, les gens doutent, ça leur paraît bizarre que la justice mette si longtemps à passer, ils se disent que vous avez peut-être déliré... Il faut aussi faire avec le manque de formation des magistrats, voire le sexisme de certains juges, les mensonges de l'auteur... Enfin, ce type d'action est hyperaléatoire. Il y a de grandes disparités dans les décisions selon les tribunaux, les régions... À l'heure actuelle en France, porter plainte ne vaut la peine que si l'on a des preuves imparables, qu'on est plusieurs victimes à s'engager dans la procédure et que l'entreprise ne fait rien. Dans ce cas, cela vaut vraiment le coup de porter l'affaire devant les tribunaux. Comme l'a rappelé la ministre des Droits des femmes, Najat Vallaud-Belkacem, lors de son discours sur le projet de loi relatif au harcèlement sexuel prononcé le 11 juillet 2012 au Sénat : « Depuis 2005, 1 000 procédures nouvelles par an sont enregistrées pour cette infraction. Plus de la moitié de ces procédures a fait l'objet d'un classement au motif que l'infraction n'était pas constituée. La très grande majorité de ces peines d'emprisonnement est assortie d'un sursis total. Quant aux peines d'amende, elles sont d'un montant moyen de 1 000 euros seulement... »

Troisième partie

Le marketing de soi

À quoi sert le marketing de soi ?

Bien sûr, vous n'êtes ni un shampooing ni un yaourt. Mais le marché de l'emploi est si tendu, que de plus en plus de salariés ont recours aux techniques du marketing pour accroître leur visibilité. Est-ce vraiment nécessaire ? Comment s'y prendre ? Marche à suivre.

Qu'est-ce que le marketing de soi ?

- Définition de la Cegos[1], qui dispense des formations à cette technique : « Le marketing peut-on lire sur ses "slides", c'est créer, donner envie, valoriser, mettre à disposition et communiquer auprès du marché cible, une offre concurrentielle et adaptée à ses besoins. Le marketing de soi, ce n'est pas "se faire mousser" ni "se vendre", mais valoriser, promouvoir son image, en empruntant au marketing quelques outils pour les appliquer à sa propre situation. »
- Précision de David Veenhuys formateur et auteur d'un ouvrage entier consacré au marketing de soi à destination des femmes[2] : « Je suis un homme, et je ne suis pas un expert de la discrimination contre les femmes dans le monde du travail – mon domaine, c'est le marketing et la publicité. Mais, au cours des vingt dernières années, j'ai aidé un grand nombre d'entreprises à promouvoir leurs produits auprès d'une clientèle sceptique ou nourrissant des préjugés. Les principes de marketing et de publicité qui ont assuré la réussite commerciale de ces produits ont toujours été d'une grande simplicité, réalistes et basés sur le bon sens. Ces mêmes principes peuvent également fonctionner pour les femmes

1. La Cegos est, avec Demos et EFE, l'un des organismes de formation professionnelle les plus importants de France.
2. *Femmes ! Emploi et marketing de soi. Obtenez le poste et le salaire que vous méritez dans un monde d'hommes*, Lausanne, Favre, 2004.

lorsqu'elles cherchent du travail et désirent promouvoir leurs services auprès d'un employeur, même le plus coriace, buté et pétri de préjugés contre elles simplement parce qu'elles sont des femmes. »

- Complément de Véronique Préaux-Cobti, présidente de Diafora[1], qui enseigne le marketing de soi aux femmes : « Cela n'a rien à voir avec l'apprentissage de l'arrogance, de l'écrasement des autres ou de l'agressivité. Notre session d'une journée s'adresse à des femmes convaincues qu'une image claire et différenciée peut les aider à gagner l'attention, exercer l'influence qu'elles souhaitent et obtenir la reconnaissance qu'elles méritent. Les participantes vont apprendre à se faire reconnaître pour leurs contributions, être capables de promouvoir leur valeur spécifique avec crédibilité et apprendre à être remarquées et qu'on se rappelle d'elles. »

Pourquoi apprendre le marketing de soi ?

Pour les raisons suivantes :

- Le marketing de soi compte autant que le travail

– ***Pour progresser le talent ne suffit pas***

« La progression de la carrière dans le monde des affaires est souvent autant partagée entre l'apprentissage des règles du jeu et la pratique de ce jeu que le talent et les résultats d'un individu », nous enseigne Catalyst[2], premier organisme de recherche américain sur les femmes dans l'entreprise.

« Personne n'a jamais été promu à force de travail martèle de son côté, Lois Frankel, docteur en psychologie, coach et psychothérapeute depuis plus de vingt ans aux États-Unis[3]. La réussite d'une carrière dépend également de plusieurs facteurs ; citons

1. Diafora est un cabinet de conseil, formation et coaching, qui accompagne les entreprises désireuses de maximiser les bénéfices d'une plus grande mixité au sein de leur management.
2. Leadership Gender Gap in India, 2010.
3. Auteure de *Ces filles sympas qui sabotent leur carrière. Les 101 pièges à éviter*, Paris, Pearson Éducation, 2008.

entre autres la capacité à se faire apprécier, l'aptitude à élaborer une stratégie gagnante, la possession d'un réseau de relations… »

– ***Il faut aussi savoir se promouvoir***

« Une des clés de la réussite réside dans la capacité à se promouvoir et à communiquer sans complexe sur sa performance et ses ambitions, peut-on lire dans l'étude *Women Matter 2007* du cabinet McKinsey&Company[1]. Or il apparaît que les femmes tendent à minimiser leur contribution, comme le montre une enquête réalisée auprès d'étudiants de MBA : aux États-Unis, 70 % des femmes interrogées évaluent leur performance comme équivalente à celle de leurs collègues, tandis que 70 % des hommes s'estiment meilleurs que leurs collègues. Si les femmes sont naturellement moins enclines que les hommes à reconnaître leur propre performance et à s'en satisfaire, il est sans doute plus difficile pour elles, d'affirmer leur talent et, de fait, de saisir ou provoquer toutes les opportunités pour gravir les échelons. » Et l'étude *Women Matter* de citer un membre du directoire d'un grand groupe bancaire : « Pour un même projet, les hommes feront preuve de 100 % d'ambition, même s'ils n'ont que 50 % des compétences requises. Les femmes, elles, seront inquiètes de ne posséder que 80 % de ces mêmes compétences. »

- « Quoi qu'on dise, quoi qu'on fasse, on dégage tous et toutes une image, alors il vaut mieux essayer d'agir sur elle plutôt que d'être agi par elle », répond Véronique Préaux-Cobti.

- « On ne le fera pas à votre place !, assure l'*executive coach* Gilly Weinstein. Cela arrive qu'on vous remarque et parle de vous spontanément, mais c'est très rare ; dans ce domaine, on n'est jamais mieux servi que par soi-même. Les femmes sont souvent atteintes du syndrome de la bonne élève : elles ont tendance à croire qu'en faisant leur travail le mieux possible dans leur coin, elles seront reconnues naturellement par leurs supérieurs, mais c'est un mythe. C'est souvent le contraire qui se produit : plus on se cramponne à son bureau, moins on rayonne dans son entreprise ! »

- « Votre hiérarchie peut changer, poursuit Gilly Weinstein sur le ton de la mise en garde. Si votre chef est le seul à connaître vos

1. *Women Matter. La mixité, levier de performance de l'entreprise*, 2007.

mérites, sa mutation ou promotion dans un autre poste peut vous contraindre à devoir refaire vos preuves dans un poste que vous occupez déjà depuis un moment, voire vous mettre en danger. »

En pratique comment être plus visible ?

- Cessez d'attendre qu'on vous repère spontanément. « Les femmes refusent parfois de se mettre en avant par modestie, disent-elles, mais je pense, au contraire, que cette attitude est un peu arrogante. Ne signifie-t-elle pas en effet, qu'elles seraient tellement géniales qu'on devrait les remarquer spontanément ? », interroge finement la formatrice et consultante Valérie Ngom[1].
- Acceptez que votre expertise et/ou vos résultats dans votre travail ne suffisent pas. Certes le « faire » est important mais le « faire-savoir » l'est tout autant. « Nous sommes évalués non pas sur ce que nous sommes, mais sur la perception de ce qu'on semble être, non sur ce qu'on dit, mais comment c'est entendu, non sur ce qu'on fait, mais comment on est perçu en le faisant », enseigne la formation en marketing de soi de Diafora. Excessif ? Sans doute un peu car avant de « faire savoir », encore faut-il « savoir faire » ! Mais il est vrai que les femmes ont tout à gagner à consacrer un peu moins de temps et d'énergie à ce qu'elles savent faire pour en investir davantage dans le faire savoir. « Il faut en finir avec le syndrome de la bûcheuse invisible, insiste Gilly Weinstein. À résultats égaux, c'est le collaborateur qui aura fait son marketing qui sera promu. Les hommes se satisfont d'un travail correct à 75 %, tandis que nous nous obligeons à atteindre les 120 % de perfection, il faut arrêter ça ! »
- Apprenez les techniques de l'affirmation de soi pour faire évoluer votre manière de communiquer avec les autres dans votre entreprise. Reportez-vous au chapitre « S'affirmer au bureau », p. 56.

1. Lors d'une formation « Marketing de soi », proposée par Diafora à Paris, le 5 octobre 2010.

- Ne négligez pas les titres et les attributs des postes que vous occupez. Alors que les hommes attachent beaucoup d'importance au titre ronflant inscrit sur leur carte de visite et à la taille de leur bureau, les femmes s'en fichent parfois, considérant que ces revendications masculines ont quelque chose de puéril, que le plus important n'est pas là, que ce qui compte c'est ce qu'elles font, etc. Tout cela est très juste, mais cette attitude est un piège car agir ainsi revient à refuser les règles du jeu en vigueur dans l'entreprise. « Or il est impossible de gagner à un jeu dont on refuse d'appliquer les règles, rappelle la coach JoAnne Freeman, du cabinet Diafora[1]. Vous n'auriez pas l'idée de vous lancer dans une partie d'échecs sans savoir comment se disposent et se bougent les pièces. Eh bien dans le jeu des affaires, c'est la même chose. Il vaut mieux en connaître les règles si l'on veut avoir une chance de ne pas être éliminé ! » Or, tant que les hommes seront majoritaires dans les postes à responsabilités, la question des titres et des attributs du pouvoir fera partie des règles du jeu. « Dans l'entreprise, il faut avoir du contenu bien sûr, mais également du style », rappelle la formatrice et consultante Valérie Ngom[2]. Et le style passe par les apparences. Or quoi de plus apparent que les titres et les bureaux ?

- Devenez visible auprès de vos N+2 et N+3.
C'est le meilleur moyen de vous occuper de votre propre rayonnement. Pour cela, interrogez-vous, poursuit Gilly Weinstein :

– ***Qui, dans votre entreprise, sait que vous représentiez votre hiérarchie à tel colloque, que vous êtes à l'origine de telle idée ou produit,*** que vous avez sauvé tel projet stratégique qui était en train de mal tourner, etc. ? S'il s'agit juste de votre chef, cela ne va pas.

– ***Qui sont les personnes clés dans l'entreprise et savent-elles que vous existez ?*** Si ce n'est pas le cas, il est temps de bouger.

– ***Qui pourrait vous y aider ?***

---

1. Diafora est un cabinet de conseil, formation et coaching, qui accompagne les entreprises désireuses de maximiser les bénéfices d'une plus grande mixité au sein de leur management. Les propos ci-dessus ont été prononcés le 9 décembre 2010, lors du programme Eve, organisé par la société Danone à Évian.

2. Lors d'une formation « Marketing de soi » proposée par Diafora à Paris, le 5 octobre 2010.

– ***Comment pourriez-vous procéder ?*** Quels sont les projets stratégiques en cours dans votre boîte auxquels vous pourriez apporter quelque chose ? Comment pourriez-vous le faire savoir et réussir à vous insérer dans ces projets ?

– ***Vous craignez de manquer de loyauté envers votre chef direct ?*** C'est tout à votre honneur car la loyauté est une qualité relativement rare, de nos jours, dans le monde du travail. Mais vous pouvez rayonner et tisser des relations utiles dans votre entreprise tout en restant loyale. « Certes, il n'est pas très habile d'aller spontanément dans le bureau de votre N+2, mais il y a des moyens plus subtils de tisser un lien avec lui, assure la consultante et conférencière internationale Avivah Wittenberg-Cox, directrice générale de 20-First[1]. Déjà, il faut savoir que plus les gens sont élevés dans la hiérarchie, plus ils apprécient d'avoir des contacts avec des gens du terrain car cela leur apporte une fraîcheur et leur permet de se sentir moins isolés de leur base. Un moyen classique de se faire remarquer est d'accepter de participer, voire de proposer sa contribution lors de projets transversaux pilotés directement par la hiérarchie supérieure. Une autre stratégie est de participer à des conférences et autres séminaires, qui sont l'occasion d'échapper un peu aux règles hiérarchiques classiques. Le tout, bien sûr, en restant subtile, sans parler forcément de soi en tant que telle, mais plutôt de ses idées et de ses passions. »

▪ Gérez votre image en réunion. « Ne vous jetez pas sur le plateau du café pour servir tout le monde, recommande Gilly Weinstein. Si vous êtes la seule femme de l'assemblée, refusez de prendre des notes si tous les yeux se tournent vers vous pour vous le demander »… Chine Lanzmann[2], coach en leadership féminin recommande, dans ce cas, d'utiliser l'humour. Elle conseille de rétorquer avec un grand sourire : « J'espère que vous ne me demandez pas ça parce que je suis la seule femme ici ? » ou : « Je ne suis pas votre assistante mais je vais appeler votre secrétaire. » Si vous êtes en minorité dans votre entreprise, reportez-vous au chapitre « S'imposer dans un univers masculin », p. 117. Enfin, Gilly Weinstein conseille également de ne pas attendre qu'on vous donne la parole pour parler. Si vous êtes timide, cela vaut vraiment la peine de demander à

---

1. Voir note 1, p. 72.
2. Chine Lanzmann a créé Woman Impact (www.chinelanzmann.com).

bénéficier d'une formation sur la prise de parole en public. « Souvent, explique Chine Lanzmann, les femmes qui suivent notre formation à la prise de parole en public ont des tas de blocages : elles ont peur de donner l'impression de se vanter, elles pensent qu'elles doivent tout savoir sur tout avant de se lancer, elles parlent doucement en pensant que c'est ainsi qu'on les entendra, elles sont terrorisées à l'idée d'être prises en défaut par leur auditoire. Mais il y a toujours une marge de manœuvre pour progresser dans son expression orale. En une journée, grâce à des exercices où elles sont filmées, elles repèrent tout de suite les attitudes non verbales qui les décrédibilisent et les petites techniques qui les valorisent. On leur apprend à parler plus fort, à soigner leur diction, le rythme de leur parole, à chercher les regards de leur auditoire, à être en lien avec lui pour éviter les tunnels. Et bien sûr, elles repartent avec des outils pour écarter les difficultés qui se présentent en réunion ou lors d'une présentation. » Reportez-vous au chapitre « La formation professionnelle, mode d'emploi », p. 377.

- Ne négligez pas votre image en séminaire. « N'oubliez pas, avertit la coach Évelyne Stawicki, créatrice de la société Croissance RH, que le séminaire reste un espace de travail. Bien sûr qu'on peut s'y détendre, bien sûr que les règles hiérarchiques y sont un peu floutées et qu'il est bon de participer de bonne humeur aux fêtes et autres activités collectives, mais on ne peut ni tout y dire ni tout y faire. Tout dépend du milieu professionnel évidemment, dans les milieux créatifs, comme la publicité et les médias, l'ouverture d'esprit est plus grande. Mais j'ai vu des gens abîmer une réputation qu'ils avaient mis des années à construire en une soirée trop arrosée qui a dégénéré. »

- Préparez au maximum les entretiens que vous pouvez avoir avec les gens « importants » de votre entreprise et notamment votre entretien annuel, si ce rendez-vous est prévu dans votre entreprise (*voir* « Réussir son entretien annuel », p. 156). Professionnalisez la forme de ces contacts au besoin en répétant devant votre glace. Dans la formation au marketing de soi de Diafora[1], on vous apprend à être « inspirant », « crédible », « enthousiaste » et à traquer les expressions

1. Voir note 1, p. 139.

qui vous font perdre des points (« Excusez-moi de vous déranger », « peut-être », « éventuellement ») pour les transformer en phrases fortes (exemple : « Avez-vous un instant ? », « probablement », « certainement »). On vous enseigne aussi à éviter le conditionnel (« Je souhaiterais ») et à privilégier plutôt le présent (« Je souhaite », « Je tiens à ce que », etc.). Certes, il est important de garder son naturel et de communiquer selon sa propre personnalité, mais attention à ces petites habitudes de langage qui peuvent brouiller vos messages en donnant l'impression que vous manquez de confiance en vous…

- Développez votre réseau professionnel, c'est un des piliers du marketing de soi. Il vous permettra de tisser des liens utiles pour vous mais également de rayonner puisque les gens qui vous connaîtront (client, collègues, etc.) pourront parler de vous. Reportez-vous au chapitre suivant.

Se constituer un réseau

> Plus personne aujourd'hui ne pense que le réseau est une perte de temps ou qu'il est réservé à une élite. Que ce soit à l'intérieur de l'entreprise ou à l'extérieur, tisser des relations est la clé qui permet d'avancer. Mode d'emploi.

Pourquoi se créer un réseau ?

Pour se rendre plus visible

- « Dès la trentaine, dans le monde du travail, répond la consultante et conférencière internationale Avivah Wittenberg-Cox[1], on ne regarde plus seulement votre savoir-faire, mais votre aptitude à gérer une équipe, à faire avancer vos idées, à comprendre les circuits du pouvoir et d'influence. À un moment donné, si vous vous contentez de bien faire votre travail dans votre coin, vous ne vous faites plus remarquer. »
- Dans de nombreuses catégories professionnelles, ne pas avoir de réseau relèverait de la faute professionnelle. Une négligence qui se paye un jour ou l'autre.

Pour rester connectée

« Les réseaux donnent confiance en soi et permettent de développer ses capacités d'influence, mais aussi de bien sentir les évolutions sociologiques et les tendances, d'être éveillée au monde : votre entreprise, seule, ne peut pas vous fournir toutes

---

1. Avivah Wittenberg-Cox est aussi directrice générale de 20-First l'un des premiers cabinets de conseil mondial en mixité qui accompagne les entreprises à faire de la mixité un levier de croissance et de performance, tant du côté des talents que des marchés. Elle est également l'auteure avec Alison Mailtland, de *Womenomics. La croissance dépend aussi des femmes...*, Paris, Eyrolles-Éditions d'Organisation, 2008, et de *Mixité dans l'entreprise, mode d'emploi. Femme + hommes : pour un management d'un nouveau genre*, Paris, Eyrolles-Éditions d'Organisation, 2011.

les clés de l'évolution de votre métier », résume Clarisse Reille, présidente de Grandes écoles au féminin[1] (GEF).

Qu'est-ce que le réseau ?

C'est une toile relationnelle composée du plus grand nombre de personnes possible, d'âge et d'origine professionnelle et socioculturelle variés. La relation se tisse avec un déjeuner de temps en temps, un petit mot par-ci (par SMS, mail ou encore mieux : courrier écrit, qui se fait de plus en plus rare aujourd'hui), un coup de fil par-là, un service rendu, une information donnée, etc. La confiance réciproque est la base de ces relations. Cela peut devenir de l'amitié, mais ça n'est pas obligatoire, ce n'est pas le but.

À quoi ça sert au juste ?

À trouver du travail

Un chiffre à méditer : plus de la moitié des gens trouvent leur emploi par relation. Et, pour les cadres, ce chiffre monterait à 70 %[2], 20 % trouvant par les annonces et seulement 10 % par les cabinets de recrutement ou de chasseurs de têtes. On imagine que le même nombre de gens changent de poste de la même façon. « Aujourd'hui, une grande partie du marché est ce qu'on appelle un "marché gris", qui ne passe ni par les annonces, ni par les sites Internet, ni par d'autres voies officielles mais par le réseau », ajoute le coach et consultant Gérard Rodach[3]. En temps de crise, le réseau s'avère encore plus utile. En effet, les « annonces visibles » presse ou Internet diminuent alors de 50 %, affirme Hervé Bommelaer, consultant auprès de cadres licenciés à l'Espace dirigeants[4]. Restent les offres d'emploi qui

1. ECP, ENA, ENPC, ESCP-EAP, Essec, HEC, Insead, Mines et Polytechnique.
2. *Le Point*, spécial recrutement, 28 janvier 2010, article de Domitille Arrivet, « Gérer l'entre-deux-jobs ».
3. Directeur du cabinet de conseil Dalett et auteur de *Trouver sa voie : réorientez sa carrière et sa vie en accord avec ses motivations*, Paris, ESF, 2009.
4. *In Le Parisien*, 23 septembre 2009. Auteur de *Rebondir en temps de crise*, Paris, Eyrolles, 2009.

passent par le réseau. Le principe, c'est d'aller voir quelqu'un que l'on ne connaît pas, de la part de quelqu'un qu'on connaît. Il faut expliquer qu'on est en recherche d'emploi et demander à cette personne un avis et des conseils. Mais attention, avertissent les « networkeuses » professionnelles, un réseau ne se construit pas au moment pile où l'on en a besoin… C'est en activité, quand on est au top, que l'on noue les meilleurs liens.

À valoriser son image

- À l'intérieur de son entreprise

  Si vous déjeunez toujours avec la même collègue, vous ne risquez pas de vous faire connaître ailleurs que dans votre service, encore moins de vous créer des alliés dans votre boîte. C'est connu : vous aurez beau travailler comme une folle et obtenir de bons résultats, si on ne vous connaît pas, cela ne servira pas à grand-chose… Mais si vous élargissez vos relations à d'autres départements, de haut en bas et de droite à gauche, vous vous rendez visible, faites passer vos idées et écoutez celles des autres. « On sous-estime le poids de tous les acteurs de l'entreprise (jusqu'à la réceptionniste) de leurs paroles, de leurs opinions », affirme l'*executive coach* Gilly Weinstein. Or on n'échange pas de la même manière en tête à tête autour d'un café qu'en réunion devant tout le monde.

- À l'extérieur de son entreprise

  Les gens qui ont des parcours de réussite racontent souvent qu'ils ont eu la chance de rencontrer Untel ou Untel, ajoutant que s'ils n'avaient pas été à tel congrès ou à tel cocktail ils n'en seraient pas là aujourd'hui. Le réseau permet de créer sa chance de façon plus proactive.

À obtenir des informations

On apprend beaucoup de choses par son réseau.

- À l'intérieur de l'entreprise

  Cela permet de comprendre les rouages de son entreprise, de définir ses priorités et d'éviter de commettre des erreurs.

- À l'extérieur de l'entreprise

  « Les informations dont on a besoin ne sont pas toujours publiques, explique Gilly Weinstein, la plupart du temps elles circulent discrètement, de façon verbale, en dehors des circuits officiels. Or apprendre que tel poste va se libérer dans six mois ou que tel boss recherche un collaborateur qui parle chinois, offre un avantage stratégique indéniable. »

À élargir son cercle d'influence et à trouver des mentors

Voir « Le mentoring, mode d'emploi », p. 389.

Pourquoi les femmes sont-elles parfois réticentes ?

Elles n'ont pas le temps

Elles estiment inutile de passer du temps dans des réunions qu'elles ne jugent pas toujours intéressantes.

Elles se sentent exclues

Elles pensent que le réseau est une activité réservée à une élite, dans laquelle elles n'ont pas toujours leur place.

Est-ce à la portée de toutes ?

Oui, absolument

Le réseau n'est pas exclusivement réservé à une élite de femmes très diplômées et cadres supérieurs. Tout le monde peut se créer un réseau. Les pros le jurent : même quand on n'a ni argent ni pouvoir, on a toujours quelque chose à donner : une écoute, une analyse, une optique nouvelle, un point de vue décalé. « Les gens les plus doués pour le réseau ont une personnalité ouverte, poursuit Gilly Weinstein. Ils savent très bien que, contrairement à ce qui se passe en amitié, pour le réseau, il n'est pas intéressant de s'entourer uniquement de gens comme eux, avec le même parcours et les mêmes idées. Ce qui est utile, c'est de rencontrer des gens très différents. On vous présente un agriculteur bio à des années-lumière de votre univers ? Aujourd'hui, ce contact ne vous est d'aucune utilité. Mais demain ? Il intéressera peut-être l'un de vos proches ou l'une de vos futures connaissances. »

Les questions à se poser

Quel est mon capital relationnel ? Qui je connais ? Est-ce que ce contact peut m'aider maintenant ou à l'avenir ? À qui ça peut profiter ? Que je connais déjà, voire que je ne connais pas encore ? En conciliant vie professionnelle et vie familiale, les femmes sont très bien placées pour se retrouver au croisement de deux réseaux au bon moment.

Quelle est la marche à suivre ?

- Identifiez toutes vos relations, de votre concierge à votre oncle en passant par la fille supersympa que vous avez connue, lors d'un voyage, l'été dernier. Ne vous limitez pas au champ professionnel. Avivah Wittenberg-Cox conseille de se constituer une base de données informatisée avec un classement par catégories et/ou mots clés. Plus vous renseignerez cette base de données, plus vous deviendrez pro. Notez par exemple, où et quand vous avez vu cette personne la dernière fois et si vous avez parlé de poésie espagnole, notez-le ! Le smartphone (BlackBerry, iPhone ou autre) peut être d'une aide précieuse. L'application iPhone econtact-pro est géniale.
- Comprenez que le réseau n'est pas une activité extra-professionnelle. « Dix minutes par jour pour envoyer un mail et signaler une info intéressante à quelqu'un, ce n'est pas du temps perdu, mais du temps dédié à votre carrière », poursuit Avivah Wittenberg-Cox. Gilly Weinstein conseille carrément d'envoyer un petit mail à la personne avec laquelle vous voulez nouer un vrai contact dans les deux jours qui suivent la rencontre.

- Donnez de votre temps, sans vous demander systématiquement ce que vous allez obtenir en retour. Sans perdre de vue votre intérêt, adoptez plutôt la philosophie inverse : chaque fois que vous recevez, pensez à donner. Demandez-vous quelle valeur ajoutée vous pouvez apporter aux gens qui vous entourent, particulièrement ceux qui ont un pouvoir d'influence et sont susceptibles de vous aider un jour. « Je connais une grande professionnelle du networking, raconte Avivah Wittenberg-Cox. Chaque fois qu'elle rencontre quelqu'un, elle lui pose la question : que puis-je faire pour vous ? Savoir donner vous rend acteur du réseau. Ainsi, vous vous différenciez du simple consommateur, voué à être jeté un jour ou l'autre. »

- Développez un comportement réseau. Apprenez à parler de vous avec simplicité et cohérence. Soyez concrète, prenez des exemples, utilisez des images pour illustrer votre propos (*voir* « À quoi sert le marketing de soi ? », p. 135, et « S'affirmer au bureau », p. 56). Évitez les phrases négatives comme « Je ne vais pas », « Je ne suis pas », etc., qui véhiculent une image négative de vous-même. Et méfiez-vous des grandes digressions qui lassent.

- Apprenez à écouter les autres, ainsi vous penserez à mettre les gens en relation, à leur donner une information intéressante pour eux. Gilly Weinstein recommande d'adresser, de temps à autre à vos interlocuteurs, le lien d'articles susceptibles de les intéresser. « Non seulement vous vous rappellerez à leur bon souvenir, mais de plus ils garderont en tête que vous êtes connectée », ajoute-t-elle.

- « Réseautez » en ligne. Inscrivez-vous, si ce n'est déjà fait, sur les réseaux sociaux professionnels d'Internet : Twitter, Viadeo. Selon l'étude TNS/Linkedin, octobre 2012, « Le succès professionnel, les réseaux sociaux et les femmes », par rapport à des moyens traditionnels pour développer son réseau, 82 % des utilisatrices interrogées trouvent qu'Internet permet d'entrer en contact avec des personnes qu'elles ne rencontreraient pas autrement. Soignez bien votre profil et passez-y ensuite quelques minutes régulièrement pour répondre aux demandes de contacts que vous recevrez. Cherchez-y de nouvelles relations potentiellement intéressantes pour vous. Certains de ces sites possèdent des « hub », miniréseaux virtuels dédiés aux femmes. Qui sont les utilisatrices des réseaux sociaux professionnels ?

Elles sont jeunes (40 % ont moins de 35 ans), plutôt CSP+ (pour 67 % d'entre elles) et parisiennes (31 %). Mais attention : dans le monde virtuel, les pièges sont nombreux. (*Voir* aussi « Gérer son image sur le Net », p. 197.)

– Travaillez votre réseau dans votre entreprise, mais aussi à l'extérieur. Cela permet de comprendre les autres, donne de l'inspiration, rend créatif. Les spécialistes conseillent de s'inscrire dans trois types d'associations : une d'anciens si vous avez fait une grande école, une qui tourne autour d'un loisir ou d'un art de vivre et, enfin, une organisation professionnelle liée à votre métier ou secteur d'activité. Dans ce dernier cas, ne choisissez pas une association dont les membres vous ressemblent trop. Choisissez-en plutôt une qui a des ramifications avec votre métier (exemple : si vous travaillez dans la décoration, inscrivez-vous dans une association de préservation du patrimoine architectural). Par ailleurs, choisissez un club qui regroupe des gens de votre niveau professionnel, mais également de niveaux au-dessus. Ainsi, vous serez peut-être en contact avec un dirigeant qui, un jour, pourra vous proposer un poste. Avivah Wittenberg-Cox ajoute : « Ce genre de club permet de repérer, dans sa branche, ceux qui ont du pouvoir ou qui vont en avoir, ce qui est très utile. » « N'hésitez pas à assister à quelques réunions avant de vous engager dans tel ou tel réseau, certains sont très structurés, d'autres plus personnels dans les échanges, à vous de voir ce qui est le plus proche de vous », conseille Emmanuelle Gagliardi[1]. Attention : il faut un minimum de sincérité pour rendre ces adhésions efficaces. Si vous vous rendez aux réunions avec des pieds de plomb, cela ne sera d'aucune efficacité. Soyez assidue, acceptez de rendre des services à la collectivité, bref soyez active. Adhérer ne suffit pas.

■ Saisissez toutes les opportunités

– ***Vous êtes contactée par un cabinet de recrutement mais vous n'êtes pas intéressée ?*** Allez-y quand même, vous établirez un contact avec ce chasseur de têtes et, si vous lui donnez les coordonnées de quelqu'un d'autre susceptible de faire l'affaire, ce dernier vous sera reconnaissant, ainsi que le chasseur de têtes que vous aurez aidé (*voir* « Changer d'entreprise ? », p. 399).

1. Auteure du *Guide des clubs et réseaux au féminin*, Paris, Le Cherche Midi, 2007, présidente du journal *L/on top* et du site Interdit aux hommes, Emmanuelle Gagliardi a créé Connecting Women, une plate-forme d'une cinquantaine de réseaux au féminin.

– ***Ne refusez pas d'intervenir dans un colloque,*** une conférence, une émission de radio ou de télévision, un article de presse. Il n'y a rien de mieux pour augmenter votre visibilité. Vous avez peur de ne pas être à la hauteur ? Reportez-vous aux chapitres « À quoi sert le marketing de soi ? », p. 135, « Dépasser l'autocensure au féminin », p. 209, et « La formation professionnelle, mode d'emploi », p. 377.

– ***N'oubliez jamais votre casquette professionnelle.*** Même à la kermesse de l'école de vos enfants… Vous trouvez cet état d'esprit excessif ? L'idée n'est pas de penser sans arrêt au travail, mais d'ouvrir ses oreilles et ses yeux, pour ne pas louper une opportunité. « Les Américaines sont beaucoup plus décontractées que les Françaises, répond Gilly Weinstein, elles cloisonnent moins leurs vies de mère et de professionnelle, elles ont moins de pudeur. Quand elles prennent un avion, elles en ressortent rarement sans la carte de visite de leur voisin. »

– ***Ayez quand même du tact.*** Il y a des moments où il est bon de ne pas être « trop pushy », sous peine de passer pour quelqu'un d'« entrant » et d'agacer définitivement certaines personnes… Délicatesse et subtilité sont de rigueur.

- Ayez des cartes de visite sur vous. Quand vous les proposerez, vous en récupérerez. La bonne astuce : quand on vous donne une carte, notez au dos une description physique ou autre, pour vous souvenir de qui vous l'a donnée. Si vous avez parlé à quelqu'un d'un livre ou d'un article dont vous êtes l'auteure ou qui vous a marquée, envoyez-le-lui dès le lendemain. Faire ce que l'on dit est une autre grande règle du réseau (*voir* « Faire (enfin) ce qu'on dit », p. 370).

- Sachez entretenir votre réseau. Si vous voulez l'actionner utilement, vous devez le maintenir à jour. L'opération carte de vœux est l'occasion de reprendre contact. Peut-on la faire par mail ? Tout dépend de votre interlocuteur : en relation fournisseur-clients, ce n'est pas très bien vu, mais en relation égalitaire, cela fait toujours plaisir, à condition de ne pas laisser apparaître en en-tête tous les destinataires du même message…

- Rappelez-vous au bon souvenir des membres de votre réseau lors d'un anniversaire, d'une promotion que vous avez apprise, etc. Vous n'avez aucun prétexte ? Eh bien, appelez pour prendre des nouvelles. Personne ne vous enverra balader pour un coup de fil.

- Communiquez en retour. Quand une personne vous présente quelqu'un ou vous rend service, tenez-la au courant des suites. Et n'oubliez jamais de dire merci. Sinon, vous risquez fortement de ne pas pouvoir être aidée par cette personne une seconde fois.

Faut-il s'inscrire dans un réseau de femmes ?

De quoi s'agit-il ?

Ces réseaux créés à la fin des années 1990 ont connu un boom au début des années 2000 et un développement exponentiel depuis. Emmanuelle Gagliardi en a recensé environ deux cents dans son *Guide des clubs et réseaux au féminin* (Le Cherche Midi) paru en 2007. En 2011, elle en compte environ trois cents. Elle en dresse également le portrait sur le site Interdit aux hommes[1]. Que ce soit des associations d'avocates, de femmes d'affaires ou d'ingénieures, leur but est de s'affirmer dans la hiérarchie des entreprises, de s'entraider entre femmes et de mieux équilibrer travail et famille. De plus en plus d'entreprises créent leur propre réseau interne ou ouvert sur l'extérieur. Ainsi, Armelle Carminati-Rabasse, directrice générale capital humain et diversité chez Accenture monde, a créé, il y a plusieurs années maintenant le réseau « Accent sur elles », ouvert non seulement aux salariées d'Accenture, mais également à ses clientes, c'est-à-dire à d'autres femmes salariées d'autres sociétés. De même, Danone a lancé le programme Ève, en s'associant à d'autres entreprises comme KPMG, Schneider Electric, Crédit agricole, PSA Peugeot-Citroën, SNCF et L'Oréal. Ce séminaire de management a pour but d'aider les femmes « à oser être elles-mêmes pour percer le plafond de verre ». C'est aussi cela le réseau.
« Au départ, participer à des réseaux traduisait la volonté des femmes de se rendre plus visibles et de promouvoir des changements dans l'entreprise, affirme la sociologue Jacqueline Laufer[2].

1. www.interdit-aux-hommes.net.
2. Professeur émérite à HEC et auteur de « Les femmes cadres entre le pouvoir et le temps ? », *Revue française des affaires sociales*, n° 3, juillet-septembre 1998, et de « La

Depuis, les choses ont évolué. On note une effervescence de toutes ces organisations qui se spécialisent, se structurent, se regroupent. Nous sommes arrivés à une maturité des réseaux de femmes qui deviennent presque des forces politiques : à travers eux, les femmes veulent déployer leurs capacités de pouvoir. »

Ainsi, en 2010, le Laboratoire de l'égalité[1] a réussi à réunir un groupe de femmes et d'hommes de différentes sensibilités politiques, exerçant des responsabilités dans la vie économique, sociale, universitaire, associative. Tous impliqués dans de multiples organismes agissant concrètement en faveur d'un meilleur partage des responsabilités citoyennes, économiques et familiales entre les femmes et les hommes. Pour l'élection présidentielle de 2012, le Laboratoire a lancé le Pacte de l'égalité, dont le but était d'interpeller les candidats sur les différents sujets qui stagnent (modes de garde, partage des responsabilités familiales, image des femmes dans la société, stéréotypes…) et qui reculent (situation des femmes modestes, retraites, parité en politique…).

À quoi cela sert-il ?

Ces réseaux de femmes poursuivent plusieurs buts :

- S'entraider entre femmes : s'échanger par mails tuyaux professionnels et bonnes adresses personnelles, des offres d'emploi dans tel secteur, jusqu'aux coordonnées d'agences de baby-sitting ou de sites Internet. Elles s'engagent aussi, quand elles en ont le pouvoir, à promouvoir les femmes dans leurs entreprises.
- Se former. La plupart des réseaux féminins estiment que les femmes progressent moins vite dans l'entreprise par manque de confiance en elles et par autocensure. Aussi, ils proposent parfois des séminaires de coaching sur des thèmes très simples comme : « Faire son marketing personnel », « Négocier une augmentation »…
- Faire du lobbying auprès des grands patrons et des politiques pour faire évoluer l'organisation du travail conçue par les

construction du plafond de verre : le cas des femmes cadres à potentiel », *Travail et emploi*, n° 102, avril-juin 2005.

1. www.laboratoiredelegalite.com.

hommes pour les hommes (plus de réunions sans préparation préalable, plus de réunion après 19 heures...), mais aussi développer des modes de garde d'enfants et impliquer davantage les pères dans les soins aux enfants (*via* les congés de paternité, par exemple), afin que les mères ne soient plus désignées comme les seules responsables des enfants...

- Faire du « mentoring » auprès des jeunes diplômées, qui bien souvent, même si les choses évoluent, « n'ont aucune idée de ce qui les attend, affirme Éliane Moyet-Laffon, fondatrice du Club HRM Women. En sortant des grandes écoles, les jeunes femmes croient que les inégalités sont un truc de vieilles, mais quand elles commencent à travailler et qu'on les envoie chercher le café, elles déchantent. Puis, quand elles ont des enfants et qu'elles ne sont plus promues, elles comprennent. » (*Voir* « Le mentoring, mode d'emploi », p. 389.)
- Faire du business. « De plus en plus, explique Emmanuelle Gagliardi, les réseaux au féminin, notamment les réseaux d'entreprises, poursuivent un but "business" en invitant leurs clientes et les clientes de leurs clientes. Ainsi, les femmes qui participent élargissent leur champ de prospection. » Un avis contesté par Claire Léost, éditrice chez Lagardère-Active et auteure du *Rêve brisé des working girls. Comment éviter les pièges* : « Les réseaux de filles ne servent à rien, c'est le mur des lamentations, j'exagère à peine. Les bons réseaux, les plus efficaces, sont les réseaux d'hommes. Dans les réseaux féminins, on ne parle presque que du bien-être au travail. C'est sûrement intéressant pour partager sa dépression, mais cela ne fait pas avancer votre carrière, alors que si vous fréquentez des réseaux de garçons, comme c'est eux qui ont le pouvoir, c'est là que vous progressez ou que vous résolvez des problèmes business. »

Ces réseaux font-ils la guerre aux hommes ?

- Absolument pas. C'est bien leur originalité par rapport aux organisations féministes classiques. Ces réseaux ne sont pas dans un combat très sexué, ils accueillent et font participer de plus en plus d'hommes. En effet, ces derniers supportent également de moins en moins l'absence de prise en compte de la parentalité par le monde du travail (*voir* « Impliquer le père dans la maison », p. 311). Ces réseaux sont plutôt dans la recherche pragmatique d'un nouvel équilibre entre vie familiale et vie professionnelle où l'homme a toute sa place.

- « Les femmes membres de ces réseaux se situent très à distance d'une posture de suffragette, poursuit la sociologue Isabel Boni-Le Goff qui a réalisé une enquête sur celles-ci[1]. Elles ont souvent du mal à assumer l'idée d'être des militantes, car elles ne sont pas forcément issues d'un milieu activiste et elles évoluent dans un monde de cadres, où le militantisme n'est pas politiquement correct. Elles sont obligées d'habiller leur engagement d'un discours consensuel. Je dirais qu'elles sont dans une mobilisation respectueuse : elles ne formulent pas de revendications, mais plutôt des recommandations. Cela étant, certaines organisations comme GEF[2], par exemple, ont évolué. Ce réseau a financé des études qui ont mis en évidence qu'il fallait quand même exercer une certaine pression pour faire bouger les choses. »
- Au chapitre des dossiers qui ont progressé en quelques années dans les réseaux féminins : les quotas dans les conseils d'administration. Au départ, la plupart des femmes cadres étaient contre cette idée qu'elles trouvaient « dégradante ». Puis, elles s'y sont majoritairement rangées par application du « principe de réalité »… Jusqu'à l'adoption de la loi[3] qui oblige désormais les entreprises – cotées en Bourse et celles de cinq cents salariés avec un chiffre d'affaires annuel supérieur à 50 millions d'euros – à nommer 40 % de femmes au minimum, d'ici à 2017, dans leurs conseils d'administration. Cela étant, les conseils d'administration ne concernent pas toutes les femmes. Aussi, comme le magazine *Elle* le proposait dans son livre blanc – remis au Premier ministre François Fillon et à la patronne des patrons Laurence Parisot, à la suite des états généraux de la femme de 2010 –, de plus en plus de voix s'élèvent pour réclamer la parité dans les comités de

1. « Au nom de la diversité : analyse écologique du développement des réseaux professionnels de femmes cadres en France », *Sociologies pratiques*, n° 21.
2. Grandes écoles au féminin. Voir note 2, p. 144.
3. Loi du 27 janvier 2011 relative à la représentation équilibrée des femmes et des hommes au sein des conseils d'administration et de surveillance et à l'égalité professionnelle.

direction et autres lieux de prise de décision des entreprises où les femmes sont encore minoritaires.

Ces réseaux traduisent-ils une fracture entre les femmes privilégiées et les femmes précaires ?

« Les observateurs de ces réseaux se posent la question, dans la mesure où les sujets qui pourraient toucher, plus largement, la condition féminine entrent peu dans leur champ de réflexion, poursuit Isabel Boni-Le Goff. En principe, les réseaux de femmes cadres défendent l'idée qu'il existe un socle commun de préoccupations entre toutes les femmes. Leurs responsables disent aussi que si les femmes du top management s'engagent, cela pourrait procurer des bénéfices indirects aux autres. » Armelle Carminati-Rabasse, directrice générale capital humain et diversité chez Accenture monde et fondatrice du réseau Accent sur elles poursuit : « Cette question, je me la pose régulièrement. Quand, en 2004, j'ai ouvert notre réseau à l'extérieur, je me suis demandé si nos préoccupations n'étaient pas un peu paillette, si on ne se focalisait pas un peu trop sur "la femme cadre supérieure qui n'arrive pas à devenir présidente à la place de son président..." C'est pour ça que l'on a invité les représentantes de l'association Ni putes ni soumises à participer à certaines réunions, puis que nous avons embauché l'une d'entre elles[1] pour agir sur la diversité sociale d'Accenture et ouvrir notre recrutement à d'autres talents que ceux qui nous arrivent par les filières classiques des grandes écoles. Cela étant dit, si les femmes suréquipées en diplômes ont tant de difficultés à avancer dans l'entreprise, alors que penser de celles qui se trouvent au plus bas de l'échelle ? Je reste persuadée que si l'on permet à des femmes cadres de progresser cela ne pourra qu'être profitable aux moins favorisées, ne serait-ce qu'en libérant des places pour elles. De plus, en permettant aux femmes d'accéder à des postes à responsabilité, nous habituons peu à peu les hommes à travailler avec des femmes de même niveau qu'eux, ce qui n'est pas encore toujours évident. Ce faisant, nous faisons évoluer les mentalités du monde du travail qui est encore trop pensé par les hommes pour les hommes. À terme, cela ne peut que profiter à toutes les femmes, les plus privilégiées comme les moins favorisées. »

1. Samira Cadasse est responsable diversité chez Accenture.

Réussir son entretien annuel

Entretien d'« évaluation », de « performance », de « progrès » ou de « développement personnel », peu importe le nom. Dans les grandes entreprises, c'est un rendez-vous important pour faire le point sur son poste et réfléchir à son avenir. Conseils pour le préparer au mieux et en tirer le maximum.

Quel est l'objet de cet entretien ?

- « Il s'agit de faire le bilan de l'année au regard des objectifs fixés un an auparavant, et d'en fixer de nouveaux pour l'année à venir, explique Éric Albert, psychiatre et président de l'Institut français d'action sur le stress[1]. Dans la plupart des cas, la rémunération variable est corrélée à cette appréciation. Ce moment, centre de concentré managérial, est déterminant en ce qui concerne la relation que l'on tisse avec son collaborateur. » Attention : s'il existe un malaise avec votre hiérarchie ou des collègues, l'entretien n'est pas forcément le meilleur lieu pour en parler, encore plus s'il est éloigné dans le temps. Dans ce cas, il est préférable de susciter une entrevue spécifique dès que possible pour régler le problème au plus vite (*voir* « S'affirmer au bureau », p. 56 et « Gérer les comportements difficiles au bureau », p. 81).
- « Il se distingue, en principe, de l'entretien de fixation d'objectifs qui a lieu en début d'année et qui tient compte de la conjoncture et des orientations que va prendre l'entreprise

1. *In Les Échos*, 1er décembre 2009. Fondé en 1990, l'Institut français d'action sur le stress (IFAS) est un cabinet spécialisé dans l'accompagnement du changement comportemental en entreprise (conseil, coaching, formation, mesure du stress). Ses consultants ont une compétence en psychologie comportementale et cognitive qui leur permet de favoriser et d'accompagner les changements individuels, mais ils sont également des praticiens de l'entreprise. Ils connaissent les entreprises dans leur réalité, en particulier au niveau des jeux relationnels qui s'y déroulent.

dans l'année à venir, mais il peut arriver que ces deux entretiens aient lieu en même temps », poursuit Sylvie Bernard-Curie, associée et directrice des ressources humaines de KPMG.

Est-ce obligatoire ?

Oui pour certains cadres

Il s'agit de ceux « qui disposent d'une autonomie dans l'organisation de leur emploi du temps », c'est-à-dire des cadres au « forfait » dont le temps de travail est mesuré en nombre de jours. Cela résulte de la loi du 20 août 2008 sur la réforme du temps de travail.

Si ce n'est pas votre cas

Si votre entreprise ne pratique pas ce genre d'entretien, rien ne vous empêche d'être à l'initiative d'un rendez-vous annuel avec votre manager pour faire le point sur l'année écoulée et envisager l'avenir. « On a besoin de faire parler le travail, or l'entretien annuel est un vrai exercice de communication », traduit Sylvie Bernard-Curie.

Pourquoi il faut le préparer ?

Pour les raisons suivantes :

C'est une opportunité

- De réfléchir à son travail

  Ce n'est pas si fréquent, dans la vie professionnelle, quand on est sans cesse débordée par le quotidien des tâches à assumer, de se poser avec son manager pour échanger sur le travail qu'on fait ensemble et réfléchir à son avenir professionnel. Pour tirer profit de cette opportunité, un minimum de réflexion préalable s'impose.

- De faire son marketing

  Ce contact privilégié est une occasion de communiquer et de faire son marketing personnel, il vaut donc mieux avoir réfléchi avant à ce qu'on veut faire passer comme message et renvoyer comme image. Dans les entreprises, où l'on pratique le système du « *up or out* » (« tu progresses ou tu t'en vas »), c'est au moment de l'entretien annuel que chaque salarié est « rangé » par son manager dans une des catégories suivantes : indispensable (environ 15 % des salariés), facilement remplaçable (environ 60 à 70 %) et… en décalage par rapport au poste occupé (environ 15 %). Et, dans ce type d'entreprise, la règle est impitoyable : si vous vous retrouvez dans la dernière colonne deux ans de suite, vous êtes priée de partir…

Sans préparation, l'entretien sera superficiel

Il perdra tout son sens et restera en surface : les vrais problèmes, s'ils existent, ne seront pas abordés. « Si votre chef vous propose au dernier moment de le faire dans la journée, refusez ! L'entretien se programme au moins dix jours à l'avance », indique Jacques Teboul, auteur de *L'Entretien d'évaluation, comment s'y comporter, comment le mener* (Dunod, 2005[1]).

Comment se préparer au mieux ?

- Anticipez. « Ouvrez les oreilles durant les quatre mois qui précèdent ! Le manager a, par exemple, fait des réflexions, à vous ou à vos collègues, sur le retard d'un projet ? Soyez sûr qu'il va en reparler », lance Renaud Pommier, psychosociologue et directeur du cabinet Synopsis[2]. « L'anticipation de l'entretien annuel est majeure pour les femmes, ajoute Sylvie Bernard-Curie. Alors que les hommes sont en tension six semaines environ avant la date, cherchant à faire du *buzz* autour de leurs performances, dans le but d'influencer, à l'avance, le déroulé de l'entretien et, au final, d'obtenir la meilleure rémunéra-

1. *In Le Figaro*, 17 novembre 2008, article de Bruno Askénazi.
2. *In L'Express*, 10 novembre 2010, article de Myriam Greuter, « Soyez prêt pour votre entretien de développement personnel ».

tion variable (intéressement ou prime, annoncé souvent après l'entretien), les femmes restent si discrètes qu'on ne les entend pas. Dans l'entretien, ce qui compte le plus pour elles, c'est un échange, un retour, de leur hiérarchie sur leur job. »

- Collectez les éléments nécessaires

– ***« Dans les semaines qui précèdent, ressortez le compte rendu de votre dernier entretien annuel*** et voyez où vous en êtes aujourd'hui. Regardez les objectifs fixés l'an dernier et analysez honnêtement où vous en êtes aujourd'hui : les avez-vous atteints ? Sinon pourquoi ? », conseille l'*executive coach* Gilly Weinstein. « Recensez ce que vous avez fait depuis six mois, complète Renaud Pommier[1]. Notez là où vous avez été performant mais aussi vos difficultés, et étudiez-en les raisons : soucis personnels, organisation du travail, cause technique, etc. Le jeu consiste à exprimer ses difficultés sans se démolir ni dénigrer l'entreprise ou ses pairs. »

– ***Si votre entreprise le prévoit, remplissez,* via *votre ordinateur, un « formulaire d'autoévaluation »***. Il s'agit d'un document dans lequel vous faites le bilan de l'année écoulée. Avez-vous atteint vos objectifs ? Quels sont vos points forts et vos points faibles ? Faites quand même attention à ne pas trop en mettre à la rubrique points faibles… Ce document est ensuite transmis à votre manager : il va s'en servir pour donner sa propre vision des choses.

- Posez-vous les bonnes questions avant l'entretien. Soit, selon Gilly Weinstein : « Avec quoi je veux ressortir de cet entretien : de l'argent ? un aménagement de mon temps ? une formation ? savoir où je vais à trois-cinq ans ? » Si vous avez du mal à trouver, épluchez le catalogue des formations et repérez les stages qui vous permettraient de progresser sur vos points faibles tout en vous interrogeant sur leur compatibilité avec votre charge de travail. (*Voir* « La formation professionnelle, mode d'emploi », p. 377.)

- Faites votre enquête en interne sur le déroulement des entretiens qui ont déjà eu lieu. Quels types de questions sont posés ? Y avait-il plusieurs managers pendant l'entretien (en cas de hiérarchie à plusieurs têtes, cela peut arriver) ?

---

1. *Ibid.*

- Préparez un petit document (sur une fiche ou une feuille simple) avec vos éléments clés, c'est-à-dire :

– ***Les chiffres.***

– ***Vos réussites.*** Regardez bien votre poste avec un champ de vision à 360° et listez tout ce que vous avez amélioré et réussi depuis un an : progression des ventes, nombre de clients, meilleure organisation du service, communication interne renforcée, etc.

– ***Vos difficultés.*** Soyez honnête. « Les ratages devront être mis sur la table, poursuit Jacques Teboul[1]. Si l'évalué masque les problèmes et fuit ses responsabilités, cela pourra lui être reproché. » Mais inutile de vous flageller, les hommes se donnent rarement cette peine… Faites un simple constat en préparant des éléments qui permettent d'expliquer ces difficultés et vos propositions pour en venir à bout, à l'avenir.

– ***Vos idées pour l'année qui vient.***

– ***Vos désirs d'évolution dans votre poste ou dans un autre en interne.*** Si vous comptez quitter l'entreprise à plus ou moins court terme sans que ce soit encore concret, inutile d'en parler, cela pourrait démotiver votre manager d'investir du temps et de l'énergie avec vous. Sauf, bien évidemment, si vous êtes certaine du vide que vous laisseriez en partant et voulez insécuriser un peu votre manager, dans le but d'obtenir quelque chose que vous avez déjà réclamé en vain… Dans ce cas, cela vaut le coup de réfléchir à l'opportunité de lancer, comme ça, l'air de rien, que vous n'allez pas passer votre vie ici, que vous sentez que les perspectives d'évolution sont bouchées puisque vous n'avez pas obtenu le poste, le projet ou l'argent que vous réclamiez… Gardez tout de même en tête que personne n'est jamais irremplaçable et que le marché de l'emploi est tendu. Ne jouez pas (trop) avec le feu.

- « Mettez-vous à la place de votre interlocuteur pour ne pas perdre de vue ses priorités, conseille Gilly Weinstein. Plus vous pourrez aligner vos propres desiderata sur les intérêts de votre entreprise, mieux cela passera. Ainsi vous n'improviserez pas. Si vous avez la chance d'avoir évalué d'autres personnes, tirez-en quelques leçons pour vous-même. »

1. *Ibid.*

- Décidez que ce sera le rendez-vous important de votre journée. Ne programmez pas le même jour une visite médicale angoissante…

- Préparez-vous physiquement, dormez bien la veille, ne sautez pas votre petit déjeuner et réfléchissez à l'avance aux vêtements que vous porterez (de préférence une tenue un peu structurée, avec une veste, *voir* « Le look jusqu'où ça compte ? », p. 180), dans lesquels vous vous sentez bien. Relisez aussi les conseils du chapitre « Passer avec succès un entretien d'embauche », p. 39.

Comment se déroule l'entretien ?

- Il dure « entre 1 et 3 heures selon l'importance de la fonction et des responsabilités. Il faut aussi préparer sa disponibilité matérielle : pas de dérangement pendant l'entretien, pas de coups de téléphone, pas d'interruption durant cette entrevue », recommande Jacques Teboul.

- « Il peut être décevant mais aussi très profitable, avertit Sylvie Bernard-Curie. Souvent, les femmes ont préparé à fond leur entretien. Elles arrivent avec le déroulement de ce qu'elles ont fait, comment elles l'ont fait, ce qu'elles vont faire et comment elles vont s'y prendre. Et elles se retrouvent en face d'un interlocuteur qui n'a pas suffisamment préparé. Soit il parle sans arrêt pour ne rien dire, soit il est mutique, soit il transforme l'entretien en point sur les dossiers en cours, soit il la fait rêver en lui promettant monts et merveilles mais ne fait rien ensuite… Heureusement, tous les évaluateurs ne sont pas comme ça. Il en existe aussi qui préparent, s'intéressent sincèrement aux personnes qu'ils reçoivent, se rappellent des choses qui les concernent et posent des actes, dès le lendemain, pour donner une suite à l'entretien. Car l'effet bénéfique d'un entretien bien mené est bien supérieur à une augmentation de salaire, dont les études en psychologie cognitive ont établi qu'il durait un mois seulement. »

Comment se comporter durant l'entretien ?

- « Restez dans le factuel, le concret, les chiffres, recommande Gilly Weinstein. Ne vous laissez pas entraîner dans un échange trop émotionnel, c'est un piège fréquent de la hiérarchie qui vise à éviter de parler des chiffres. Bien sûr, rien ne vous empêche de répondre de façon polie, mais ne versez pas dans les états d'âme. Restez professionnelle jusqu'au bout. Vous n'êtes pas là pour être évaluée sur votre vie privée mais sur votre performance professionnelle. »
- En cas de critiques, reportez-vous au chapitre « S'affirmer au bureau », p. 56, mode d'emploi, pour savoir comment y répondre. « Attention à ne pas vous réfugier dans une position trop défensive, cela rétrécit immédiatement le champ de communication, ajoute Gilly Weinstein. Reconnaissez, le cas échéant, votre erreur, expliquez dans quel contexte elle a été commise, avancez que vous avez pris la mesure du problème et que vous comptez bien faire évoluer la situation. Se défendre oui, mais de manière professionnelle et non de façon infantile sur le mode : c'est de la faute des autres, il faut décapiter quelqu'un. »
- À la fin de l'entretien, votre N+1 vous demandera de valider et de signer son compte rendu. « Ce document vous suivra dans votre carrière, rappelle Renaud Pommier, directeur du cabinet Synopsis[1]. Dans la case réservée à vos commentaires, corrigez les phrases qu'on vous prête si elles sont inexactes ou perfectibles. »

Et après l'entretien ?

« Au besoin, de deux à trois mois plus tard, reparlez à votre chef : "Es-tu toujours d'accord avec ce qu'on avait décidé ? Sais-tu si le service formation a pu s'occuper de la demande ? Faut-il les relancer ?" Un manager, même de bonne volonté, promet parfois plus qu'il ne pourra tenir, poursuit Renaud Pommier[2]. Attendez alors l'entretien de fin d'année… et les nouveaux budgets. »

1. *Ibid.*
2. *Ibid.*

Parler d'argent avec son employeur

Aborder les questions financières avec son responsable hiérarchique n'est jamais très facile, mais, pour les femmes, ce serait encore pire. C'est pourtant absolument nécessaire pour obtenir primes et augmentations. Quelques clés pour évoluer.

Préambule sur les inégalités salariales hommes/femmes

Malgré les lois qui se sont succédé[1], les inégalités salariales entre hommes et femmes persistent.

Les chiffres de l'inégalité

- En 2011, la rémunération des femmes était toujours inférieure de 27 % à celle des hommes, dans les entreprises de plus de dix salariés du secteur concurrentiel. Ce chiffre est le même au niveau européen ; toutes professions et temps de travail confondus. Traduction de l'ONG BPW[2] qui a lancé l'Equal Pay Day, dans plus de 25 pays, le 15 avril 2011 : « Une femme doit travailler 79 jours supplémentaires en 2011 pour gagner le même salaire qu'un homme à fin décembre 2010. »
  Selon l'Insee, en 2010, l'écart de salaire moyen en équivalent temps-plein entre hommes et femmes est de 19,1 % en 2010 pour les salariés du secteur privé et des entreprises publiques et de 13,9 % dans la fonction publique d'État.

1. Lois Roudy en 1983, loi Génisson en 2001, loi de 2006 sur l'égalité salariale, loi retraite de 2010.
2. www.bpw.fr ; www.bpw-international.org. *Pour l'égalité professionnelle femmes-hommes. Contre la discrimination au travail,* sous le haut patronage du ministère des Solidarités et de la Cohésion sociale.

- Plus on s'élève dans la hiérarchie, plus l'écart se creuse. L'inégalité des salaires entre hommes et femmes est la plus forte chez les cadres : 30,7 % et donc parmi les salaires les plus élevés. À l'inverse, l'écart le plus faible se trouve parmi les employés, catégorie majoritairement féminisée[1].

Les raisons de l'inégalité

- Le temps partiel

« Le premier facteur explicatif des inégalités de salaires provient des différences de temps de travail, avance l'Observatoire des inégalités[2]. Les femmes sont cinq fois plus souvent à temps partiel que les hommes : leur revenu, tous temps de travail confondus, est logiquement inférieur à celui des hommes. De plus, le temps de travail des hommes est aussi accru par les heures supplémentaires qu'ils effectuent plus souvent que les femmes. » Cependant, le temps partiel ne suffit pas à expliquer les inégalités salariales entre les hommes et les femmes. En effet, en comparant des salaires à temps complet, les femmes perçoivent encore 19 % de moins. En termes de salaire horaire, l'écart entre les hommes et les femmes reste élevé : il s'établit à 16 %.

- Les enfants

La naissance d'enfants plombe la carrière des femmes, pas celle des hommes. C'est ce qui ressort de l'enquête *Génération 98*, réalisée en 2005[3] auprès de 16 000 jeunes sept ans après leur entrée sur le marché du travail (*voir* « Impliquer le père dans la maison », p. 311). Alors que les hommes poursuivent leur carrière sans difficultés majeures, beaucoup de femmes ralentissent, voire interrompent, leur activité professionnelle : leur taux d'activité qui culmine à 90 % lorsqu'elles n'ont pas d'enfant, tombe à 83 % pour celles qui en ont un en bas âge, 64 % pour celles qui en ont deux et... 43 % pour celles qui en ont trois[4]. Ces interruptions ont de lourdes conséquences

1. Observatoire des inégalités, *Les Inégalités de salaires hommes-femmes. Du temps de travail aux discriminations*, 6 janvier 2009.
2. Dans l'étude citée en note 81, p. 150.
3. Par le Céreq de la *Génération 98*, constituée par un échantillon de 16 000 jeunes qui sont entrés sur le marché de l'emploi en 1998, et qui sont périodiquement interrogés sur l'évolution de leur vie professionnelle http://www.cereq.fr.
4. OFCE, Insee, DADS, 2008.

salariales : selon une étude de l'OFCE[1], les rémunérations, entre 40 et 50 ans, des femmes qui se sont arrêtées de travailler sont inférieures de 23 % à celles des femmes qui n'ont pas interrompu leur activité. L'essentiel de ce retard est lié à la simple perte d'expérience professionnelle due au congé.

■ La discrimination pure

La présence d'enfants et les interruptions de carrière qui en résultent ne suffisent pas à expliquer la totalité des différences de salaires entre les hommes et les femmes. Théoriquement, les femmes qui n'ont jamais arrêté de travailler ne devraient pas être pénalisées puisqu'elles ont en moyenne plus de diplômes que leurs collègues masculins et ont suivi les mêmes trajectoires professionnelles. Mais, en pratique, ce n'est pas le cas. L'étude de l'OFCE montre que les femmes qui n'ont jamais arrêté de travailler affichent, elles aussi, des salaires inférieurs à ceux des hommes : elles gagnent en moyenne 17 % de moins que les hommes. Si une petite partie de cette différence peut s'expliquer par le fait que les femmes évoluent dans des secteurs moins rémunérateurs, l'essentiel reste totalement inexpliqué. Pour les trois chercheuses, auteures de l'étude, les femmes sont victimes d'un soupçon de désinvestissement professionnel. « Tout se passe comme si les femmes qui n'ont jamais eu l'intention d'interrompre leur carrière n'ont pas pu envoyer un signal crédible aux employeurs sur leur engagement à long terme, et qu'elles ont été considérées susceptibles de sortir du marché du travail pour raison familiale », expliquent-elles.

« Il existe une suspicion de la part de l'employeur le conduisant à ne pas confier les mêmes responsabilités aux femmes qu'aux hommes, à ne pas les promouvoir pareillement car il a en tête qu'elles vont avoir des enfants et donc ne vont pas être disponibles, déplore l'économiste Rachel Silvera, maître de conférences à Paris-X[2]. Quand elles sont plus âgées, l'employeur pense d'emblée qu'elles vont s'occuper de leurs parents. Il gardera toujours à l'esprit ce lien même quand il n'existe pas. De plus, il

1. Publiée dans *Le Monde* du 19 août 2010, article d'Anne Chemin, « Être une femme, un handicap pour les salaires ».

2. *L'Humanité*, 17 août 2010, interview de Mina Kaci. Rachel Silvera est coauteure avec Séverine Lemière de *Comparer les emplois entre les femmes et les hommes : de nouvelles pistes vers l'égalité salariale*, La Documentation française, 2010.

y a une tolérance sociale : on considère encore que le salaire des femmes est un salaire d'appoint, qu'il n'est donc pas dramatique qu'elles soient moins payées que les hommes. »

Les femmes ont-elles une marge de manœuvre pour gagner plus ?

Sans négliger l'importance de tout ce qui précède, on peut le penser. Si les écarts de rémunération sont principalement liés à des injustices (voir plus haut), les femmes ont parfois une part de responsabilité dans le fait de ne pas gagner autant qu'elles le mériteraient. En effet, elles n'adoptent pas toujours la méthode adéquate pour obtenir de leurs employeurs de meilleures rémunérations.

Les femmes ne demandent pas d'augmentation

« Une des explications est que les femmes, peut-être par timidité ou parce qu'elles savent cette démarche vaine, ne demandent rien, elles pratiqueraient une sorte d'autolimitation, nous enseigne un sondage Cergors-Observatoire des discriminations de 2003[1]. En effet, si 23 % des hommes ayant un travail ont demandé une augmentation de salaire dans l'année écoulée, seulement 13 % des femmes l'ont fait. Pour motiver le fait de ne rien demander, 25 % des femmes mettent en avant que cela ne sert à rien, alors que seulement 19 % des hommes avancent cette explication. »

Pourquoi ne demandent-elles pas ?

Si elles ne demandent rien, c'est aussi parce qu'elles trouvent cela un peu « dégradant ». Atteintes du syndrome de la bonne élève – qui, à l'école, récoltait spontanément de bonnes notes quand elle rendait une bonne copie –, elles répugnent à réclamer des augmentations (comme des promotions d'ailleurs) qu'elles trouveraient normal d'obtenir spontanément, dès lors

1. Réalisé par la Sofres du 20 au 29 novembre 2003, voir le site www.obervatoiredes-discriminations.fr.

qu'elles font du bon boulot. « Si mon patron n'est pas capable de remarquer tout seul que j'ai bien travaillé cette année, je ne vais quand même pas m'humilier à le lui dire, pour obtenir de l'argent ! », pensent-elles en substance.

Pourquoi cette attitude est-elle pénalisante ?

Parce que ça ne marche pas comme ça dans l'entreprise ! Attendre de recevoir son dû au lieu de le réclamer est totalement contre-productif. « La première règle du succès des femmes en entreprise est de demander clairement ce qu'elles veulent », rappelle la coach JoAnne Freeman, du cabinet Diafora[1]. Aux États-Unis, plusieurs ouvrages ont été consacrés au fait que les femmes ne savent pas demander leur dû[2]. Leurs auteurs ont démontré qu'au début de leur carrière une femme et un homme se voient proposer le même salaire mais que, dès le départ, il y a une différence : au lieu d'accepter la proposition comme la jeune femme, le jeune homme négocie presque systématiquement pour obtenir plus – et ce, avec succès ! Les auteurs ont ensuite démontré que cet écart de départ croissait de façon exponentielle tout au long de la carrière. Si l'on y ajoute tous les accessoires de salaire (prime, intéressement, indemnités de retraite, etc.), la perte financière pour la femme à la fin de sa vie professionnelle est vertigineuse. En France aussi la différence de salaire existe dès le premier poste a pointé la Conférence annuelle des grandes écoles. Ainsi, l'écart de rémunérations brutes annuelles, primes comprises, perçues en 2009 par les diplômés de 2008 dépassait les 10 % au détriment des femmes[3]... Nathalie Rastoin, directrice générale de l'agence Ogilvy-France, résume cela en une formule choc : « Les hommes pensent qu'ils ont plus de chances d'avoir ce qu'ils demandent, les femmes d'obtenir ce qu'elles méritent[4]. »

1. Diafora est un cabinet de conseil, formation et coaching, qui accompagne les entreprises désireuses de maximiser les bénéfices d'une plus grande mixité au sein de leur management. Les propos ci-dessus ont été prononcés le 9 décembre 2010, lors du programme Ève, organisé par la société Danone à Évian.
2. *Women don't Ask*, Princeton University Press (2 septembre 2003), et de Linda Babcock et Sara Lashever, *Ask for it*, Piatkus Books, 2008.
3. *Challenges*, 2 septembre 2010, article de Dominique Perrin, « La vérité sur... l'écart des salaires hommes-femmes ».
4. *L'Expansion*, 1er janvier 2011, article de Danièle Licata, « Les femmes managers n'ont plus de complexes ».

Pourquoi les femmes n'aiment-elles pas parler argent ?

Si les femmes répugnent tant à demander primes et augmentations, c'est parce que, pour nombre d'entre elles, l'argent serait encore un tabou. « Historiquement, avance la coach en leadership féminin Chine Lanzmann[1], cela ne fait pas si longtemps que les femmes ont des droits égaux à ceux des hommes en matière d'argent[2]. Et, durant des années, les seules femmes qui gagnaient de l'argent étaient les prostituées… Je suis persuadée que cela joue dans l'inconscient collectif féminin. Elles refusent de "se vendre", de peur de passer pour des prostituées, alors elles se transforment en bonnes sœurs ! »

Pourquoi cette attitude peut-elle conduire à une double peine ?

Non seulement ces femmes gagnent moins d'argent, mais de plus elles risquent d'être mal considérées par leurs employeurs. Ceux-ci peuvent penser à un manque d'ambition, voire à une incapacité à négocier, qui peut s'avérer rédhibitoire dans le cas d'une éventuelle nomination à un poste impliquant de gérer un budget et de produire du chiffre d'affaires…

1. Fondatrice de Woman Impact (www.chinelanzmann.com).
2. La loi de 1943 a supprimé la nécessité d'autorisation maritale pour l'ouverture d'un compte bancaire. Mais, en pratique, les banques continuent de réclamer l'accord du mari. À partir de 1965, la femme mariée peut ouvrir un compte à son nom et en disposer librement. Chacun gère ses biens propres. Les biens communs sont administrés par le mari, mais le consentement de l'épouse est nécessaire s'il souhaite en disposer. En 1985, la loi du 23 décembre instaure l'égalité des époux dans les régimes matrimoniaux et l'administration des biens de la famille.

Comment faire évoluer son rapport à l'argent ?

Si vous n'êtes vraiment pas à l'aise pour tout ce qui concerne les questions d'argent, un coaching (*voir* « Le coaching, mode d'emploi », p. 381) ou une formation professionnelle[1] peut vraiment vous aider à progresser (*voir* « La formation professionnelle, mode d'emploi », p. 377). Vous y comprendrez les raisons qui peuvent vous bloquer vous personnellement, compte tenu de votre histoire (exemple : vous venez d'une famille où parler d'argent était vécu comme quelque chose d'impoli ou grossier…) et surtout vous apprendrez, à travers des jeux de rôle, à négocier de façon efficace. Si votre cas est vraiment compliqué, une petite thérapie comportementaliste ciblée sur cette question peut s'avérer très efficace. S'il ne s'agit que d'une appréhension sur laquelle vous n'aviez pas mis de mots mais qui vous semble plus claire maintenant, essayez de vous lancer par vous-même en suivant les conseils des spécialistes pour réclamer une augmentation à votre patron.

Concrètement, comment demander une augmentation ?

Quel est le bon moment ?

« Le timing le plus approprié est celui de l'entretien annuel si vous en avez un, et si le salaire fait partie de cet entretien, assure David Veenhuys, directeur de DDC Information Design et coach[2]. Si aucun entretien de salaire n'est prévu dans votre entreprise, surtout, demandez-en un. Vous pouvez aussi profiter d'un changement professionnel pour discuter rémunération. Si vous avez gagné des responsabilités ou décroché un nouveau budget, vous êtes en position de force pour négocier. »

---

1. Chine Lanzmann propose une formation sur deux jours « Argent, apprendre à gagner », dont le but est d'« être plus à l'aise avec l'argent ». Renseignements sur www.chinelanzmann.com.

2. Et auteur de *Femmes. Emploi et marketing de soi*, Lausanne, Favre, 2004. *In Elle*, 20 octobre 2008, article de Julia Dion : « Je veux gagner plus ».

Y a-t-il des périodes à éviter ?

« L'idée de solliciter une augmentation après une série de licenciements n'est pas vraiment appropriée, avertit Lois Frankel, docteur en psychologie, coach et psychothérapeute depuis plus de vingt ans aux États-Unis[1]. […] dans la vie, l'aptitude à saisir le moment opportun est une qualité fondamentale : souvenez-vous-en chaque fois que vous revendiquez un droit ou une faveur. » Dans ce cas, peut-être pouvez-vous demander une prime, si vous savez qu'il existe un budget pour cela.

À qui faut-il s'adresser ?

« À votre supérieur hiérarchique direct, c'est lui qui est le mieux placé pour soutenir votre demande auprès de votre hiérarchie. Il la formulera sous une forme verbale, puis écrite et argumentée », poursuit David Veenhuys.

Comment préparer l'entretien ?

« Listez vos points forts et les résultats que vous avez obtenus au cours de l'année, conseille David Veenhuys. Demandez-vous ce que vous avez apporté à votre entreprise. Ce peut être en termes quantitatifs (chiffre d'affaires, notoriété, business…) ou qualitatifs (dynamisme du service, nouveau *process*, savoir-faire étendu, expérience, ponctualité au travail…). D'où la nécessité, dès la première année, de se mettre d'accord sur des objectifs clairs, avec à la clé, une promesse de récompense ». « Le meilleur moyen d'obtenir une augmentation, poursuit le psychiatre François Lelord[2] : vous montrer assez utile aux yeux de votre chef, et encore mieux de son propre chef, pour que votre N+1 ait la vague crainte qu'en cas de refus vous quittiez l'entreprise pour trouver une place ailleurs, ce qui serait contre son intérêt. » Reportez-vous également au chapitre « S'affirmer au bureau », p. 56, dans le point « Faire une demande ».

Quels mots prononcer pour convaincre ?

« Regardez bien votre interlocuteur dans les yeux, utilisez le "je" et soyez précise et directe », propose le docteur Frédéric Fanget,

1. Auteure de *Ces filles sympas qui sabotent leur carrière. Les 101 pièges à éviter*, Paris, Pearson Éducation, 2008.
2. Voir note 1, p. 52.

psychiatre et psychothérapeute[1]. Dès la première phrase, votre demande doit être claire. Exemple : « J'apprécierais beaucoup une augmentation de X % de salaire. » Mais tenez compte de la position de votre interlocuteur, en ajoutant : « Si cela vous paraît possible. » Pour le reste, l'idée est de s'efforcer d'être le plus factuel possible. « Il faut parler gain de productivité, amélioration du fonctionnement du service, économies réalisées, bref des résultats mesurables, facilement traduisibles en augmentation de salaire », précise David Veenhuys.

Quelle est l'attitude à éviter ?

- Une attitude trop revendicative, poursuit David Veenhuys. La négociation ne doit pas virer au bras de fer. Chaque cas est unique, mais la menace « Si je n'ai pas 20 % de salaire en plus, je m'en vais ! » est à manier avec précaution. Il faut être subtile, ou alors, être prête à s'en aller si l'on essuie un refus…
- Une attitude un peu victimaire sur le mode « J'en ai besoin pour vivre », « Je ne m'en sors pas, seule avec mes enfants ». Jouer sur la corde sensible est un piège. « D'un point de vue plus général, poursuit François Lelord, se poser en victime est une tentative de manipulation (en suscitant la culpabilité ou la compassion de l'autre), à rendre cette transaction émotionnelle. En cas de refus de l'augmentation, vous mettez l'autre en position de "salaud" qui refuse d'aider une pauvre victime. Il vous en voudra de cette sensation désagréable. Et puis comment, par la suite, faire confiance à une collaboratrice supposée accablée de problèmes matériels ? S'il accepte, au final, il y a un risque qu'il réalise plus tard, la manip, s'en veuille et vous en veuille d'avoir cédé. Car, point majeur, quand vous êtes face à un chef pour une demande d'augmentation, n'oubliez pas qu'il a en tête toutes celles de vos collègues, et qu'il a une enveloppe globale à ne pas dépasser. »

Combien peut-on demander ?

- « Cela dépend évidemment de son secteur, de sa branche, répond David Veenhuys… Pour avoir une idée précise de ce que l'on vaut sur le marché, de son "juste prix", on peut se renseigner

1. Frédéric Fanget est auteur de *Affirmez-vous !* (nouvelle édition), Paris, Odile Jacob, 2011.

auprès des ressources humaines, des cabinets de recrutement, mais aussi lire les études, les grilles de salaires sur Internet tout en demandant avis à son réseau externe (*voir* « Se constituer un réseau », p. 143). À partir de la fourchette de salaire que l'on obtient, on peut en déduire un chiffre. » N'oubliez pas que dans l'entreprise, on parle (presque) toujours en brut.

- « Si vous restez dans le même poste, comprenez comment ça marche, ajoute la DRH et associée de KPMG Sylvie Bernard-Curie. Avant tout, n'oubliez pas que l'augmentation moyenne des cadres français est inférieure à 3 %[1]. Votre chef a une enveloppe globale qui lui permet de moduler entre les gens de son service qu'il souhaite augmenter : à l'un il donnera 1 %, à l'autre 5. D'où l'intérêt d'argumenter le plus possible pour faire partie de ceux qui seront les mieux servis. Si vous obtenez 5 %, c'est le bonheur ! 10 %, c'est inespéré ! N'oubliez jamais : le meilleur moyen d'obtenir une augmentation significative est quand même de changer de job et ce, même en interne, surtout si cela implique un changement de responsabilités et une prise de risque. »

Et si l'on demande trop ?

« Ce n'est pas grave ! répond David Veenhuys. Il vaut mieux demander plus pour obtenir ce que l'on souhaite. Il est préférable d'avancer un chiffre en premier car, si votre chef vous propose quelque chose de trop bas, il sera plus difficile de revenir en arrière. »

Et si l'on n'obtient qu'une petite somme ?

« Plutôt que de vous fixer sur ce que vous n'avez pas obtenu, mesurez le chemin parcouru, conseille le docteur Frédéric Fanget[2]. N'oubliez pas non plus le contexte économique dans lequel évolue votre entreprise. Ce n'est pas parce que vous méritez l'intégralité de cette augmentation que vous y avez forcément droit. Il est important d'accepter qu'on vous dise non quand l'autre ne peut vraiment pas vous satisfaire. »

---

1. En 2010, elle était de 2,8 %.
2. Voir note 1, p. 171.

Et si l'on n'obtient rien ?

▪ Ne lâchez pas l'affaire

« On peut dire, par exemple : "Si le budget actuel ne permet pas de m'augmenter, reparlons-en plus tard." En clair, il ne faut pas lâcher le morceau. On peut aussi dire "J'en prends bonne note" et négocier d'autres avantages en nature tels qu'un smartphone ou une formation », conseille David Veenhuys. (*Voir* « La formation professionnelle, mode d'emploi », p. 377.)

▪ Mais restez positive

« Concluez toujours positivement, conclut Frédéric Fanget, même si vous n'obtenez pas ce que vous voulez. Dites : "Je vous remercie de m'avoir écoutée." Ainsi, vous assurez un avenir fluide à votre relation avec votre interlocuteur et posez des jalons pour la prochaine fois où vous demanderez quelque chose. »

Montrer ses émotions au bureau ?

La colère, la tristesse, la joie ou la peur ont-elles leur place dans l'entreprise ? Oui ! À condition de bien savoir les gérer... Décryptage.

Les émotions sont-elles bienvenues dans le monde du travail[1] ?

« Les entreprises ont un rapport à l'émotion qui reste ambivalent, répond Éric Albert, psychiatre et fondateur de l'Institut Français d'action sur le stress[2]. Elles aimeraient être le siège d'émotions positives mais pas d'émotions négatives comme la peur, la tristesse, la colère… or, dans notre économie psychique, toutes les émotions ont leur utilité. Pour être efficace au travail, le savoir technique ne suffit pas, il faut avoir un comportement intelligent, adapté à la situation et à ses interlocuteurs. Or, à la base de tout comportement, il y a les émotions. »

1. Voir *Elle*, 16 octobre 2009, interview de Laure Leter, « Peut-on montrer ses émotions au travail ? ».
2. Fondé en 1990, l'IFAS est un cabinet spécialisé dans l'accompagnement du changement comportemental en entreprise (conseil, coaching, formation, mesure du stress). Ses consultants ont une compétence en psychologie comportementale et cognitive qui leur permet de favoriser et d'accompagner les changements individuels, mais ils sont également des praticiens de l'entreprise. Ils connaissent les entreprises dans leur réalité, en particulier au niveau des jeux relationnels qui s'y déroulent.

Pourquoi s'intéresser aux émotions en entreprise ?

« Parce que, face à la complexité croissante, l'enjeu de réussite des individus passera par leur capacité à s'adapter au plus grand nombre de situations et de contextes, répond Laurence Saunder, dirigeante de l'IFAS[1]. Or s'adapter n'est rien d'autre que changer de comportement, ce qui suppose de prendre en compte la dimension émotionnelle. »

Les femmes ont-elles une relation particulière aux émotions ?

« Oui, même s'il ne faut pas généraliser, ni caricaturer, répond Éric Albert. J'ai souvent constaté qu'elles ont tendance à davantage exprimer leurs émotions que les hommes, sans doute parce qu'elles y ont plus accès : culturellement, elles y ont été autorisées depuis l'enfance, contrairement aux hommes. On sait aussi que les femmes sont plus stressées que les hommes (*voir* « Réguler son stress », p. 351) car elles sont plus anxieuses. Or qu'est-ce que le stress sinon une gestion coûteuse des émotions ? Autrement dit, les femmes ont accès à leurs émotions, mais ne savent pas forcément toujours les gérer au mieux. Il faut dire aussi que les préjugés sexistes en vigueur dans le monde du travail ne leur facilitent pas la tâche. Une larme à l'œil et l'on entend aussitôt : “C'est une femme, elle a craqué”, alors qu'on trouve que c'est la preuve d'une “sensibilité formidable” de la part d'un homme ! De même, les femmes ambitieuses d'aujourd'hui sont terrorisées à l'idée de passer pour des “hystériques” dans les situations où elles ont à se battre, quand elles doivent par exemple, couper la parole à leur interlocuteur pour défendre leurs arguments, soutenir leur propos. Elles refusent de ressembler à certaines de leurs aînées qui, pour faire leur place dans l'entreprise, se sont parfois enfermées

1. Et auteure de *L'Énergie des émotions* (Paris, Eyrolles, 2007). Fondé en 1990, l'Institut français d'action sur le stress (IFAS) est un cabinet spécialisé dans l'accompagnement du changement comportemental en entreprise (conseil, coaching, formation, mesure du stress).

dans la caricature du modèle masculin d'agressivité et de domination. Le côté sec et autoritaire, parfois, des femmes pionnières ne donne pas envie aux plus jeunes de s'imposer. C'est compréhensible, mais les jeunes femmes peuvent apprendre à faire autrement. » (*Voir* « S'affirmer au bureau », p. 56 et la partie « Le management, le leadership et les femmes », p. 203.)

Comment exprimer ses émotions au travail sans se griller ?

« Il ne faut pas confondre la labilité émotionnelle (se laisser déborder par son émotion) et l'expression des émotions, poursuit Éric Albert. Exprimer utilement une émotion, c'est la verbaliser et non la manifester par des gestes (se lever sous l'effet de la colère, taper du poing sur la table, pleurer...). C'est dire par exemple : "Ce que vous venez de m'apprendre me met très en colère et je vais vous expliquer pourquoi." Cela permet de dialoguer autour de cette émotion et de s'en servir pour faire évoluer positivement une situation qui ne nous convient pas. Quand je coache des femmes, je leur explique qu'elles peuvent être vindicatives, persévérantes et parfois même un tout petit peu agressives, mais à condition de soigner la forme. En réalité, tout est dans la forme. On en revient aux techniques d'affirmation de soi. » (*Voir* « S'affirmer au bureau », p. 56.)

Pourquoi est-ce si difficile d'exprimer ses émotions de la bonne façon ?

Parce que :

- « Pour exprimer ses émotions, on l'a vu, il faut déjà être capable de les identifier, répète Éric Albert. Or, si les femmes sont parfois plus douées que les hommes pour le faire, ce n'est pas toujours le cas. Et moins on est conscient de ses émotions, plus ce sont elles qui nous gouvernent. Beaucoup de nos comportements résultent d'émotions non identifiées. Si, par exemple, on vous propose un nouveau poste, mieux payé et plus valorisant mais aussi plus compliqué, vous allez sans doute ressentir de la peur. Si vous n'avez pas conscience de cette peur, vous allez trouver des tas de bonnes raisons – en apparence rationnelles – pour refuser ce poste (les contraintes horaires, les déplacements…). Vous n'aurez pas véritablement fait un choix, vous aurez simplement calmé votre peur. Alors que si vous êtes consciente de cette émotion, si vous réussissez à la verbaliser au lieu de l'enfouir bien profondément en vous, vous pouvez l'évaluer : "Est-ce que je prends vraiment un risque ? Comment le maîtriser ?" »…

- « Dans pratiquement toutes les situations où l'émotion monte en puissance, le cerveau émotionnel (des émotions) prend le pouvoir, dirige et empêche le cerveau rationnel (de la pensée et du raisonnement) de faire son travail de relativisation », ajoute Laurence Saunder.

Une fois nos émotions identifiées, comment ne pas se laisser déborder par elles ?

« Il faut comprendre qu'elles sont souvent provoquées par nos discours intérieurs ("Il faut", "Je dois", "C'est bien", "C'est mal"…) et pas seulement par ce qui nous arrive, explique Éric Albert. Une même situation ne déclenche pas les mêmes émotions chez tout le monde. Par exemple, face à un rendez-vous manqué, une personne peut rester détendue tandis qu'une autre sera impatiente, irritée, en colère. Celle qui s'énerve a comme schéma mental : "Il ne faut jamais perdre son temps." »

Il faudrait donc s'interroger sur l'utilité de certaines de nos irritations ?

« Oui, répond Éric Albert. Car si l'on ne peut changer une situation, on peut modifier l'idée que l'on s'en fait. Imaginons que vous pensiez : "Mon chef devrait reconnaître le travail que je fais." Il ne le fait pas, cela vous met en colère ou vous rend triste. Vous lui en avez parlé, mais il ne change pas. Si votre attente reste la même, vous allez entretenir inutilement une émotion extrêmement coûteuse sur les plans relationnel, mental et physique. Alors qu'évoluer dans votre manière de voir les choses (exemple : votre chef n'a pas le compliment facile, mais il est fiable et par ailleurs vos clients sont très reconnaissants) vous aidera à avancer. »

Comment arriver à prendre du recul et à sortir d'un comportement automatique ?

« La plupart des formations donnent des recettes pour changer en vous disant quel comportement il faut adopter dans telle ou telle situation, assure Laurence Saunder dans son livre[1]. C'est supposer que non seulement il existe une bonne manière de faire, mais, de plus, qu'il est simple d'adopter de nouveaux comportements, ce qui n'est généralement pas le cas. Pour arriver à prendre du recul et sortir d'un comportement automatique, nous vous proposons de travailler en amont des comportements, c'est-à-dire apprendre à identifier ses émotions et ses pensées, et non pas en aval des comportements, c'est-à-dire modifier ses manières de faire. Cette différence d'approche est fondamentale. »

1. *L'Énergie des émotions*, Paris, Eyrolles, 2007.

Quelle méthode pour changer ou développer ses compétences émotionnelles ?

Dans son livre, Laurence Saunder détaille la méthode qu'elle a mise en place. « Tout l'enjeu est de pouvoir faire baisser l'émotion pour adopter ou mettre en place de nouveaux comportements, écrit-elle. Autrement dit, il s'agit de sortir de comportements automatiques, émotionnels ou réactionnels qui ne sont pas adaptés à une situation pour pouvoir adopter des comportements souhaités, souhaitables, contrôlés, efficaces professionnellement ou stratégiques en regard des enjeux de la situation. Cette méthode passe par plusieurs étapes. Il s'agit de :

- Identifier les situations qui créent de l'émotion. Quelles sont les situations récurrentes qui déclenchent régulièrement des émotions ?
- Identifier les émotions (crainte, agacement, énervement, colère, impatience, frustration, déception...) pour tenter de sortir de leur emprise. Apprendre à faire avec ses émotions plutôt que de tenter de les supprimer (en effet, une émotion est involontaire, nous ne pouvons en contrôler la venue !).
- Identifier et faire évoluer ses modes de pensée pour évaluer les situations et y faire face autrement et nourrir nos émotions différemment.
- Apprendre quelques techniques de relaxation simples qui calment le corps et le système émotionnel (*voir* « Réguler son stress », p. 351).
- Mettre en place et tester de nouveaux comportements après avoir fait évoluer nos pensées. C'est en effet par l'expérimentation et la confrontation à certaines situations que nous enregistrons de nouveaux comportements pour qu'ils deviennent automatiques, car le changement ne peut s'opérer que dans la réalité concrète. C'est comme pour la conduite automobile, il faut pratiquer pour ne plus craindre de caler et pouvoir nous sentir à l'aise et conduire de façon automatique. »

Le look, jusqu'où ça compte ?

Société du jeunisme, tyrannie des apparences ou tensions de plus en plus fortes sur le marché du travail ? Peu importent les causes, les faits sont là : le physique, le look, le soin apporté à sa personne ont une influence croissante dans le monde du travail. Explications et conseils.

De quelles données dispose-t-on sur ce sujet ?

Le look, la façon de s'habiller, de se présenter est perçu comme de plus en plus important dans la vie professionnelle

« 82 % des Français pensent que ces critères sont plus importants qu'avant dans la vie professionnelle, assure le sociologue Jean-François Amadieu[1]. Ils considèrent que lorsqu'une entreprise a le choix entre deux candidats, son premier critère de décision est l'apparence. Et ils estiment que tout au long de la carrière, elle peut être source de discrimination. D'autre part, les sondages européens[2] montrent qu'en France, encore plus qu'à l'étranger, le look, la façon de s'habiller et de se présenter est un facteur de discrimination à l'embauche très important. Le look vient avant le physique dans l'impression que l'on donne à un interlocuteur sur son âge et son dynamisme. »

1. Professeur à l'université Paris-I, fondateur de l'Observatoire des discriminations, Jean-François Amadieu est également l'auteur, entre autres, du *Poids des apparences. Beauté, amour et gloire*, Paris, Odile Jacob, 2002, et des *Clés du destin. École, amour, carrière*, Paris, Odile Jacob, 2006. Voir l'enquête ADIA-TNS Sofres, réalisée sous sa direction en 2003. En ligne sur le site www.observatoiredesdiscriminations.com.
2. Voir notamment le baromètre Sofres, 2009.

La beauté agit comme un facteur discriminant à l'embauche et dans la carrière

▪ À l'embauche

Les enquêtes sociologiques réalisées sur ce sujet depuis le début des années 2000 sont unanimes : le physique est un critère de recrutement. « Lors d'un colloque, en 2009 à Lille[1], la chercheuse Hélène Garner-Moyer a souligné combien les personnes séduisantes bénéficient d'*a priori* positifs dans le monde professionnel. Pour elle, l'évolution du contexte économique a donné une influence croissante à l'apparence. Le nombre élevé de chômeurs et l'élévation du niveau de formation initial des jeunes générations ont exacerbé "la concurrence sur le marché du travail". Le diplôme n'est plus le paramètre "central de sélection" : des "critères de personnalité" sont pris en compte. La tertiarisation de l'économie a joué dans le même sens en multipliant les emplois tournés vers le contact avec le client. Pour ces métiers, l'on tend souvent à considérer qu'il vaut mieux faire appel à des salariés "présentant bien". Cette préférence s'observe aussi pour des fonctions qui ne sont pas en relation avec l'extérieur, selon Hélène Garner-Moyer. À ses yeux, les managers voient dans la beauté un "signal" favorable sur le "savoir-être" et sur l'"employabilité" d'un candidat à un poste. Dans le cadre de son doctorat en sciences de gestion, la chercheuse a réalisé, en 2006, un test en envoyant 686 CV pour des emplois de comptable, d'assistante de direction et de commerciale. Preuve que la beauté joue également pour les postes en back-office : dans 52 % des cas, la personne "séduisante" a été convoquée pour le poste de comptable, contre 26 % pour la personne "moins séduisante". Certes, depuis 2001, l'apparence physique figure parmi les critères de discrimination prohibés par le Code pénal, mais très peu d'affaires sont portées devant les tribunaux pour des raisons évidentes de difficulté à apporter la preuve de la discrimination. »

1. *Le Monde*, 28 août 2010, article de Bertrand Bissuel, « Le physique, critère tabou de recrutement des salariés ».

▪ Dans la carrière

– ***Les beaux sont plus souvent promus***

« Ils ont aussi les meilleures primes et les meilleurs salaires, poursuit Jean-François Amadieu. Une recherche publiée aux États-Unis a démontré que les hommes très laids gagnent 9 % de moins que la moyenne à poste équivalent. Tandis que leurs collègues très beaux récoltent 5 % de plus que la moyenne. C'est la même chose à peu près chez les femmes. On estime qu'une belle apparence "vaut", aux États-Unis, une année et demie d'études supérieures ! »

– ***Pour les femmes cadres, les choses se compliquent un peu***

« L'attrait physique bénéficie aux femmes occupant des postes subalternes, mais constitue un inconvénient pour les femmes dirigeantes, souligne, dans une étude[1], la chercheuse Hélène Garner-Moyer. Le degré de perception de la féminité produite par l'apparence diffère en fonction du stéréotype sexuel associé au poste ; en effet, les femmes qui choisissent de poursuivre des carrières traditionnellement réservées aux hommes sont affectées négativement par une apparence séduisante, elles doivent en partie renoncer à leur apparence féminine. » On comprend mieux les parcours vestimentaires de certaines femmes politiques, comme l'ancienne ministre socialiste Élisabeth Guigou, qui a commencé sa carrière en robes colorées très féminines et l'a finie en tailleurs-pantalons anthracite. Être une jolie femme est-il donc si difficile dans les milieux de pouvoir ? « Il ne faut pas exagérer, répond Élisabeth Guigou[2] : ça peut être un avantage et un désavantage. À l'ENA, ça m'a aidée à intégrer des groupes auxquels mes origines et mon parcours ne me permettaient pas forcément d'accéder. Mais encore fallait-il avoir assez de compétences pour apporter quelque chose aux autres ! C'est cela le piège : être réduite à son physique. Parfois, certaines attitudes, certains regards vous le font sentir. C'est une forme de pression que je n'ai jamais supportée. C'est peut-être pour ça que j'ai acquis une espèce de distance – certains

---

1. « Apparence physique et gestion des ressources humaines : entre choix et discrimination », 2001, en ligne sur le site www.observatoiredesdiscriminations.fr. Ce travail vient d'être publié sous le titre *L'Impact de l'apparence physique en gestion des ressources humaines*, Éditions universitaires européennes, 2011.
2. *In* Hervé Gattegno et Anne-Cécile Sarfati, *Femmes au pouvoir. Récits et confidences*, Paris, Stock, 2007.

disent froideur – qui est d'abord une protection… » Dans la génération actuelle, ces difficultés, perdurent-elles ? Virginie Calmes[1], la jeune P-DG d'Endemol l'affirme, en tout cas : « Au travail, un physique agréable peut jouer en la défaveur des femmes. Si elle est jolie, on pense encore trop souvent qu'elle est là parce qu'elle a une proximité avec un supérieur hiérarchique ! Donc, elle est *a priori* soupçonnée d'être moins compétente. » Jean-François Amadieu souhaite nuancer : « Il faut quand même bien distinguer entre deux notions. D'une part, l'aspect vestimentaire : pour être prise au sérieux, une femme ne doit pas s'afficher de façon aguicheuse ou vulgaire, sous peine de menacer sa crédibilité. D'autre part, le physique en tant que tel : dans l'entreprise, comme en politique, il y a quand même une prime à la beauté des femmes, comme à celle des hommes. Il serait inexact d'affirmer qu'une belle femme, même cadre, n'est pas avantagée dans son déroulement de carrière. Et ce, même s'il y aura toujours de jolies femmes victimes du préjugé "belle = bête" et cibles de la jalousie d'autres femmes. »

L'impression que l'on donne de soi serait principalement basée sur l'image

Une célèbre enquête réalisée il y a une quarantaine d'années, par Albert Mehrabian, professeur émérite à l'Université de Californie (Los Angeles) est toujours régulièrement citée par les consultants en marketing de soi et autres coachs en images. Que dit cette étude ?

Lorsque vous entrez dans une pièce les gens vous jugent à :

- 55 % sur l'expression de votre visage et le langage de votre corps ;
- 38 % sur le son de votre voix, votre intonation ;
- 7 % (seulement !) sur ce que vous dites.

Parmi les facteurs qui aident à avoir une promotion, l'image compte beaucoup

D'une recherche publiée en 2003 par la *Harward Business Review*, il résulte que les facteurs qui aident à obtenir une promotion sont :

1. *Le Figaro Madame*, 2 mai 2009, article de Marie-Christine Deprund, « Travail, aux femmes de s'insurger contre la discrimination ! ».

- la performance : 22 % ;
- la visibilité : 28 %. Autrement dit, vous pouvez avoir de très bons résultats mais si personne ne sait que ce sont les vôtres, ça ne compte pas… ;
- l'image : 50 %. Donc, si vous êtes compétente et visible, mais d'une apparence négligée, adieu la promotion !

Commentaire de la consultante en image professionnelle Claire Soper : « Ces résultats peuvent choquer, mais ils existent. Dès lors, c'est à chacun de décider quelle impression il veut donner. »

On obtient de meilleures performances au travail quand on est habillé de façon professionnelle

Claire Soper cite une expérience réalisée auprès de personnes travaillant dans un centre d'appels. « La moitié de ces personnes étaient habillées de façon très professionnelle (notamment en tailleur), l'autre en tongs et en tee-shirt, raconte-t-elle. Eh bien les résultats commerciaux de l'équipe bien habillée étaient nettement supérieurs à ceux de l'autre équipe. Conclusion : s'habiller de façon sérieuse permettrait d'habiter davantage son rôle de professionnel. »

Pourquoi les femmes ont intérêt à jouer la neutralité dans leur look au bureau ?

Les coachs et consultants en image déduisent des enquêtes visées plus haut que pour être respectées, entendues et promues au bureau, les femmes, comme les hommes n'ont pas d'autre choix que celui de soigner leur apparence. À cette exigence, s'ajoute pour les femmes, la douloureuse question du soupçon en illégitimité et en incompétence qui pèse sur elles. Aujourd'hui encore, les femmes doivent en faire deux fois plus pour acquérir une légitimité et faire preuve de leur compétence. Or, on l'a vu, le port de certains vêtements trop sexy ou provocants les en empêcherait. D'où le conseil souvent donné d'opter, au moins dans les premiers temps de la carrière, pour une forme de neutralité. C'est l'avis de Brigitte Grésy[1], inspectrice générale des affaires sociales, qui aime la mode et n'hésite pas, dans ses conférences sur l'égalité professionnelle, à arborer de petits blousons en cuir rose rafraîchissant au milieu des tailleurs anthracite de son public. Voici son conseil aux jeunes femmes qui débutent leur vie professionnelle : « Au départ, quand on arrive dans un poste, choisir la neutralité : rien de trop voyant, trop séducteur, trop marqué dans un style ou un autre car l'essentiel est de prouver sa compétence, d'acquérir une légitimité qui rende confortable la place que vous occupez, et que rien ne puisse accrocher une manifestation de sexisme au regard du vêtement et déstabiliser le système de reconnaissance qui se met en place. Cela ne veut pas dire raser les murs, bien au contraire ! Cela veut dire s'affirmer par son comportement, sa posture, ses connaissances, sa faculté d'adaptation. Et, ensuite, quand vous êtes reconnue, tout est possible et les inconditionnelles des escarpins de 15 centimètres et des robes très colorées peuvent s'en donner à cœur joie car, dès lors, les choses sont claires : je suis à ma place ici mais, et en plus, je m'amuse à jouer avec d'autres signes, à utiliser un autre langage. Mais pas touche à ma légitimité au travail ! »

C'est aussi le conseil de Lois Frankel, docteur en psychologie, coach et psychothérapeute depuis plus de vingt ans aux États-Unis[2] : « Misez sur une apparence plus policée qui ne détournera pas l'attention de vos qualités professionnelles. Le professionnalisme n'est pas exclusif de la beauté et des avantages qu'elle procure. Encore doit-on savoir choisir son apparence et préférer la distinction et la sobriété à l'extravagance et à la vulgarité. »

1. Auteure de *Rapport préparatoire à la concertation avec les partenaires sociaux sur l'égalité professionnelle entre les femmes et les hommes*, daté de juillet 2009, du livre *Petit traité de sexisme ordinaire*, Albin Michel, 2009, et du rapport de juin 2011 sur l'égal accès des femmes et des hommes aux responsabilités familiales et professionnelles.

2. Auteure de *Ces filles sympas qui sabotent leur carrière. Les 101 pièges à éviter*, Paris, Pearson Éducation, 2008.

Concrètement comment soigner son look au bureau ?

Le *dress code* de votre entreprise

« Dans tous les milieux professionnels, il existe des codes vestimentaires, explique le psychiatre François Lelord, ce sont des signes d'appartenance soit à un métier, soit à un secteur d'activité. Quand on se refuse à exhiber ces signes, on n'est pas forcément discrédité dans son entreprise, mais on doit fournir trois fois plus d'efforts que les autres. Les tenues originales par rapport à l'univers professionnel auquel on appartient sont risquées, car elles sous-entendent que l'on refuse de faire partie du groupe. Mieux vaut, tel un ethnologue amateur, chercher à comprendre d'emblée les usages de la tribu. Dans les milieux créatifs comme la publicité, la communication et les médias, un look trop sage sera aussi mal perçu qu'un look trop voyant dans une banque. J'ajouterai que l'entreprise étant un monde assez stressé, il est utile d'être d'une compagnie agréable. Autrement dit, il est important de se souvenir de choses aussi élémentaires que sourire et être courtois. »

« Je travaille en agence, dans la communication, raconte Sandrine, 35 ans. Nous devons être à l'affût de ce qui se fait et se fera en matière de tendances, nous sommes censés être des "trendsetters", en langage marketing. C'est certain que cela s'en ressent sur notre look. Notre boss a fixé une règle : au bureau quand on est entre nous, on peut vraiment s'habiller comme on veut. Mais si l'on rencontre un client, on doit un peu adapter notre look, en fonction de la personne à qui on a affaire. Et si je dois conseiller une boîte industrielle, toute *fashionista* que je dois être, j'enfile quand même une veste. Après, je délire un peu sur les chaussures… »

Les conseils des « pros »

■ En beauté

– ***L'avis des professionnels de la carrière au féminin***

« Certaines femmes n'ont pas vraiment de coupe de cheveux, laissent leurs cheveux blancs prospérer et ne se maquillent jamais, regrette Claire Soper consultante en image professionnelle. Mais, en s'affichant ainsi, elles peuvent envoyer le message à leur entourage qu'elles ne se sentent pas très concernées, qu'elles sont un peu démotivées et ce, même si ce n'est pas le cas en réalité. »

« Le maquillage n'est pas un élément de coquetterie anodin, note quant à elle Lois Frankel dans son livre[1]. Selon les cas, il apparaît excessif ou insuffisant. [...] Personne dans votre entreprise n'exigera de vous que vous ressembliez à une actrice ou à un mannequin. Le maquillage constitue un accessoire que l'on remarque au même titre qu'un bijou ou une écharpe. Son absence choque autant que son extravagance et conditionne de la même manière votre crédibilité. »

« Dans un environnement essentiellement masculin, la longueur de la chevelure peut diminuer la crédibilité en accentuant la féminité », ajoute cette dernière.

– ***Les astuces des spécialistes en beauté***

Monique Le Doledec et Élisabeth Martorell, rédactrices en chef adjointes, responsables du service beauté du magazine *Elle* (France), vous donnent les clés d'un look neutre, mais impeccable car raffiné.

✓ ***Les cheveux***

La coupe : cela vaut vraiment le coup d'investir dans une bonne coupe de cheveux, chez un bon coiffeur, quitte à n'y aller que deux à trois fois par an. Pour allier le pratique et le chic au bureau, le mieux est d'opter pour un mi-long avec un léger dégradé devant ou alors une coupe courte mais avec quelques longueurs devant et dans le coup pour ne pas durcir le visage (et avoir l'air trop masculin). La coupe de cheveux structure une allure, au même titre que la veste. Demandez une coupe adaptée à votre nature de cheveux. Évitez les asymétries et l'effilage qui peuvent facilement donner une impression de « queue de rat » sur les longueurs et faire ordinaire. Attention à la chevelure trop longue et complètement lâchée : cela peut être très joli pour sortir dîner avec votre amoureux, mais faire trop glamour pour le bureau. Si vous y tenez, attachez vos cheveux, mais attention au chignon trop strict qui peut vous enfermer dans une image trop rigide et à la queue-de-cheval trop haute qui peut faire pom-pom girl.

---

1. *Ibid.*

La couleur : si vous avez des cheveux blancs, soignez bien vos racines. Encore plus si vous êtes petite de taille au milieu d'une assemblée d'hommes très grands… Pour votre couleur, même remarque que pour votre coupe : privilégiez un coiffeur de bonne qualité pour obtenir une coloration ton sur ton qui ne change pas votre couleur naturelle. Attention aux couleurs trop contrastées (le noir trop jais, le blond trop jaune, le roux trop rouge), qui font cabaret. Évitez aussi les mèches zébrées et autres teintures à rayures… Si vous souhaitez des mèches, demandez-les fondues. Si vous faites votre teinture vous-même, optez pour une coloration « ton sur ton ».

✓ ***Le teint***

C'est la base de tout maquillage avec une touche d'anticerne sous les yeux. Le fond de teint est supérieur à la crème teintée car il masque davantage les imperfections et unifie mieux le teint. Choisissez-le léger et trouvez une couleur adaptée à votre carnation (ni trop clair ni trop foncé) en demandant conseil à la vendeuse. Puis, ajoutez du blush sur vos joues à l'aide d'un gros pinceau, en partant du haut de la pommette vers l'intérieur. Si vous avez du mal à vous faire seule un beau teint, offrez-vous ou faites-vous offrir un cours de maquillage de chez Bobby Brown, cette maison est la championne du teint travaillé qui a l'air naturel. Bien sûr, pensez au nettoyage et au démaquillage quotidien de votre peau, ainsi qu'au gommage régulier, voire au soin en institut, et à l'épilation, si nécessaire, du duvet de votre lèvre supérieure.

✓ ***Les yeux***

Les sourcils trop épilés sont à éviter. Si vous n'aimez pas votre ligne naturelle, offrez-vous une visite dans un bar à sourcils de la marque Benefit, chez Sephora. On vous fera une ligne adaptée à votre visage et on vous apprendra à la refaire. Si vous avez fait des bêtises et vous retrouvez avec une ligne trop fine qui ressemble à un trait de crayon, sachez qu'il existe une chaîne d'instituts à Paris, à Saint-Mandé, à Montpellier et à Lyon[1], qui peut vraiment arranger cela, au besoin en vous repigmentant en toute discrétion.

Le maquillage. Après l'anticerne, appliquez un léger trait de crayon à la base de votre paupière (presque dans l'œil) et estompez-le en le fondant au moyen d'un pinceau ou d'un

1. L'Atelier du sourcil. www.atelierdusourcil.com

crayon gomme. Pour la couleur, préférez le marine, le taupe ou le marron glacé plutôt que le noir qui peut durcir. Puis ajoutez une ombre à paupière neutre (beige ivoire) qui intensifie le regard, donne l'œil plus vif et moins fatigué, capte l'attention et assure une présence. Il est important de finir par du mascara en partant de la base du cil et en recourbant légèrement le bout. Mais fuyez le mascara trop épaississant ou « volumateur », qui lui aussi, peut faire ordinaire.

✓ ***La bouche***

Évitez le crayon qui dessine un contour contrasté de votre bouche. Si vous tenez absolument à en mettre, choisissez-le de la même couleur exactement que votre rouge à lèvres et dessinez votre trait sur votre lèvre et non à l'extérieur, de sorte que lorsque vous appliquerez votre rouge à lèvres, on ne le verra plus.

À proscrire également, le gloss ultra-brillant, voire avec « poudre de diamant », le rouge à lèvres irisé ou alors trop mat. En revanche, autorisez-vous un beau rouge à lèvres, même un peu rouge orangé. Les gammes de « transparents colorés » sont parfaites. Si le reste de votre look est neutre, cela peut finir joliment votre tenue.

✓ ***Les ongles***

Interdits les ongles « capsules » et la french manucure à bord trop large, à la connotation ordinaire. La règle est de soigner ses mains, d'éviter les longueurs d'ongles différentes, voire les ongles écaillés. L'ongle court, bien limé et bien hydraté est à privilégier. Pour la couleur, le rosé beige léger est parfait. Mais si le reste de votre look est neutre, un rouge un peu sombre, tirant vers le bordeaux peut être chic. Dernier conseil : avec des ongles rouges, évitez les boucles d'oreilles imposantes, c'est trop.

Certaines femmes pourtant très occupées et pas forcément richissimes se font faire les mains toutes les semaines parce que, disent-elles, cela leur remonte le moral. D'autres négocient en même temps un abonnement pour des brushings hebdomadaires chez le coiffeur. Cela leur prend une heure en tout et leur fait gagner un temps précieux par la suite. C'est leur moment à elles. De plus en plus d'instituts pratiquent des tarifs très compétitifs.

▪ En mode

– *L'avis des professionnels de la carrière au féminin*

✓ ***Ni séductrice ni masculine***

« Dans l'entreprise, la femme doit trouver la bonne position entre l'excès de séduction qui met en cause sa compétence et l'excès de neutralité, d'austérité, voire de masculinité qui risque de tuer sa singularité de femme, son défi est de rester féminine tout en étant crédible », explique Évelyne Stawicki, coach et créatrice de la société Croissance RH.

✓ ***Attention à certains détails***

« *Exit* les bretelles de soutien-gorge qui glissent, les blouses transparentes, les décolletés plongeants et les jupes trop courtes, précise la coach Claire Soper. Voici le conseil que je donne à mes clientes : quand vous vous habillez le matin, demandez-vous : “Quel message ai-je envie de faire passer ?”, “Quelle impression est-ce que je veux donner ?” Se poser ces questions permet souvent d'y répondre. »

« Je ne vous donnerai qu'un conseil, ajoute la coach Lois Frankel[1] : habillez-vous en fonction du poste auquel vous aspirez et non en fonction de celui que vous occupez. Vous ne risquez pas de commettre d'impair. » À cette réserve près : si votre ambition est de remplacer, un jour, votre directrice, par exemple, évitez de choisir exactement la même tenue qu'elle et de vous promener avec dans les couloirs de votre entreprise. Non seulement elle verrait aussitôt clair dans votre jeu, n'apprécierait pas et pourrait vous bloquer, mais surtout, vos collègues ne manqueraient pas de le remarquer et en ricaneraient longtemps… Ce conseil est à suivre avec subtilité.

✓ ***La suprématie de la veste***

C'est l'avis de la plupart des spécialistes. Florilège…

« La base de tout look en entreprise c'est de porter une veste, répète Claire Soper. En veste, on marche différemment, on accueille les gens différemment, on est plus crédible. »

« La règle est simple, poursuit Armelle Carminati-Rabasse, directrice générale capital humain et diversité chez Accenture monde : pour inspirer confiance, pas de flou, pas de mou, pas de gilet doudou, mais une carrure (une armure ?), donc une

---

1. *Ces filles sympas qui sabotent leur carrière. Les 101 pièges à éviter*, Paris, Pearson Éducation, 2008.

veste structurée. Les jeunes femmes d'Accenture qui troquent leurs petits cardigans en maille pour des vestes sont les premières à le remarquer : en réunion, elles inspirent davantage confiance, leurs clients ne les regardent plus de la même façon ! »

« Si l'on doit respecter une règle quand on occupe un poste à responsabilité, c'est de mettre des vestes, confirme la coach en leadership féminin Chine Lanzmann[1]. La veste fait des épaules carrées et c'est un signe de crédibilité et de confiance. Exactement comme les hommes qui mettent des costumes. Une femme peut rester féminine dessous avec un tee-shirt ou un chemisier, mais il faut qu'elle ait des épaules ! En ce qui concerne les talons, mieux vaut ne pas les porter trop hauts. Si vous marchez sur des œufs ou pire, si vous trébuchez, vous ne dégagerez aucune assurance. »

– ***Les conseils des spécialistes de la mode***

Erin Doherty, rédactrice en chef des services mode et beauté du magazine *Elle*, et Caroline de Fayet et Norah Bordjah, ses deux rédactrices en chef adjointes pour la mode, vous donnent quelques pistes pour ajouter une touche de fantaisie dans un look neutre mais chic. Histoire de résister un peu au formatage du monde professionnel…

✓ ***La veste***

Pour qu'elle reste féminine, la choisir plutôt courte et un peu étriquée, au besoin avec des manches trois quarts qui laissent voir une jolie montre sur le poignet. Ou alors ceinturez-la avec une jolie ceinture.

Une alternative moins stricte est le petit blazer ou même blouson en cuir très souple de préférence marron chocolat, vert foncé ou bordeaux, mais pas noir : les gens étroits d'esprit pourraient en profiter pour vous renvoyer dans la case des séductrices…

Sous une veste structurée, évitez la chemise trop raide et privilégiez plutôt les matières molles, comme la soie. Si vous optez pour un chemisier à lavallière, ne la nouez pas, laissez-la défaite.

Les jours où vous restez à votre bureau avec votre équipe, vous pouvez peut-être troquer votre veste contre un cardigan un

1. *In* Carole Gamelin, *Manager au féminin*, Vocatis. Chine Lanzmann a créé Woman Impact (www.womanimpact.com).

peu long (qui arrive sous les fesses), mais, dans ce cas – si vous pouvez vous le permettre en termes de silhouette –, ceinturez-le. Et portez-le au-dessus d'une chemise boutonnée jusqu'en haut ou d'un tee-shirt un peu épais et raide.

✓ ***La jupe***

Avec une veste, la jupe crayon peut donner un look ennuyeux. Sans veste, elle peut vous renvoyer dans le camp du trop sexy. Mais avec un cardigan mou et des *low boots* (éventuellement avec une petite boucle), ou des semelles compensées, elle peut être tout simplement moderne.

Autre alternative : une jolie jupe en cuir marron, camel, bordeaux ou vert foncé (mais pas noir, voir plus haut). Choisir plutôt une forme à pli creux qu'une forme crayon pour éviter le trop moulant, donc le trop sexy. Avec une petite veste en tweed, c'est parfait.

✓ ***La robe***

Bien structurée (c'est-à-dire un peu épaulée), dans une coupe simple et dans une belle matière (flanelle, gabardine ou tweed un peu raide, par exemple), elle peut être une alternative pratique à la veste. À condition d'être portée avec des bottes pour la rendre un peu plus « jour » que nuit.

✓ ***Le tailleur***

Le tailleur jupe n'est pas très « fun », ce qui est moins le cas de sa version pantalon qui peut donner une jolie allure, pourvu qu'on le marie avec un chemisier mou et une tête bien nette en attachant ses cheveux par exemple.

✓ ***Les chaussures***

Le reste du look au bureau étant vraiment très, très sage, cela vaut le coup de s'éclater sur les chaussures. À condition de respecter certaines règles.

Les pieds nus. Dans des sandales plates, cela fait « retour de plage », donc pas très professionnel. Si l'on veut afficher ses pieds nus dans de jolies sandales l'été (et si l'entreprise le permet, certains règlements intérieurs l'interdisent), choisir une paire un peu haute, se faire une beauté des pieds avec du vernis, avant. Ou alors s'abstenir : car les pieds nus pas soignés dans des chaussures ouvertes peuvent vous faire passer pour « négligée », voire « sale »… En revanche, les pieds nus dans un escarpin fermé au printemps, avec un pantalon, cela peut être joli et mettre un peu de fantaisie dans ce monde de sobriété.

Les talons hauts. Un peu de hauteur donne de l'allure et de l'assurance. Jusqu'à 7 centimètres, à condition de choisir un talon bien stable (avec un petit patin de 2 centimètres sur le devant, c'est encore mieux), on peut vraiment trotter sans avoir l'air de marcher sur des œufs, mais au-delà, il faut vraiment être experte… Sur des *boots* l'hiver, c'est moins « casse-gueule » pourvu qu'un petit patin soit installé à l'intérieur.

✔ ***Les collants***

Évitez les voiles noirs, résilles et autres collants en dentelle qui peuvent, vous faire passer, aux yeux des novices de la mode, pour « la fille qui n'a pas froid aux yeux ». Préférez l'opaque moins connoté.

✔ ***La lingerie***

Au bureau, cela vaut vraiment le coup d'éviter le string qui dépasse quand on se baisse, le soutien-gorge qui ne tient pas assez et fait ballotter la poitrine quand on marche dans les couloirs, le slip dont on voit les marques sous le pantalon… Choisissez une lingerie dans laquelle vous vous sentez à l'aise et qui ne se voit pas sous les vêtements.

✔ ***Les silhouettes***

Respectez les deux équations mode de base :
– un haut étroit (exemple : une petite veste un peu étriquée) et un bas large (exemple : un pantalon patte d'éléphant) ;
– un haut large (exemple : un blazer large) et un bas étroit (exemple : un pantalon cigarette ou une jupe crayon).

✔ ***Les matières et les couleurs***

Pour les grosses pièces de base (pantalon, jupe, veste), choisir de la qualité, de belles matières (flanelle, gabardine, cuir, tweed, velours) qui puissent garder de la tenue quand on enchaîne des réunions toute la journée. Et des couleurs neutres mais chic (noir, bleu marine, vert bouteille, gris, camel, bordeaux) et ne pas hésiter à les mélanger ensemble. Pour les petites pièces (chemisiers, tops, petits pulls), on peut être moins exigeante sur la qualité et choisir des couleurs plus lumineuses (rouge, bleu fort, blanc…). D'une manière générale, attention aux imprimés : risqué…

✔ ***Les bijoux***

Il est toujours plus subtil de dépareiller les parures (boucles d'oreilles assorties au collier, etc.). D'une manière générale, privilégiez le rare mais beau plutôt que l'accumulation de sautoirs et de bracelets qui vous gêneront par leur encombrement et leur bruit et donneront une image de vous un peu bling-bling/arbre de Noël. Si vous portez bien les boucles d'oreilles, c'est un bijou vraiment intéressant pour féminiser un look sérieux et sage. H&M est un must pour les fantaisies.

✔ ***La garde-robe idéale de travail***

– Trois beaux pantalons (un gris, un marine, un noir) de trois formes différentes : un droit, un de forme cigarette, un « flare ».
– Deux jupes : une droite, une autre de forme trapèze ou à plis creux.
– Trois vestes : une longue qu'on peut ceinturer, une courte qu'on laisse ouverte et une dernière façon Chanel.
– Un joli gilet en maille et une ceinture.
– Des petits tops (chemisiers, tee-shirts, petits pulls fins) de couleurs plus vives ou plus claires à mettre sous les vestes.
– Cinq paires de chaussures. Une paire de ballerines, une paire d'escarpins, une paire de sandales/salomés, une paire de bottines ou *low boots*, une paire de bottes.

Vous n'êtes pas convaincue par tout ce qui précède et pensez que ce qui compte c'est votre personne plus que votre look ?

« Erreur !, répond Armelle Carminati-Rabasse, directrice générale capital humain et diversité chez Accenture monde. Penser ainsi, c'est supposer que vos interlocuteurs au travail pensent comme vous, c'est un déni des différences, un certain refus de ce que vous pouvez inspirer aux autres. Or, dans le monde du travail, encore plus dans les milieux un peu traditionnels comme le conseil, les jeunes femmes qui démarrent ont intérêt à ne pas faire fi de l'interprétation que nos clients pourraient faire de leur tenue. On peut le déplorer, cela changera peut-être un jour, mais pour l'instant c'est comme ça : les jeunes femmes qui arrivent en rendez-vous business sans veste, par exemple, ne sont pas toujours prises au sérieux. »

Pourtant, il existe des femmes qui s'habillent comme elles veulent et réussissent ?

« C'est vrai, reconnaît Armelle Carminati-Rabasse. Mais de deux choses l'une : ou ce sont des femmes qui ont déjà construit leur légitimité et peuvent désormais faire ce qu'elles veulent. Ou ce sont des femmes exceptionnelles qui apportent une telle compétence à leur entreprise qu'on leur pardonne tout, y compris leur réputation d'excentricité. Mais ce n'est pas le cas le plus fréquent. Quand on est juste normale et qu'on a tout à construire, il vaut mieux ne pas prendre de risques sur son apparence. »
Notre but n'est pas de vous mettre mal à l'aise en vous incitant à entrer dans un uniforme, un carcan ultraformaté. Il est au contraire, de vous donner les clés d'un milieu du travail difficile qui n'échappe pas, lui aussi, au règne des apparences du monde actuel. Rien ne vous empêche, si vous aimez la mode et la beauté, de trouver du plaisir à jouer avec ces codes pour mieux vous les approprier. L'essentiel est, tout de même, de se sentir le plus à l'aise possible dans son look.

Que pensez des services de *relooking* ?

Il en existe de plus en plus. « Ce qui me frappe dans ce mouvement, c'est qu'il s'agit de professions pas du tout structurées, met en garde Jean-François Amadieu. Je n'ai rien contre ces gens *a priori*, mais il faut savoir qu'il n'existe aucune formation sérieuse pour ceux qui se présentent comme des professionnels du *relooking*. Par exemple, de nombreux *relookeurs* présentent comme scientifique l'effet produit par les couleurs, alors qu'aucune recherche sérieuse ne démontre cet effet. Je ne dis pas que le travail de ces gens est faux, je dis juste qu'il est empirique. En fait, tout dépend sur qui l'on tombe. » À qui s'adresser pour ne pas essuyer de déboires ? Évitez, bien sûr, les relookeurs, qui proposent, en même temps qu'un changement d'apparence, des stages de développement personnel pour « changer aussi l'intérieur du candidat ». Attention aussi aux gourous du look trop directifs, avec lesquels la relation peut vite tourner à l'emprise… « L'idée n'est pas de déguiser la personne mais de s'adapter à sa personnalité et à son budget ; encore plus en période de crise, précise Anne-Marie Lecordier[1], conseil en image, je ne cherche pas l'innovation à tout prix, mais que ma cliente soit en harmonie avec elle-même. Je me rends à son domicile et je l'aide à faire un tri dans son dressing et à remettre certaines tenues au goût du jour, au besoin en complétant par quelques achats. Aujourd'hui, avec quelques belles pièces, Zara et H&M, on peut construire des tenues impeccables. »

1. Le site d'Anne-Marie Lecordier, http://lecordier.com.

Gérer son image sur le Net

La Toile, il est impératif d'y être présent. Mais contrôler sa e-réputation est tout aussi capital pour éviter les mauvaises surprises. La bonne stratégie.

Comment agir préventivement[1] ?

Surfez incognito

Nul besoin, dès que vous vous inscrivez à une newsletter d'inonder la Toile d'informations personnelles, comme votre numéro de portable. Si un site vous demande votre religion ou votre opinion politique, fuyez !

Sécurisez votre profil

Utilisez les paramètres de confidentialité des réseaux sociaux. Sur Facebook, par exemple, il suffit de cliquer sur « Paramètres », puis sur « Confidentialité » et « Recherche », et de cocher « Créer un profil public » pour vérifier ce que voient les internautes « non amis ».

Faites attention à ce que vous écrivez

Même sur Twitter, prenez garde à la teneur de vos propos. « Aussi fondamentale que soit la liberté d'expression, elle ne doit pas porter atteinte au respect de la personne d'autrui ou à l'ordre public, explique Christiane Féral-Schuhl, avocate associée[2]. Cette règle a vocation à s'appliquer sur un site Web comme sur

1. Voir *Elle*, 4 septembre 2009, article de Julia Dion, « Comment gérer ma Net image », en collaboration avec Béatrice Cuvelier, fondatrice de la société My Branding (www.personalbranding.fr) et Didier Frochot, juriste de la société Les Infostratèges.
2. Christiane Féral-Schuhl, avocate, a été élue bâtonnier du barreau de Paris. Elle est à la tête du cabinet Féral-Schulhl/Sainte-Marie, l'un des premiers cabinets français

tout moyen de communication au public. Les sanctions peuvent être pénales. »

Faites attention à ce que vous montrez

Essayez d'avoir deux identités numériques suffisamment étanches, l'une personnelle, éventuellement avec un pseudo, l'autre professionnelle. Soignez bien votre profil sur les réseaux sociaux professionnels comme Viadeo et Linkedin, ce sont des outils de travail incontournables des cabinets de recrutement (voir plus loin). Sur les réseaux plus personnels de type Facebook ou Twitter, ne laissez pas traîner vos photos de soirée ou de vacances, les employeurs passent systématiquement les candidats à la moulinette du Web. Mettez plutôt vos clichés sur une plate-forme de partage et réservez-en l'accès en communiquant un mot de passe à vos proches.

Pratiquez une veille sur votre nom

En tapant votre nom et votre prénom entre guillemets dans un moteur de recherche, vous aurez une bonne idée de votre vitrine virtuelle. Les trois premières pages de résultat sont souvent les seules lues. Créez une alerte sur Google ou Yahoo et, chaque fois que votre nom apparaît sur la Toile, vous serez la première avertie.

Comment nettoyer son profil ?

Exercez votre droit de réponse

« La loi du 21 juin 2004 pour la confiance dans l'économie numérique a prévu que toute personne nommée ou désignée dans un service de communication au public en ligne dispose d'un droit de réponse, poursuit Christiane Féral-Schuhl. Toutefois, un décret de 2007 prévoit que ce droit ne s'applique pas à des tchats et autres formules de discussion qui permettent une réponse immédiate et directe. Pour exercer son droit de réponse, il faut adresser

---

de nouvelles technologies. Elle a publié *Cyberdroit. Le droit à l'épreuve de l'Internet*, Paris, Dalloz, 2008.

une lettre recommandée avec AR au directeur de la publication, dans un délai de trois mois au plus tard à compter de la mise à disposition du public du message qui pose problème. La demande doit, en outre, indiquer les références du message, ses conditions d'accès sur le service de communication au public en ligne et, s'il est mentionné le nom de son auteur. Elle doit aussi préciser s'il s'agit d'un écrit, de sons ou d'images. Enfin, elle doit contenir la mention des passages contestés et la teneur de la réponse sollicitée. Le directeur doit faire connaître la réponse qu'il entend donner dans un délai de trois jours, sous peine d'amende. »

Éliminez les contenus douteux

Si l'on vous diffame carrément sur le Net, le moyen le plus efficace d'obtenir réparation est de demander par mail ou par courrier à l'hébergeur, le retrait de la page visée. Au besoin, faites appel à un avocat.

Faites le ménage chez vos « amis »

Si vous jugez une photo ou une vidéo affichée par vos copains gênante, demandez-leur de la retirer. Sur Facebook, cochez l'option pour être avertie quand quelqu'un vous « tague » en inscrivant votre nom sur une photo. Allez dans « Paramètres », puis « Comptes », puis « Notifications », puis « Photos ».

Rétablissez votre e-réputation

De plus en plus d'entreprises proposent de vous reconstituer une identité numérique correcte en faisant reculer les pages problématiques dans les oubliettes de l'Internet, en les repoussant vers les pages 2 et 3 de Google qu'une minorité seulement regarde lors d'une recherche. Même si nous n'avons pas encore le recul nécessaire pour véritablement apprécier l'efficacité de ces entreprises, il peut être intéressant de vous renseigner. Bon à savoir : l'agence de marketing Otto Research a effectué en janvier 2011 une étude sur ce marché en pleine effervescence. « Sur un plan plus juridique, poursuit Christiane Féral-Schuhl, la problématique rejoint celle du “droit à l'oubli”, afin que les traces éparpillées sur le Web ne soient pas indéfiniment accessibles. Ce droit est à l'heure actuelle à l'étude, que ce soit aux niveaux national, européen et même mondial, puisque ce thème est abordé aux conférences internationales relatives aux questions de protection des données personnelles. »

Comment créer un buzz positif autour de soi sur le net ?

Les conseils d'Olivier Zara, consultant[1] :

Pourquoi le faire ?

Être visible, être présente, se « médiatiser » sur Internet, est devenu un axe primordial de la communication professionnelle, c'est une question d'image de marque, de visibilité et de bonne gestion de carrière. Et ce, quelle que soit votre situation professionnelle, que vous soyez en recherche d'emploi ou pas. Encore faut-il le faire d'une manière intelligente, sans trop vous disperser.

Comment s'y prendre ?

- Commencez par définir votre identité numérique en réfléchissant à vos valeurs et à vos passions et en délimitant votre identité professionnelle. Sur quoi voulez-vous communiquer et à qui ? Quelle audience visez-vous ? Vos collaborateurs ? Des recruteurs ? Vos clients ? Réfléchissez à tout cela en fonction de votre métier, de vos connaissances, de vos compétences et de vos expertises. Quelles sont les qualités humaines ou les valeurs que vous voulez mettre en avant ? Soyez bien au clair sur ce que vous voulez dire sur Internet. Quel est votre facteur différenciateur ? Que voulez-vous mettre en avant ? Ne vous laissez pas décourager par le temps que cela prend. Le plus gros du travail est demandé au démarrage quand vous remplissez votre profil ; ensuite c'est de la maintenance. Cela doit être proportionnel au retour sur investissement.
- Choisissez votre mode de présence sur Internet, soyez active. Trois possibilités s'offrent à vous :

1. Auteur avec Loïc Le Meur de *Réussir sa carrière grâce au personal branding. Gérer son identité et sa réputation professionnelle*, Paris, Eyrolles, 2009. http://www.reputation.axiopole.info. Propos recueillis par Julia Dion, journaliste à *Elle*.

– ***Utiliser les réseaux sociaux incontournables***

✓ ***Linkedin.*** 2 millions d'abonnés sur Internet en France et du networking pur et dur. On gère ses contacts, on recommande des anciens collaborateurs, on prospecte de nouveaux clients. Le principe : bien renseigner tous les champs de saisie et les mots clés qui correspondent à vos compétences. Pourquoi ? Parce que les recruteurs font des requêtes avec les fonctions, le nom des écoles, et que les mots sont indexés dans le moteur de recherche du site Internet mais aussi sur Google. Plus on remplit le profil, plus on augmente les chances d'un recruteur ou d'un ancien collègue de vous retrouver.

✓ ***Facebook.*** L'aspect social du réseau ne doit pas occulter son potentiel professionnel. Penser que Facebook se résume à faire des rencontres ou à échanger des vidéos amusantes est une idée fausse. La preuve, son service de networking professionnel : branchout.com qui permet de délimiter un espace dédié à son business. Le principe : humaniser entièrement votre page constitue un complément à un *curriculum vitae* plus froid, partager ses préférences, ses goûts fait partie du jeu. Et permettra à vos amis d'amis et même vos connaissances strictement professionnelles, de mieux vous connaître. Une réserve cependant : si vous êtes dans un domaine réputé pour sa discrétion (finance, banque, conseil…), ne misez par forcément sur ce réseau très transparent : vous risquez de passer pour une personne qui étale sa vie sur Internet. Prudence.

✓ ***Viadeo.*** Une simple présence suffit pour assurer sa visibilité, un peu comme un CV en ligne. C'est de la surface médiatique. Il suffit de dupliquer la fiche que vous avez rédigée sur Linkedin sur Viadeo. C'est bien de vous inscrire, mais il n'est pas forcément nécessaire de gérer vos contacts sur cette plate-forme. Vous concentrer sur deux réseaux est suffisant. Surtout si vous souhaitez actualiser votre profil et vos contacts régulièrement.

– ***Créer un CV en ligne.*** Le CV envoyé par courrier, c'est dépassé. Depuis dix ans, les entreprises placent Internet au cœur de leur stratégie de recrutement. Pour des raisons de confort de lecture, les recruteurs préfèrent recevoir les CV par mail, avec un document Word ou un document PDF, inséré en pièce jointe. Que ce soit la CVthèque d'une entreprise ou bien celle des sites de recherche d'emploi tels que Monster, Cadremploi ou Keljob, il s'agit de choisir avec soin ses mots clés. L'intitulé du poste recherché doit correspondre au jargon maison. Essayez www.moncv.com, www.easy-cv.com et www.netcv.com.

– ***Lancer un blog professionnel.*** Pour créer un rayonnement, il faut générer du contenu. C'est votre identité numérique. Le blog est un moyen de faire parler de soi sans rester sur un créneau uniquement professionnel. Cela peut être un mélange entre des billets d'humeur, ses coups de cœur culturels, selon ses envies, ou ses passions. Vous pouvez aussi faire des commentaires sur les blogs des autres, et vous contenter d'écrire un article par mois. Il existe aussi des journaux participatifs comme Mediapart, Lepost.fr. En revanche, l'image renvoyée par un blog qui affiche un dernier post datant d'il y a deux ans peut être négative. Cela donne l'impression de quelqu'un qui a débuté quelque chose sans aller jusqu'au bout… Pas terrible pour votre image de marque. N'ouvrez un blog que si vous en avez le temps. Sachez aussi que si vous le fermez, ce n'est pas grave : vous pouvez exporter son contenu et si vous décidez de vous y remettre, vous pourrez le rouvrir facilement.

✓ *Tweeter utile.* Tweeter est tout un art. Il faut savoir se servir de cet outil de marketing viral de soi avec justesse et réactivité. Et respecter quelques règles. Quand quelqu'un vous pose une question, il faut répondre. Si quelqu'un est nouveau sur Twitter, on tweete tout ce qu'il dit pour l'encourager. C'est une bonne vitrine de ses humeurs ou de son expertise. On peut retweeter des articles de presse, des fils d'infos, bref, tout ce qui concerne son activité professionnelle. « Le jeu est de dire des choses drôles, ou sensées, à ses abonnés[1]. »

1. Voir *Elle*, 23 novembre 2012, article de Lauren Bastide avec la collaboration de Sophie Fontanel, « Qui suivre sur Twitter ? ».

Quatrième partie

Le management, le leadership et les femmes

Peut-on avancer sans encadrer les autres ?

Dans presque tous les métiers, l'entrée dans la hiérarchie semble le passage obligé d'un parcours de réussite. Vrai ? Faux ? Éléments de réponse.

Pourquoi cette question ?

Dans tout parcours professionnel, elle se pose à un moment donné

Que l'on soit avocate, chargée de communication ou ingénieure, il arrive un moment où l'on voit ses pairs, ceux avec lesquels on a fait ses études et/ou démarré dans la vie professionnelle, prendre des responsabilités et passer du « faire » au « faire faire ». Pour les spécialistes de la carrière au féminin, l'une des premières réflexions à mener est de savoir si l'on souhaite s'orienter vers des « fonctions d'expert » ou vers des « fonctions de manager ». « Pour les cadres, ce choix est capital, affirme Christiane Maréchal[1], spécialiste de la gestion des carrières, car il définit l'orientation que l'on va donner à la suite de sa carrière. Plus on acquiert de l'expérience, plus la nature de celle-ci devient déterminante jusqu'à devenir l'identité professionnelle même. Tandis que la carrière d'un manager s'apparente davantage à un parcours où l'on développe des fonctions généralistes et où il importe avant tout de savoir coordonner le travail des experts. »

Certaines femmes ne sont pas attirées par l'encadrement

Ce non-désir n'est pas une caractéristique spécifiquement féminine : certains hommes, parfois parce qu'ils recherchent un

1. Auteur de *Donner un nouvel élan à votre carrière. Les méthodes de l'outplacement dévoilées*, Paris, Dunod, 2003, citée dans *La Tribune*, 23 octobre 2007, article de Silvana Adami, « Dire non à une promotion ».

meilleur équilibre entre travail et vie privée (mais pas seulement), n'ont pas envie ou ne se sentent pas capables de mener une équipe. Les femmes en ont peut-être, parfois, moins le désir. Elles assument encore la majorité des tâches familiales (*voir* « Impliquer le père dans la maison », p. 311). Elles trouvent déjà compliqué de réussir à travailler dans un secteur intéressant – tout en menant une vie de couple et/ou en élevant un ou des enfants – pour exercer, en plus, des fonctions managériales. La simple idée d'être responsable du travail des autres les épuise. Pourtant, les responsabilités sont un formidable « permis de construire », affirme Valérie Toranian[1], directrice de la rédaction de *Elle*. Et plus on en possède, plus on peut organiser son temps.

Comment y répondre ?

Objectivement

- **Peut-on monter en expertise sans encadrer les autres dans les entreprises ?** Quelles sont les mœurs en vigueur dans le monde du travail en général ? Selon la consultante et conférencière internationale Avivah Wittenberg-Cox, directrice générale de 20-First[2], « dans certains métiers où l'expertise individuelle est très importante, comme chez les avocats, les médecins ou les consultants, on peut devenir un véritable expert dans son domaine sans en passer forcément par la responsabilité des autres. Mais, dans l'industrie, ce n'est pas très courant ». Et, même dans certains métiers d'expertise, le management d'équipe est encore souvent la seule voie de reconnaissance professionnelle dans beaucoup d'entreprises. « Dans la réussite sociale, l'évolution vers le management est presque incontournable, on mesure votre valeur au nombre de

1. Valérie Toranian, *Pour en finir avec la femme*, Paris, Grasset, 2004.
2. 20-First est l'un des premiers cabinets de conseil mondial en mixité qui accompagne les entreprises à faire de la mixité un levier de croissance et de performance, tant du côté des talents que des marchés. Avivah Wittenberg-Cox est également l'auteur avec Alison Mailtland, de *Womenomics. La croissance dépend aussi des femmes…*, Paris, Eyrolles-Éditions d'Organisation, 2008, et de *Mixité dans l'entreprise, mode d'emploi. Femme + hommes : pour un management d'un nouveau genre*, Paris, Eyrolles-Éditions d'Organisation, 2011.

collaborateurs que vous encadrez », ironise la coach Évelyne Stawicki, créatrice de la société Croissance RH.

- Les choses n'évoluent-elles pas ? « De plus en plus d'entreprises sont en train de réaliser que la carrière verticale, linéaire n'est pas le seul modèle de la réussite, poursuit Avivah Wittenberg-Cox. Sous l'influence de la mondialisation, la hiérarchie pyramidale classique est en train de s'effacer au profit d'organisations en réseaux, plus rondes. Monter dans la hiérarchie aujourd'hui n'est plus tout à fait pareil qu'hier. Le management ne s'exerce plus forcément sur des équipes qu'on a sous les yeux en permanence. De plus en plus, on a affaire à un management matriciel, par projet, avec des équipes changeantes qu'on gère à distance. Et les femmes apprécient beaucoup ce type de management qui repose davantage sur l'influence, la conviction que sur le pouvoir et l'autorité. »

Subjectivement

- Et dans votre milieu professionnel ?

« Dans certaines professions, dans certaines entreprises, si l'on veut avoir un impact sur ses chefs et ses clients, il faut accepter de prendre des responsabilités et de gérer une équipe », poursuit Avivah Wittenberg-Cox. Selon elle, la trajectoire presque obligée de toute carrière est : on est productif, puis davantage productif, puis expert, puis on passe au management. « C'est une maturation normale, logique », conclut-elle avant d'ajouter : « Tout le monde ne suit pas cette trajectoire, c'est certain, mais ce n'est pas un choix entre l'expertise ou le management, c'est un choix entre cesser de progresser ou progresser encore, entre peser ou non sur le monde. »

- Vraie ou fausse question ?

Quand on se pose cette question, il faut se demander si celle-ci ne cacherait pas une peur des responsabilités, une forme d'autocensure au féminin malheureusement très fréquente. Évelyne Stawicki l'exprime autrement : « Devenir manager, c'est se remettre en danger, c'est vrai. Mais prendre des risques est le seul moyen d'avancer dans la vie. Jusqu'à la fin de nos jours, il nous faut lâcher notre trapèze pour en attraper un nouveau, avec toute l'angoisse que la peur du vide peut nous procurer. Toute la vie, on doit se remettre en inconfort pour progresser. Alors c'est vrai, on est bien entravée par l'adage "On sait ce qu'on perd, on ne sait pas ce qu'on gagne" qui nous éloigne de notre adaptabilité. Je préfère cent fois celui-ci : "Qui n'avance pas recule !" »

Voir « Dépasser l'autocensure au féminin », p. 209.

Dépasser l'autocensure au féminin

Réticence à trop en demander, crainte de devoir exercer un pouvoir jugé violent, mais aussi conduite de « sabordage » professionnel… Nombreuses sont les femmes qui s'interdisent, consciemment ou non, l'ambition d'une vraie carrière professionnelle. Décryptage et solutions.

Comment cette autocensure se manifeste-t-elle ?

De façon affirmée

- Certaines femmes ne se sentent pas la force d'exercer des fonctions hiérarchiques et le clament haut et fort. Comme Anna, 35 ans, mère de deux enfants et juriste : « J'adore mon boulot, mais je ne fais pas carrière. Je me contente de bien faire ce qu'on me demande, mais je ne cherche pas à monter en grade. C'est déjà assez compliqué de concilier ma vie familiale et ma vie professionnelle pour ne pas en rajouter. La simple idée d'avoir à gérer d'autres personnes que moi-même m'épuise à l'avance. J'ai déjà bien assez avec mes enfants et… mon mari. »
- Certaines estiment que « la vraie vie est ailleurs », soit dans leur famille, avec leur mari et leurs enfants. « À la fin de sa vie, on regrette rarement de ne pas avoir été assez au bureau, alors qu'on peut s'en vouloir terriblement de ne pas avoir pris le temps de voir ses enfants grandir », explique Pauline, 46 ans et deux enfants, qui travaille en free-lance depuis une dizaine d'années, après avoir été le prototype de l'*executive woman* durant vingt ans. « Ce questionnement rencontre une tendance très à la mode chez les plus jeunes : la valorisation de l'intime, la quête de l'harmonie personnelle, la qualité de

vie, le temps pour soi, écrit Valérie Toranian[1], directrice de la rédaction de *Elle*. On privilégie son foyer et on refuse les lois imbéciles du monde du travail qui nous en demande toujours plus[2]. »

- **Certaines refusent de se mettre en avant.** Elles pêchent par excès de modestie, trop bonne éducation… « Elles sont atteintes du syndrome de la bonne élève, décrypte Éliane Moyet-Laffon, ancienne chasseuse de têtes et fondatrice du Club HRM Women[3]. Comme les écolières qui ont bien travaillé, elles attendent d'être récompensées par la maîtresse, elles espèrent qu'on pensera spontanément à elles pour les distinguer. Mais elles peuvent attendre longtemps car, dans le monde du travail, ça ne marche pas comme ça ! » Contrairement aux hommes qui n'ont souvent aucun complexe, les femmes n'osent pas réclamer les postes qui leur font envie. Claire, 36 ans, est exactement dans ce cas : elle se refuse à dire à son directeur que, dans quelques années, elle se verrait bien à la tête d'un service précis dans son entreprise. « Je pense être la mieux placée pour prendre ce poste, le jour où celui qui l'occupe actuellement partira à la retraite, mais je n'ose en parler à personne. Je trouve que ça ne se fait pas. Je ne voudrais surtout pas qu'on pense de moi que je suis une sale arriviste, une piqueuse de place ! »
- **Nombreuses sont celles qui se mettent la barre trop haut.** Plus haut que les hommes, en tout cas. « Des études conduites chez Hewlett-Packard montrent, par exemple, que les femmes proposent leur candidature si elles pensent qu'elles répondent à 100 % des critères mentionnés, alors que les hommes se portent candidats dès qu'ils pensent correspondre à 60 % au profil demandé », écrivent Avivah Wittenberg-Cox et Alison Mailtland dans *Womenomics*[4].

De façon passive

Derrière l'autocensure, il y a parfois l'anticipation de difficultés futures dans la vie personnelle et professionnelle.

1. *Pour en finir avec la femme*, Grasset, 2003.
2. In *Elle*, 14 septembre 2012, article de Julia Dion, « Superwoman, la grande illusion ».
3. HRM Woman est un réseau de femmes cadres supérieures qui aujourd'hui se nomme « Supplément d'Elles ».
4. Eyrolles, « Éditions d'Organisation », 2008.

▪ Dans la vie professionnelle

« Tout semble fonctionner comme si les femmes anticipaient une insertion moins facile dans la carrière, assure la sociologue Marie-Agnès Barrère-Maurisson[1]. Étant moins disponibles et moins mobiles que les hommes, elles ne se sentent pas toujours légitimes à faire carrière comme eux. Dès le mariage, leur travail est vécu, dans leur couple, comme un travail d'appoint. » D'ailleurs, une étude pratiquée en 2003, auprès des trois cents plus grandes entreprises françaises, à la demande du GEF (le réseau des Grandes écoles au féminin) montrait qu'entre 30 et 35 ans, les femmes diplômées quittaient l'entreprise cinq fois plus que les hommes. Motif ? On ne leur laissait pas la possibilité de concilier leur vie familiale et leur vie professionnelle. « Cela n'a rien d'étonnant, analyse Avivah Wittenberg-Cox, directrice générale de 20-First[2]. C'est précisément à cet âge que les entreprises demandent le plus à leurs salariés, hommes et femmes. Alors que c'est justement à ce moment-là que celles-ci ont des grossesses et de jeunes enfants. Ce n'est pas que les femmes soient moins ambitieuses, c'est que les règles du jeu dans l'entreprise ne sont pas adaptées aux carrières féminines. »

Certes, mais il ressort d'une étude réalisée par Accenture en 2010[3] que d'une manière générale, au niveau mondial, les femmes seraient moins ambitieuses que les hommes. À la question « Quel niveau hiérarchique avez-vous l'espoir d'atteindre à la fin de votre carrière ? », elles n'étaient que 14 % (contre 19 % d'hommes) à rêver d'un poste de directeur, 7 % (contre 11 % d'hommes) à rêver d'un poste de vice-prési-

---

1. *In Elle*, 21 mars 2005, « Femmes et carrière. Halte à l'autocensure ! ». Auteure de *Travail, famille : le nouveau contrat*, Paris, Gallimard, 2003.

2. Avivah Wittenberg-Cox est consultante, conférencière internationale et directrice générale de 20-First, l'un des premiers cabinets de conseil mondial en mixité qui accompagne les entreprises à faire de la mixité un levier de croissance et de performance, tant du côté des talents que des marchés. Avivah Wittenberg-Cox est également l'auteur avec Alison Mailtland, de *Womenomics. La croissance dépend aussi des femmes…*, Paris, Eyrolles-Éditions d'Organisation, 2008, et de *Mixité dans l'entreprise, mode d'emploi. Femme + hommes : pour un management d'un nouveau genre*, Paris, Eyrolles-Éditions d'Organisation, 2011.

3. *International Women's Day Survey*, novembre 2010, Global results, Copyright. Cette enquête a été réalisée en novembre 2010 auprès de 3 400 professionnels (hommes et femmes) de 29 pays et de tous niveaux. Accenture a examiné la satisfaction des femmes et des hommes vis-à-vis de leur carrière, leurs aspirations, leurs stratégies actuelles pour réussir et ce que les entreprises peuvent faire pour les soutenir.

dent et 14 % (contre 22 %) à rêver d'un poste de président. De même, cette étude démontre que les hommes sont beaucoup plus nombreux à avoir déjà demandé une promotion : 39 % contre 28 % de femmes. Ce qui signifie que 72 % de femmes n'en ont jamais demandé ! Conclusion d'Armelle Carminati-Rabasse directrice générale capital humain et diversité chez Accenture monde : « Les femmes ont intériorisé des limites que la société leur renvoie ; ces barrières mentales peuvent expliquer ce décalage d'objectifs entre hommes et femmes. »

Citons encore cet exemple édifiant[1] : Guillaume Richard, cofondateur et P-DG du groupe O_2, avait mis une annonce pour recruter « un directeur (ou directrice) commercial ». Résultat ? 10 % seulement des candidats étaient des candidates. Comme il voulait avoir le choix, il a changé le titre du poste en « responsable » commerciale, sans modifier en rien le profil du poste ni la rémunération. Et il s'est retrouvé avec 40 % de candidatures féminines !

▪ Dans la vie personnelle

Les femmes anticipent les difficultés dans leur couple et avec leurs enfants.

– ***Dans leur couple***

Elles ont du recul devant les carrières réussies de leurs aînées qui ont parfois dû sacrifier une partie de leur vie privée. Et elles refusent de renoncer à leur vie de femme. Elles ont peur de mettre leur mariage en péril en faisant carrière, comme elles ont pu le voir chez leurs parents. « C'est difficile de grandir à deux, la rivalité dans le couple peut être un vrai poison, poursuit Avivah Wittenberg-Cox. Quand la femme commence à avoir un vrai rayonnement professionnel, le conjoint ne l'assume pas toujours psychiquement. » C'est ce qui est arrivé à Lætitia, cadre supérieur, qui a longtemps pensé que son mari était fier de sa réussite professionnelle. Jusqu'au jour où il a vraiment tombé le masque. « Tout est sorti, raconte-t-elle : mes absences répétées qui l'obligeaient à être beaucoup plus présent que moi auprès des enfants, sa dignité d'homme qu'il sentait bafouée parce que ses copains lui parlaient de moi comme d'une sale carriériste… Depuis cette scène, j'ai peur

1. *Le Figaro*, 14 mars 2011, article de Sylvia Di Pasquale, « Le ménage cherche ses femmes cadres ».

pour nous deux. Comme je tiens vraiment à notre couple et à notre famille, je fais des efforts, j'essaye de brider mes ardeurs professionnelles. Mais je sens l'élastique très tendu. »

– ***Avec les enfants***

De plus en plus de parents, surtout les mères, développent un rapport anxieux à leurs enfants, remarquent les psys pour enfants. « Notre société est difficile, explique la psychanalyste Sylviane Giampino[1]. En France, comme aux États-Unis, on commence à voir de jeunes adultes réussir moins bien socialement que leurs parents, les baby-boomers. Aussi, les jeunes mères investissent-elles sur leurs enfants, qui se doivent d'être « performants ». Par crainte du déclassement social, elles se muent en coachs : elles structurent, anticipent, managent, tissent des réseaux pour leur progéniture. Les plus diplômées transfèrent sur leurs enfants ce qu'elles ont appris dans les grandes écoles. » Au risque de se mettre, elles, en retrait professionnellement…

Comment s'explique cette autocensure ?

Derrière l'autocensure se cachent souvent des phénomènes plus inconscients d'inhibition, voire de peur face au pouvoir, renforcés par les stéréotypes.

La peur de la solitude du pouvoir

« La position de pouvoir est une position de solitude, analyse Sylviane Giampino, psychanalyste. Cela sous-entend de trancher, ce qui peut être source d'angoisse car, plus on est élevé dans la hiérarchie, moins on peut se cacher derrière la faute éventuelle des autres. »

1. Psychologue et psychanalyste, Sylviane Giampino travaille depuis plus de trente ans auprès des enfants et de leur famille. Dans son travail au sein de services d'accueil et de prévention en petite enfance, elle rencontre tant de mères actives qui se torturent, qu'elle s'est décidée à faire le point sur ce phénomène dans *Les mères qui travaillent sont-elles coupables ?*, Paris, Albin Michel (réédité en 2007). Elle a également publié en 2009, avec la neurobiologiste C. Vidal, *Nos enfants sous haute surveillance,* chez le même éditeur.

L'angoisse de perdre le pouvoir

« Le pouvoir se paie toujours d'une angoisse, celle de le perdre, c'est pourquoi certaines femmes le refusent », décrypte le psychanalyste Philippe Grimbert[1].

La violence du pouvoir

Tout poste à responsabilité implique d'exercer des frustrations sur les autres, ce qui conduit fatalement à être critiqué, voire calomnié. « Exercer le pouvoir, c'est supporter de passer pour un méchant, un incapable ou un usurpateur, ou parfois les trois à la fois, poursuit Sylviane Giampino. Tout le monde ne le peut pas. D'autant que, pour des raisons liées à la culture, les femmes sont moins spontanément capables que les hommes de séparer ce qu'elles font de ce qu'elles sont. Souvent leurs identités personnelle et professionnelle sont plus mélangées, moins clivées, ce qui peut les rendre plus vulnérables face à la violence du pouvoir. »

Le stéréotype de la « bonne mère »

« Il reste dans la tête de tous, explique la journaliste Cécile Margain, auteur d'un livre au titre provocateur[2], que la femme doit jouer un rôle plus important que l'homme dans la parentalité. D'ailleurs, malgré les progrès faits par les hommes, ce sont encore les femmes qui s'occupent de presque tout : du dîner à la visite chez le pédiatre, en passant par les devoirs scolaires. » Valérie Toranian[3] poursuit : « Soyons honnêtes : nous-mêmes avons parfois du mal à nous défaire d'une morale qui fait de la maternité notre première légitimité. Que celle d'entre nous qui n'a jamais pensé en voyant une femme politique en campagne : *mais quand donc trouve-t-elle le temps de s'occuper de ses enfants ?*... jette la première pierre. La pression, la culpabilité sont à l'œuvre, quoi qu'on affirme [...]. Les femmes modernes, c'est formidable. Mais ce serait tellement mieux si elles rentraient à la maison pour l'heure du goûter. » Un exemple édifiant

1. *Évitez le divan. Petit guide à l'usage de ceux qui tiennent à leurs symptômes*, Paris, Seuil, « Points », 2009.
2. Cécile Margain, *La femme au foyer est-elle l'avenir du féminisme ?*, Paris, Éditions n° 1, 2007.
3. Directrice de la rédaction de *Elle* et auteure de *Pour en finir avec la femme*, Paris, Grasset, 2003.

révélé le 26 mars 2011 par la journaliste de *Libération* Véronique Soulé sur son blog : une enseignante en histoire est passée à côté d'un poste disponible dans une classe de khâgne de l'académie de Limoges parce qu'elle était… mère. En effet, selon l'inspectrice d'académie régionale, qui ne l'a volontairement pas informée que le poste se libérait, un tel emploi en classe préparatoire « demande une énorme charge de travail très peu compatible avec le métier de mère de famille ». La palme du cliché !
Et Elisabeth Badinter d'enfoncer le clou dans son dernier livre[1] en dénonçant « le retour en force du naturalisme – qui remet à l'honneur le concept bien usé d'instinct maternel – [et qui] constitue le pire danger pour leur émancipation et l'égalité des sexes » (*voir* « Surmonter la culpabilité », p. 296).

Les croyances persistantes sur les « différences biologiques » entre hommes et femmes

65 % des Français, hommes et femmes confondus, estiment que les différences de rôles entre les hommes et les femmes dans la société auraient des causes biologiques[2]… Réaction de Catherine Vidal[3], neurobiologiste et directrice de recherche à l'Institut Pasteur : « Ce genre de croyance nous renvoie au XIXe siècle, quand on prétendait que les hommes, les Blancs et les patrons avaient de plus gros cerveaux que les femmes, les Noirs et les ouvriers, et qu'ils étaient donc plus intelligents ! Heureusement, de nos jours, ces idées ont été démenties par les progrès de l'imagerie cérébrale qui montrent que rien n'est jamais figé dans le cerveau depuis la naissance : il se construit en fonction des apprentissages et des expériences, en interaction avec l'environnement familial, social et culturel, à tous les âges de la vie. C'est ce qu'on appelle la plasticité cérébrale. Les variations entre les cerveaux des personnes du même sexe sont plus fortes que les variations entre les sexes. Et si les hommes et les femmes ont des parcours différents dans la société, c'est à cause du poids des stéréotypes et non parce que leur cerveau serait "différent" ! »

1. *Le Conflit. La femme et la mère*, Paris, Flammarion, 2010.
2. Enquête Mediaprism/Laboratoire de l'égalité du 12 au 18 février 2011.
3. Et auteure de *Homme, femme avons-nous le même cerveau ?*, Paris, Le Pommier, 2007.

Les croyances « autolimitantes »

Là encore, il s'agit de stéréotypes liés au genre féminin, selon lesquels les femmes seraient moins capables que les hommes dans la vie professionnelle, par exemple. Ces stéréotypes sont intériorisés dans l'enfance au moment de la socialisation par les parents, puis avec les pairs, mais ils sont renforcés par la littérature enfantine, les médias, les jouets, etc. Tout cela, on le sait. Ce qui est moins connu et que les recherches en psychologie sociale ont montré, c'est que ces croyances s'auto-entretenaient par les normes du groupe auquel on appartient. « Autrement dit, explique Leila Selimbegovic, assistante de recherche en psychologie à l'Université de Genève, si les femmes s'autocensurent, c'est aussi parce qu'elles se conforment aux normes du groupe "Femmes" auquel elles appartiennent. Dans tout groupe, il y a une certaine pression à se conformer. Ceux qui ne se conforment pas sont souvent ignorés, rejetés, voire punis. Croire en ces stéréotypes permet de croire en un monde ordonné, prévisible… Au final, on en vient à croire qu'on est moins capable pour justifier la position inférieure qu'on occupe. » Un vrai cercle vicieux, en somme.

Pourquoi l'autocensure est-elle un piège ?

Parce qu'elle condamne les femmes à faire des faux choix.

Elle laisse perdurer la dimension taboue du pouvoir au féminin

Elle maintient les femmes dans une vision coupable de leur ambition. « Certaines justifient même leur refus d'accéder aux plus hautes marches comme un "plus" qui prouve leur peu d'appétence pour le pouvoir, contrairement aux hommes qui "ne pensent qu'à ça", analyse Valérie Toranian[1]. Mais le pouvoir est un permis de construire. On ne peut pas vouloir le changement et s'enfermer dans l'impuissance et l'amertume. Être mère

1. Auteure de *Pour en finir avec la femme,* Paris, Grasset, 2004.

n'est pas un statut, c'est un cadeau de la vie. Être femme, voilà l'essentiel. À égalité de destin avec les hommes. »

Elle empêche d'accéder à une représentation vertueuse du pouvoir

« Les femmes qui réussissent à surmonter ces obstacles cessent d'associer le pouvoir aux méfaits du pouvoir, elles réalisent qu'il permet aussi de mener les autres derrière soi, de concrétiser ses idées et aussi d'être libre d'organiser son temps comme on veut », assure Avivah Wittenberg-Cox.

Comment combattre l'autocensure ?

En prenant conscience de tout ce qui précède

Seul moyen de faire de vrais choix de vie, en connaissance de cause et non à cause de ce que l'on croit.

En essayant d'exercer des responsabilités avant d'éventuellement y renoncer

« Beaucoup de jeunes femmes refusent de prendre des responsabilités par anticipation de problèmes futurs non avérés, regrette Armelle Carminati-Rabasse, directrice générale capital humain et diversité chez Accenture monde. Elles ne savent pas si elles vont réussir à tout gérer, mais en n'essayant pas, elles se privent de le savoir ! »

En admettant, une fois pour toutes, que la réussite ou l'échec de la vie personnelle ne sont pas liés au sacrifice ou non de la vie professionnelle

La vie, heureusement, est un peu plus compliquée que cela… « Nous femmes actives, devrions exiger de la Sécu la divulgation et l'affichage public du nombre de consultations d'enfants présentant des symptômes d'échec scolaire, d'agressivité, de cauchemars à répétitions, de fumage de joints, de malaise existentiels et dont les mères sont à la maison toute la journée, écrit

Valérie Toranian[1]. On se rendrait compte que ces enfants sont aussi nombreux que les nôtres et leurs mères aussi désemparées que nous. »

En prenant modèle sur les femmes qui s'en sortent en ne lâchant rien

Ni la carrière, ni le couple, ni les enfants. Il en existe, et beaucoup plus qu'on ne l'imagine. S'il y a une chose constante dans ces parcours de réussite c'est que plus on monte dans la hiérarchie, plus on est maître de son temps et plus on gagne de l'argent, ce qui permet de résoudre quantité de problèmes logistiques. D'ailleurs, la sociologue Isabelle Berrebi-Hoffmann[2] qui a beaucoup étudié les femmes cadres, a tiré une conclusion de son travail : « Il faut être chef le plus vite possible, car c'est la meilleure façon de tout concilier, assure-t-elle. C'est tellement plus facile ensuite de tout faire, la carrière, les enfants, mais aussi le rendez-vous chez le coiffeur ! Les femmes que j'ai interrogées sont elles-mêmes surprises de leurs capacités à assumer leur rôle de chef une fois qu'elles sont nommées. Je veux dire aux femmes qu'il est inutile d'en faire trois fois plus que les hommes pour conquérir leur légitimité. Nous sociologues, savons que la fonction dans l'entreprise met à distance les caractéristiques personnelles. Il y a une fonction symbolique du rôle de dirigeant qui se substitue au fait que vous soyez diplômée de telle école, issue de tel milieu, noire de peau ou tout simplement femme. Il y a quelque chose de magique dans la fonction de chef qui rend superflues toutes les questions que se posent les femmes avant de se lancer : Est-ce que j'aurai l'autorité ? Est-ce qu'on m'écoutera ? Je n'ai pas d'ego, comment je vais faire ? Stop ! Quand on devient chef, une transformation s'opère. Enfin, le monde professionnel est tel que les femmes que l'on promeut ont souvent été tellement testées avant, par le supérieur qui les nomme, qu'elles sont ultrapréparées. »

1. *Ibid.*
2. Chargée de recherche au CNRS, Laboratoire interdisciplinaire pour la sociologie économique (Lise), Cnam-CNRS, Paris, Isabelle Berrebi-Hoffmann a dirigé l'ouvrage *Politiques de l'intime. Des utopies sociales d'hier aux mondes du travail d'aujourd'hui*, Paris, La Découverte, 2009.

En découvrant le plaisir de diriger

Le leitmotiv d'Armelle Carminati-Rabasse[1], directrice générale monde pour le capital humain et la diversité chez Accenture : « Oui, manager peut procurer du plaisir ! Être chef est un métier de haute voltige qui vous porte. Mais il faut avoir très envie d'être écouté et donc suivi. Les femmes ont mis du temps à inventer leurs propres codes de management, car ils avaient été largement établis par les hommes. De plus, pendant des siècles, les femmes ont été formatées pour être "choisies" par un tiers et récompensées, alors que, pour diriger, elles doivent être mues par leur propre désir et ne pas craindre d'affirmer : "Je veux ce poste." Quand les femmes comprendront que le pouvoir réel, c'est celui de décider de son temps, celui d'accomplir des choses, celui de faire avancer ses idées, elles s'autoriseront à y prendre du plaisir. Qu'elles arrêtent de penser le pouvoir en termes guerriers. Le pouvoir, ce n'est pas uniquement le pouvoir sur les gens, contraignant, mais c'est surtout la possibilité de changer les choses. Et ce pouvoir-là procure de la satisfaction. »

---

1. Coauteure de « Pouvoir(e)s, les nouveaux équilibres femmes-hommes », Eyrolles, 2012. Fondatrice du réseau Accent sur Elles, citée dans *Elle*, dans l'article de Julia Dion, Myriam Levain et Clémence Leveau, 29 octobre 2012, « 30 idées pour enjoyer son travail ».

Devenir manager, est-ce pour moi ?

Depuis quelque temps déjà, vous vous interrogez sur l'opportunité pour vous d'encadrer, un jour, les autres. Quelques clés pour y voir plus clair.

Comment savoir si on est faite pour diriger les autres ?

En y réfléchissant avant qu'on y pense pour vous. « C'est un temps de réflexion indispensable sur lequel peu de gens s'arrêtent, déplore la coach Évelyne Stawicki, créatrice de la société Croissance RH. En général, on est nommé à un poste d'encadrement parce qu'on a une bonne compétence technique, poursuit-elle. Pourtant, vous pouvez être un très bon informaticien, mais un très mauvais manager. »
Selon la consultante et conférencière internationale Avivah Wittenberg-Cox, directrice générale de 20-First[1], « il faut se poser quelques questions clés : ai-je envie de faire bouger les choses, d'imposer mes idées au sein de l'entreprise, est-ce que je veux plus de responsabilités dans l'équipe, ai-je envie de m'occuper des autres ? » Si les réponses sont globalement positives, il y a quelques chances que vous soyez faite pour gravir les échelons.

Qu'est-ce qu'un bon manager ?

« On devrait toujours se poser cette question quand on est nommé, poursuit Évelyne Stawicki. Mais, en France, on ne le fait pas souvent car on n'a pas encore la culture du management.

1. Voir note 1, p. 143.

On est toujours beaucoup dans une culture de l'encadrement. Historiquement, la mission d'un cadre était de donner des ordres, de surveiller, de punir… Aujourd'hui encore, être cadre est vécu comme le symbole d'une réussite sociale aboutie. Le mot anglo-saxon *management* est encore peu employé en France. Apparu aux États-Unis dans les années 1930, il vient de “ménager l'autre”, prendre en compte son évolution affective et sociale. Une expérience menée à cette époque par Elton Mayo, un psychologue et sociologue australien, a montré l'importance des relations humaines dans le monde du travail. Plus précisément, il a démontré que ce qui favorisait l'augmentation de la productivité chez les êtres humains était qu'on prenne soin d'eux, qu'on les valorise, qu'on les motive. Être un bon manager, c'est donc développer des compétences qui dépassent largement les tâches d'un cadre, au sens originel du terme. »

Quelles sont ces compétences ?

« Il faut certes un savoir-faire, une expertise technique (et encore : plus pour la légitimité que pour la réussite du job de manager en lui-même), assure Évelyne Stawicki, mais il faut surtout des savoir-être : l'écoute, la disponibilité, le courage, la capacité à déléguer, la confiance en soi… C'est phénoménal ce que le management mobilise comme savoir-être ! » Analyse partagée par Avivah Wittenberg-Cox : « Un bon chef, c'est quelqu'un qui est doté de qualités intellectuelles indéniables, qui connaît bien son secteur, mais aussi et surtout qui possède des qualités humaines comme le courage, l'empathie et la volonté d'aller vers les autres. Un leader doit inspirer confiance, motiver une équipe et endosser le rôle de “pacificateur” : c'est indispensable pour faire travailler ensemble des gens qui ne sont pas toujours d'accord entre eux. »

Tout le monde peut-il devenir manager ?

Non. « Il faut vraiment aimer les gens pour être un bon manager, estime Évelyne Stawicki. Ceux qui portent un regard trop négatif sur l'humanité ("Tous des fainéants", "Tous des pourris"...) ont peu de chances de devenir de bons managers. La qualité de base d'un bon manager est l'empathie. Les autres qualités on peut les apprendre, mais l'empathie, on l'a ou on ne l'a pas. » Avivah Wittenberg-Cox ajoute qu'être chef requiert d'« être extravertie, d'aimer travailler en équipe, d'avoir de l'énergie. C'est nécessaire pour enthousiasmer et entraîner les autres, les encadrer et les former si besoin ».

Qu'est-ce que le leadership ?

« Avoir du leadership, ajoute Évelyne Stawicki, c'est avoir une vision ou une conviction, une espèce de rêve idéal, qui porte, transcende le collectif. Le leader est quelqu'un qui accompagne les phases de changement, qui a une vision globale plus que de détail, qui simplifie les choses compliquées. Alors que le manager est dans le présent, le leader est dans le futur, dans l'anticipation. »

Les chefs doivent-ils être à la fois des leaders et des managers ?

« Oui, c'est ce qu'on leur demande de plus en plus, répond Évelyne Stawicki. Jusqu'au début des années 1980, la stabilité était la norme dans l'entreprise et la crise l'aléa. Depuis, c'est exactement l'inverse : la norme est la crise, la stabilité l'aléa. Nous devons changer totalement de paradigme. Si l'on est dans l'état d'esprit que la crise est la norme, on développe ses compétences de leader, ses forces de conviction, ses capacités d'adaptation et on peut même voir la crise comme une opportunité plutôt que comme un danger. »

Les femmes sont-elles de bons managers ?

C'est bien possible

De par l'éducation qu'elles ont reçue, les femmes ont souvent (mais pas toujours) des capacités évidentes de management. Elles sont souvent plus à l'écoute, disent plus facilement ce qui va ou pas, savent spontanément gérer plusieurs tâches en même temps.

Mais elles ont aussi des fragilités

Notamment, dans la gestion de leurs émotions (*voir* « Montrer ses émotions au bureau ? », p. 174, « S'imposer dans un univers masculin », p. 117).

- Les larmes ou la glace ?

  Souvent plus transparentes, elles peuvent montrer leur colère ou fondre en larmes plus facilement, ce qui nuit à leur crédibilité. Sans compter les vieux clichés sexistes qui peuvent réapparaître : « Toutes des hystériques ! » Si elles contrôlent leur émotivité, c'est parfois à l'excès, et elles passent alors pour être trop « froides »...

- Manager comme une maman ?

  Ce n'est pas une généralité, mais les femmes ont, parfois, une propension à devenir la maman de leur équipe. Résultat : elles se retrouvent à faire le travail à la place de leurs collaborateurs, sont trop à l'écoute, peuvent avoir du mal à trouver la bonne distance et souffrir de ne pas être aimée. Or l'entreprise n'est pas le lieu le plus indiqué pour l'amitié ou l'amour. Rappelons-le : au travail, le but est d'être respectée, pas d'être aimée (*voir* « L'amitié au bureau, est-ce vraiment possible » ?, p. 102, « Les relations intimes au travail sont-elles viables ? », p. 107).

Y a-t-il un management au féminin ?

La réponse est à la fois oui et non

« C'est ce qu'explique Agnès Arcier, haut fonctionnaire, présidente de l'Adetef au ministère de l'Économie et des Finances et auteur d'un livre sur le sujet[1]. Oui, il existe un management au féminin, mais il s'agit plus d'un style de management que d'un management exercé par les femmes. Autrement dit, ça n'est pas parce qu'on est une femme que l'on va forcément manager au féminin. Et ce n'est pas parce qu'on est un homme, que l'on n'aura pas une manière féminine de manager ses équipes. » En effet, penser que les femmes dans leur ensemble managent de façon différente des hommes, est un piège, comme le dénonce la psychanalyste Sophie Cadalen[2]. « De façon déguisée, affirme-t-elle, on loue des qualités spécifiquement féminines – comme leur inaptitude à la violence – pour en conclure qu'elles seraient trop vulnérables à des postes de pouvoir et dans les hautes sphères de la politique ou de la finance, où l'agressivité participe au succès. » Précision d'Armelle Carminati-Rabasse[3], directrice générale capital humain et diversité chez Accenture monde : « Je suis convaincue qu'hommes et femmes sont semblables dans leurs potentiels, mais qu'ils restent conditionnés par des stéréotypes anciens sur le rôle social de chacun. Et force m'est de constater que l'exercice du leadership est encore dans les têtes ou dans les faits, souvent "genré". »

Le management au féminin c'est quoi au juste ?

« C'est, poursuit Agnès Arcier, une manière de diriger plus coopérative, plus participative, que directive, qui laisse davantage de place à l'intuition dans la prise de décision, qui cherche le compromis pour entraîner les autres derrière soi plutôt que pour s'imposer et qui fait preuve d'un certain pragmatisme. » Il semble que de plus en plus d'hommes, surtout les plus jeunes, soient séduits par ce type de management. « En effet, ils ne se

1. *Le Quotient féminin de l'entreprise*, Paris, Village Mondial, « Questions de dirigeants », 2002.
2. *Les Femmes de pouvoir, des hommes comme les autres ?*, Paris, Seuil, 2008.
3. *In* Nora Barsali, *Égalité femmes/hommes en entreprise*, 2011-2012.

retrouvent pas toujours dans les modèles d'autorité traditionnels de l'entreprise », affirme Clarisse Reille, présidente du réseau GEF (Grandes écoles au féminin[1]), dont l'étude 2011 porte précisément sur ce sujet.

Quelles sont les entreprises qui pratiquent ce management ?

« Ce sont quand même des entreprises où il existe un seuil minimal de femmes qui occupent des postes à responsabilité, ajoute Agnès Arcier. Car, même s'il n'est pas propre aux femmes, le management au féminin colle plus à leurs qualités de base, innées ou construites (le plus souvent). Les entreprises qui pratiquent ce type de management ne le font pas par idéologie ou souci du politiquement correct, mais parce que ce type de management augmente leurs performances. »

Ces entreprises ont-elles de meilleurs résultats ?

▪ Oui, répondent différentes études menées en Europe et aux États-Unis

Une étude américaine conduite en 2004 par Catalyst, premier organisme de recherche américain sur les femmes dans l'entreprise, auprès de 353 entreprises répertoriées parmi les 500 les plus importantes dans le monde, nous apprend que celles ayant la proportion la plus élevée de femmes dans leurs équipes de direction ont des performances financières bien supérieures à celles qui ont peu ou pas de femmes à ce niveau[2]. Une autre étude McKinsey[3] sur la mixité dans les instances de direction confirme. Enfin, une enquête intitulée *Féminisation et performance économique des entreprises*[4], réalisée par le chercheur Michel Ferrary établit que lorsque le taux d'encadrement féminin est supérieur à 35 %, la rentabilité de l'entreprise augmente de 96 %, sa productivité de 34 % et les emplois générés par elle de 157 %. De même, les entreprises les plus mixtes auraient mieux résisté à la crise en 2008.

1. ECP, ENA, ENPC, ESCP-EAP, Essec, HEC, Insead, Mines et Polytechnique.
2. Voir le livre *Womenomics. La croissance dépend aussi des femmes*, Avivah Wittenberg-Cox et Alison Mailtland, Paris, Eyrolles, « Éditions d'Organisation », 2008.
3. *Women Matter*, 2007.
4. Ceram, *business school*, 2009.

Ces résultats sont les mêmes pour les PME françaises. Celles qui sont dirigées par les femmes seraient plus performantes, comme le montre le nouvel Index Women Equity 50 France[1], réalisés sur les 50 premières PME françaises de croissance. Les lauréates de ce premier top 50, qui réalisent entre 4 à 50 millions d'euros de chiffre d'affaires et emploient entre 20 et 250 salariés, sont présentes aussi bien dans la distribution spécialisée que dans l'industrie, les services aux entreprises que les technologies. Elles affichent des performances nettement supérieures à celles des 31 649 sociétés auxquelles elles sont comparées. Elles réalisent un chiffre d'affaires moyen de 15 millions d'euros, mais leur taux moyen annuel de croissance du chiffre d'affaires sur trois ans est de 26,8 contre 3,2 % pour les autres. Leur rentabilité est de 21,5 % contre – 0,8 %. Et pourtant, les entreprises dirigées par des femmes ont un accès plus limité au financement. « Les femmes dirigeantes font l'objet d'une plus grande sélection que leurs homologues masculins du fait de responsabilités familiales généralement supérieures, d'une suspicion *a priori* à leur égard dans certaines industries fortement masculines, explique Dunya Bouhacene, fondatrice de Women Equity Partners[2]. Les sociétés dirigées par des femmes sont également soumises à des traitements différentiels sur les questions financières. Cela a été mis en évidence à plusieurs reprises aussi bien pour le financement bancaire que pour celui des fonds. »

Comment expliquer les performances supérieures des sociétés qui font la part belle aux femmes ?

Les études plus récentes assurent que « les équipes contenant plus de femmes démontrent une plus grande sensibilité sociale et une plus grande intelligence collective. La tendance à coopérer efficacement est liée au nombre de femmes dans un groupe[3] ». Enfin, des recherches établissent qu'un minimum de trois femmes serait nécessaire pour assurer la pluralité de décisions[4] et donc la reconnaissance du point de vue

1. *Le Figaro*, 8 mars 2011, article de Yann Le Gales, « Les PME dirigées par les femmes sont plus performantes ».
2. Women Equity Partners ambitionne de devenir la première société d'investissement en Europe focalisée sur les sociétés de croissance dirigées par les femmes.
3. MIT, Carnegie Mellon University et Union College, 2010.
4. « L'accès et la représentation des femmes dans les organes de gouvernance d'entreprise », 2009, EPWN, IFA (Institut français des administrateurs), Orse (Observatoire sur

féminin dans un conseil d'administration de dix personnes. Une femme isolée aurait du mal à prendre la parole et à être écoutée par ses collègues masculins et risquerait d'être plus perçue pour sa « différence » que pour sa compétence. Deux femmes ? Si elles divergent de point de vue les hommes diront : « Elles ne peuvent même pas s'entendre » et si elles s'entendent : « C'est le point de vue des femmes »... Trois femmes au minimum seraient donc indispensables. En nombre suffisant, les femmes ne sont plus perçues comme des outsiders ou comme des personnes de l'extérieur. Elles sont en mesure d'influencer la dynamique des discussions et des décisions car elles passent pour : avoir un style de management plus collectif, être davantage prêtes à aborder des sujets difficiles et apporter de nouvelles perspectives dans les discussions.

---

la responsabilité sociétale des entreprises).

Refuser une promotion sans passer pour une perdante

Depuis quelque temps déjà, vous sentiez que votre manager voulait vous faire évoluer. Vous n'êtes pas contre par principe, mais là, le poste qu'il vous propose vous ne le sentez pas… Comment décliner sans insulter l'avenir.

Pourquoi refuser une promotion ?

- Vous exercez une profession technique que vous adorez, vous allez devoir lâcher votre matière pour désormais la survoler. Vous craignez de vous éloigner des joies du terrain.
- Vous n'avez pas passé des années à étudier votre domaine, pour vous retrouver à discuter budget et à passer la moitié de votre temps à négocier.
- Vous avez déjà assez de difficultés à vous gérer vous-même, pour devoir en plus gérer les autres. Vous craignez la pression qu'implique la gestion de problèmes humains.
- Vous êtes attachée à votre entreprise, mais il y a des limites à votre dévouement. Encore plus dans un environnement toujours plus incertain : chômage, fusions acquisitions, turnover, plans sociaux… « À quoi bon s'investir dans ces conditions ? », vous demandez-vous. Vous savez bien que devenir chef, c'est tout de même adhérer à la « ligne du parti ».
- Vous avez une vie personnelle bien remplie et refusez de la mettre en péril pour le travail. Vous craignez les journées à rallonge, sans maîtrise de votre temps.

Peut-on refuser une promotion ?

C'est un exercice délicat qui expose à deux risques :

- Passer pour une « perdante », une femme qui refuse les responsabilités, donc qui manque de courage. Le management d'équipe reste encore la voie royale, le modèle dominant d'ascension professionnelle (*voir* « Peut-on avancer sans encadrer les autres ? », p. 205). Le refus est souvent vécu par la direction comme un manque d'ambition.
- Fâcher votre direction, vexée que vous refusiez sa proposition. « Quand je lui ai expliqué ma décision, mon employeur est devenu rouge de colère, raconte Virginie[1]. Les relations sont devenues glaciales. » Jusqu'à la démission de la jeune femme deux ans plus tard. Souvent, le refus est vécu par le patron comme un affront, une non-adhésion aux valeurs de l'entreprise.

Comment réagir ?

Demandez un délai de réflexion avant de donner votre réponse

Celui-ci vous permettra de :

- Mener votre enquête en interne, d'interroger discrètement les personnes concernées, vos collègues, votre N+1, mais aussi de savoir si vous êtes la première ou la cinquième personne à laquelle on propose le poste…
- En parler avec vos proches : votre conjoint, votre famille et vos amis.
- Peser le pour et le contre, en faisant calmement le bilan coûts (les risques) et avantages (l'opportunité) de l'opération.

1. *In L'Express*, 12 décembre 2004, article de Marie Cousin, « Une promotion ? Non merci ».

Mesurez bien les conséquences de votre refus

Vis-à-vis de votre supérieur hiérarchique

Si cette promotion vous est proposée par votre N+1, comme c'est le cas le plus souvent, votre refus peut placer ce dernier en difficulté vis-à-vis de ses propres supérieurs et donc dégrader vos relations de travail futures avec lui. « Ce type de promotion ne peut se faire qu'avec l'aval de la direction vis-à-vis de laquelle le N+1 aura engagé sa crédibilité en s'engageant sur un nom », relève Frédéric Adida, coach en management et carrière et président d'Assaté[1] . Votre refus reviendra à adresser un message négatif aux hauts dirigeants de l'entreprise indiquant que votre N+1 manque de subtilité pour gérer la carrière de ses collaborateurs directs.

Vis-à-vis de vous

Certains se diront que non seulement vous manquez d'ambition, mais aussi que vous êtes ingrate de refuser un poste si prestigieux. Vous vous le direz peut-être aussi... Réfléchissez bien : cette opportunité ne se représentera sûrement pas. C'est peut-être l'occasion d'apprendre autre chose sans perdre ce que vous savez déjà faire et saurez toujours refaire.

Si vraiment, vous êtes décidée à refuser, n'insultez pas l'avenir

Expliquez votre refus de la façon la plus argumentée possible

- ***Si vous pensez que ce poste est un piège*** (pas de marge de manœuvre, échecs successifs des personnes qui s'y sont essayées avant, aucun budget...), dites-le. En ajoutant que ce ne sont pas les fonctions hiérarchiques en elles-mêmes que vous refusez, mais ce poste-là, tel qu'il vous est proposé.
- ***Si ce sont des contraintes personnelles temporaires*** (enfants en bas âge, parents très âgés, conjoint qui vient de prendre un gros job, voire de créer son entreprise...) qui vous font refuser, dites-le aussi. « Refuser un poste, une fois, et ce pour des raisons valables n'a rien de dramatique, note Brigitte Jedrzejewski, coach et

1. *In L'Expansion.com*, 8 décembre 2008, article d'Éric Delon, « Peut-on refuser une promotion ? ».

directrice associée chez Do It Évolution[1]. En revanche, si ce refus est récurrent la position du collaborateur sera des plus délicates. » Plutôt qu'un non ferme et définitif, optez pour un non assorti de propositions. « On peut demeurer sur son poste et le réaménager en se montrant créatif et imaginatif », poursuit la spécialiste.

- Proposez une autre alternative

« Il faut se mettre dans une position gagnant-gagnant où le N+1 ne perdra pas la face et où l'on montre que l'on est constructif et donc impliqué dans la dynamique de l'entreprise, explique Frédéric Adida[2]. À l'image de Carine, qui a refusé de s'expatrier à Londres pour devenir directrice marketing Europe du laboratoire pharmaceutique qui l'employait en France. Elle voulait garder sa vie personnelle à Paris avec son fils, ses parents, ses amis. Mais si elle refusait cette promotion, cela aurait été la deuxième fois et sa direction risquait de mal le prendre. Alors, on a imaginé ensemble une autre solution. Elle a proposé de partir trois jours par semaine à Londres avec un appartement payé par l'entreprise sur place. Cela a été accepté et tout le monde était content. »

Profitez de cette expérience pour mieux réfléchir à votre carrière à l'avenir

Pour ne plus vous retrouver dans cette situation inconfortable, soyez désormais plus proactive dans la gestion de votre carrière. Prenez le temps de donner votre point de vue à votre N+1, mais aussi à vos collègues, sur l'évolution du service et/ou sur vos aspirations professionnelles.

- De manière formelle, lors de réunions régulières avec votre supérieur hiérarchique (*voir* la partie « Le marketing de soi », p. 133) ou au cours de vos entretiens annuels (*voir* « Réussir son entretien annuel », p. 156).
- De manière informelle, lors de déjeuners ou même devant la machine à café avec vos collègues ou supérieurs.

1. *Ibid.*
2. Voir note 1, p. 78.

Être promue sans passer pour une tueuse

Les réseaux féminins le déplorent : les femmes sont souvent atteintes du « syndrome de la bonne élève ». Consciencieuses, elles attendent qu'on pense à elles pour être promues. Résultat : les postes qu'elles convoitaient leur passent sous le nez. Comment en finir avec ce cercle infernal.

Quelles sont les règles qui régissent les promotions dans les entreprises ?

Les promotions, dans les entreprises, ne s'obtiennent pas comme les bons points à l'école

Avant de poursuivre, quelques chiffres[1] : 55 % des femmes cadres ne sont pas confiantes quant à l'évolution de leur carrière et aux chances qui leur seront offertes dans l'avenir ; 57 % ne sont pas satisfaites de l'égalité hommes-femmes dans l'accès aux promotions ; 69 % pensent que le pouvoir, l'accès aux postes de haut niveau leur restent peu accessibles. Bien sûr, il demeure une véritable inégalité hommes-femmes dans l'accès aux responsabilités. Mais cette injustice est aussi le fruit d'une méconnaissance par les femmes de LA règle non écrite en vigueur dans le monde du travail et que les hommes, eux, maîtrisent souvent : les promotions ne se font pas uniquement au mérite. Les responsables dans les entreprises ne sont pas des institutrices qui regarderaient, chaque trimestre, qui, dans la classe, a bien travaillé et mérite un bon point… Bien sûr, les salariés sont jugés sur la réussite de leurs objectifs, mais également sur leur moti-

1. Baromètre de confiance des femmes cadres, 25 juin 2009. Sondage LH2 réalisé pour le compte des réseaux de femmes cadres du 13 mai au 3 juin 2009 sur 2 846 femmes très qualifiées (85 % titulaires d'un niveau bac + 5), travaillant à temps plein, dans le secteur privé et âgées de 30 à 60 ans. Voir le rapport sur l'égalité professionnelle de Brigitte Grésy, inspectrice générale des affaires sociales, juillet 2009.

vation, leur capacité à tisser des liens de qualité avec les autres et les valeurs qu'ils démontrent en faisant leur métier au jour le jour. L'entreprise est un lieu politique. Chaque salarié doit y construire son parcours. Quand on souhaite progresser, il est indispensable de communiquer sur ses résultats, ses succès, ses ambitions (*voir* la partie « Le marketing de soi », p. 133).

Avant tout, il faut décrypter les relations de pouvoir dans son entreprise

« C'est une des clés de l'avancement, explique la consultante et conférencière internationale Avivah Wittenberg-Cox, directrice générale de 20-First[1]. Bien comprendre qui fait bouger les choses ? Qui est promu ? Qui prend les décisions ? Quelles sont les stratégies gagnantes ? On peut alors prendre modèle sur ceux ou celles qui sont reconnus dans leur travail. »

« Le pouvoir, ça se prend ! », ça veut dire quoi ?

En politique et dans les réseaux au féminin, on entend souvent cette phrase. Cela ne signifie pas qu'il faut se transformer en piqueuse de places pour progresser, mais si vous êtes attirée par tel poste, il vaut mieux le faire savoir aux bonnes personnes, au bon moment. En effet, vous aurez beau être une très bonne professionnelle, si vous ne montrez pas, à un moment donné, que vous souhaitez progresser et prendre des responsabilités, il y a peu de probabilités, même si cela peut parfois arriver, qu'on vienne vous chercher. En tout cas, en faisant ce genre de démarche, vous augmentez beaucoup vos chances. « De toute façon, salariée ou entrepreneuse, on a toujours plus de chances d'obtenir ce qu'on demande que ce qu'on mérite vraiment », résume Sandra Le Grand[2], P-DG de Canal CE (produits et services aux comités d'entreprise).

1. Voir note 1, p. 72.
2. *Madame Figaro*, 13 novembre 2010, interview de Viviane Chocas « L'audace au féminin ». Sandra Le Grand, fondatrice de Canal CE, est devenue en quelques années leader français du service au comité d'entreprise. Elle a raconté son expérience dans *Entreprendre : un peu, beaucoup, passionnément. Lettre ouverte à celles (et ceux) qui veulent créer leur entreprise*, Paris, Télémaque, 2010.

Comment faire savoir que vous êtes intéressée par les responsabilités

En faisant vos preuves dans le poste que vous occupez actuellement

Si cela n'est pas suffisant, c'est au moins nécessaire. Présidente Europe de The Coca-Cola Company, Dominique Reiniche a gravi tous les échelons de la célèbre entreprise américaine jusqu'au sommet en Europe. « À chaque poste occupé, j'ai essayé de montrer ce que je savais faire en obtenant de bons résultats », raconte-t-elle. Mais attention, ne vous sentez pas, non plus, obligée d'en faire trois fois plus que tout le monde.

En montrant que vous pouvez faire plus

Cela passe par :

- Le marketing de soi (*voir* la partie « Le marketing de soi », p. 133). « Il ne faut pas hésiter à proposer et défendre ses idées, poursuit Avivah Wittenberg-Cox[1]. Les femmes ne doivent pas renoncer à leur manière d'être dans l'entreprise. Elles ne jurent que par l'honnêteté, la transparence, le travail, c'est leur force. Mais cela ne doit pas les empêcher d'accepter les règles du jeu dans l'entreprise ou d'en inventer de nouvelles qui leur correspondent plus. »
- La prise, l'air de rien, de responsabilités supplémentaires. Certaines personnes gravissent les échelons en donnant plus de contenu à leur poste, en récupérant dans leur escarcelle davantage de matière. Au final, elles grignotent peu à peu du territoire et se retrouvent à la tête d'un poste qui n'a plus rien à voir avec celui pour lequel elles ont été nommées au départ. Attention, elles font cela avec subtilité : elles ne volent pas le travail des autres, mais elles prospèrent sur le vide (il n'y a personne pour faire telle tâche) ou l'inorganisation (telle tâche relève bien de quelqu'un, mais ce quelqu'un ne s'en occupe pas, faute de temps ou d'intérêt). C'est ainsi que Mercedes Erra, présidente de BETC-Euro RSCG, la grande papesse de

1. *In Elle*, 26 juillet 2008, article de Julia Dion, « Devenir chef, est-ce pour moi ? ».

la publicité française, a commencé sa carrière. « Même à mes débuts, raconte-t-elle[1], je ne me suis jamais sentie en bas de l'échelle ; je me sentais partie prenante d'un ensemble, dans lequel il y avait des choses à faire. Alors parfois, j'agissais sans qu'on me l'ait demandé : j'ai commencé par organiser le secrétariat, dont personne ne s'occupait, puis je me suis mis en tête de classer toute l'agence. » En général, les personnes qui agissent ainsi sont dotées de qualités indéniables : une grande capacité de travail, le don de créer une pépinière de collaborateurs dévoués sur laquelle s'appuyer et la faculté à déléguer (*voir* « Les règles de base pour gérer une équipe », p. 242).

En informant votre N+1, mais aussi peut-être votre N+2 que si un jour tel poste se libère, vous seriez intéressée par celui-ci

Quelques conseils avant de vous lancer :

- Réfléchissez bien au poste en question : est-il bientôt vacant ? La personne qui l'occupe va-t-elle bientôt être mutée ou partir à la retraite ? Dans ce cas, c'est assez simple. En revanche, si la personne dont le poste vous intéresse vient d'être nommée et donne satisfaction, ce n'est pas le moment de faire ce genre de démarche… Vous risquez de passer pour une fille qui manque de sens politique. Enfin, s'il est de notoriété publique que la personne en question ne donne pas satisfaction, allez-y, mais soyez habile (voir plus loin).

- Soyez discrète : inutile de clamer sur tous les toits que vous souhaitez remplacer telle ou telle personne. Un entretien confidentiel en tête à tête est préférable à une campagne électorale qui risque : 1) de vous rendre impopulaire vis-à-vis de vos collègues ; 2) de donner la même idée à d'autres personnes.

- Démontrez à votre interlocuteur – brièvement – que vous êtes la meilleure personne dans l'entreprise pour faire, un jour, ce job.

– ***Avant toute chose, rappelez que vous aimez votre poste actuel,*** que vous êtes prête à le faire encore quelque temps mais que vous vous projetez dans l'avenir et que vous avez soif

1. *In* Hervé Gattegno et Anne-Cécile Sarfati, *Femmes au pouvoir. Récits et confidences*, Paris, Stock, 2007.

d'expériences nouvelles. L'idée n'est pas d'envoyer à votre interlocuteur le signal que vous êtes démotivée sur votre job actuel…

- ***Si vous envisagez de remplacer une personne incompétente,*** ne dites pas du mal d'elle, cela ne sert à rien et peut donner une mauvaise image de vous. Sans compter le risque de mettre votre interlocuteur mal à l'aise si cette erreur de casting lui est imputable…
- ***Concentrez-vous plutôt sur vous*** : vous avez tel et tel atout pour ce job qui vous intéresse vivement. Démontrez que vous êtes visionnaire, convaincante, passionnée, créative, courageuse, douée, confiante en vous-même et déterminée. Non seulement vous prouvez à votre interlocuteur votre désir de progresser – et les chefs aiment travailler avec des gens motivés et ambitieux, comme eux –, mais également votre compétence (même s'il a quelqu'un d'autre dans la tête pour ce poste, il pensera désormais à vous pour ce job ou pour un autre). Enfin, vous allez peut-être lui enlever un problème : en vous portant candidate spontanément, vous lui économisez le temps et l'énergie nécessaires au remplacement de tout poste.

Surmonter le blues du nouveau manager

Vous devriez vous réjouir. Mais bizarrement depuis cette promotion, en plus de vous sentir angoissée vous vous sentez un peu triste. Rassurez-vous, vous êtes normale. Marche à suivre pour en sortir.

Pourquoi vous sentez-vous bizarre ?

Pour l'une et/ou l'autre raison suivante :

Vous ne vous sentez pas légitime à ce poste

Vous êtes atteinte du classique « syndrome de l'imposteur » :

- Vous venez d'être nommée responsable de vos anciens collègues, parfois plus âgés et plus anciens que vous dans l'entreprise, voire plus compétents techniquement... Pour peu que vous travailliez dans un domaine très masculin, ce sentiment est encore plus prégnant.
- Vous êtes autodidacte, vous avez moins de diplômes que d'autres dans l'entreprise et c'est vous qui avez été nommée. Vous vous sentez un peu en situation d'imposture.
- Vous ne savez plus à quelle catégorie de salariés vous appartenez : pour votre équipe, vous représentez la direction et pour la direction vous êtes le porte-parole de votre équipe. Difficile de trouver votre place.

Vous avez peur

- D'échouer dans la mission qui vous a été confiée et de décevoir l'entreprise en entier.
- D'avoir du mal à supporter ces nouvelles responsabilités, en termes de temps, de pression et d'énergie. Si vous

avez une vie personnelle remplie (conjoint, enfants…), vous craignez de la mettre en péril.

Vous vous sentez seule

Vos anciens collègues ne s'adressent plus à vous de la même façon, le rapport avec eux n'est plus pareil, vous ne pouvez plus vous confier à eux comme vous le faisiez avant. Vous sentez que vos collaborateurs comptent beaucoup sur vous et que vous êtes seule à devoir prendre certaines décisions. Vous trouvez ça lourd. Vous sentez que vous ne pouvez pas tout partager avec votre équipe, que vous devez faire preuve de plus de retenue en général. En même temps, vous devez prouver à votre hiérarchie qu'elle a bien fait de vous nommer. Vous vous sentez en porte-à-faux dans votre rôle de courroie de transmission entre la direction et votre équipe.

Vous sentez une certaine violence

De sales rumeurs sur les conditions de votre nomination (ou sur vous en général) sont revenues à vos oreilles, vous réalisez que votre nouveau poste faisait ou fait encore envie à d'autres et que vous allez devoir être vigilante pour le conserver. Vous n'êtes pas sûre d'avoir été nommée pour ça…

Comment dépasser ce blues ?

Prenez déjà conscience des raisons de votre mal-être

- Les raisons objectives

– ***Un tel passage à vide est classique et normal***
Le découvrir vous permettra de le dédramatiser un peu. « Devenir chef, explique la coach Évelyne Stawicki, créatrice de la société Croissance RH, c'est quitter sa zone de confort et de plaisir dans laquelle on avait fait ses preuves pour entrer dans une zone d'inconfort dans laquelle il faut apprendre le management, la planification, le réseau et le développement des autres… » Mais apprendre c'est comme grandir : c'est renoncer

à quelque chose maintenant pour faire quelque chose de mieux plus tard, cela passe forcément par de la frustration. Encore plus quand on adorait ce qu'on faisait avant, sur le terrain.

– ***La violence que vous pouvez ressentir est aussi liée à votre sexe***
« La position des femmes qui ont du pouvoir est inconsciemment ressentie comme une position volée, affirme la psychanalyste Sophie Cadalen[1], un vol qui a privé un homme – qui n'a pas de réalité – de sa virilité, qui l'a castré. Une castration qui, de fait, menace tous les hommes dans les parages de cette femme et qui la désigne comme dangereuse, même s'ils louent ses compétences et s'accordent sur sa légitimité. »

- Les raisons qui vous sont propres

Vous interroger sur la résonance inconsciente que votre prise de responsabilités peut avoir avec votre histoire personnelle peut aussi vous aider. Si, parmi vos frères et sœurs, vous êtes celle qui réussit le mieux, la culpabilité, plus ou moins consciente, peut expliquer ce sentiment de mal-être. Si vous vous avez été élevée par des parents modestes qui prônent le « chacun dans sa caste », il est possible que votre récente promotion vous place dans un conflit de loyauté avec eux. Ce d'autant que, dans toutes les entreprises, il faut être visible, pratiquer le marketing de soi (*voir* « À quoi sert le marketing le soi ? », p. 135).

Trouvez la bonne distance avec votre équipe et votre hiérarchie

Vous devez vous situer à égale distance entre vos collaborateurs et votre hiérarchie.
Pour réussir, vous devez éviter deux écueils :

- Vous focaliser sur vos supérieurs et jouer au petit chef avec votre équipe, trop changer et vous exposer au ricanement.

- Vouloir être aimée de votre équipe et chercher à lui plaire à tout prix, devenir le porte-parole de vos subordonnés et tomber sans le vouloir dans le syndrome de la sauveuse. Un piège classique paraît-il (*voir* « Les règles de base pour gérer une équipe », p. 242).

1. *Les Femmes de pouvoir, des hommes comme les autres ?*, Paris, Seuil, 2008.

Rapprochez-vous d'autres managers

Choisissez des personnes du même niveau hiérarchique que le vôtre, en qui vous avez confiance, cela vous permettra de rompre votre isolement. Ainsi, vous pourrez partager avec elles ce que vous ne pouvez dire ni à votre équipe ni à votre hiérarchie. Vous aurez sûrement la surprise de constater que vous n'êtes pas la seule à vous poser des questions. Même quand ils ne viennent pas d'être promus, les managers intermédiaires traversent une période de doute depuis la crise de l'automne 2008. Ils sont 53 % à exprimer le sentiment d'être « désorientés et ne plus savoir quelles décisions prendre », révèle une étude Opinion Way pour Kea&Partners[1].

Demandez à suivre des formations

Si le management est tout à fait nouveau pour vous, il peut être précieux de découvrir que celui-ci est un métier à part entière, qui obéit à des règles qui produisent des effets. De même, les formations en gestion du temps peuvent s'avérer précieuses pour des managers fraîchement nommés qui se sentent débordés (*voir* « La formation professionnelle mode d'emploi », p. 377, « Organiser son temps », p. 361). Enfin, si vous avez fait un très grand saut en termes de responsabilité, un coaching individuel peut vous sauver (*voir* « Le coaching, mode d'emploi », p. 381).

Soyez patiente

Il est banal de ne pas se sentir très bien quand on prend un nouveau poste, encore plus quand il s'agit d'un poste à responsabilité. Combien de temps faut-il pour être à l'aise ? « Cela dépend de plusieurs facteurs, selon Évelyne Stawicki. S'agit-il d'un nouveau poste dans la même entreprise ou dans une nouvelle ? L'environnement est-il complexe ? Quelle est votre faculté d'apprentissage ? Selon ces différents critères, cela peut aller de trois à dix-huit mois. » C'est exactement ce qui est arrivé à Delphine, 40 ans, qui, après une carrière de journaliste spécialisée dans les sujets de société, dans un news magazine, a accepté un poste de chef de service, avec la responsabilité d'une quinzaine de pages hebdomadaires. « Au début, j'ai vraiment douté, se souvient-elle. Je regrettais mon confort psychique d'avant, quand je n'étais

1. *In Le Figaro*, 14 décembre 2009.

responsable que de mon travail, que je pouvais me ficher complètement de savoir ce que l'on publierait dans le journal si l'interview que j'essayais de décrocher ne marchait pas. J'avais l'impression d'être en surrégime sans cesse : stimuler et materner en même temps les journalistes, publier des articles que je trouvais moins bons que ceux que j'aurais écrits moi-même, découvrir les critiques désagréables de certains collègues sur la qualité de mes pages, renoncer à ma signature dans le journal… Mais je m'étais engagée, alors je me suis accrochée. Et puis, je ne sais pas vraiment ce qui s'est passé mais, un an après ma nomination, j'ai commencé à souffler. J'avais pris mes marques avec mon équipe et fait mes preuves avec ma direction. J'avais accepté de ne pas être aimée par certaines personnes sans que cela n'affecte la qualité du travail que l'on ferait ensemble. J'ai enfin profité du bonheur de déléguer, d'exercer des responsabilités, d'influencer le contenu de mes pages dans tel sens plutôt que dans tel autre, d'être autonome et libre. »

Les règles de base pour gérer une équipe

Nommée à la tête d'une équipe, vous n'avez peut-être pas eu la chance d'être formée pour ça. B.A.-BA pour assumer vos nouvelles fonctions.

Ce qu'on attend de vous

De la part de votre hiérarchie

■ En général

– ***En principe, tout patron a une idée précise de ce qu'il attend quand il nomme quelqu'un à un poste***

Vous avez dû en parler ensemble lorsqu'il vous a promue. En effet, il est indispensable que vous sachiez dans quel but vous avez été nommée. À vous d'interroger votre patron mais aussi d'y réfléchir car on ne vous dira peut-être pas tout avant de commencer. Est-ce pour assurer la continuité d'un service qui fonctionnait parfaitement, mais dont le chef précédent est appelé à d'autres destinées ? Est-ce pour redynamiser une équipe qui s'endormait un peu ? Est-ce pour mettre en place un nouveau projet ? Ou pour faire le « sale boulot » de faire partir des gens dans un contexte difficile ?

– ***Si vous avez été recrutée en interne***

Votre nomination est alors une promotion. On a estimé que vous étiez la meilleure personne à un instant *t* pour assumer ces nouvelles fonctions. Mais comment s'est faite votre nomination ? Aviez-vous fait savoir que vous souhaitiez évoluer ? Si vous n'étiez pas la seule candidate, qu'est-ce qui a fait pencher la balance en votre faveur ? Il est important de vous en souvenir, cela vous aidera à mieux remplir votre mission.

– ***Si vous avez été recrutée à l'extérieur***

Que vous ayez postulé ou que l'on soit venu vous chercher, peu importe. Ce qui compte, c'est de savoir si votre recrutement est dû au développement de l'entreprise (agrandissement, diversification...) ou au désir de votre hiérarchie de remplacer quelqu'un qui ne faisait plus l'affaire. Il est indispensable que vous le sachiez pour comprendre en quoi le travail de cette personne ne satisfaisait plus l'entreprise. Et aussi pour mieux vous positionner face à votre équipe.

■ Au jour le jour

– ***Votre N+1 attend que vous compreniez la stratégie de l'entreprise*** et que vous adaptiez celle-ci dans votre périmètre de responsabilité. Il souhaite que vous respectiez les objectifs qu'il vous a fixés. À vous de le faire, mais aussi de le lui faire savoir. Comment ? En lui rendant compte régulièrement du travail de votre service. De quelle façon ? Tout dépend de sa personnalité, de ses méthodes de travail et des *process* en vigueur dans l'entreprise. Ce peut être par des rapports écrits réguliers ou par des réunions avec ou sans votre équipe, à un rythme à trouver entre vous (*voir* aussi la partie « Le marketing de soi », p. 133).

– ***Votre patron attend que vous respectiez votre budget***, d'où l'intérêt pour vous d'avoir une visibilité sur ce que votre équipe produit, son coût de production et sur ce que cette production « rapporte » à votre département et à votre entreprise. Il est vivement conseillé de vous rapprocher des services qui peuvent vous renseigner. En effet, il arrive, dans certaines entreprises, que personne ne vous parle « budget », jusqu'au jour où l'on vous reproche de trop dépenser. À vous de vous comporter en vrai patron sur votre service. De plus, cela vous permettra de connaître votre marge de manœuvre et de l'exercer pleinement.

De la part de vos collaborateurs

Les attentes des collaborateurs vis-à-vis de leur chef sont multiples. Voici les principales :

■ « Donner du sens » à votre équipe et à chacun de ses membres

– ***Pour cela, il vous faut bâtir un projet d'équipe*** qui permette à votre service d'avancer dans la bonne direction et d'adhérer à la stratégie générale de l'entreprise. Vous devez dire à votre équipe où vous souhaitez aller ensemble et comment y aller. « Les objectifs, individuels et collectifs, déterminés dans le projet d'équipe doivent permettre de faire comprendre qui, dans l'équipe, contribue à quoi », écrivent les professionnels du management Raphaëlle Delaunay et Jean-Marc Moret[1].

– ***Mais ce projet collectif doit être compatible avec les ambitions personnelles de chacun*** des membres de votre équipe. C'est pourquoi, il vous faut bien connaître vos collaborateurs pour permettre à chacun de trouver sa place dans ce projet et de remplir ses objectifs individuels. Il est de votre responsabilité d'informer et de motiver votre équipe autour de ce projet.

- Savoir communiquer avec vos collaborateurs

« La meilleure règle de communication est la transparence, assure Martine Cerf, directrice générale d'Atalante Consultants, coach de managers et formatrice[2]. [...] Un manager doit impérativement régulièrement informer ses équipes sur la place de l'entreprise dans ses marchés, les décisions de la direction générale et leurs répercussions sur le service qu'il dirige. [...]. L'autre aspect fondamental de la communication, c'est l'écoute : entendre lorsqu'un collaborateur exprime qu'il n'est pas en situation de remplir ses objectifs, écouter ses raisons et tâcher de les comprendre. C'est un très bon moyen pour percevoir le malaise d'un collaborateur qui n'ose pas demander de l'aide, parce qu'il ne sait pas faire ce qu'on attend de lui, ou parce qu'il a une charge de travail trop importante. L'écoute permet enfin de détecter les signaux faibles d'un début de conflit et d'intervenir quand il est encore temps. »

- S'imposer en tant que manager

Pour ce faire, il faut apprendre la maîtrise et l'affirmation de soi.

– ***« La capacité à se maîtriser*** se traduit par la faculté d'objectiver les situations pour ne pas céder à des sentiments parasites de peur ou de colère, qui brouillent l'analyse rationnelle », poursuit la coach Martine Cerf[3]. Autrement dit, il faut avoir du

1. *In Manager une équipe,* Paris, Nathan-Les Échos.fr, 2009.
2. *In* Émilie Devienne (dir.), *Entreprise mode d'emploi. Savoir gérer sa vie quotidienne au travail,* Paris, Larousse, 2009.
3. *Ibid.*

sang-froid quand on est manager (*voir* « Montrer ses émotions au bureau ? », p. 174).

– ***L'affirmation de soi*** c'est la capacité à dire les choses aux autres, y compris quand elles sont désagréables, sans pour autant les agresser (*voir* « S'affirmer au bureau », p. 56).

▪ Faire grandir vos collaborateurs en développant leurs compétences

Cela ne signifie pas que vous devez vous transformer en « maman ». C'est même tout le contraire. « Vos collaborateurs – hommes et femmes – attendent que vous soyez un capitaine qui donne la marche à suivre et distribue le travail, écrit la journaliste Carole Gamelin[1]. Ils n'ont pas besoin que vous soyez toujours derrière eux ou que vous leur teniez la main pour avancer. Personne ne vous en voudra si vous oubliez de prendre des nouvelles de la bronchite du petit dernier. Vous pouvez être prévenante avec les membres de votre équipe sans pour autant être excessive. » Une chose est de montrer de l'empathie aux gens qui travaillent pour vous. Une autre est de tomber dans le maternage excessif. Le risque est de vous épuiser à faire le travail de vos collaborateurs à leur place et de ne plus avoir suffisamment de temps et d'énergie à faire le vôtre. Ce n'est pas ce qu'on attend de vous. Même si, au final, c'est vous qui êtes responsable du travail de vos collaborateurs. « Les femmes managers passent souvent du temps à écouter, à aider, à se réunir pour réfléchir en commun, à associer les membres de l'équipe, parfois plus que nécessaire et cela ne convient pas toujours à tous, notamment à certains hommes, met en garde Frédéric Adida, coach en management et carrière et président d'Assaté. C'est pour cela que je conseille souvent aux femmes que je coache d'aller puiser dans d'autres ressources de management, en fonction des situations, avec un mode plus pédagogique, plus orienté sur des objectifs (avec reporting, planning, instructions précises), un mode plus froid, plus *process,* sans pour autant perdre leur identité féminine. Ou alors un mode plus coaching pour détecter les potentiels, favoriser les évolutions, développer les compétences et le potentiel des membres de l'équipe, en visant l'efficacité à long terme, au lieu d'être toujours le nez dans le guidon. »

1. *In Manager au féminin,* Paris, Vocatis, 2010.

Comment répondre à leurs attentes

- Pour bâtir votre projet d'équipe, il vous faudra respecter une période d'observation qui, idéalement, devrait durer plusieurs semaines. Cela vous permettra de découvrir qui fait quoi dans l'équipe, mais surtout sur qui vous pourrez vous appuyer, de qui il faudra vous méfier, quelles sont les habitudes en vigueur. Seuls des entretiens individuels vous aideront à comprendre les gens avec lesquels vous allez travailler désormais. Veillez à bien soigner ces entretiens pour tisser les fils d'une bonne relation future. Écoutez, écoutez, écoutez.

- Pour trouver le bon rapport avec votre équipe

– ***Cherchez la bonne distance***

Celle-ci se situe exactement entre votre direction et vos collaborateurs. Cela signifie que vous pouvez être proche, mais pas trop. Vous devez être suffisamment humaine, mais aussi capable de garder assez de distance. C'est plus difficile quand on devient le manager de ses anciens collègues. La clé est peut-être d'apprendre à « faire la différence entre chaleur humaine et affectivité », comme le conseille Carole Gamelin[1]. Elle poursuit : « Tant que ces nuances ne sont pas clairement comprises, vous ne ferez qu'osciller entre la froideur d'une part et le copinage ou le “maternalisme” d'autre part. Et le message que vous ferez passer à vos collaborateurs sera brouillé. La bonne distance consiste à amener vos collègues à se sentir exister, à leur faire éprouver le sentiment qu'ils comptent et que ce qu'ils font a du sens. Vous y parviendrez en étant professionnelle et en ayant une attitude juste, en étant stricte et exigeante sur la qualité du travail tout en restant chaleureuse avec vos partenaires. »

– ***Posez quelques règles de fonctionnement et tenez-les***

Vous pourrez rappeler à vos collaborateurs que vous êtes leur interlocuteur privilégié et que vous souhaitez qu'ils ne vous court-circuitent pas en s'adressant directement à votre supérieur. En revanche, vous vous engagez à faire passer leurs messages auprès de votre hiérarchie.

1. *Ibid.*

▪ Pour souder votre équipe

– ***Il est bon d'y travailler car cela ne va pas forcément de soi.*** « C'est la mission du manager de construire la cohésion de son équipe, affirme la coach Évelyne Stawicki, créatrice de Croissance RH. Or la cohésion n'a rien de naturel, il faut cesser d'avoir une vision angélique de l'équipe. Quand on fait des jeux de rôles dans les formations, on s'aperçoit toujours que l'individualisme prime sur le collectif. » Problème : inconsciemment le manager aurait toujours peur que son équipe se retourne contre lui, d'où sa tentation de diviser pour mieux régner. « Mais cette stratégie n'est pas payante à long terme, poursuit Évelyne Stawicki. Elle finit toujours par empêcher qu'une équipe travaille ensemble sans se tirer dans les pattes, ce qui, au final nuit à l'entreprise. Car le conflit est une maladie évolutive, si on ne fait rien, c'est comme une tumeur qui peut envahir tout le corps social. De plus, la somme des performances individuelles ne fonde pas la performance collective. Vous pouvez avoir onze bons joueurs de foot et ne pas marquer un but, onze bons commerciaux et ne pas emporter un appel d'offres ! Le tout n'est pas égal à la somme des parties, ça va au-delà. »

– ***Les stratégies gagnantes.*** Le projet d'équipe (voir plus haut), en principe, transcende les individualités : être la meilleure agence, être innovant cette année… Mais il faut aussi travailler sur les systèmes d'information entre les membres de l'équipe. « Une réunion de service doit être régulière et permettre de faciliter la circulation de l'information, d'aider au travail de chacun, explique Martine Cerf, directrice générale d'Atalante Consultant[1]. Pour être profitable à tous, cette réunion ne doit porter que sur des sujets qui concernent tout le monde. De façon plus informelle, une réussite imputable au service, un événement heureux dans la vie d'un collaborateur, un anniversaire peuvent être des occasions de se retrouver dans une atmosphère conviviale : un pot en fin de journée, un déjeuner ou un dîner. […] Une équipe qui fonctionne bien allie une cohérence et une cohésion fortes. Ce sont les résultats d'une construction patiente de la part du manager, qui se manifestent par une solidarité visible, une atmosphère déten-

1. *In* Émilie Devienne (dir.), *Entreprise mode d'emploi. Savoir gérer sa vie quotidienne au travail,* Paris, Larousse, 2009.

due dans un service. Tout ceci entraîne, véritable récompense pour le manager, une meilleure performance générale et une dynamique de groupe qui rend le management plus aisé. »

- Pour savoir déléguer, il faut appliquer quelques règles clés. Voici les plus importantes, résumées par Marie-Hélène Drouet, formatrice consultante[1] :

– ***Comprenez ce que signifie vraiment la délégation.*** En effet, faire faire, c'est demander à quelqu'un de faire son travail, alors que déléguer, c'est demander à quelqu'un de faire une partie de votre travail. C'est très précieux quand on souhaite prendre de plus en plus de responsabilités et évoluer encore.

– ***Identifiez les freins classiques à la délégation.*** Ils sont nombreux : de la peur de ne plus tout maîtriser à la crainte de voir votre collaborateur devenir plus compétent que vous dans certains domaines, en passant par une tendance au contrôle hypertatillon. Pour déléguer efficacement, il faut : 1) savoir renoncer à faire soi-même les tâches qu'on sait pourtant très bien faire, voire qu'on aime faire ; 2) faire confiance, et là aussi renoncer à un contrôle excessif.

– ***Demandez-vous pourquoi déléguer*** : faire face à une charge de travail excessive, développer la motivation d'un collaborateur, pouvoir vous consacrer à d'autres tâches plus en rapport avec votre poste, progresser encore en visant un autre poste…

– ***Déléguez à la bonne personne*** en vous posant les questions de base : la tâche que vous souhaitez lui déléguer est-elle en rapport avec son domaine d'activité ? Cette personne est-elle disponible et attirée par ce travail supplémentaire ? De quelles informations et formations aura-t-elle besoin au préalable ?

– ***Formez la personne à laquelle vous souhaitez déléguer.***

– ***Fixez clairement ce qui est à faire.*** Et acceptez que votre délégataire utilise une méthode différente.

– ***Suivez l'avancement des tâches.*** Donnez-vous des rendez-vous de contrôle régulier. Si la personne refuse votre suivi, refusez la délégation. Car aucune délégation n'est possible sans un minimum de contrôle. N'oubliez pas : la délégation n'est en

1. Marie-Hélène Drouet dispense des formations, notamment en gestion du temps, pour différents organismes, dont le Cegos, qui est l'un des organismes de formation professionnelle les plus importants de France.

aucun cas une abdication, vous restez responsable du travail délégué.

– ***Évaluez la délégation.*** L'objectif a-t-il été atteint ? Qu'en pense le collaborateur auquel vous avez délégué ? Comment le féliciter en cas de succès ? Faut-il redéfinir sa fonction ?

Cinquième partie

La grossesse et le travail

Un enfant en travaillant, oui mais à quel moment ?

Bien sûr, une grossesse ne se programme pas comme un séjour de vacances… mais vous vous interrogez peut-être sur une décision qui aura des répercussions sur votre vie entière – et pas seulement sur votre carrière. Quelques éléments pour tenter d'y voir plus clair.

Quelques chiffres en préambule

L'âge de la maternité ne cesse de reculer en France

Cela ressort d'une étude de l'Ined publiée au printemps 2010[1] : l'âge des femmes au premier enfant est en moyenne de 28 ans contre 24 ans à la fin des années 1970. Dans certaines zones urbaines, comme à Paris, il est même de 31,5 ans. Les femmes ont souvent leur deuxième enfant après l'âge de 30 ans. Les raisons ? Directeur de recherche à l'Ined, Henri Leridon explique ce « changement de comportement majeur » des femmes vis-à-vis de la maternité[2] : « À leurs yeux, une série de conditions doivent être remplies avant de chercher à concevoir : trouver un partenaire stable et qui puisse ensuite être un père "acceptable", s'entendre avec lui sur la décision d'avoir un enfant, terminer des études, s'assurer d'un minimum de stabilité professionnelle, disposer de ressources suffisantes… autant de conditions – toutes légitimes – qui ne peuvent que retarder l'arrivée de l'enfant. »

1. *In Le Figaro*, 25 mars 2010, « L'âge de la maternité ne cesse de reculer en France ».
2. *In Fiche d'actualité*, n° 3, octobre 2008, « La baisse de la fertilité avec l'âge ».

La fécondité des Françaises est relativement élevée

■ Leur taux de fécondité demeure l'un des plus forts d'Europe

Avec presque 2 enfants par femme en France métropolitaine en 2009, c'est même le deuxième après l'Irlande.
- 4 femmes sur 10 ont 2 enfants ;
- 2 femmes sur 10 en ont 3 ;
- 1 sur 10 en a 4 ;
- 2 sur 10 n'en ont que 1 ;
- 1 sur 10 n'en a pas du tout.

■ Comment expliquer un tel taux de fécondité ?

Les gouvernants avancent qu'il résulte de la politique familiale française « généreuse ». Ce n'est pas faux. « Pour l'Ined, la politique familiale absorbe 3,8 % du PIB, ce qui la place au troisième rang des pays de l'OCDE[1]. [...] Cet effort repose principalement sur deux piliers : les allocations familiales instaurées dans les années 1930 et le quotient familial, mis en place après la Seconde Guerre mondiale. » Ce qui n'empêche pas qu'il manque cruellement, en France, d'équipements collectifs destinés aux enfants de moins de 3 ans[2].

La fertilité baisse avec l'âge

■ « La fertilité et la fécondité ne se confondent pas, rappelle l'Ined. La fertilité est la capacité biologique à concevoir, tandis que la fécondité, notion démographique, est le nombre d'enfants mis au monde. » D'où cette question d'Henri Leridon : à trop attendre, prend-on le risque de ne pas obtenir l'enfant souhaité pour des raisons physiologiques ? « La fertilité baisse incontestablement avec l'âge, poursuit-il. Les capacités fertiles diminuent plusieurs années avant que la ménopause ne s'installe définitivement [...]. L'âge auquel la stérilité survient

1. *In Le Monde*, 20 octobre 2009, article d'Anne Chemin, « Une politique généreuse mais inégalitaire ».
2. Selon un rapport remis au Premier ministre en 2008, la députée UMP Michèle Tabarot estimait qu'en France il manquait entre 300 000 et 400 000 places pour les enfants de moins de 3 ans. Le Laboratoire de l'égalité professionnelle estime, quant à lui, qu'il en faudrait 500 000 de plus.

varie, bien sûr, d'une femme à une autre. De plus, avant d'être atteinte, la stérilité totale est précédée d'une période de baisse de "capacités fertiles". Celle-ci a deux aspects : d'une part les chances de conception diminuent (le délai moyen peut être de trois à cinq mois chez un couple jeune et il augmentera ensuite avec l'âge) ; d'autre part, le risque de fausse couche augmente (12 % vers 25 ans, il atteint 20 % à 37 ans, 30 % à 43 ans et monte très rapidement au-delà). »

▪ Quelles sont les chances d'être enceinte selon l'âge qu'on a ?

En combinant toutes les données qui précèdent, le directeur de recherche a tenté de quantifier la baisse de la fertilité avec l'âge. Voici les résultats qu'il avance : « On peut ainsi estimer qu'une femme cherchant à avoir un enfant vers 30 ans a 75 % de chances d'y parvenir en 12 mois, 66 % de chances si elle commence à 35 ans, et 44 % si elle commence à 40 ans. Les risques de ne pas y parvenir du tout sont respectivement de 8 %, 15 % et 36 %. »

Faire des enfants ou faire carrière, un dilemme ?

▪ « **Un tiers des femmes estiment avoir fait l'objet d'une discrimination dans leur carrière à cause de leur maternité**, assure Marie Becker, juriste à l'ancienne Halde[1]. En 2006, la loi sur l'égalité professionnelle a identifié la grossesse comme un critère de discrimination. Depuis, les employeurs peuvent être condamnés à verser jusqu'à 200 000 euros d'indemnités. Non-renouvellement de CDD à l'annonce d'une grossesse, perte de responsabilité au retour du congé… Certains sont capables de tout pour se débarrasser d'une femme, qui, à leurs yeux, ne sera plus compétente, parce qu'elle va ou vient d'avoir un enfant. Beaucoup de femmes se résignent. Si elles étaient soutenues sur le terrain juridique, elles pourraient faire valoir leurs droits. »

1. *In Elle*, 7 mai 2010, article d'Isabelle Duriez, « La grossesse reste un facteur de discrimination ». Désormais l'ancienne Halde se trouve dans le périmètre de compétence du Défenseur des droits.

- « Ce qui m'affole, c'est la méconnaissance qu'ont les femmes de leurs rythmes biologiques et la pression professionnelle qui pèse sur elles, s'alarme la gynécologue Marianne Buhler[1], coauteure de *40 ans pour longtemps* (Plon, 1998). Certaines m'expliquent : "Je ne veux pas d'enfants maintenant, car je viens d'être embauchée et j'ai promis à mon employeur de ne pas tomber enceinte dans les quatre prochaines années !" Je leur explique que le temps passe et que quand leur patron voudra se débarrasser d'elles, il ne leur fera pas de cadeau ! » D'où le cri d'alarme lancé par le Collège national des gynécologues et des obstétriciens français, en novembre 2009, à travers la campagne d'information "Un bébé quand je veux, ou un bébé quand je peux ?" »

Quand on ne veut renoncer à rien, comment faire ?

Pensez d'abord à votre vie personnelle

Si vous avez réellement envie d'avoir des enfants, réfléchissez bien. Pour vous y aider, méditez ces propos de l'ancienne juge Eva Joly, désormais femme politique[2] et aussi mère de deux enfants (adultes aujourd'hui) : « Si c'était à refaire, j'aimerais avoir un ou deux autres enfants. J'ai souvent donné ce conseil à ma fille : il ne faut pas penser qu'on pourra faire des enfants plus tard ; il faut commencer par les avoir, le reste vient ensuite. Quand on vieillit, on ne pense plus à ce qu'on a fait de sa carrière. Mais on regrette les enfants qu'on n'a pas eus des hommes qu'on a aimés. Pour éviter les regrets, il faut foncer [...]. Souvent celles qui veulent conjuguer famille et métier se disent : "J'aurai des enfants quand ma carrière sera lancée", et ça ne marche pas toujours. » Alors, si vous avez un réel désir d'enfant (ce qui, faut-il le rappeler, n'est pas, en soi, une obligation pour être heureuse dans la vie), si vous avez trouvé l'homme avec lequel vous avez envie de fonder une famille, n'attendez pas trop longtemps.

---

1. *In Elle*, 7 mai 2010, article d'Anne Lindivat, « Enfanter ou travailler, un dilemme ».
2. Née en 1943, Eva Joly, de nationalité française et norvégienne, a été élue députée européenne sur la liste Europe Écologie en 2009. Propos recueillis dans *Femmes au pouvoir. Récits et confidences*, d'Hervé Gattegno et de l'auteur, Paris, Stock, 2007.

Soyez stratégique par rapport à votre carrière

« Bien sûr, chaque cas est particulier, mais les jeunes femmes ont plutôt intérêt, si elles le peuvent, à être enceintes entre deux et trois ans après les débuts de leur entrée dans la vie active, conseille la psychologue du travail Sylvie Sanchez-Forsans[1]. En effet, cela leur permet d'ouvrir une carrière, de prendre leurs premières marques dans les réalités du monde du travail, de poser les bases d'une reconnaissance professionnelle avant la grossesse. » Sans compter que plus l'on fait ses enfants tôt, plus on est encore relativement « interchangeable » dans l'entreprise (on n'a pas encore trop de responsabilités).

Soyez correcte avec votre employeur

Si notre conseil est de ne pas trop attendre pour faire vos enfants et de penser d'abord à votre vie personnelle, il n'est pas de vous pousser à être déloyale vis-à-vis de votre employeur. « Se retrouver enceinte très peu de temps après une prise de poste risque d'entamer la confiance de vos supérieurs », avertit Sylvie Sanchez-Forsans. Juridiquement, rappelle l'ancienne Halde[2], « il n'est pas obligatoire de déclarer votre grossesse lors d'une embauche et au cours de la période d'essai : le fait qu'une salariée n'ait pas déclaré sa grossesse lors d'une embauche ne saurait être une cause de rupture du contrat de travail ». Mais en pratique, même si une grossesse ne se programme pas à la demande, il est toujours préférable d'être loyale et d'attendre d'avoir fait ses preuves dans son poste pour se lancer. Dans les usages, un délai de deux ans semble correct. Pour le reste (périodes de travail plus ou moins importantes au bureau selon les saisons, etc.), il faut le redire : une grossesse ne se programme pas comme un rendez-vous. Chacune fait comme elle peut.

1. Responsable du Capap, Centre d'applications psychologiques et d'accompagnement professionnel, et chargée d'enseignement en psychologie à l'université Lyon-II.
2. Haute autorité de lutte contre les discriminations et pour l'égalité ; tél. : 08 1000 5000 ; www.halde.defenseurdesdroits.fr. Désormais l'ancienne Halde se trouve dans le périmètre de compétence du Défenseur des droits.

Annoncer sa grossesse au bureau

Depuis les résultats du test de grossesse, les questions se bousculent dans votre tête. Dans un mélange de joie mêlée de crainte, vous vous demandez comment annoncer la nouvelle à votre hiérarchie et à vos collègues[1]. Marche à suivre.

À quel moment annoncer la nouvelle ?

La loi

Il n'y a pas d'obligation légale de déclarer sa grossesse, mais c'est à partir de cette annonce qu'une femme enceinte est protégée contre un licenciement (voir plus loin) et peut bénéficier des droits au congé de maternité.

Les usages

À chacune de décider mais trois mois semblent un bon délai pour prévenir son employeur : suffisamment tôt pour permettre à l'entreprise et à la femme enceinte de s'organiser ; suffisamment tard pour sécuriser la grossesse.

1. Quatre femmes sur dix se déclarent angoissées à l'idée d'annoncer leur grossesse à leur responsable hiérarchique. Cela résulte d'une étude, menée par SOS Préma et l'Institut des mamans en février 2007, citée par Jérôme Ballarin, dans son livre *Travailler mieux pour vivre plus. Comment concilier vie professionnelle et vie familiale ?*, Paris, Nouveaux Débats publics, 2010.

À qui annoncer la nouvelle ?

D'abord à votre patron

- Dans une PME : à votre supérieur hiérarchique direct.
- Dans une grande entreprise : à votre N+1, voire à votre N+2 si vous le connaissez bien, et à la direction des ressources humaines.

Ensuite à vos collègues

À moins de travailler avec votre meilleure amie dont vous êtes certaine qu'elle sera capable de garder le secret, le moyen le plus sûr que votre patron soit le premier à apprendre votre grossesse est de ne rien dire jusqu'à votre entretien avec lui. Il serait légitime qu'il se formalise de ne pas l'avoir appris de votre bouche.

Comment l'annoncer ?

À votre patron

- Lors d'un entretien en tête à tête

  « L'annonce entre deux portes n'est pas une bonne idée, assurent Karine Armani et Marlies Gaillard, de l'agence Équilibres[1]. Il n'est pas inutile de formaliser un peu l'entretien, en ayant prévu un rendez-vous où l'on prend un peu son temps. »

- Les bons mots

  Il est utile d'avoir préparé l'entretien, c'est-à-dire d'avoir réfléchi à des solutions possibles pour votre remplacement, lors de votre congé de maternité. Même si, bien sûr, c'est votre patron qui décide, en dernier ressort de l'organisation qui sera

1. Fondée en avril 2005, Équilibres est la première agence de conseil experte sur les questions d'égalité professionnelle et d'articulation des temps de vie. Équilibres intervient auprès des entreprises, des pouvoirs publics, des associations et du grand public pour sensibiliser largement, initier ou accompagner leurs actions en faveur de l'égalité professionnelle et de la conciliation entre vies professionnelle et personnelle.

en vigueur en votre absence. Il est important de vous montrer concernée par votre poste et rassurante pour votre hiérarchie.

- Le bon ton

« Efforcez-vous d'être le plus conviviale et positive possible, conseille la psychologue du travail Sylvie Sanchez-Forsans[1]. Mais n'attendez pas que votre patron saute de joie avec vous. La plupart des employeurs sont consternés d'apprendre la grossesse d'une salariée, ils pensent tout de suite aux problèmes d'organisation qu'ils vont devoir gérer et ça les angoisse. » Mieux vaut le savoir avant…

- Il fait grise mine ?

– ***Déculpabilisez***

« C'est vrai, certains patrons n'aiment pas ça, constatent Karine Armani et Marlies Gaillard, mais les femmes n'ont pas à s'en vouloir d'être enceintes, elles n'ont pas à s'excuser. » Faire des enfants est utile à la société ! En effet, l'espérance de vie ne cesse d'augmenter dans les pays riches, mais, pour la première fois de notre histoire, le nombre des seniors (65 ans et plus) est sur le point de dépasser celui des enfants de moins de 5 ans. « Dans quantité de pays, les personnes âgées ayant droit à une pension, des services de santé et des soins de longue durée payés par l'État seront bientôt plus nombreuses que celles qui travaillent et dont les impôts financent ces prestations. Selon une nouvelle analyse sur le vieillissement mondial de Standard&Poor's, cela, plus que tout autre facteur, façonnera l'avenir de la santé économique des nations, des finances publiques et des politiques nationales[2]. »

La conséquence à en tirer ? « Au lieu de s'excuser de porter des enfants et de se sentir coupable vis-à-vis de leur entreprise, poursuit la journaliste Isabelle Germain[3], les femmes

1. Voir note 2, p. 236.

2. *The New York Times*, 22 octobre 2010, article de Natasha Singer, « La facture du papy-boom. Le monde n'est pas préparé au vieillissement de sa population ».

3. Fondatrice du site Internet « *Les Nouvelles News*, l'autre genre d'info », qui se présente comme « le premier magazine d'information générale dont le contenu est vraiment mixte ». Contrairement à l'ensemble des journaux d'information générale, *Les Nouvelles News* donne la parole aux femmes autant qu'aux hommes et reflète les priorités politiques des deux. Isabelle Germain est également l'auteure de *Si elles avaient le pouvoir*, Paris, Larousse, « À dire vrai », 2009, et la coauteure avec Annie Battle et Jeanne Tardieu du *Dictionnaire iconoclaste du féminin*, Paris, Bourin Éditeur, 2010.

pourraient faire un tout autre raisonnement : l'enfant qu'elles portent, mettent au monde, soignent et éduquent tout en travaillant, paiera demain la retraite de cet employeur qui les regarde de travers depuis qu'elles ont annoncé leur grossesse. »

– ***Essayez de rassurer votre employeur***

« Il est plus efficace d'essayer de dégonfler les peurs de son manager que de se laisser dévorer par la culpabilité, poursuivent Karine Armani et Marlies Gaillard. Les angoisses des managers tournent toujours autour des mêmes sujets :

✓ ***L'organisation pendant le congé*** – et le lien entre la salariée et l'entreprise durant celui-ci : veut-elle qu'on lui fiche la paix complètement ou rester tenue au courant de certains éléments ?

✓ ***Le retour dans l'entreprise*** – qui, pour l'employeur, rime souvent avec désinvestissement professionnel.

✓ ***Le mode de garde de l'enfant*** : celui-ci sera-t-il fragile, générant des absences à répétition ?

Aux femmes de poser tous ces sujets, dès l'annonce de la grossesse, poursuivent les spécialistes d'Équilibres. Plus on parle de ces sujets en amont, plus on réduit l'angoisse de son manager et plus on construit la confiance avec lui. Bien sûr, au premier enfant, on ne sait pas, à l'avance, si l'on voudra travailler de façon un peu aménagée au retour du congé de maternité ou si l'on voudra continuer au même rythme qu'avant, mais au second, en principe, on sait ce que l'on souhaite pour son bébé et pour soi. Et si l'on ne sait vraiment pas, on peut différer cette décision à un entretien avec son manager quelques semaines avant le retour de congé de maternité. De même pour le mode de garde, il est rare d'être organisée à trois mois de grossesse, mais on peut déjà signifier qu'on y réfléchit et qu'on va trouver une solution efficace. Enfin, rien n'empêche de rassurer son manager sur son désir de continuer à travailler après la naissance en inscrivant ce congé (soit trois à quatre mois seulement le plus souvent) dans le long terme d'une vie professionnelle. Une chose est sûre : plus l'entreprise offre une flexibilité temporaire à sa salariée enceinte ou jeune accouchée, plus elle s'attache la fidélité et la confiance de sa salariée à long terme. Les patrons que nous accompagnons sont formels : les femmes sont dans une fidélité totale à l'entreprise qui a su gérer cette période intelligemment. »

▪ Votre employeur est une femme et pourtant elle réagit mal à votre grossesse ?

Peut-être est-elle atteinte de ce que l'on appelle le « syndrome de la reine abeille ». Mis en lumière et analysé par les recherches en psychologie sociale, dans les années 1970, ce syndrome est toujours d'actualité[1] dans le monde du travail. « En effet, explique Leila Selimbegovic assistante de recherche en psychologie à l'Université de Genève, il existe des femmes qui, ayant réussi à des postes à responsabilité traditionnellement occupés par des hommes, s'opposent, plus ou moins ouvertement, à ce que d'autres femmes progressent dans l'entreprise. » Comment expliquer un tel phénomène ? « Ces femmes se détachent de leur propre groupe (les femmes) et vivent les autres femmes plus jeunes, qui voudraient faire comme elles, comme des menaces. Avoir atteint le succès dans un domaine difficile les valorisait personnellement. Envisager que d'autres femmes y arrivent aussi démontre qu'elles ne sont pas si exceptionnellement douées que ça... Dès lors, ces femmes entravent la réussite au féminin en général. » Si elles ont renoncé à une vie personnelle pour faire carrière, la grossesse de jeunes femmes qui prétendent tout réussir (le travail et la famille) peut être vécue comme une injustice par elles. De même, si elles ont eu des enfants mais qu'elles ont souffert dans leur vie, elles peuvent être tentées – le plus souvent inconsciemment – de se venger sur vous. Pour apprendre à faire avec ce type de personnalité, reportez-vous au chapitre « Gérer les comportements difficiles au travail », p. 81. Heureusement, il existe aussi de nombreuses femmes managers qui sont solidaires avec les plus jeunes et réagissent bien à l'annonce d'une grossesse.

▪ Faut-il envoyer un courrier pour annoncer officiellement sa grossesse ?

C'est ce que recommande la Halde, la Haute autorité de lutte contre les discriminations et pour l'égalité. « Il est préférable de le faire par lettre recommandée avec un certificat médical attestant la grossesse. Une simple information orale ne suffit pas à garantir la protection. Il faut être particulièrement

1. Une recherche universitaire, publiée en 2004 dans le *British Journal of Social Psychology*, fait état du même syndrome.

vigilante si vous êtes en période d'essai », peut-on lire dans le dépliant « Une grossesse sans discrimination[1] ».

Certes, il n'est agréable pour personne de recevoir une lettre recommandée, mais rien ne vous empêche de profiter de la discussion que vous aurez eue avec votre patron (voir plus haut) pour confirmer par écrit les dates de votre congé de maternité.

À vos collègues

Inutile de faire une annonce publique. Dites-le assez vite aux gens avec lesquels vous travaillez quotidiennement et privilégiez l'entretien personnel autour d'un café ou d'un déjeuner, c'est plus convivial. Si vous vous êtes mis d'accord avec votre manager sur une organisation pendant votre congé, parlez-en avec les personnes concernées (à condition, bien sûr, que vous y soyez autorisée par votre hiérarchie). Et ne vous sentez pas coupable : un jour, vous aussi, vous récupérerez une partie du travail d'une collègue en congé de maternité.

1. Disponible sur www.halde.defenseurdesdroits.fr.

Bien vivre sa grossesse au travail

Ça y est, tout le monde le sait maintenant. Vous vous demandez comment rester une professionnelle dans les yeux de vos interlocuteurs sans tomber non plus dans le déni de grossesse ? Quelques pistes.

Comment vous comporter ?

Les quelques erreurs classiques à éviter :

- Parler bébé toute la journée. Tout dépend de la culture de votre entreprise mais, en dehors des univers très féminisés, cela n'est pas toujours bien vu. « Cela peut heurter certaines personnes qui n'ont pas d'enfants ou qui ne se souviennent plus de leur grossesse, ou qui n'aiment pas les enfants des autres, met en garde la psychologue du travail Sylvie Sanchez-Forsans[1]. Il ne faut pas oublier non plus, que même si c'est une joie pour vous, vous êtes quand même dans le monde du travail. Ce n'est pas le lieu pour confier vos questionnements et vos doutes. Restez discrète et trouvez, dans votre vie privée, des oreilles attentives et bienveillantes. »
- En faire beaucoup moins qu'avant. D'après Sylvie Sanchez-Forsans, cette attitude concerne deux types de femmes. « Il y a celles qui étaient déjà un peu inconséquentes avant d'être enceintes et qui profitent de la grossesse pour s'écouter un peu trop. Souvent, cela ne surprend pas leur entourage. Et puis, il y a les autres, celles qui étaient très consciencieuses avant, mais qui sont tellement débordées par leurs émotions qu'elles se mettent à ne plus penser qu'à la maternité. Dans les deux cas, une chose est sûre : la manière dont on part en congé de maternité préfigure la manière dont on va revenir. Même si on se sent un peu débordée, il est toujours préférable d'organiser

1. Voir note 2, p. 236.

son départ, de trouver des solutions, d'anticiper. Une personne qui a tout bâclé avant de partir s'expose au ressentiment de ses collègues et de ses chefs à son retour… »

- En faire beaucoup plus qu'avant. « Certes la grossesse n'est pas une maladie, mais certaines femmes enceintes en font parfois trop, quitte à le payer cher ensuite en termes d'épuisement, regrettent Karine Armani et Marlies Gaillard de l'agence Équilibres[1]. Elles se sentent tellement coupables vis-à-vis de leur entreprise, qu'elles se mettent à en faire dix fois plus qu'avant, alors qu'elles devraient faire attention à ce temps important de leur vie. » « La maternité est un moment unique de la vie qui ne se reproduira pas quinze fois, alors que la vie professionnelle aux femmes enceintes d'apprendre à lâcher prise, d'accepter l'idée que leur corps change, qu'elles vont devoir s'absenter quelques mois. C'est le moment d'oser la délégation au bureau, la transmission. »

Comment préparer au mieux votre départ

- Participez à la recherche de la personne qui va vous remplacer. Regardez dans l'équipe à laquelle vous appartenez si certains collègues pourraient augmenter un peu leur périmètre le temps de votre congé. Si cela vous semble impossible, élargissez votre recherche, si possible avec l'aide de votre manager et des ressources humaines. Le bon conseil : choisissez quelqu'un de suffisamment prometteur pour assurer, mais trop junior pour prétendre vous remplacer… Certains métiers, comme celui de consultant, par exemple, présentent l'avantage d'être facilement interchangeables, mais d'autres le sont moins. « Si vous êtes la seule experte de votre entreprise dans votre domaine, renvoyez gentiment votre manager et les RH face à leurs responsabilités, conseille Karine Armani. Le rôle d'un manager est précisément d'anticiper ce genre de situation. Dans les grandes entreprises, il existe des budgets de remplacement qui permettent de faire appel à des sociétés d'intérim spécialisées dans les experts (juristes, informaticiens, ingénieurs etc.). »

- Formez votre ou vos remplaçants avant votre départ. Si vous êtes remplacée par une personne recrutée

1. Voir note 1, p. 259.

spécialement pour cela, faites-la arriver quelque temps avant votre départ et associez-la à vos dossiers. Proposez-lui d'assister à quelques réunions et présentez-la de façon chaleureuse à vos collègues. Ne soyez pas tentée de la laisser dans l'inconnu dans le but, plus ou moins conscient, de lui mettre des bâtons dans les roues, de peur qu'elle ne vous remplace trop bien… Ce ne serait pas loyal vis-à-vis de votre entreprise et cela vous serait reproché, de toutes les façons. « Il est normal d'avoir peur, affirme Sylvie Sanchez-Forsans, puisque toute suspension d'une relation dans le temps est une prise de risque. On peut alléger cette peur en faisant de son mieux avant de partir, mais on n'est pas dans la toute-puissance, il faut accepter le risque. »

- **Prévenez vos clients** par un petit mail renvoyant sur un interlocuteur pendant votre absence.

- **Préparez votre manager.** Pendant les semaines qui précèdent votre départ, tenez-le au courant des dossiers, de leur suivi, des difficultés que vous rencontrez, mais aussi de vos succès, afin de rester positive et impliquée. Une semaine avant votre départ, organisez un entretien avec lui en tête à tête pour lui transmettre les dernières informations qu'il doit connaître. Désamorcez les bombes à retardement en prévenant votre manager des dossiers chauds qu'il faut surveiller. Rassurez-le : vous ne partez pas en Patagonie, s'il a besoin de vous joindre, il pourra le faire. Même si, c'est à vous de lui signifier le degré de contact que vous souhaitez entretenir avec le bureau durant votre congé.

Optimiser son congé de maternité

Garder le contact ou couper tous les liens avec votre entreprise ? Comment anticiper votre retour pour qu'il se passe le mieux possible ? La bonne stratégie.

Combien de temps s'arrêter ?

Le droit[1]

- Le Code du travail prévoit un congé obligatoire de 8 semaines : 2 avant et 6 après l'accouchement.
- La durée augmente en fonction du nombre d'enfants à charge ou à naître. Pour votre premier et votre deuxième enfant vous avez le droit de vous arrêter 16 semaines (6 avant, 10 après). À partir du troisième enfant, vous pouvez vous arrêter 26 semaines (8 avant, 18 après).
- Le congé peut être prolongé de 2 semaines avant votre accouchement et de 4 semaines après, si votre état de santé l'exige, sur avis médical.
- Bientôt 20 semaines de congé ?

  En octobre 2010, le Parlement européen a adopté une proposition faisant passer le congé de maternité à 20 semaines rémunérées à 100 %. Le gouvernement français s'y est opposé, estimant le coût d'une telle mesure à 1,3 milliard d'euros par an. La procédure préalable à l'adoption du texte sera longue. Si une directive voit le jour – probablement pas avant la fin 2011 dans le meilleur des cas –, les pays auront un délai avant de l'appliquer[2].

---

1. Pour tout renseignement d'ordre juridique, rendez-vous sur le site www.maviepro.fr, « Le rendez-vous des femmes actives ».
2. Pour en savoir plus sur cette proposition, rendez-vous sur le site du laboratoire de l'égalité professionnelle. www.laboratoiredelegalite.org.

En pratique

- N'écourtez pas votre congé

  Certes le congé obligatoire n'est que de 8 semaines, mais il est préférable de prendre les congés auxquels vous avez droit et ce, même si vous vous sentez en forme. Rachida Dati, l'ancienne ministre de la Justice, qui ne s'était arrêtée que cinq jours, n'est pas Mme Tout-le-monde. « Le congé de maternité est indispensable aux femmes, qui ont besoin de se reposer après un accouchement, rappelle le professeur Philippe Descamps, porte-parole du Collège national des gynécologues et obstétriciens français et chef de service au CHU d'Angers. Beaucoup de femmes commerçantes ou exerçant une profession libérale disposent d'un congé très court et elles en souffrent. L'exemple de Rachida Dati était exceptionnel car la ministre bénéficiait certainement d'aides hors normes, mais son cas ne doit surtout pas servir de modèle[1]. » Alors réfléchissez bien : le congé de maternité est une période très importante de la vie d'une femme, que vous ne connaîtrez pas cent fois. Autant le vivre à fond avec votre bébé.

- Si vous attendez votre troisième bébé et que vous trouvez que six mois d'arrêt sont trop longs, vous pouvez écourter de quelques semaines[2], mais là encore, réfléchissez bien avant : si la loi a prévu un tel délai, ce n'est pas pour rien. Une troisième grossesse est plus fatigante. Et l'arrivée d'un troisième enfant correspond à un cap délicat de la vie d'une femme et de sa famille.

- *Quid* des congés pathologiques ? Enfin, même si c'est devenu un usage dans certaines entreprises (il concernerait 70 % des mères[3]), rien ne vous oblige à prendre les congés pathologiques si vous n'en éprouvez pas le besoin. Attention à ne pas surutiliser le système, comme le font certaines femmes, heureusement rares. « Ce genre d'attitude n'aide pas la majorité des femmes qui tentent de gérer honnêtement leur grossesse, il

1. *Elle*, 17 janvier 2009, article « Rachida Dati en fait-elle trop ? ».
2. Dans une étude sur les congés de maternité pris en 2004 et publiée en 2006, la direction de la recherche des études de l'évaluation et des statistiques a montré qu'à compter de la troisième naissance, environ un quart des mères de trois enfants et plus ont déclaré avoir pris un congé de moins de 6 mois (en moyenne 18 semaines, alors que le congé légal est de 26 semaines). *In* Dominique Lafon (dir.), *Grossesse et travail. Quels sont les risques pour l'enfant à naître ?*, INRS, 2010.
3. Cela ressort également de l'étude visée dans la note précédente.

y a une réflexion à avoir sur les droits et les devoirs », affirment Karine Armani et Marlies Gaillard de l'agence Équilibres[1].

Couper ou garder le contact avec l'entreprise ?

Tous les spécialistes de la carrière au féminin le disent : il est vivement conseillé de garder un minimum de contact avec l'entreprise durant le congé de maternité. S'il est inutile de consulter votre ordinateur tous les jours, il peut être intéressant de demander à recevoir les newsletters de votre entreprise pour vous tenir au courant et ne pas décrocher complètement. Mais il n'y a rien d'obligatoire et vous pouvez aussi obtenir ces informations autrement. « Chez Accenture, personne n'en voudra à une salariée de couper son PC durant les semaines qui entourent son accouchement, affirme Anne-Sophie Béraud, responsable du programme Accent sur elles[2]. Mais il est préférable de garder un lien avec les gens dont on est proche dans l'entreprise. Sinon, la coupure dans la tête risque d'être trop forte et de rendre plus difficile le retour au travail ensuite. On peut même apprécier d'aller déjeuner de temps en temps avec son manager et ses collègues : ça permet de retrouver l'ambiance du bureau et ça fait du bien ! » Si vous avez envie d'un vrai break, vous pouvez vous contenter d'un mail ou d'un coup de fil de temps en temps, ainsi que d'une carte de naissance. Sans oublier, bien sûr, un entretien avec votre manager, quinze jours à trois semaines avant votre retour (voir plus loin). Le silence total pendant tout le congé est le plus sûr moyen de vous retrouver en difficulté à votre retour.

1. Voir note 1, p. 259.
2. Dans le cadre du programme Accent sur elles, les femmes salariées d'Accenture, le géant mondial du conseil en stratégie et en organisation, sont accompagnées durant leur grossesse et à leur retour de congé de maternité. La volonté de l'entreprise est de les aider à continuer à faire carrière tout en étant mère.

Anticiper son retour

« Plus on organise les choses en amont, plus on évacue son stress », assure la psychologue Sylvie Sanchez-Forsans. Avant votre retour, il est conseillé de vous concentrer sur certains sujets.

Votre bébé

■ Le mode de garde

Il faut vous en préoccuper le plus tôt possible, au moins deux ou trois mois avant la naissance pour une nounou, dès le début de la grossesse pour la crèche. Vous vous sentirez bien au travail si vous êtes sécurisée par votre organisation (*voir* « Être organisée chez soi », p. 287).

– ***La crèche ou l'assistante maternelle.*** Si vous avez la chance d'obtenir une place – dont le nombre est actuellement nettement insuffisant en France –, vous avez intérêt à prévoir une organisation pour aller chercher votre enfant (le père ? la grand-mère ? une jeune fille ?), mais également pour s'en occuper les jours où il sera malade.

– ***La nounou à domicile.*** Si vous avez un job prenant et peu de soutien familial, ce n'est pas forcément du luxe d'investir dans une garde d'enfant à domicile, même si cela coûte cher[1]. En effet, si vous avez trouvé une personne de confiance (*voir* « Être organisée chez soi », p. 287), ce mode de garde est confortable. Son coût élevé peut être partagé avec une autre famille[2], ce qui présente, de plus, l'avantage que l'enfant n'est pas gardé seul. Vous pouvez aussi vous dire qu'il s'agit d'un investissement jusqu'à ce que votre enfant entre à l'école. Au stade où vous en êtes, cela vous semble peut-être loin, mais ces trois ans-là passent très vite.

■ Votre prochaine séparation

– ***Chaque mère vit les choses à sa façon***

« Certaines femmes auront du mal à se séparer de leur bébé pour retourner travailler, explique la psychanalyste et

1. Pour comparer le coût de la garde à domicile, de l'assistante maternelle et de la crèche : www.fepem.fr/simulateur.
2. Vous pouvez vous renseigner sur ces deux sites : www.lesenfantsdejeanne.fr et www.lerepertoiredegaspard.com.

pédopsychiatre Myriam Szejer (fondatrice de l'association La Cause des bébés), mais pas toutes. En effet, il en existe aussi beaucoup qui n'osent pas avouer à leur entourage qu'elles se sentent un peu déprimées de rester à la maison le temps du congé de maternité car c'est politiquement très incorrect. Mais elles ont le droit de dire que les couches et les biberons pendant trois mois, ça va comme ça ! Ces femmes ont du mal à trouver leur compte sans autre stimulation intellectuelle, cela n'en fait pas de mauvaises mères pour autant. Le bébé s'accommode d'autant mieux de la situation que sa mère l'assume tranquillement. Chacune à sa façon d'être mère. Certaines sont dans la fusion, d'autres dans la délégation, il n'y en a pas une qui est mauvaise et l'autre bonne, ce sont juste des mères, elles font ce qu'elles peuvent. Faut-il le redire ? La mère parfaite n'existe pas, si c'était le cas, elle exigerait des enfants parfaits, ce qui serait monstrueux. »

– ***Les mots à dire au bébé avant de retourner travailler***

✓ ***Que comprend vraiment le bébé ?***

« Si nous savons que le bébé ne comprend pas comme une personne ayant déjà fait l'acquisition du langage, la pratique en maternité et l'écoute psychanalytique donnent la certitude que les bébés comprennent et qu'ils disent, assure Myriam Szejer[1]. La meilleure preuve est que certains troubles comme le refus de manger et les pleurs constants peuvent cesser quand on parle à l'enfant, quand on met des mots sur ce qu'il ressent. Il a besoin de mots associés à ses perceptions, des mots qui ont du sens, qui sont vrais pour celui qui lui parle comme pour lui. Petit à petit, ces paroles vont lui permettre d'organiser ce qu'il vit, de construire sa pensée. Parler à l'enfant, c'est lui permettre d'interpréter correctement son environnement, c'est l'aider par exemple, à anticiper les absences et les retrouvailles, à donner une forme à ce qui va se passer, pourquoi ça va se passer et combien de temps ça va durer. »

✓ ***Que lui dire ?***

« Il faut jouer à fond la carte de la délégation afin que le bébé sente sa mère complètement rassurée de le laisser entre d'autres mains », conseille Myriam Szejer. Dites-lui : "Je

1. *Elle*, 29 janvier 2010, article de Laure Leter, « Que comprennent vraiment les bébés ? ». Myriam Szejer est également l'auteure de *Si les bébés pouvaient parler*, Paris, Bayard, 2011.

te confie à la nounou en qui j'ai confiance et ça va bien se passer. Je reviens à telle heure." Bien sûr, le bébé ne sait pas lire l'heure, mais la nounou oui. Vers 5 heures, il va y avoir le change, le goûter. Si rien n'est dit, l'enfant est dans le "vide", il apprend l'insécurité et l'attente anxieuse. Si la séparation est parlée, le bébé la supportera d'autant mieux. Vous pouvez aussi lui dire qu'avant sa naissance vous travailliez et que vous êtes heureuse de recommencer, que son père aussi travaille et que d'ailleurs, quand il sera grand lui aussi travaillera, que c'est comme ça pour tous les humains. L'important est de mettre du sens. »

– ***Le sevrage du bébé nourri au sein***

« Le sevrage, c'est le prototype même de la séparation, poursuit Myriam Szejer[1]. Pour qu'une séparation se passe bien, elle doit être anticipée par des mots, qui permettent au bébé de comprendre ce qu'il vit : "Tu ne vas plus téter au sein car tu vas aller à la crèche/tu as grandi et tu vas découvrir le goût d'autres bonnes choses…" La parole sert d'objet transitionnel, elle symbolise le maintien du lien : "le cordon de parole", qui sera celui que l'enfant utilisera désormais pendant toute sa vie et qui signe son autonomie. Un sevrage difficile est souvent lié à un manque de parole, d'explications du sens du sevrage. Ça peut-être aussi parce que le sevrage a été trop rapide. Les spécialistes recommandent de s'y prendre progressivement : on commence par remplacer une tétée par un biberon, si possible donné par quelqu'un d'autre que la mère. Puis au bout de quelques jours, on remplace une autre tétée, jusqu'à ce qu'il ne reste que celles du matin et du soir. Puis, enfin, on supprime ces deux-là. »

Pourquoi l'arrêt de l'allaitement est-il plus problématique pour certaines femmes ? « Le sevrage peut être vécu comme un arrachement lorsqu'il fait écho à un traumatisme plus ancien dans leur histoire, répond Myriam Szejer. Le sevrage peut d'ailleurs déclencher un blues au même titre que la naissance : la mère va être fatiguée, déprimée. Pour d'autres, c'est simplement que le congé de maternité est passé trop vite et qu'elles ont le sentiment de ne pas en avoir assez profité. Les enfants sont très sensibles à ces intentions non exprimées. En refusant le biberon, ils se font le porte-parole de ce message inconscient :

---

1. *Elle*, 10 septembre 2010, article de Laure Leter, « Allaitement : sevrage, mode d'emploi ». Myriam Szejer est également la coauteure de *L'Art de nourrir les bébés*, Paris, Albin Michel, 2008.

"Ma mère ne veut pas se sevrer." C'est pourquoi il est important de donner sens à ce sevrage : "C'est difficile pour moi de ne plus t'allaiter, mais il faut maintenant que tu tètes au biberon parce que je dois reprendre le travail." » Comment faire avec un bébé qui n'accepte pas le biberon ? « Le principe du sevrage, c'est d'autonomiser l'enfant par rapport au corps de sa mère, poursuit Myriam Szejer. L'astuce, c'est d'opérer cette transition en douceur, sans tout supprimer d'un coup, par exemple en entourant le biberon d'un linge (foulard, tee-shirt…) qui a été porté par elle. L'odeur et le goût étant très liés, cela permet au bébé de retrouver une sensorialité proche de celle des tétées et, la plupart du temps, d'accepter le biberon. »

Votre bien-être moral et physique

« Si j'ai un conseil à donner à une femme en fin de congé de maternité, c'est celui de prendre soin d'elle », conseille la psychologue Sylvie Sanchez-Forsans. Cela peut passer par quelques frivolités, qui permettent de renouer avec la femme qui s'est un peu oubliée dans la mère.

- Refaire votre garde-robe : cela implique de vous débarrasser de vos vêtements de grossesse et d'investir dans quelques nouvelles tenues dans lesquelles vous vous sentez bien. Et ce, même s'il vous reste des kilos à perdre. Vous finirez par vous en débarrasser, mais cela peut prendre un peu de temps. En attendant, vous vous sentirez plus à l'aise que dans vos affaires défraîchies de femme enceinte.

- Vous offrir une nouvelle coupe de cheveux (et si nécessaire une couleur). Et pour le jour de votre retour au bureau, optez pour une manucure. Si vous êtes du genre coquette, cela vous aidera à vous sentir bien jusqu'au bout des ongles.

- Reprendre contact avec votre corps grâce à un petit programme de yoga/stretching ou autre. Et si vous aimez cela, pourquoi ne pas organiser, quelques jours avant votre retour au bureau, une séance de hammam/gommage/massage ? Histoire de faire peau neuve.

Votre job

Les deux sujets que vous devez aborder avec votre manager, quinze jours à trois semaines avant votre retour :

- Reprendre au même rythme ou pas ?

« L'angoisse majeure du manager, c'est de recevoir une lettre de demande de congé parental sans en avoir été informé verbalement avant, il est donc toujours préférable d'être dans le préventif », avertissent Karine Armani et Marlies Gaillard de l'agence Équilibres[1]. D'où l'intérêt de parler de vos horaires de travail avant votre retour effectif. Il ne s'agit pas de montrer que votre bébé a mis un frein à vos ambitions, mais de reconnaître qu'avoir un bébé change la vie et de réclamer un peu de flexibilité pour s'adapter à ce changement : possibilité de travailler chez vous un jour par semaine, par exemple, ou de partir plus tôt certains soirs… Même si le monde du travail fonctionne encore beaucoup sur une culture du présentéisme, de plus en plus d'entreprises essaient d'évoluer vers une culture du résultat. « Il ne faut pas hésiter à bousculer un peu la culture interne sur le rapport au temps et à la présence physique, poursuivent Karine Armani et Marlies Gaillard. Il faut convaincre son manager que ce n'est pas parce que vous serez vissée à votre bureau que vous obtiendrez de meilleurs résultats. L'important est de se mettre d'accord sur des objectifs et de s'y tenir. Il est rassurant pour un patron d'entendre sa collaboratrice lui dire que certes, elle a fait un enfant, mais qu'elle a toujours envie de travailler. »

- En profiter pour évoluer ?

– ***C'est un conseil donné par certaines femmes cadres,*** même s'il peut paraître incroyablement décalé : profiter du départ en congé de maternité pour évoluer, au retour dans sa société, peut s'avérer une très bonne stratégie. Certaines grandes entreprises, engagées dans la carrière au féminin, promeuvent ce genre de parcours. C'est le cas – entre autres – de la société Schlumberger qui a mis en place un document

1. Fondée en avril 2005, Équilibres est la première agence de conseil, experte sur les questions d'égalité professionnelle et d'articulation des temps de vies. Équilibres intervient auprès des entreprises, des pouvoirs publics, des associations et du grand public pour sensibiliser largement, initier ou accompagner leurs actions en faveur de l'égalité professionnelle et de la conciliation entre vies professionnelle et personnelle.

intitulé « bilan de carrière » : cet outil de réflexion sur la carrière doit être rempli par les femmes avant leur entretien avec leur manager au moment de leur retour de congé. « De plus, chaque employée peut accéder à un portail “Career Centre” et y faire librement état de ses souhaits en termes de gestion de carrière, de mobilité et d’impératifs de vie personnelle, explique Stéphanie Montillet, Process Engineer. Cela débouche souvent sur un plan d’action, avec l’accession à des postes intermédiaires[1]. »

- ***Le congé de maternité est une occasion de réfléchir à sa carrière.*** « Un congé de maternité est une période propice pour prendre de la distance, se projeter dans le futur, réfléchir à ses besoins professionnels, rappelle la psychologue Sylvie Sanchez-Forsans. C’est le bon moment pour réfléchir à un repositionnement dans l’entreprise. » Et c’est une étape de la vie qui fait grandir, qui peut permettre de découvrir qu’on n’est plus effrayée par les fonctions de management et qui donne une occasion idéale de faire comprendre à sa hiérarchie qu’on a mûri et qu’on peut désormais encadrer les autres (*voir* « Le management, le leadership et les femmes », p. 203). Bien sûr, cela suppose de ne pas se sentir inhibée par la culpabilité d’être enceinte, mais plutôt de réaliser qu’en vous obligeant à faire plus de choses en moins de temps, l’arrivée de cet enfant a pu vous faire gagner en productivité.
- ***C’est ce qui est arrivé à Nathalie,*** aujourd’hui manager dans une très grande entreprise d’informatique. « Pour ma première grossesse, je travaillais dans une start-up, raconte-t-elle. Durant mon congé de maternité, j’ai appris que des réorganisations étaient en cours dans mon service et que les patrons allaient faire monter des gens. Je me suis aussitôt proposée pour un poste d’encadrement à mon retour de congé et ma candidature a été acceptée. Pour mon deuxième enfant, j’étais dans une grande entreprise et j’ai refait le même coup. Je me suis portée candidate pour encadrer une équipe de bras cassés qui avaient déjà usé deux managers hommes. J’ai vendu à ma hiérarchie que le fait d’être une femme, de surcroît jeune mère, serait un plus dans cette équipe de mecs un peu violents. On m’a aussitôt promue et j’ai pris mes nouvelles fonctions à mon

1. Colloque du cercle Inter Elles du 9 mars 2010, « Réussir au féminin : le moteur du changement ».

retour de congé de maternité. Cela n'a pas toujours été facile, mais j'ai réussi à les remettre au travail. Une chose est sûre : je n'ai jamais connu de ces retours de congé de maternité atroces où vous êtes mise au placard. Mais j'ai conscience que ce genre de parcours n'est pas très répandu : d'ailleurs, quand, plus tard, j'ai encore changé de boîte, mes recruteurs n'ont pas cru que j'avais été promue en rentrant de congé de maternité. Il a fallu que je montre mes fiches de paye pour leur prouver que je disais vrai ! »

Refaire sa place après un congé de maternité

Que vous ayez vécu votre congé de maternité comme une période délicieuse ou que le bureau vous ait manqué, vous ressentez peut-être un mélange de crainte mêlée d'excitation ou de tristesse. Quelques conseils pour vivre au mieux cette période délicate.

Acceptez une période de flottement

Au bureau

« L'adaptation peut durer plusieurs semaines, affirme la psychologue du travail Sylvie Sanchez-Forsans[1]. C'est le temps qu'il faut pour faire le deuil de la période de cocooning pendant laquelle vous viviez au rythme de votre bébé, coupée des réalités de la vie professionnelle. Sentiment de décalage, obligation de se repositionner professionnellement, voire acceptation du changement… le flottement peut durer jusqu'à six mois avant de disparaître complètement. Cette période ne se vit pas toujours de la même façon, selon le moment où vous vous situez dans votre carrière. Il ne faut pas hésiter à vous faire aider par un coach pour passer ce cap » (*voir* « Le coaching, mode d'emploi ? », p. 381).

À la maison

« Votre bébé comprend tout ce que vous lui dites, même s'il ne parle pas encore, rappelle Myriam Szejer, pédopsychiatre et psychanalyste[2] (voir chapitre précédent). Si, un lundi, vous avez du mal à le quitter, exprimez-le-lui. Prenez-le dans vos bras et dites-lui : "C'est un peu difficile pour moi de te laisser aujourd'hui, mais

1. Voir note 2, p. 236.
2. Et auteure de *Si les bébés pouvaient parler*, Paris, Bayard, 2011.

je te retrouve ce soir et toi tu retrouves tes copains à la crèche, c'est bien." N'hésitez pas aussi à lui redire, à d'autres moments, que vous êtes "contente d'aller au bureau" car vous aimez votre travail qui vous permet de faire des "choses formidables". »

Ne négligez pas votre vie de femme

Ne faites pas l'économie de la rééducation du périnée

Certes, il y a plus glamour comme activité, mais ça ne dure pas très longtemps et c'est in-dis-pen-sable, même si vous avez accouché par césarienne. Demandez conseil à votre gynécologue et à vos copines.

Reprenez le sport en douceur

Attendez la fin de la rééducation périnéale. « Optez pour la natation et la marche, très douces pour les abdominaux, puis après six mois, voire un an, reprenez le jogging, le tennis et le vélo, qui tonifient la silhouette », conseille le professeur Nicole Ciraru-Vigneron, gynécologue accoucheur et coauteure avec Hélène Kosmadakis de *La Bible de votre grossesse* (Leduc.S Éditions, 2007[1]).

N'attendez pas trop longtemps pour renouer avec la sexualité

« Après l'accouchement, pendant six semaines environ, poursuit le professeur Nicole Ciraru-Vigneron, la relation mère-bébé peut être si intense que le père peut se sentir exclu. Avec la fatigue, il est normal que la libido soit mise en veille. Mais, peu à peu, essayez de retrouver votre sexualité, cela vous fera du bien, physiquement et moralement. »

---

1. *Elle*, 28 août 2009, article de Julia Dion, « Mieux vivre son retour de congé de maternité ».

Prenez soin de vous

Vous avez beaucoup donné à votre bébé, il est temps de penser à vous. C'est la période où vous devez être à l'écoute de vos besoins. Si vous n'en pouvez plus, faites-vous aider (*voir* « Impliquer le père dans la maison », p. 311, « Être organisée chez soi », p. 287).

Si le retour au bureau se passe mal

Ce que dit le droit

- Au retour du congé de maternité, vous êtes en droit de retrouver votre poste ou un emploi comparable avec une rémunération au moins équivalente.
- Depuis le 23 mars 2006, l'article L. 1225-26 oblige les entreprises à accorder des augmentations de salaire aux femmes qui rentrent de congé de maternité. De quel montant ? Il s'agit de la moyenne « des augmentations générales ainsi que des augmentations individuelles perçues pendant la durée de ce congé par les salariés relevant de la même catégorie professionnelle ».

Ce qui peut se passer en pratique

- Le droit d'une femme à être augmentée à son retour de congé de maternité est largement ignoré par les entreprises, au grand dam des défenseurs des droits des femmes. « Pourtant nul n'est censé ignorer la loi dans une République, s'indigne la journaliste Isabelle Germain[1]. Mais, dans certains cas, ceux qui sont supposés appliquer ces lois les ignorent avec une persévérance coupable. Sur les sujets qui concernent l'égalité hommes/femmes en particulier, ni les employeurs ni les syndicats ne se précipitent sur les droits nouveaux. Et les femmes isolées à leur retour de congés de maternité ignorent parfois ces règles ou n'osent demander leur application. L'ambiance en entreprise veut, encore

1. Voir note 3, p. 260.

aujourd'hui, que les femmes s'excusent de porter les enfants… et ne réclament pas ce que la loi prévoit pour elles. Elles ont même souvent le sentiment de trahir leur employeur. Les mœurs sont en retard sur le droit. »

■ Les femmes enceintes ou qui viennent d'accoucher sont pénalisées

Le rapport annuel de la Haute autorité de lutte contre les discriminations et pour l'égalité (Halde) publié en 2010 révèle une hausse spectaculaire des réclamations de femmes enceintes. En effet, en 2009, 250 plaintes ont été reçues, soit le double des cas signalés en 2008 (126 plaintes). Le cas le plus fréquent concerne les employeurs qui font payer aux femmes leur grossesse une fois de retour de son congé de maternité. « C'est de loin le cas le plus courant, explique Sylvie Kern, chef du pôle emploi privé de la Halde[1]. Cela se manifeste par une promotion promise qui n'arrive pas ou par un avancement beaucoup plus lent. » Il y a aussi que, en votre absence, votre emploi a été aménagé différemment : votre travail a été redistribué à plusieurs membres de l'équipe, de sorte que votre poste ne s'impose plus dans l'organigramme… Il y a enfin le cas où l'employeur veut garder votre remplaçant(e) au poste que vous occupiez auparavant sans vous proposer de nouvelles fonctions aussi intéressantes. « Cela arrive, en effet, qu'en l'absence de la femme enceinte, d'autres personnes se soient bien débrouillées, constate la psychologue du travail Sylvie Sanchez-Forsans. Mais il ne faut pas s'en vouloir : même si on a fait son maximum avant de partir, cela peut arriver. On ne peut pas tout contrôler. » Sans compter qu'un bon remplacement (souvent assuré par une personne plus junior, donc moins chère…) peut s'ajouter aux idées hostiles de certains managers sur les mères de famille actives. « Pour certains réacs, même encore de nos jours, on ne peut pas faire carrière et avoir une famille, à croire que plus votre ventre grossit plus vos neurones diminuent ! », lâche ironiquement une femme cadre supérieur en colère. Encore plus subtil : « Pour d'autres responsables, mariés avec des femmes au foyer qui ont consacré leur vie à leur famille, votre désir de mener de front une famille et une carrière, peut les placer dans une sorte de conflit de loyauté

1. *In Le Parisien*, 5 mars 2010, article de Thibault Raisse, « Être enceinte peut nuire gravement à votre carrière ».

par rapport à leur épouse », note finement Chine Lanzmann[1], coach en leadership féminin.

Comment vous pouvez réagir

Tout dépend de différents facteurs et notamment du type d'entreprise dans laquelle vous vous trouvez, de votre histoire avec celle-ci, de l'ambiance plus ou moins hostile que vous ressentez autour de vous et de l'énergie dont vous vous sentez capable.

- « Essayez de prendre du recul, de ne pas trop vivre votre situation comme une trahison ou un abandon, conseille la psychologue du travail Sylvie Sanchez-Forsans. Ce n'est pas évident, car vous avez été coupée un long moment des réalités du travail, vous étiez dans votre bulle, peut-être en osmose avec votre bébé. Votre manière de réagir a forcément changé. » Si vous n'arrivez pas à dépasser ces sentiments, n'hésitez pas à vous faire aider par un psy ou un coach (*voir* « Le coaching, mode d'emploi », p. 381), cela vous aidera à analyser clairement la situation.
- Voyez s'il est possible de trouver un compromis, de vous repositionner sur un autre poste, par exemple. « Certaines femmes acceptent de refaire leurs preuves durant deux ou trois ans sur un poste palier », remarquent Karine Armani et Marlies Gaillard de l'agence Équilibres[2], avant de préciser : « Mais cela demande une certaine niaque[3]… » Les deux spécialistes conseillent alors de ne pas s'enfermer dans le silence, qui installe un peu plus dans le statut de victime passive. Elles incitent à être courageuse, à s'ouvrir de la situation auprès de son réseau interne (*voir* « Se constituer un réseau », p. 143). « Il ne s'agit pas d'aller pleurer sur son sort devant la machine à café en criant à l'injustice, mais de s'affirmer pour faire comprendre autour de soi que cette situation n'est pas en rapport avec votre engagement professionnel et qu'elle représente une perte de compétences pour votre

1. Chine Lanzmann a créé Woman Impact (www.chinelanzmann.com).
2. Voir note 1, p. 259.
3. Voir le témoignage d'Armelle Carminati-Rabasse, qui a connu, il y a plus de quinze ans, une expérience de ce type chez Accenture et qui occupe aujourd'hui le poste de « Human Capital and Diversity Lead Accenture monde » dans cette même société. Hervé Gattegno et Anne-Cécile Sarfati, *Femmes au pouvoir. Récits et confidences*, Paris, Stock, 2007.

entreprise, poursuivent Karine Armani et Marlies Gaillard. Tout le monde est conscient que la maternité est un frein dans la carrière, il faut en parler autour de soi pour essayer de faire bouger les choses. Il faut sortir de l'étiquette de la mère forcément désinvestie professionnellement qu'on colle aux femmes enceintes et aux jeunes mères ! Il ne faut pas nier que la maternité change des choses dans l'organisation du travail, mais il faut rappeler que lorsque les femmes quittent l'entreprise plus tôt le soir ou s'absentent un après-midi de temps en temps, elles rallument souvent leur ordinateur une fois les enfants couchés et remplissent, de toute façon, leurs objectifs. Pour certains postes, la culture du présentéisme est dépassée, il faut évoluer vers une culture du résultat. »

- Si aucun accord n'est possible avec votre entreprise, négociez votre départ. Prenez conseil auprès d'un avocat spécialiste en droit social pour vous aider à obtenir une compensation financière la plus élevée possible. Sachez que vous êtes en position de force puisque vous avez le droit pour vous. Mais sachez aussi, qu'il vaut peut-être mieux trouver une solution négociée que d'aller en justice, ce qui prend du temps et se révèle lourd sur le plan émotionnel. Même si ce n'est pas satisfaisant sur le plan des principes… Si vraiment, votre entreprise se conduit mal avec vous, formez plutôt, au préalable, un recours auprès du Défenseur des droits qui englobe désormais le domaine de compétence de l'ancienne Halde[1], il vous aidera à monter votre dossier. Enfin, essayez de dépasser votre sentiment d'échec. Vous n'êtes pour rien dans cette situation. Et un employeur tellement hostile aux enfants et à la famille, il valait mieux le quitter au plus vite ! À l'avenir, essayez de vous tourner, si possible, vers des entreprises qui ont obtenu le label égalité et/ou ont signé la charte de la parentalité[2]. Et, rassurez-vous, il ne s'agit pas que d'entreprises du CAC 40 dans lesquelles il est peut-être plus difficile de se faire embaucher. Même si elles sont encore insuffisantes, des PME, s'engagent elles aussi à faciliter la conciliation vie professionnelle et

1. Haute autorité de lutte contre les discriminations et pour l'égalité ; tél. : 08 1000 5000 ; www.halde.defenseurdesdroits.fr. Désormais l'ancienne Halde se trouve dans le périmètre de compétence du Défenseur des droits.
2. Renseignements sur les sites de l'Observatoire sur la responsabilité sociale des entreprises (www.orse.org) et de l'Observatoire de la parentalité en entreprise (www.observatoire-parentalité.com).

vie personnelle de leurs salariés[1]. « Toutes ces entreprises ont compris que, dans un contexte de guerre des talents, celles qui aident concrètement leurs salariés parents attirent et fidélisent plus facilement leurs collaborateurs, qui se montrent, en outre, beaucoup plus engagés dans la réussite de leur entreprise », affirme Jérôme Ballarin, président de l'Observatoire de la parentalité en entreprise et auteur de *Travailler mieux pour vivre plus, comment concilier vie professionnelle et vie familiale ?* (Nouveaux Débats publics, 2010).

1. Ainsi, par exemple, les sociétés Maviflex (84 salariés, fabriquant de portes souples industrielles), Pil (10 salariés, fabriquant de peinture industrielle) et Green One (4 associés), présidées par Anne-Sophie Panseri, dans la région de Lyon, ont mis en place toute une politique salariale destinée à faciliter l'articulation vie familiale/vie professionnelle de ses salariés, hommes comme femmes (*voir* « Décélérer sans arrêter au bureau », p. 340).

Sixième partie

Le couple, la maternité et le travail

Être organisée chez soi

Courses, rendez-vous chez le pédiatre, paperasse… S'occuper de sa famille, équivaut à gérer une PME. Pour ne pas y passer ses soirées, mieux vaut mettre en place une organisation qui tourne. Catalogue non exhaustif des pratiques qui marchent.

La nounou

Aujourd'hui encore, seulement 10 % des enfants de moins de 3 ans bénéficient d'une place en crèche[1]… Avec un seul enfant, la nounou à domicile est un mode de garde onéreux, mais son coût peut être réduit en organisant une garde partagée avec une autre famille. Par la suite, avec plusieurs enfants en bas âge et un métier prenant, ce mode de garde est parfois le plus commode. Les conseils qui suivent peuvent s'adapter au recrutement et au management d'une assistante maternelle.

Comment la recruter[2]

- Acceptez d'y passer du temps. Vous allez lui confier ce que vous avez de plus cher (vos enfants et votre maison), autant réussir votre casting. Si vous n'avez pas le temps mais des moyens suffisants, faites appel à une agence[3].
- Listez vos besoins. Pour cela, établissez une journée type en fonction des diverses activités prioritaires (garde des enfants) et secondaires (ménage, repassage, courses). Soyez honnête sur

1. Voir *Rapport préparatoire à la concertation avec les partenaires sociaux sur l'égalité professionnelle entre les femmes et les hommes*, établi par Brigitte Grésy, membre de l'Inspection générale des affaires sociales, daté de juillet 2009.
2. Conseils issus de *Elle*, 25 août 2008, article de Danièle Gerkens, « Nounou : le bon casting », avec Marie-Béatrice Levaux, présidente de la Fédération nationale des particuliers employeurs (Fepem) et coauteure avec Laurence de Percin de *Particulier employeur, managez au quotidien votre salariée à domicile* (Vuibert, 2007) et Jeanne Coignard, fondatrice de l'agence Les Enfants de Jeanne.
3. Voici les meilleures agences : pour une nounou à plein temps www.lesenfants-dejeanne.fr ; www.lerepertoiredegaspard.com ; pour une sortie d'école : www.declice-veil.fr ; pour les parents qui travaillent en horaires décalés : www.gepetto.net.

vos contraintes et vos éventuels retards. Souvenez-vous, qu'il est toujours plus simple de négocier initialement que de réajuster. Attention : soyez réaliste. Ne soyez pas trop exigeante, la perle en tous points, cela n'existe pas. Il vaut mieux vous focaliser sur les « qualités essentielles et les défauts rédhibitoires ».

- Parlez-en autour de vous. L'idéal est de trouver une nourrice déjà testée par des amis, des voisins ou des relations de travail. Attention aux sites de mise en relation par Internet, chercher de cette manière peut s'avérer efficace, mais c'est extrêmement chronophage et sans garantie…

- Professionnalisez l'entretien d'embauche. Ce type d'entretien est particulier puisqu'il vise à trouver la personne qui s'occupera de votre enfant. Il est chargé émotionnellement. Attention à ne pas laisser le rendez-vous déborder sur le terrain affectif. Pour cerner l'expérience d'une candidate, interrogez-la sur ses fonctions précédentes, demandez-lui de vous décrire une journée type avec des enfants, posez-lui des questions au sujet de l'hygiène, de la santé, de la nutrition, de l'éveil…

- Contrôlez ses références. C'est indispensable. Si vous avez du mal à les joindre ou que celles-ci vous semblent bizarres, éliminez la candidature.

- Fiez-vous quand même à votre instinct. Si vous ne sentez pas la candidate malgré ses bonnes références, ne la prenez pas.

- Créez son dossier administratif. Demandez-lui les photocopies de :
  - ses papiers d'identité,
  - le cas échéant, ses justificatifs lui donnant le droit de travailler en France : carte de séjour mentionnant « exercice de toutes les professions »,
  - carte Vitale,
  - attestation de domicile,
  - relevé d'identité bancaire,
  - extrait de casier judiciaire.

- Déclarez-la à l'Urssaf[1]

1. Si votre dernier enfant a moins de 3 ans, vous avez le droit à la PAJE : déclarez votre nounou sur www.pajemploi.urssaf.fr., le calcul des cotisations et l'établissement des fiches de paie sont automatiques. Si votre dernier enfant a plus de 3 ans, déclarez

- Accompagnez la période d'adaptation. Les premiers jours, restez une demi-heure avec elle le matin et rentrez plus tôt le soir pour échanger sur sa journée.
- Procédez à une évaluation. Faites le point au bout de dix jours. Rappelez-lui si nécessaire ce qui a été convenu, reprécisez gentiment vos attentes.

Comment la manager[1]

- Soyez « réglo » avec elle. C'est la base d'une bonne relation. Ce n'est pas parce que ce métier s'exerce dans un domicile privé qu'il n'a pas droit un traitement professionnel. En conséquence, payez la nounou sans retard, laissez-lui un porte-monnaie d'argent liquide pour qu'elle n'ait pas à avancer les courses qu'elle serait amenée à effectuer pour vous. Quand vous ne pouvez pas rentrer à l'heure, prévenez-la et compensez d'une manière ou d'une autre ce dépassement d'horaire (soit en la payant, soit en la faisant rattraper).
- Fixez certaines règles dès le départ. C'est à vous de définir la position que votre salariée va occuper chez vous. La relation se crée dans les premiers jours. Ne laissez pas les rôles s'inverser en vous adaptant à ses habitudes. Dites ce que vous ne permettez pas (utilisation du téléphone, d'Internet…), ce que vous n'approuvez pas (les enfants devant la télé dès la sortie de l'école, par exemple) et expliquez pourquoi. Dites aussi ce que vous appréciez, il est important de ne pas brider ses initiatives.
- Préparez un classeur de bord avec les infos importantes. Noms des membres de la famille, objets à ne pas oublier (doudou, tétine…), préférences (peluches, jouets, plats, livres…), allergies, traitements en cours, rituels d'endormissement, etc. Obsessionnel ? Non, professionnel ! Les premiers jours, on échange tellement d'informations qu'il est impossible de tout retenir.

---

votre employée *via* le Chèque emploi-service universel (CESU). Renseignement sur www.cesu.urssaf.fr.

1. Conseils issus de *Elle* du 1er septembre 2008, article de Laure Leter, réalisé avec Marie-Béatrice Levaux, présidente de la Fédération nationale des particuliers employeurs (Fepem) et coauteure avec Laurence de Percin de *Particulier employeur, managez au quotidien votre salariée à domicile* (Vuibert, 2007).

- **Instaurez une transmission écrite.** Le matin, notez sur un classeur les consignes et informations importantes pour la journée. Et demandez à la nounou, d'y inscrire, le soir, un rapide compte rendu. Cela ne doit pas vous empêcher de parler régulièrement avec elle. Une bonne relation employeur/nounou dépend aussi d'une bonne communication.

- **Pensez aux consignes de sécurité.** Prévoyez une petite liste avec les numéros du médecin traitant, du pédiatre, du Samu, du Centre antipoison, des membres de la famille proche. Faites le tour de la maison et montrez-lui les endroits dangereux. Vérifiez avec elle le contenu de l'armoire à pharmacie.

- **Organisez la journée des enfants.** Expliquez-lui le programme type d'une journée (parc, repas, devoirs, bains…). Soyez précise sur le temps maximal autorisé de télé et de jeux vidéo…

- **Faites le point sur quelques principes.** Vous êtes la seule (avec votre conjoint bien sûr) habilitée à lui donner des consignes. Elle ne doit jamais lever la main sur votre enfant, ni le punir sans vous en informer et, certaines punitions sont interdites[1], etc. Mais, en retour, soyez intraitable avec vos enfants sur le respect qu'ils lui doivent. Au moindre dérapage, exigez qu'ils s'excusent.

- **Aidez-la à assumer sa fonction.** Montrez-lui comment s'organiser si elle est débordée, formez-la sur les questions techniques. Prenez le temps, par exemple, de répéter avec elle les bons gestes en cas de bosses ou de plus gros bobos (éraflure, coupure, brûlure…).

- **Si nécessaire proposez-lui une formation professionnelle.** En effet, l'Institut Fepem[2] propose des formations professionnelles « garde d'enfants », d'une durée de 40 heures, ciblées selon les âges (moins de 3 ans, 3-10 ans…), mais aussi « préparation des repas des enfants », « contes et histoires

1. Voir Christine Brunet et Anne-Cécile Sarfati, *Petits tracas et gros soucis de 1 à 7 ans*, Paris, Le Livre de Poche, 2010, et Christine Brunet et Anne-Cécile Sarfati, *Petits tracas et gros soucis de 8 à 12 ans*, Paris, Le Livre de Poche, 2011. Christine Brunet est psychologue clinicienne.
2. www.institut-fepem.fr.

à raconter », etc. Ces formations peuvent avoir lieu pendant les vacances ou au cours de l'année. Le salaire est maintenu pendant les heures de formation et les charges sont remboursées par l'Agefos PME (suivant barème).

- Encouragez-la. Une nounou attend que vous preniez son travail en considération. Prévoyez dans votre agenda des moments pour faire le point. Quand vous êtes contente, dites-le-lui. Soyez ferme sur les choses importantes, mais ne relevez pas toutes les petites imperfections. Vous devez accepter l'idée de ne pas tout contrôler.

Le ménage

Pour trouver une personne de confiance, il n'y a rien de mieux que le bouche-à-oreille. Mais il existe aussi de plus en plus d'agences, renseignez-vous.
Pour faire faire les vitres de votre domicile, vous pouvez vous regrouper avec vos voisins pour faire appel à un professionnel, en réduisant les coûts. Rendez-vous sur le site Vitrissimo.com qui propose des prestations très intéressantes en Île-de-France.

La paperasse

L'agenda de la famille

Que vous partagiez ou non ces tâches avec votre conjoint, il est vivement recommandé de gérer votre paperasse et autres rendez-vous familiaux (orthodontiste, inscription aux activités extrascolaires, paiement de la coopérative…) avec un outil de gestion administrative disponible sur le Net. Le portail HomeBubble, par exemple, facilite la gestion de votre foyer. Vous centralisez toutes vos informations utiles (contrats, factures, références clients, courriers, identifiants d'accès…) pour les avoir toujours sous la main, et aussi les partager avec votre conjoint. Au début, il est un peu pénible de renseigner toutes les données, mais après le gain de temps est énorme. Sans compter que des alertes SMS et mail sont prévues pour vous rappeler les dates importantes. Enfin, le blog associé à ce site vous fournit quantité de bons plans aux moments clés de l'année : rentrée scolaire, départs en vacances, Noël…

La poste

Pour éviter l'attente à la poste, rendez-vous sur le site www.envoimoinscher.com et remplissez un tableau descriptif de votre envoi (du petit colis à la commode de votre grand-mère), comparer les offres des transporteurs privés (délai, coût) et on viendra chercher votre colis (même s'il n'est pas volumineux) chez vous.

Les courses

Aujourd'hui, on peut faire toutes ses courses sur le Net. Bien sûr, c'est sympathique d'aller soi-même au marché le week-end, mais charrier des packs d'eau et des barils de lessive présente peu d'intérêt. Les supermarchés en ligne sont de plus en plus nombreux et les prix sont parfois moins chers qu'en rayon. Loin de nous l'idée de tuer le petit commerce, mais il y a des périodes de la vie où l'on est si fatiguée, qu'on n'a même pas la force d'aller chez le boucher et le marchand de primeurs le samedi matin. Sur des sites comme Mon-marché.fr, Gourmetshop.com et Natoora (entre autres), vous pouvez remplir votre réfrigérateur (viande, vin, charcuterie, crémier, primeur, poisson, traiteurs italien et bio, pâtisseries…) le soir et être livrée dès le lendemain après-midi. Débrouillez-vous pour faire coïncider la livraison avec la présence de la femme de ménage, si vous en avez une, et déléguez-lui le rangement. Vous devez économiser votre énergie.

Les repas

Certaines femmes prévoient les repas pour toute la semaine et affichent les menus sur le frigo. Si vous n'y connaissez rien, offrez-vous un livre de cuisine rapide[1] ou allez surfer sur le net pour dénicher des idées. De plus en plus de sites et de blogs vous

1. Anne-Cécile Sarfati, *À préparer en 15 minutes maxi*, Paris, Albin Michel, 2002.

aident à concocter vos menus à l'avance. Si vous appréciez de cuisiner, préparez les plats de la semaine le week-end, congelez et ressortez au fur et à mesure. Pensez aussi au site www.illicook.com, qui vous envoie, chaque semaine, vos menus ainsi que la liste de courses associées (9 euros par mois). Anticiper les repas vous enlèvera un grand stress : vous n'y penserez plus le soir, en rentrant du bureau. Enfin, si vous prévoyez une semaine de grand rush, remplissez votre congélateur de bons plans Picard que vous sortirez au fur et à mesure. Encore mieux, si vous vivez en région parisienne et avez les moyens, faites appel aux Petites Casseroles (www.lespetitescasserolles.com) : il s'agit d'une entreprise de livraison à domicile de plats familiaux tout prêts réalisés uniquement avec des produits frais.

Les projets du couple et/ou de la famille

Trouver un plombier pour changer un robinet, faire laver votre voiture, budgéter vos prochaines vacances en famille, mais aussi réserver les spectacles à ne pas louper cette année… Du plus pénible au plus glamour, les projets de ce type sont si chronophages qu'on les reporte souvent éternellement. Une solution radicale consiste à passer par un assistant personnel ou concierge privé. Le site www.myconcierge.fr sait tout faire : réservez des tickets à la dernière minute pour un concert archicomplet ou dans un restaurant à la mode. Pour faciliter votre quotidien de femme débordée, cliquez aussi sur www.femmesdebordees.fr, vous y trouverez une excellente sélection de sites Internet pour vous aider dans tous les domaines de votre vie privée : des vacances avec enfants, aux repas du soir, en passant par le rangement de la maison. Enfin, un site récemment arrivé sur la toile peut, un jour, rendre service à votre couple : www.dayuse-hotel.com vous loue quantité de chambres d'hôtel glamour à prix négocié pour passer l'après-midi… Si vous n'avez pas le temps de partir en week-end en amoureux ou qu'aucune âme charitable n'est prête à garder vos enfants, ou encore que vous avez besoin de vous évader un peu d'une ambiance familiale, peu propice à l'érotisme (les couches, les machines, les réveils nocturnes, les devoirs scolaires…), pensez-y. « 30 % des couples qui utilisent notre site sont des couples légitimes qui cherchent à se retrouver un moment ! », assure le fondateur.

Les voyages

Pour en finir avec les arrivées (parfois sans homme), sur le quai de gares avec un enfant à chaque main et deux valises à tirer, pensez au service « Bagages à domicile » de la SNCF. Vous choisissez l'horaire d'enlèvement de vos valises, poussette, vélos, à votre domicile et… les récupérez à votre adresse de destination, que ce soit dans une maison de vacances ou à l'hôtel. Au retour, c'est pareil : vous voyagez les mains vides et vos bagages arrivent chez vous quelques jours après votre arrivée, ce qui permet en outre, de différer les monceaux de linge à laver et de ne pas replonger illico dans la lourdeur du quotidien… Les tarifs ? 35 euros pour le premier bagage, 17 euros pour les suivants. Certes, ce service augmente votre budget vacances, mais quand vous l'aurez testé, vous ne pourrez plus vous en passer.
Pour un hôtel avec club enfant, rendez-vous sur le site www.greatfamilyholidays.fr.

La scolarité des enfants

Les rapports avec l'école

S'impliquer dans la vie scolaire de ses enfants sans passer sa vie à l'école, c'est désormais possible grâce à Internet[1]. De plus en plus de réseaux de parents d'élèves se créent sur le Net pour remplacer les discussions entamées sur le trottoir à la sortie des classes. Comme sur Facebook, c'est gratuit et facile, il suffit de s'inscrire en ligne, étape par étape, puis de mobiliser les autres parents par mail. Bien sûr au début, le mieux est d'en parler autour de vous, en rassurant les parents sur la confidentialité des informations échangées. Ce type de réseau permet aussi de faire le lien avec les associations de parents d'élèves, mais aussi d'impliquer l'instituteur ou le professeur principal, un bon moyen pour mainte-

1. *In Elle*, 9 octobre 2009, article de Julia Dion, « Créer un réseau de parents sur le Web ».

nir le dialogue tout au long de l'année de manière plus ludique et plus souple. Renseignez-vous sur les deux sites pionniers : www.cmonecole.fr et www.ma-residence.fr

Les devoirs scolaires

En primaire, les devoirs écrits sont en théorie interdits. Pourtant nombreux sont les instituteurs qui en donnent quand même et parfois beaucoup. Il est important d'encadrer le travail de l'enfant, mais point trop n'en faut. « Un enfant constamment surveillé et soutenu en déduit qu'il est incapable de se débrouiller seul, met en garde la psychologue Dominique Mazin[1]. Quand les parents s'occupent de tout, trop bien, il a tendance à se laisser porter. Plus il est aidé à la maison, moins il écoute en classe car il pense : "Maman (ou le prof particulier) m'expliquera ce soir." La mission des parents, c'est de gérer le temps car, ça, l'enfant n'y arrive pas encore tout seul : "Est-ce que tu préfères faire tes devoirs tout de suite ou après la douche ?" Ensuite, c'est de rester disponible mais surtout pas derrière son épaule. Et, s'il pose une question, il faut commencer par répondre : "Je suis sûre que tu sais, cherche tout seul", pour l'inciter à mobiliser d'abord les connaissances apprises à l'école. » Une astuce de parent organisé consiste aussi à se concentrer sur deux soirs de la semaine : le lundi et le jeudi, puisque le lendemain, il y a école. Si votre emploi du temps ne vous permet pas de rentrer plus tôt ces soirs-là, la formule de l'étude du soir à l'école peut être pratique. À condition qu'elle soit bien organisée : renseignez-vous auprès d'autres parents. Lorsque l'enfant grandit et que les devoirs deviennent trop conflictuels, déléguer une partie de ce travail à un étudiant peut s'avérer précieux. Même si l'enfant a besoin de savoir que vous le suivez quand même, en regardant son cahier de liaison le soir et ses cahiers de classe le week-end.

1. *In Elle*, 20 août 2010, article de Soline Delos, Julia Dion, Laure Leter et Anne-Cécile Sarfati, « Spécial enfants : 30 trucs pour en finir avec la culpabilité ». Dominique Mazin est l'auteur, avec Dominique François, de *Élever un enfant, ce n'est pas si compliqué !*, Paris Albin Michel, 2010.

Surmonter la culpabilité

Culpabilité vis-à-vis des enfants (de trop travailler), vis-à-vis du travail (de trop materner), vis-à-vis du mari (de trop travailler et de trop materner !), les femmes en ont assez. Conseils pour dépasser ce sentiment judéo-chrétien qui empoisonne la vie.

Comment se manifeste la culpabilité ?

De façon ouverte

Par un sentiment récurrent de malaise, une impression de tout faire à peu près, d'être sans cesse écartelée entre ses enfants, son homme, son travail, d'en faire trop ou pas assez, en tout cas de ne pas faire « ce qu'il faut »...

De façon plus inconsciente

Selon les psychanalystes, certains comportements ne sont que la traduction inconsciente de la culpabilité que l'on éprouve vis-à-vis des enfants. « La culpabilité est une grande valise », explique la psychanalyste Sylviane Giampino[1]. Voici une liste non exhaustive des maux qu'on peut lui imputer :

- Les problèmes chroniques de garde d'enfant. Derrière un important turnover de nounous se cache souvent un désir inconscient d'être la seule personne qui compte vraiment pour l'enfant. Même lorsqu'elle exerce un métier qui la passionne, même lorsque l'idée de rester au foyer ne la tente

1. Psychologue et psychanalyste, Sylviane Giampino travaille depuis plus de trente ans auprès des tout-petits et de leurs mères, dans des crèches et des centres de protection maternelle et infantile (PMI). À force d'entendre les mères actives se torturer, elle s'est décidée à faire le point sur ce phénomène dans *Les mères qui travaillent sont-elles coupables ?*, Paris, Albin Michel, 2007.

pas, il n'est pas toujours facile pour une mère de renoncer à s'occuper de son enfant elle-même.

- Les problèmes de logistique récurrents. Vous payez la cantine en retard (quand vous n'avez pas perdu l'enveloppe de l'école...), vous prenez rendez-vous chez le pédiatre en urgence pour les vaccinations, vous êtes la championne du frigo vide et d'Allô Pizza... Vous remettez au lendemain, sûrement par manque de temps et d'organisation, peut-être un peu par sentiment d'injustice vis-à-vis de votre conjoint qui ne partage pas assez les tâches à votre goût, mais aussi sans doute par culpabilité inconsciente vis-à-vis de vos enfants. Se laisser persécuter par les contraintes de la réalité alimente la petite musique interne : « Je suis une mauvaise mère. » Pour les psys, cela s'appelle... du masochisme.
- Le sabordage de votre carrière. Poussés à l'extrême les deux points précédents peuvent aboutir à un désengagement professionnel qui peut aller jusqu'au sabordage. En effet, une chose est de ralentir ou d'aménager son activité quand on a plusieurs enfants petits et qu'il est trop difficile de tout faire (*voir* « Décélérer au bureau sans arrêter », p. 340), une autre est de quitter la vie professionnelle sans y avoir vraiment réfléchi, dans une forme de passage à l'acte, aux relents de sacrifice irréversible. Sylviane Giampino parle de « baisse de libido professionnelle ».
- Les somatisations. « Les prises de poids excessives de la mère sont souvent le signe de son angoisse de manquer à son enfant, analyse Sylviane Giampino. Elle produit alors du volume comme pour gagner en surface de maternage, comme pour être plus présente. Les douleurs articulaires et musculaires du dos traduisent parfois une souffrance du portage de l'enfant : ce qui soutient le corps fait mal. »
- L'anxiété excessive à propos de l'enfant. « Peur pour sa santé, peur pour son avenir... Ces angoisses entraînent une sorte de compensation anxiogène : l'achat compulsif à l'heure du déjeuner pour l'enfant, l'incapacité à le frustrer, à le limiter... », avance encore Sylviane Giampino.

D'où vient cette culpabilité ?

Les raisons psychiques

- « L'arrivée d'un bébé provoque dans le psychisme de la mère, un remue-ménage qui la fragilise momentanément, explique la psychanalyste Sylvianne Giampino. C'est cette fragilisation qui permet d'établir un lien spécifiquement maternel avec le bébé. Au moment où le bébé est le plus dépendant, sa mère lui ouvre sa sensibilité pour mieux le comprendre et répondre à ses besoins. Elle réalise alors à quel point elle est vitale pour son enfant, à quel point sa responsabilité est colossale. Cette situation temporaire est propice à la naissance de la culpabilité maternelle. Cependant, au fur et à mesure que l'enfant grandit et que le père et l'entourage occupent leur juste place dans sa vie, la mère devrait se sentir rassurée et être en mesure de lâcher l'illusion qu'elle est toute-puissante sur le développement et le bien-être de son enfant. Mais ce n'est pas toujours le cas. Enfin, l'arrivée d'un deuxième enfant, puis éventuellement d'un troisième augmente encore la culpabilité maternelle. Au tiraillement vie professionnelle/vie de couple/vie de mère, s'en ajoute un supplémentaire : auquel de mes enfants dois-je me consacrer en priorité ? »

- Les jeunes mères d'aujourd'hui ne veulent pas faire vivre à leurs enfants ce qu'elles ont parfois vécu enfant

  « Contrairement à leurs mères toujours pressées, qui avaient jonglé tant bien que mal entre les exigences professionnelles et familiales, les filles sont sensibles au nouveau mot d'ordre : les enfants d'abord ! […] L'enfant épanoui dont chacun rêve appelle une mère disponible, qui organise sa vie en fonction de lui. Le "Moi d'abord" de la génération des mères a, peu à peu, laissé la place à "L'enfant d'abord" proclamé par leurs filles », assure la philosophe Elisabeth Badinter[1]. Quand cette exigence des jeunes mères bute sur la réalité (et ses difficultés inévitables), elle peut faire naître une culpabilité supplémentaire sur le mode : « Je ne fais pas mieux que ma mère »…

1. *Le Conflit. La femme et la mère*, Paris, Flammarion, 2010.

Pédopsychiatre et psychanalyste, Myriam Szejer poursuit[1]: « Certaines mères sont submergées par la culpabilité quand elles doivent confier leur bébé. C'est souvent lié à leur histoire personnelle : ont-elles vécu des deuils ou des séparations précoces ? Ont-elles eu du mal à avoir cet enfant ? Se sentaient-elles en insécurité quand elles étaient petites ? Si l'angoisse est vraiment trop lourde, il faut accepter de se faire aider. »

Universelle, la lutte entre la femme et la mère génère une tension constante et une culpabilité latente

« Chaque femme qui devient mère doit vivre deux relations en même temps, une relation conjugale avec son homme et une relation parentale avec son enfant et son compagnon, analyse le psychanalyste Jean-Pierre Winter[2]. Comme la relation de couple se joue à deux et la relation parentale à trois, il est très difficile de passer de l'une à l'autre. Le conflit est structurel et, donc, quasi inéluctable. » Dans ce combat interne, certaines femmes rendent les armes rapidement et optent pour la maternité ou pour la féminité exclusive. « Ce choix n'est pas toujours conscient, poursuit Jean-Pierre Winter. Mais il représente une façon simple de régler le problème. » Celles qui choisissent la maternité s'y jettent à corps perdu : elles se relâchent physiquement, abandonnent parfois leur métier ou bien renoncent à une sexualité épanouissante quand ce n'est pas à la sexualité tout court. Être mère, pensent-elles plus ou moins consciemment, leur suffit. D'autres femmes, sans forcément s'en rendre compte, font le choix inverse. Elles ont beau avoir des enfants et les élever, elles ne semblent pas touchées dans leur identité par la maternité. « Elles sont mères, bien sûr, décrypte la psychanalyste Sylviane Giampino, mais leur image d'elles-mêmes, leur projet de vie, leur sexualité ne sont pas modifiés par la mise au monde d'un enfant. » Dans ces cas extrêmes, ces femmes vivent leur grossesse comme une « effraction dans leur corps et leur sexualité », selon l'expression de Catherine

---

1. *Elle*, 20 août 2010, article de Soline Delos, Julia Dion, Laure Leter et Anne-Cécile Sarfati, « Spécial enfants : 30 trucs pour en finir avec la culpabilité ».
2. Auteur de *Choisir la psychanalyse*, Paris, EDLM, 2001. *In Elle*, 4 février 2002, article d'Anne-Cécile Sarfati, « Êtes-vous plutôt mère ou plutôt amante ? ».

Bergeret-Amselek, psychanalyste[1]. Il y a celles qui refusent d'accoucher naturellement pour « garder un sexe de jeune fille » ou d'allaiter parce qu'elles vivent leurs seins exclusivement comme des objets du désir masculin. « En donnant à leurs enfants, ces femmes ont peur de se perdre ; elles se sentent menacées par la maternité. Mais elles se privent d'une expérience extraordinaire, car le grand pari de la maternité est justement de donner sans se perdre. » En somme, si l'on en croit les spécialistes, aucune de ces positions ne serait satisfaisante. L'équilibre se situerait précisément dans l'absence de choix et… dans la pression permanente qui l'accompagne.

Les raisons sociétales

▪ La société n'est pas guérie de la sacralisation de la relation mère-enfant

« La mère est toujours présentée comme la solution à tous les maux dont pourrait pâtir l'enfant et comme la cause de tous ses manques, déplore Sylviane Giampino. La psychologie des années 1950 a induit l'idée que l'absence de la mère entraînait des carences affectives. Les psychologues, les psychiatres et les psychanalystes ont mis en évidence les processus d'établissement des liens affectifs entre le bébé et sa mère, puis avec les autres, en même temps que les ravages des carences. En associant le lien mère-enfant avec les effets de la carence affective, on a fini par tout confondre : éloignement maternel, rupture du lien et carence affective. La carence est devenue carence maternelle, et la séparation entre la mère et son enfant est devenue, évidemment, suspecte. Les années 1970 nous ont éclairés sur la relation de l'enfant avec son père, mais de façon maladroite : l'image du « nouveau père » a laissé croire qu'un bon père était un « père maternant », une sorte de double de la mère. Cela n'a fait que renforcer la prééminence supposée de la mère ». C'est cette prééminence supposée qui fait qu'à l'école, on continue à parler de « l'heure des mamans » ou qu'à la crèche, quand l'enfant est malade, on appelle la mère, la grand-mère, et enfin le père, souvent en s'excusant de l'avoir « dérangé »… C'est encore elle qui pousse certaines institutrices à rendre la mère personnellement responsable des

1. Auteur du *Mystère des mères*, Paris, Desclée de Brouwer, 2005. *In Elle*, 4 février 2002, article d'Anne-Cécile Sarfati, « Êtes-vous plutôt mère ou plutôt amante ? ».

difficultés en classe d'un élève. « Les femmes modernes, c'est formidable. Mais ce serait tellement mieux si elles rentraient à la maison pour l'heure du goûter », persifle Valérie Toranian, directrice de la rédaction de *Elle*[1].

■ Au nom de Mère Nature, tout un courant proche de l'écologie pure et dure pousse les femmes à la culpabilité

C'est la thèse d'Elisabeth Badinter dans son dernier best-seller : *Le Conflit. La femme et la mère* (Flammarion, 2010). Une évolution dangereuse à ses yeux, qui inciterait fortement les mères à allaiter, à s'occuper de leurs enfants elles-mêmes et donc à revenir à la maison. « Dans les années 1970, à peine 15 % des femmes allaitaient à la clinique, alors que, aujourd'hui, on approche les 70 %, constate-t-elle[2]. Dans les maternités, les femmes ont toutes droit à la même phrase : "Mais vous ne voulez pas le meilleur pour votre enfant ?" Je ne suis pas une militante antiallaitement, mais que chacune fasse ce qu'elle veut ! » Et la philosophe de dénoncer aussi le discours catastrophiste et culpabilisateur de l'écologie radicale, « qui brandit systématiquement le principe de précaution et le retour à la nature. [...] le comble c'est le retour aux couches lavables ! [...] Au nom des "forêts qu'on assassine" passe ce message sous-jacent : si vous ne changez pas votre façon de faire, vos enfants vont mourir. Du coup, les femmes sont terrorisées par tout ce qui est artificiel, comme la pilule dont le nombre d'utilisatrices diminue chaque année. Sans parler du nombre croissant de celles qui veulent accoucher à la maison [...]. Si j'ai écrit ce livre, c'est bien sûr parce que je suis inquiète. De plus en plus de jeunes femmes se laissent séduire par le modèle de la bonne mère exclusive. » Un modèle qui pousse également les mères à nourrir leur progéniture de « cinq fruits et légumes » (bio !) par jour, etc. « On nous refait le coup de la mère parfaite ! », met en garde Elisabeth Badinter. « Attention, nuance la psychanalyste Sylviane Giampino, on peut allaiter son enfant sans tomber là-dedans, mais ce qui est problématique, c'est quand l'allaitement est considéré comme le symbole d'une place que personne d'autre que la mère ne peut occuper pour l'enfant. Or

1. *Pour en finir avec la femme*, Paris, Grasset, 2004.
2. *Elle*, 12 février 2010, interview de Marie-Françoise Colombani et Valérie Toranian.

il faut le rappeler : ce n'est pas naturel pour une mère d'allaiter aujourd'hui, c'est un apprentissage. Il faut une réflexion, une aide, un accompagnement. Les mères d'aujourd'hui sont des sujets pensants, non des mammifères programmés. »

■ L'enfant est devenu une valeur refuge

On le désire, on le choie, on le gâte… Jamais on ne s'est occupé de l'enfant autant qu'aujourd'hui. De plus en plus, les parents idéalisent l'enfance de leurs enfants. « Il y a une vision de plus en plus prégnante d'une enfance conçue comme un temps protégé et précieux dont l'enfant devrait bénéficier le plus longtemps possible, explique la psychanalyste Claude Halmos[1]. Les parents projettent sur lui leur vision d'une enfance idéalisée, d'une sorte de vert paradis qu'il faudrait quitter le plus tard possible ("Il a bien le temps, il est encore petit…"). Ce n'est pas nouveau. Freud dit d'ailleurs que, pour vivre, l'adulte doit renoncer à la toute-puissance de sa petite enfance, mais qu'il ne l'abandonne jamais tout à fait. Et que, dès qu'il devient parent, il la reporte sur son enfant dont il fait, dit-il, "Sa Majesté le Bébé". Mais ce processus se radicalise et s'accélère. Parce que la vie est de plus en plus dure pour les parents. Pour une partie de la population, la situation, du fait du chômage, est dramatique. Et pour les autres, ce n'est pas toujours facile. Surtout, il n'y a plus de sécurité. Tout peut basculer à tout moment. Alors, les parents essaient de donner à leur enfant ce qu'eux-mêmes n'ont plus. Ils retardent le moment où il devra affronter ce qu'eux-mêmes affrontent. Et ils le font d'autant plus que, dans une société où l'on peut tout perdre, l'enfant est la seule "possession" qui leur semble encore assurée. D'où cette idée de "valeur refuge." » D'où les problèmes récurrents d'autorité qui ont des conséquences sur l'enfant, mais aussi sur le couple et la vie de famille en général. « Parce que l'enfant qui n'a pas assez de limites et qui n'est jamais heureux, poursuit Claude Halmos, rend souvent la vie impossible à toute sa famille. Tout est prétexte aux conflits, sans fin. Et, dans une famille où l'enfant est le centre du monde, la vie de couple est reléguée au second plan. Quand on est épuisé à essayer de coucher le bambin, passer à l'érotisme n'est pas chose aisée… Surtout s'il a transformé la chambre parentale en chambre de jeux ! » Et Claude Halmos regrette que cette

1. Auteur de *Grandir : les étapes de la construction de l'enfance. Le rôle des parents*, Paris, Fayard, 2009. Interview d'Anne Diatkine dans *Elle*, 6 août 2010.

façon de considérer l'enfant accroisse la culpabilité des mères, « leur crainte de ne jamais en faire assez ». Un constat partagé par l'historienne Yvonne Knibiehler, qui résume : « Les tâches maternelles sont devenues de plus en plus accablantes, sur fond d'anxiété et de nervosité[1]. »

Comment dépasser cette culpabilité ?

En comprenant ce qui est réellement bon pour l'enfant et pour vous. En luttant contre les modèles maternels idéalisés qui tyrannisent les femmes. Et en assumant vraiment vos désirs de réussite.

Ce qui est bon pour votre enfant

- Quelle est l'incidence du travail des mères sur le bien-être psychologique de l'enfant ?

« D'un point de vue clinique, les enfants dont la mère travaille n'ont pas plus de difficultés psychologiques que ceux dont la mère reste au foyer, assure Sylviane Giampino[2]. Depuis les années 1970, malgré leur nombre, aucune recherche sérieuse n'a pu démontrer un décalage dans le développement psychologique, moteur ou intellectuel, lié au travail des mères. Les petites différences observées entre enfants gardés en crèche, chez une assistante maternelle ou par leur mère disparaissent vers l'âge de 4 ans. La seule variable qui détermine les différences entre les enfants, ce n'est pas que leur mère s'occupe d'eux à plein temps, à mi-temps ou uniquement après son travail, mais la catégorie socioprofessionnelle à laquelle appartient sa famille. Or on sait que le travail des mères améliore le niveau socioculturel des familles… Bien sûr, l'équilibre psychologique de l'enfant ne dépend pas essentiellement du mode de vie qu'on lui offre. Les choses sont évidemment beaucoup plus compliquées. L'enfant n'est pas un réceptacle, le fruit d'une causalité éducative, un objet modulable de l'extérieur. C'est

1. *La Révolution maternelle depuis 1945*, Paris, Perrin, 1997.
2. Voir note 1, p. 51.

un sujet. Dès le début de son existence, il a sa façon propre de réagir à ce qui lui arrive, et son psychisme est animé pas des mécanismes conscients et inconscients. La psychanalyse de l'enfant nous enseigne qu'une grande part de son monde imaginaire et fantasmatique nous échappe. Cela devrait nous rendre prudents et modestes : heureusement, nous ne sommes pas tout-puissants dans notre relation aux enfants. »

▪ De quel temps de présence de la mère, l'enfant a-t-il réellement besoin ?

« L'état actuel des connaissances en psychologie de l'enfant ne permet pas de chiffrer la durée minimale nécessaire à l'établissement d'une relation mère-enfant structurante, répond Sylviane Giampino. En revanche, on remarque que, très vite, le bébé arrive à se synchroniser sur les rythmes familiaux. Il ne vient pas au monde avec des modèles de vie dans la tête. Il prend ce qui lui est donné à vivre, et, si cela ne lui convient pas, il a dix mille façons de le faire savoir. Affirmer qu'un enfant a besoin de X temps avec sa mère serait un abus de savoir. On a souvent dit qu'un temps de qualité remplaçait la quantité… Ce mythe fut utile dans les années 1980 pour soulager momentanément la culpabilité des femmes qui investissaient les postes à responsabilité dans les entreprises. Mais il a engendré une autre légende : celle de la mère totalement disponible, penchée sur le monde de ses enfants, passionnée de Lego et experte en pâtisserie, dès qu'elle passe de la sphère professionnelle à la sphère privée. Dans l'esprit de beaucoup de mères, temps de qualité et disponibilité se superposent, laissant place à une relation mère-enfant irréalisable sans frustration éducative, ni conflit. Or être parents, c'est aussi supporter d'être celui ou celle qui cadre, qui structure. La bataille pour que l'enfant se brosse les dents ou le coup de téléphone chez le dentiste ne sont pas du temps volé, mais dédié à l'enfant. »

▪ Certaines femmes, du fait de métiers très prenants craignent d'être de « mauvaises mères », qu'en disent les psys ?

– ***« L'image d'une mère "absente-absente" alimente sans raison les angoisses des mères*** et les discours négatifs sur le travail des femmes, regrette Sylviane Giampino. En psychologie, l'« absence-absente » est une situation de rupture du lien physique et du lien psychique, qui crée un sentiment de totale étrangeté pour l'enfant. L'absente-absente est une mère éloignée de son enfant en corps et en pensée dans la durée. Que les mères actives se rassurent : cela n'arrive qu'exceptionnellement. Une mère qui travaille n'est pas absente dans le psychisme de son enfant. Le lien maternel est extrêmement puissant. Il y a quantité de façons de maintenir vivante et sécurisante la relation maternelle. L'important c'est la sécurité intérieure que l'enfant acquiert grâce à des paroles, des gestes et des repères que lui donnent ses parents et qu'entretiennent les autres personnes qui s'occupent de lui. »

– « ***On aimerait tous passer plus de temps avec les gens qu'on aime***, ajoute la psychanalyste Claude Halmos[1], mais, ce dont un enfant a besoin pour se construire, c'est de savoir qu'il compte pour ses parents. C'est la certitude de cet amour qui le soutient et fait qu'il ne se sent pas abandonné quand ils ne sont pas là. Il est comme relié à eux par un fil invisible qui unit les cœurs. Si la mère comprend ça, elle peut optimiser les moments qu'elle passe sans les gâcher avec la culpabilité. On ne se défait de cette culpabilité qu'en comprenant qu'elle est fondée sur l'idée qu'on devrait être parent à plein temps ! Or une mère qui travaille aide son enfant à comprendre que devenir grand, c'est avoir des sources d'intérêt ailleurs. C'est ce modèle qui lui donne envie de grandir, et de se construire une vie d'adulte. »

■ Les autres adultes et enfants comptent aussi pour l'enfant

« Depuis la fin des années 1980, explique Sylviane Giampino, la recherche s'est intéressée aux relations des enfants entre eux – y compris entre bébés. Il en résulte que celles-ci comptent beaucoup dans l'équilibre de l'enfant. Enfin, on connaît mieux l'importance des liens que les enfants établissent avec les adultes qui s'occupent d'eux, en l'absence de leurs parents. Résultat : le mode de garde détermine aussi l'équilibre psychologique de l'enfant. »

1. Auteure de *Grandir : les étapes de la construction de l'enfant. Le rôle des parents,* Paris, Fayard, 2009. *In Elle*, 20 août 2010, « Spécial enfant : 30 trucs pour en finir avec la culpabilité », interview de Laure Leter.

▪ Pourquoi il faut renoncer aux modèles maternels idéalisés qui tyrannisent

– *La maternité de femme au foyer*

✓ ***« Les femmes superposent de vieilles images sur de nouveaux modes de vie,*** remarque Sylviane Giampino. D'un côté, le cliché de la mère au foyer épanouie et épanouissante pour les siens ; de l'autre, une femme qui a aussi besoin de se réaliser en dehors de sa famille. Chacune rêve d'être une femme autrement et de faire la mère comme avant, ce qui se combine rarement dans la réalité. Les femmes doivent se battre contre les modèles maternels idéalisés qu'elles portent en elles et qui les tyrannisent. Les femmes qui travaillent ne parviennent pas suffisamment à trouver normal de ne pas avoir le temps de faire certaines choses : des gâteaux "maison" pour la fête de l'école, par exemple[1]… Mais toute cette énergie passée à répondre aux images sociales de la "bonne" mère, n'est-ce pas dommage ? Les femmes doivent comprendre que ce qui active la culpabilité c'est l'écart entre ses idéaux et ce que l'on fait, poursuit Sylviane Giampino. Au lieu d'en faire toujours plus, elles gagneraient (et leurs enfants aussi) à lâcher un certain nombre d'idéaux. » Et à assumer d'envoyer leurs enfants à la fête de l'école avec un cake au chocolat de chez Picard. Au demeurant délicieux…

✓ ***Les femmes au foyer ne sont pas de meilleures mères que les femmes actives.*** Dans son livre courageux intitulé *Mère épuisée* (Les Liens qui libèrent, 2011), Stéphanie Allenou, une ancienne éducatrice spécialisée, raconte ses années passées à la maison à élever trois enfants[2]. « Malgré mon bonheur de voir ma famille s'agrandir, j'ai été effarée par la cadence qui s'est imposée à la naissance de mes jumeaux ; j'ai donc décidé de prendre un congé parental de trois ans. Après ce que j'ai vécu, je ne le conseillerais à personne, sourit-elle. Je me suis isolée, coupée de mes amies et de toute bouffée d'oxygène car je ne

1. Comme Kate Reddy, l'héroïne du livre hilarant d'Allison Pearson, *Je ne sais pas comment elle fait* (Plon, 2002), qui commence par la scène suivante : il est 1 h 37 du matin, elle vient de rentrer d'un déplacement professionnel et est dans la cuisine en train de frapper des tartelettes du supermarché avec un rouleau à pâtisserie pour leur donner des airs de « fait maison », car le lendemain c'est le Noël de l'école. « La maison, c'est le siège du cœur. C'est là qu'on trouve la bonne mère, qui confectionne des gâteaux pour ses enfants », peut-on lire.
2. *In Elle*, 4 mars 2011, article de Patricia Gandin, « Mères à bout de nerfs ».

pensais qu'à materner. J'ai allaité mes jumeaux pendants un an, il y en avait toujours un qui pleurait, la nuit, le jour. Quand ils ont commencé à marcher, à 14 mois, ils faisaient mille bêtises, voulaient tout et tout de suite. L'aîné aussi exigeait sa part ! Je courais tout le temps de l'un à l'autre, impuissante à les canaliser. J'étais si fatiguée que j'ai commencé à regarder mes enfants comme des petits tortionnaires, une menace pour ma survie. Pour être obéie, je leur donnais des petites tapes sur les mains, et, comme c'était souvent sans effet, il n'y a plus eu une journée sans fessée ou gifles. Je luttais pour ne pas le faire, j'avais honte, mal pour eux, mais je me noyais. Tout occupée que j'étais à subir, je ne pensais pas à me faire aider. Le manque de sommeil, la fatigue, les sentiments négatifs me rendaient hypersensible à tout, surtout au bruit, mais aussi complètement étrangère à moi-même. Je ne me reconnaissais plus. » Conclusion de Valérie Toranian[1] : « Nous, femmes actives, devrions exiger de la Sécu la divulgation et l'affichage public du nombre de consultations d'enfants présentant des symptômes d'échec scolaire, d'agressivité, de cauchemars à répétition, de fumage de joints, de malaise existentiels et dont les mères sont à la maison toute la journée. On se rendrait compte que ces enfants sont aussi nombreux que les autres et leurs mères aussi désemparées que nous. »

– ***La « toute-puissance » maternelle***

✓ ***« Les codes du monde du travail ont colonisé la sphère familiale,*** ajoute Sylviane Giampino. Résultat ? Les relations avec les enfants finissent piégées dans une logique de performance. Les femmes, de plus en plus, sentent qu'elles doivent se dégager de l'illusion de la toute-puissance maternelle mais butent sur cela. Cette illusion, associée à sa comparse – l'illusion de maîtrise –, leur fait croire que la bonne évolution de l'enfant est le reflet de la compétence maternelle. Certaines femmes pensent – plus ou moins consciemment – que si elles font tout bien pour lui, leur enfant aura tout juste : réussite scolaire, sportive, amicale... Mais cette façon de vivre leur maternité est très aliénante pour les mères, comme pour les enfants, car le moindre écart des enfants avec l'idéal d'excellence dont ils sont investis (et la vie enseigne qu'il y en a toujours...), les renvoie à un sentiment d'incompétence

1. *In Pour en finir avec la femme*, Paris, Grasset, 2004.

maternelle, à la certitude qu'elles n'ont pas fait ce qu'il faut. Leur sentiment de culpabilité est alors noué à leur sentiment d'échec. Au banc des accusés du "tribunal de la maternité", elles convoquent… leur travail : c'est lui qu'elles accusent, en première instance, lui qu'elles voient comme un obstacle à la réalisation de l'enfant parfait dont elles rêvent. Ce faisant, elles déplacent l'instrument de mesure de leur propre réussite, vers les qualités et réussites de leur enfant. Support des espoirs et attentes, c'est à ce dernier qu'incombe le devoir de certifier la réussite de la vie de sa mère ! L'enfant devient le projet de sa mère, il est placé au centre de ses investissements… et de ses attentes. De là, il ne peut donc qu'être au centre de ses angoisses et de ses déceptions. La place de l'enfant en est pervertie : alors que revient à l'adulte de transmettre à l'enfant le sens de la vie, la confiance en soi, c'est ici l'enfant qui se retrouve investi de donner sens à la vie du parent, de le rassurer. »

✓ ***Les femmes doivent faire comprendre à leur entourage et à la société qu'elles ne peuvent pas tout faire toutes seules***, qu'elles ne sont pas les seules responsables du succès ou de l'échec de l'enfant. Elles ont intérêt à se mobiliser collectivement pour que les enfants dont les deux parents travaillent puissent bénéficier d'un mode de vie intégrant cette réalité. L'équilibre de l'enfant n'est pas le problème exclusif de la mère, mais aussi celui du couple et de la société. La vie de famille reste encore aujourd'hui trop l'affaire des femmes. Pour cumuler un investissement professionnel et des aspirations personnelles de haut niveau, les femmes payent cher dans leur corps et dans leur psychisme. Elles sont épuisées physiquement et souffrent de surcharge mentale.

Ce qui est bon pour vous

- Assumez vos désirs de réussite. « Certaines femmes sécrètent parfois leur propre souffrance, analyse Sylviane Giampino. Leur réussite (avoir un métier, un homme et des enfants qu'elles aiment) suscite un sentiment inconscient de culpabilité qui se déplace sur leurs enfants. Il y a en effet, chez tout être humain, un sentiment de culpabilité inhérent à la réalisation d'un désir. Et, pour réussir, il faut renoncer à une position infantile sur le mode : "Je suis trop petite, je n'y arrive pas." Ces mécanismes internes sont, hélas, renforcés par l'entourage et les mentalités culpabilisantes. L'idée qu'une femme puisse réussir “tout” sans en souffrir est source d'ambivalence. D'ailleurs, quand on parle de ces femmes, ne dit-on pas : “Mais comment font-elles ?”, comme si d'emblée, on posait que c'est impossible pour des femmes normales et que c'est réservé à des mutantes. »

- Comprenez que l'équilibre se situe précisément dans l'absence de choix et… dans la pression permanente qui l'accompagne. Mais si les tensions sont inévitables, comment les apaiser un peu ? « Chez chaque femme, le conflit va se régler de façon très différente, selon les moments de la vie. Tantôt la femme primera, tantôt ce sera la mère », constate le psychanalyste Jean-Pierre Winter. Marie, 34 ans, un métier dans les relations publiques et trois enfants procède exactement ainsi. « Quand c'est l'anniversaire de mon fils, raconte-t-elle, je me transforme en supermaman et je fais des crêpes toute la journée dans la cuisine, mais quand je vais dîner en tête à tête avec mon mari, je mets des talons hauts, une jolie robe et je me fais épiler avant… Lorsque j'ai un déplacement professionnel, je les plante tous, sauf si cela m'empêche d'assister au spectacle de l'école. En fait, je procède constamment à des arbitrages, et, si je me trompe une fois, j'en tire les leçons la fois suivante. »

- Éloge de la schizophrénie ? Pas tout à fait. Pour Sylviane Giampino, « une femme équilibrée comprend intuitivement les liens qui peuvent exister entre sa part féminine et sa part maternelle. Elle sent bien qu'elle peut s'appuyer sur sa maternité quand sa féminité est mise en difficulté, et inversement. Être femme, c'est avec soi. Être mère, c'est avec autrui. Il y a parfois une souffrance liée au travail qui peut être apaisée, régulée par des moments de retour à une grande proximité psychique et corporelle avec l'enfant, par des retrouvailles qui peuvent faire penser à des moments de régression-fusion, une sorte de retour à l'intime des premiers jours de la relation mère-enfant : lors de la sieste du week-end ou de la grasse matinée du dimanche matin, par exemple. Ces moments maternels ont une fonction réparatrice pour la femme, qui peut souffrir parfois d'un manque d'intériorité et de profondeur. Et *vice versa.* » Et la femme vient aussi au secours de la mère, poursuit Sylviane Giampino : « Lorsque la mère veut envahir tout l'espace, écrit-elle[1], la femme ouvre les portes pour donner de l'air et indiquer la sortie. Lorsque la femme veut prendre la clé des champs, la mère la retient. Les tiraillements internes, les rééquilibrages permanents qui sont si souvent reprochés aux femmes sont des signes de leur santé. Une mère qui ne ferait qu'un avec sa féminité, une femme qui ne ferait qu'un avec sa maternité, l'épanouissement intégral, l'équilibre acquis, n'existent pas. C'est tant mieux pour les enfants et aussi pour son homme qui peuvent respirer. Ouf, elle n'est ni parfaite ni comblée. »

1. « À ta mère plus que de l'amour tu demanderas », *Les Dix Commandements de la périnatalité*, P. Ben Soussan (dir.), Toulouse, Érès, 2006.

Impliquer le père dans la maison

Bien sûr, les nouveaux pères vivent leur paternité de façon très différente de leurs propres pères et c'est heureux ! Ils câlinent, jouent au foot et lisent des histoires à leurs enfants… Mais ils laissent souvent aux mères la gestion du quotidien. Quelques propositions pour que ça change.

L'état des lieux

Les femmes assument encore majoritairement le quotidien[1]

Toutes les enquêtes conduites depuis des années le montrent :

- En 1998, l'enquête *Emploi du temps* de l'Insee a établi que 80 % du noyau dur des tâches domestiques (vaisselle, courses, ménage, lessive, soins matériels aux enfants) était encore assuré par les femmes.
- En 2000, la direction des études du ministère du Travail (DARES) et le Service des droits des femmes et de l'égalité constataient que le « travail parental » – une quarantaine d'heures par semaine – reposait aux deux tiers sur les mères.
- En 2005, une étude de l'Institut national d'études démographiques (Ined), permet d'évaluer la participation des parents à cinq moments clés de la vie des enfants : l'habillage, les accompagnements à la crèche ou à l'école, les devoirs, le coucher, ainsi que les jeux et les loisirs. Résultats :

– ***Les pères s'investissent beaucoup moins que les mères.*** « En dépit d'une nouvelle conception de la paternité fortement médiatisée et du développement de l'activité féminine, la participation des hommes aux soins et à l'éducation des enfants progresse peu, note cette étude. S'occuper des enfants

1. *Le Monde*, 8 avril 2009, article d'Anne Chemin, « Le "travail parental" reste une affaire de femmes ».

reste une prérogative féminine, la division sexuelle du travail parental se modifie lentement. »

- ***La famille reste le lieu de la spécialisation du travail parental.*** L'habillage et les devoirs sont des activités féminines : dans plus de la moitié des familles elles sont prises en charge exclusivement ou le plus souvent par les mères. Seuls le coucher et, surtout, les loisirs sont – un peu – mixtes : dans plus de 60 % des familles, les pères et les mères participent à égalité aux activités ludiques des enfants. Conclusion : les mères assument le quotidien et l'intimité, les pères les sorties et les jeux.
- ***Le milieu social joue un rôle.*** « La participation des hommes est d'autant plus présente que, au sein du couple, le père et la mère accèdent à des études supérieures et partagent plus équitablement leur temps professionnel et familial, poursuit l'étude. Ces familles semblent davantage valoriser la présence paternelle auprès des enfants. »
- ***L'âge des pères et des enfants a aussi un impact.*** Les pères de moins de 35 ans participent plus activement à la vie familiale. Et plus les enfants sont petits, plus ils participent. « Les hommes s'éloignent dès qu'ils grandissent, comme s'ils intervenaient en appoint, lorsque la charge de travail devient trop lourde pour leur compagne », analyse la journaliste du *Monde* Anne Chemin[1]. Un constat qui démontre le « caractère subsidiaire » de la participation paternelle : « Le père apparaît comme un acteur "aidant" à côté de la mère, qui assume autant que faire se peut les activités parentales. »
- ***Le sexe de l'enfant a également une influence.*** Les pères s'occupent plus de leurs fils, s'agissant de leur habillage, du suivi de leurs devoirs, de la présence lors de leur coucher et de leurs loisirs. L'étude avance deux explications : la peur de l'intimité avec une fille et la facilité de la transmission avec un enfant du même sexe.

1. *Ibid.*

Avoir des enfants plombe la carrière des femmes, pas celle des hommes

Cela résulte de l'enquête *Génération 98,* réalisée en 2005[1] auprès de 16 000 jeunes sept ans après leur entrée sur le marché du travail.

■ L'impact des enfants sur la carrière des femmes

– ***Après un premier enfant, le phénomène commence***

32 % des femmes déclarent que la naissance de leur premier enfant a eu une incidence sur leur emploi.

17 % des jeunes femmes passent ainsi à temps partiel, 11 % changent de poste ou acceptent une mutation, 7 % démissionnent de leur emploi et 4 % prennent un congé parental à temps complet.

– ***Après un deuxième enfant le phénomène se renforce***

35 % des femmes réduisent leur temps de travail et 16 % prennent un congé parental à temps complet. Chez les diplômées, 49 % seulement travaillent à temps plein lorsqu'elles sont mères de plusieurs enfants, contre 92 % quand elles n'en ont pas. Chez les femmes qui n'ont pas fait d'études, la mise entre parenthèses de la vie professionnelle est encore plus forte, avec seulement 18 % des mères de plusieurs enfants qui travaillent à temps plein, contre 55 % pour celles qui n'ont pas d'enfants.

– ***Ces changements ont un impact sur leur revenu***

Parmi les diplômées ayant au minimum un bac + 3, l'écart de salaire atteint 12 % entre les jeunes mères et les femmes sans enfants.

■ Le non-impact des enfants sur la carrière des hommes

Être père ne semble pas avoir de conséquences sur la situation professionnelle des hommes vivant en couple.

1. Par le Céreq de la *Génération 98,* constituée par un échantillon de 16 000 jeunes qui sont entrés sur le marché de l'emploi en 1998, et qui sont périodiquement interrogés sur l'évolution de leur vie professionnelle http://www.cereq.fr.

– ***Que dit l'étude ?***

Qu'ils aient ou non des enfants, presque tous travaillent à temps plein au terme de leur septième année de vie active.

Leur salaire ne varie guère en fonction du nombre d'enfants.

91 % des pères déclarent que leur situation professionnelle n'a en rien été affectée par la naissance de leur premier enfant et, lorsque le deuxième arrive, 96 % ne déclarent aucun changement.

– ***Les explications avancées***

Ce sont toujours les femmes qui assument l'essentiel des charges domestiques (voir plus haut).

La « spécialisation vers des rôles conjugaux traditionnels » s'accentue même au fur et à mesure que la famille s'agrandit. Plus elles ont d'enfants, plus elles assument les tâches quotidiennes (courses, repas, ménage…), tandis que les hommes, eux, participent autant (c'est-à-dire peu…) qu'ils soient pères ou non.

Et ce, même si c'est la femme qui a la situation professionnelle la plus avantageuse dans le couple ! 25 % des femmes qui déclarent gagner au moins autant d'argent et travailler au moins autant de temps, voire plus, que leur conjoint assurent tout de même l'essentiel des tâches domestiques. *A contrario*, seuls 8 % des hommes qui sont moins bien rémunérés et ont un temps de travail moins long que leur conjointe, disent réaliser l'essentiel des tâches ménagères.

L'exception qui confirme la règle : certains pères développent des comportements plus égalitaires que les autres

▪ L'enquête menée en 2007[1] par la philosophe et sociologue Dominique Méda

On y apprend que quelques rares pères peuvent adopter des comportements très égalitaires, allant jusqu'à refuser certains postes, voire se mettre en danger professionnellement par la prise d'un congé parental, après la naissance de leur enfant. Hormis les cas des pères séparés ayant leurs enfants en garde

1. Entre juin et octobre 2007, 21 entretiens ont été réalisés par Dominique Méda auprès d'hommes ayant un haut niveau de responsabilité dans quatre grandes entreprises françaises. Voir aussi note 3, p. 24.

alternée, pour ceux étant encore en couple, plusieurs éléments se cumulent. « Il faut que la conjointe ait fait exactement les mêmes études que le père, qu'elle ait commencé à travailler dans le même genre d'entreprise que lui, gagne autant que lui, mais aussi qu'elle soit très attachée au fait de travailler et ait annoncé, avant l'arrivée d'un enfant, qu'elle continuerait à travailler comme auparavant, peut-on lire dans l'étude. Cet ensemble d'éléments est une condition *sine qua non* d'un investissement plus intense des pères dans la vie familiale. Mais cela ne suffit pas. On constate que d'autres éléments ont constitué un facteur déclenchant : le fait d'avoir eu du mal à avoir un enfant et que l'enfant ait été très désiré ; le fait que le père ait une identité familiale complexe avec un fort désir de création d'une famille et de très fortes attentes vis-à-vis de celle-ci ; le fait que l'accouchement ait été difficile et que la mère ait été dans l'incapacité de s'occuper de son enfant la ou les premières semaines, tout comme l'arrivée de jumeaux. »

■ L'étude dirigée, en 2008, par la sociologue Isabelle Berrebi-Hoffmann[1]

Cette enquête portait sur des couples de cadres supérieurs toujours mariés ensemble après quinze ans de carrière environ. Résultat ? Les deux tiers de ces couples avaient suivi une même stratégie, soit une alternance d'intensification de carrière entre l'homme et la femme, selon les périodes. Quand l'un accélérait les voyages et les réunions tardives, l'autre prenait en charge la famille de façon dominante, à charge de revanche dans le temps. « Dans ces couples, on a constaté des mouvements de balancier comparables, poursuit Isabelle Berrebi-Hoffmann. Alors, ce n'était pas toujours strictement égalitaire, la femme avait parfois droit à une seule accélération de carrière pendant que son mari profitait de deux, mais il y avait une forme de réciprocité dans le temps. Cette façon de faire est facilitée par le marché du travail des cadres qui peuvent connaître des périodes de chômage. Les couples jouent aussi un rôle assurantiel vis-à-vis de la carrière : la carrière de la femme, par exemple, est la garantie que l'homme sera plus tranquille

1. Chargée de recherche au CNRS, Laboratoire interdisciplinaire pour la sociologie économique (Lise), Cnam-CNRS, Paris, Isabelle Berrebi-Hoffmann a dirigé l'ouvrage *Politiques de l'intime. Des utopies sociales d'hier aux mondes du travail d'aujourd'hui*, Paris, La Découverte, 2009.

dans sa vie professionnelle et ne sera pas obligé d'accepter n'importe quel job pour nourrir la famille. Le contrat de couple n'est alors pas le traditionnel « *one bread winner* », mais plutôt un contrat partenarial, dans lequel le travail joue un rôle d'épanouissement important. »

▪ Mais ces cas demeurent minoritaires

Et le travail ménager et parental est toujours le nœud du problème des inégalités entre hommes et femmes, notamment des inégalités professionnelles. « L'espace domestique reste l'épicentre de la domination masculine, résument les sociologues Alain Bihr et Roland Pfeffercorn[1]. Couplée à la maternité, dont elle renforce considérablement le poids, la division sexuelle du travail domestique fait obstacle à un investissement professionnel des femmes équivalent à celui des hommes. » C'est également le constat de Dominique Méda, philosophe et sociologue dans son ouvrage *Le Temps des femmes. Pour un nouveau partage des rôles* (Champs-Flammarion, 2008). « Il faut émanciper les hommes du travail pour émanciper les femmes du domestique », écrit-elle en citant Marie Wierink, une chercheuse néerlandaise.

Et pourtant l'activité professionnelle des femmes déborde beaucoup plus qu'on ne l'imagine dans l'univers privé

Preuve supplémentaire qu'elles se sentent investies dans leur travail et que le soupçon d'indisponibilité qui pèse sur elles est totalement injuste ! « On pense souvent que l'univers professionnel des hommes s'insinue beaucoup plus dans l'espace privé familial que celui des femmes, note le sociologue Michel Bozon[2]. Il s'agit en réalité largement d'une représentation ancienne, génératrice d'effets normatifs. La généralisation de la participation des femmes au marché du travail a en effet largement changé la donne. Une analyse sur des actifs vivant en couple fait apparaître que l'activité professionnelle des femmes déborde à peu près autant vers l'univers privé que celle des hommes. Cependant,

1. *Recherche et prévision*, 2000, n° 61, « Hommes, femmes, introuvable égalité ».
2. « Comment le travail empiète et la famille déborde », *in* Ariane Pailhé et Anne Solaz (dir.), *Entre famille et travail, des arrangements de couples aux pratiques des employeurs*, Paris, La Découverte, 2009.

les préoccupations familiales et privées sont plus présentes pour les femmes que pour les hommes sur leur lieu de travail [...]. Le niveau d'emprise du travail professionnel sur la vie privée et familiale varie fortement selon la catégorie socioprofessionnelle et le secteur d'activité. Près de 40 % des cadres d'entreprise rapportent souvent du travail chez eux. Et la proportion de femmes cadres à le faire est plus importante que celle de cadres hommes (36, 8 % contre 33, 2 %). »

Pourquoi, malgré tout, la participation des hommes à la vie domestique bouge-t-elle si peu ?

Des raisons sociétales

■ Les mentalités des personnels de santé et d'éducation

De même que la société ne s'est toujours pas véritablement adaptée au travail des femmes, elle n'est toujours pas habituée à ce que les hommes s'impliquent dans leur paternité. À la maternité, il arrive encore qu'un père ne soit pas autorisé à donner le bain à son enfant. À la crèche, à l'école et au centre de loisirs, lorsqu'il y a un problème (l'enfant est tombé, la maîtresse est malade…), ce sont les mères qu'on appelle dans l'immense majorité des cas. Quand on n'arrive pas à les joindre, on se tourne vers la grand-mère ou la nounou. Ce n'est qu'en dernier recours qu'on sollicite le père, et encore, en s'excusant de l'avoir « dérangé »… Un père qui travaille chez lui et qui, du coup, se retrouve souvent à la sortie de l'école est souvent suspecté d'être au chômage. Quand l'enfant rencontre des difficultés dans son travail scolaire, la « fautive » est souvent toute désignée : la mère et encore la mère et notamment son manque de présence. De la présence du père, il n'est jamais question : en effet, il est normal pour tout le monde que celui-ci soit occupé par son travail. Peu importe de savoir lequel des deux membres du couple rapporte le plus d'argent à la maison…

▪ Les mentalités du monde du travail

Aujourd'hui encore, même si les choses évoluent[1], les entreprises ont du mal à reconnaître leurs salariés en tant que parents. Le président américain Barack Obama a beau se montrer capable d'interrompre une négociation pour assister au récital de flûte de sa fille Malia[2], dans la majorité des entreprises, un homme qui écourte une réunion pour son enfant (même malade) est encore mal vu. Quant à celui qui revendiquerait de prendre son mercredi une fois de temps en temps, il serait immédiatement étiqueté : « dominé par sa bonne femme ». Caricatural ? Pas tant que ça. D'une étude menée en 2008 par le cabinet Équilibres[3] auprès de 400 pères cadres âgés de 30 à 40 ans, il résulte que les entreprises rechignent à tenir compte des obligations familiales des pères. Ainsi, 40 % des pères interrogés affirmaient ne pas avoir pris de congés de paternité parce qu'on leur avait fait comprendre qu'« à leur niveau, ça ne se faisait pas[4] ». « Les congés parentaux, temps partiels et “respirations” professionnelles sont encore considérés comme tabous », affirment Karine Armani et Claire Beffa, du cabinet Équilibres. Beaucoup de pères expriment leurs difficultés à faire accepter une adaptation de leur travail à leurs nouvelles responsabilités familiales. « Le refus de participer à des réunions tardives ou de négocier certains déplacements professionnels est toléré pour les femmes, incompréhensible pour les hommes », pointe l'un des hommes interrogés dans l'étude Équilibre. Face à l'inertie des entreprises, les

1. Fin 2009, 150 entreprises avaient signé la charte de la parentalité, ce qui concernait plus de 1,5 million de salariés Français. La charte poursuit trois objectifs : faire évoluer les représentations liées à la parentalité dans l'entreprise ; créer un environnement favorable aux salariés parents, en particulier pour la femme enceinte ; respecter le principe de non-discrimination dans l'évolution professionnelle des salariés parents.
2. *The New York Times*, 19 février 2010, « Mr Obama, président et papa poule ».
3. Fondée en avril 2005, Équilibres est la première agence de conseil, experte sur les questions d'égalité professionnelle et d'articulation des temps de vie. Équilibres intervient auprès des entreprises, des pouvoirs publics, des associations et du grand public pour sensibiliser largement, initier ou accompagner leurs actions en faveur de l'égalité professionnelle et de la conciliation entre vies professionnelle et personnelle.
4. D'une étude de novembre 2005 de la DREES, il résulte qu'en 2003 et 2004, deux tiers des pères ayant droit au congé de paternité en ont profité pour « passer du temps avec le nouveau-né et leur conjointe, s'occuper des aînés si nécessaire, ou pour organiser la vie de la nouvelle structure familiale ». Les plus nombreux à profiter de ce congé sont les salariés dont les revenus sont de niveau intermédiaire. Les indépendants (agriculteurs, commerçants, artisans…), tout comme les cadres et professions libérales y recourent moins fréquemment, principalement, « en raison de la lourdeur de leur charge professionnelle ou des difficultés à se faire remplacer ».

pères « s'arrangent ». Mais, dans leur majorité, ils attendent un renouveau des pratiques managériales, voire aspirent à une véritable révolution socioculturelle. Celle-ci aura peut-être lieu un jour. En effet, le 7 juin 2011, l'inspectrice générale des affaires sociales, Brigitte Grésy, a remis à la ministre des Solidarités Roselyne Bachelot un rapport intitulé *L'égal accès des femmes et des hommes aux responsabilités familiales et professionnelles*. Elle suggère en premier lieu de réformer les congés de maternité et de paternité pour permettre aux pères de prendre davantage leur place auprès de l'enfant dès sa naissance. Elle préconise un congé maternité de 12 semaines lié à l'accouchement. Il serait complété par un congé d'accueil de l'enfant de 8 semaines, à partager également entre les deux parents. Soit 1 mois chacun, non transférable à l'autre, ce qui reviendrait à un congé de paternité de 1 mois. Un bonus d'une semaine serait accordé aux familles dont les pères auront opté pour ce nouveau congé. « Il faut prendre en compte l'émergence d'un modèle de couple biactif et la multiplication des recompositions familiales », ajoute Brigitte Grésy. D'autres mesures fort intéressantes figurent dans ce rapport. Pour aller plus loin, rendez-vous sur le site lesnouvellesnews.fr où vous le trouverez en PDF.

Des raisons psychologiques

■ Les hommes savent objectivement moins faire et… résistent plus ou moins consciemment au partage

« Malgré quelques exceptions, les hommes se dirigent à reculons vers les tâches ménagères, affirme le sociologue Jean-Claude Kaufmann[1]. On peut les comprendre : pour une femme, découvrir une profession, accéder à une autonomie financière est excitant et fait progresser. Mais pour un homme, découvrir le balai est nettement moins enthousiasmant. »

« Ils sont encore en phase d'acquisition, poursuit Sylviane Giampino[2], psychanalyste. Ils sont plus lents et antici-

1. Auteur de *La Trame conjugale. Analyse du couple par son linge*, Paris, Pocket, 2010 et de *Cœur à l'ouvrage. Théorie de l'action ménagère*, Paris, Nathan, 2000.

2. Psychologue et psychanalyste, Sylviane Giampino travaille depuis plus de trente ans auprès des enfants et de leur famille. Dans son travail au sein de services d'accueil et de prévention en petite enfance, elle rencontre tant de mères actives qui se torturent, qu'elle s'est décidée à faire le point sur ce phénomène dans *Les mères qui travaillent sont-elles coupables ?*, Paris, Albin Michel (réédité en 2007). Elle a également publié,

pent moins. Alors que les femmes, après des générations de pratique, ont intériorisé les impératifs du quotidien. Elles ont une connaissance profonde des successions logiques qui s'entrecroisent dans une organisation familiale. Si motivés soient-ils, les hommes restent encore mal adaptés à la prise en charge concrète des enfants et de la maison. Ils n'ont pas été formés pour ça. La transmission d'homme à homme des savoir-faire avec les enfants et dans la maison est faible. Du coup, ces savoir-faire sont associés au féminin-maternel. Or tout ce qui renvoie un homme à sa mère le menace d'infantilisation. Résultat : c'est un paradoxe, mais si les hommes n'ont pas de comportement adulte et autonome dans leur famille, c'est pour montrer qu'ils ne sont pas des petits garçons ! »

■ Les femmes sont ambivalentes

Les femmes se plaignent d'en faire trop mais elles répugnent plus ou moins consciemment à partager. C'est la thèse du sociologue François de Singly[1] partagée par d'autres spécialistes. Comment l'expliquer ?

– ***Elles craignent, plus ou moins consciemment une disparition de la différence des sexes***

Pour la philosophe et sociologue Dominique Méda[2], qui milite pour une « déspécialisation des rôles » : « Derrière cette réalité, il y a une peur un peu irrationnelle de la confusion des genres, une crainte qu'en progressant vers l'égalité, on finisse par effacer la différence des sexes. » Une peur qui fait écho à la menace brandie par certains – du journaliste polémiste Éric Zemmour[3] au psychanalyste Michel Schneider[4] – d'une effrayante confusion puis... disparition des sexes. De nombreuses femmes reconnaissent elles-mêmes qu'elles sont victimes de stéréotypes. Ainsi, Estelle, 30 ans, chef d'entreprise raconte : « Quand je commence une liaison avec un homme, j'aime qu'il "joue à l'homme", me conduise en voiture et paie au restaurant. Et j'aime "jouer à

---

en 2009, avec la neurobiologiste C. Vidal, *Nos enfants sous haute surveillance*, chez le même éditeur.

1. Auteur de *L'Injustice ménagère*, Paris, Armand Colin, 2007.
2. Auteure de *Le Temps des femmes. Pour un nouveau partage des rôles*, Paris, Champs-Flammarion, 2008.
3. Auteur de *Le Premier Sexe*, Paris, Denoël, 2006.
4. Auteur de *Big Mother. Psychopathologie de la vie politique*, Paris, Odile Jacob, 2005, et *La Confusion des sexes*, Paris, Flammarion, 2007.

la femme", lui préparer le petit déjeuner et lui faire couler un bain… » Traduction de Sylviane Giampino[1], psychanalyste : « Le désir se nourrit de l'altérité, c'est-à-dire de la capacité à voir l'autre comme vraiment autre. C'est pourquoi il y a dans la rencontre amoureuse une mise en scène de la différenciation sexuelle où la femme aiguise la visibilité de sa féminité et l'homme fait de même avec sa virilité. »

La donne du rapport amoureux en serait-elle biaisée ?

« Par la suite, certains couples peuvent chercher, maladroitement, à préserver leur désir sexuel mutuel en s'installant dans une relation inégalitaire », répond Sylviane Giampino. Ce que confirme Nathalie, une femme aux idées pourtant très progressistes : « J'aime que mon homme soit un peu macho… Je préfère ça, en tout cas, à un homme en train d'éplucher des carottes à 5 heures de l'après-midi ! » Dans le même registre, certaines femmes décident de ne rien demander à leur conjoint pour conserver leur pouvoir de séduction, ne pas apparaître comme « une femme castratrice ». « J'ai cessé de râler contre mon mari, qui ne fait pas grand-chose à la maison, affirme Natalia, le jour où j'ai vu l'un de ses copains se faire enguirlander publiquement par sa femme parce qu'il n'avait pas mis le couvert correctement. Devant cette mégère, je me suis dit : "Plutôt crever que de passer pour un dragon pareil !" »

– ***Les femmes sont parfois prisonnières des vieux schémas***

En général, avec la naissance des enfants, elles révisent leurs positions et réclament plus de partage. Ce d'autant qu'elles souhaitent continuer à progresser professionnellement. Cependant, déplorent certains psychanalystes, elles sont encore très nombreuses à revendiquer plus ou moins secrètement de rester « la principale éducatrice des enfants ». Elles sont victimes de l'idée que la mère est toute-puissante dans le développement de son enfant (*voir* chapitre précédent). « Or il n'y a pas plus de légitimité maternelle que paternelle dans l'éducation d'un enfant ; et l'enfant fait très bien son affaire

1. Psychologue et psychanalyste, Sylviane Giampino travaille depuis plus de trente ans auprès des enfants et de leur famille. Dans son travail au sein de services d'accueil et de prévention en petite enfance, elle rencontre tant de mères actives qui se torturent, qu'elle s'est décidée à faire le point sur ce phénomène dans *Les mères qui travaillent sont-elles coupables ?*, Paris, Albin Michel (réédité en 2007). Elle a également publié, en 2009, avec la neurobiologiste C. Vidal, *Nos enfants sous haute surveillance*, chez le même éditeur.

des maladresses du père, si elles existent », martèle Sylviane Giampino.

– ***Certaines mères rêveraient que le père se transforme en simple « auxiliaire maternel »***, sans prendre réellement sa place. Le témoignage de François sur ce point est édifiant : « Chaque matin, c'est le même scénario. Notre fils de 7 ans rechigne à s'habiller seul. Ma compagne me reproche alors de manquer d'autorité. Elle souhaiterait que j'intervienne pour le réprimander. Mais, pour moi, c'est hors de question. Je pense que cet enfant s'habillerait sans problème s'il avait le droit de choisir ses affaires, quitte à faire quelques fautes de goût ou de saison. Mais sa mère persiste à lui préparer sa petite pile chaque soir. Dans ces conditions, qu'elle ne compte pas sur moi pour faire le père fouettard ! »

Comment, malgré tout, faire bouger les choses ?

▪ Encouragez le désir de votre homme à assumer sa paternité

– ***Ce désir existe-t-il vraiment ?***
Tout le monde le dit : les jeunes pères d'aujourd'hui souhaitent s'impliquer davantage dans les soins aux enfants. De l'étude Équilibres, évoquée plus haut, il résulte que certains hommes sont avides d'échange au quotidien avec leurs enfants. « 52 % d'entre eux considèrent qu'ils ne disposent pas d'assez de temps pour s'occuper de leurs enfants et 20 % seraient prêts à changer d'entreprise pour mieux concilier leurs différents temps de vie. Des pourcentages révélateurs d'une mutation culturelle, insistent Karine Armani et Claire Beffa qui constatent une vraie "rupture générationnelle" entre les trentenaires et les plus de 45 ans. Passer du temps avec les enfants, les accompagner à l'école ou dîner avec eux est une problématique des jeunes pères d'aujourd'hui. »

– ***Comment l'encourager ?***
« Pour aider le père et l'enfant à avoir des relations saines, une mère doit être adulte, au sens psychique du terme, ce qui signifie être libérée de sa propre enfance, explique le psychanalyste Moussa Nabati[1]. Elle doit à la fois investir son rôle de

1. Auteur de *Le Fils et son père. Pour en finir avec le complexe d'Œdipe*, Paris, Les Liens qui libèrent, 2007. *In Elle*, 15 janvier 2010, interview de Laure Leter, « Comment

mère et celui de femme. Ça paraît évident mais, dans la réalité, c'est parfois plus complexe. En effet, il arrive que le "triangle familial" (père-mère-enfant) soit perturbé, qu'on ne sache plus qui est qui, que la place et la fonction des uns et des autres ne soient pas claires. Une femme, par exemple, qui n'a pas eu une mère aimante et chaleureuse peut avoir du mal à vivre sa féminité : la maternité va alors prendre toute la place et elle risque d'exclure le père pour fusionner avec ses enfants. Le plus important, c'est que le père soit reconnu, aimé et désiré par la mère. »

■ Apprenez à demander précisément ce que vous attendez et laissez le père faire à sa façon

Ce n'est pas en continuant à faire à sa place parce que « ça va plus vite et c'est mieux fait », que la situation progressera… La seule solution est de lâcher prise sur votre exigence. Pour vous y aider, il est nécessaire de reconnaître que les hommes n'ont pas toujours le même rapport au temps et à l'espace que les femmes.

– ***Le rapport à l'espace***

« Elle ne me demande rien et finit par exploser parce que je n'ai pas pris d'initiative, se plaint Arnaud, un père en colère. Mais moi, je ne VOIS pas ce qu'il y a à faire ! Si elle me le disait, je le ferais. » Hervé renchérit : « Quand je range la cuisine, j'ai l'impression que c'est nickel. Mais pour ma femme, il y a toujours un truc qui ne va pas : j'ai oublié d'essuyer la table, deux verres sales traînent dans l'évier, etc. Je vous jure que ce n'est pas de la mauvaise foi quand je dis que je ne m'en rends pas compte ! » De nombreux malentendus naissent de cette différence de perception. « Pour beaucoup de femmes encore, explique Sylviane Giampino, le rapport à l'espace et à la maison symbolise l'espace corporel. Une femme est plus sensible à la question de l'enveloppe protectrice et de l'harmonie intérieure parce que sa sexualité et l'expérience de la maternité la sensibilisent plus fortement à la question du "dedans" et à la nécessité que celui-ci soit harmonieux, confortable, accueillant. C'est ainsi que, sans même s'en rendre compte, elles confondent encore parfois leur identité avec leur intérieur. Pour un

---

favoriser une bonne relation père-enfant ? ».

homme, son "dedans" à lui n'est ni habité ni habitable par d'autres. »

– ***Le rapport au temps***

Il existe un décalage similaire entre hommes et femmes sur la question du temps. « Pendant le week-end ou en vacances, raconte Jean-Pierre, j'aime traîner à table après le repas. Je discute, je parle avec les enfants ou avec les copains. Mais pendant ce temps, je vois ma femme s'agiter dans tous les sens pour débarrasser, parce que, pour elle, la détente ne peut intervenir qu'une fois la cuisine rangée ! Si elle avait un peu de patience, je serais prêt à le faire. » Traduction de Sylviane Giampino : « Pour les femmes, la vie et les temps de vie sont biologiquement, psychiquement et sociologiquement entremêlés. Les menstruations et la ménopause font que, pour elles, le temps n'est pas une continuité linéaire, mais une période scandée par des repères et des étapes clés : ce qui n'est pas fait à un moment donné (les enfants, notamment) ne sera plus possible après. Pour un homme, en revanche, le temps est souvent vécu comme une abstraction, qui va de la vie à la mort. » D'où quelques absurdités féminines qui rendent fous les hommes, comme : « On range d'abord les valises et on va à la plage après ! »... Mais pour les femmes, aussi, ces « impératifs féminins » finissent par être aliénants. Psychanalystes et sociologues sont formels : les femmes ont tout intérêt à se dégager de ces diktats intérieurs. Aujourd'hui, se sentir femme ne passe plus par le stéréotype « dame proprette et enfants bien tenus ». L'identité féminine ne se construit plus par procuration, *via* la maison et les enfants, mais davantage par ce qu'elles sont et font par elles-mêmes. « Les femmes sont à la recherche d'une nouvelle identité, le processus est loin d'être achevé », affirme Sylviane Giampino. En attendant, pour aider les hommes à évoluer, les femmes devraient cesser d'en faire toujours plus, quitte à ce que les choses soient effectuées moins vite et moins bien. « On ne peut jamais faire changer l'autre, si on ne change pas soi-même », conclut Sylviane Giampino.

▪ Ne confondez pas les champs du social et de l'intime

Attention à ne pas jouer sur la scène des rapports conjugaux, le face-à-face des rancœurs sociétales entre les hommes et les femmes. « En effet, explique Sylviane Giampino, les femmes d'aujourd'hui peuvent parfois légitimement se sentir flouées. De plus en plus d'hommes sont les initiateurs du désir d'enfant dans le couple, une évolution dont on ne peut que se réjouir. Mais si l'on confronte ce désir au non-partage des responsabilités quotidiennes, les femmes ont le sentiment d'une promesse non tenue. Du partage des désirs, elles attendaient un partage des réalités et leur déception rejoint une déception amoureuse. »

Si les positions militantes du partage des tâches familiales sont absolument nécessaires sur le plan social, la guerre du balai et du bain aux enfants, dans l'intimité du foyer, peut très vite dégénérer. Quand on compte sans arrêt qui a fait quoi, le cercle vicieux n'est pas loin : furieuses et exténuées d'en faire toujours plus pour la famille, certaines femmes font payer à leur conjoint cette vraie injustice, en multipliant les conflits et parfois en se refusant sexuellement. C'est ce qu'explique Hélène, une infirmière épuisée[1] : « J'ai 38 ans, je suis mariée et j'ai une enfant de 5 ans. Étant infirmière, je me lève une heure et demie avant mon mari. Après une journée de travail, le bain de la petite, le dîner, le lave-vaisselle à vider puis à remplir… bref, le quotidien auquel mon mari participe peu, comment avoir envie de faire l'amour ? Si les hommes participaient aux tâches quotidiennes les femmes seraient moins fatiguées, donc plus disposées au sexe et ne refuseraient pas de faire plaisir à leur amoureux. Après avoir transformé leur princesse en boniche, les hommes sont surpris que la boniche ne se transforme pas en salope à 22 heures. » Ce type de découragement est compréhensible, mais certains couples n'en réchappent pas. « Après la naissance d'un enfant, constate Sylviane Giampino[2], le couple est souvent le premier fusible qui saute, car saborder son couple peut aller très vite. Pourtant ce n'est pas toujours la meilleure solution, car seule, avec des enfants, c'est encore plus difficile. Certes les hommes ne sont pas toujours au rendez-vous du partage des responsabilités familiales, mais les femmes ne se rendent pas compte qu'elles se heurtent aux résistances inconscientes des hommes. Or il ne faut pas confondre ne pas pouvoir (participer aux tâches…) et ne pas vouloir. En tant que psychanalyste, je suis bien placée pour savoir qu'on ne vainc pas les résistances inconscientes

1. *Elle*, 12 novembre 2010, « *Elle* aime vos lettres ».
2. Voir note 5, p. 296.

en les forçant. Les hommes changeront, mais ce sera encore long et ce sera par leurs enfants. Une plus grande proximité corporelle quotidienne entre les pères et leurs enfants est source d'évolution, car le rapport aux enfants crée des sensations, des émotions et une capacité à mieux sentir ceux avec qui on vit. »

■ Faites attention à votre couple

Quand l'un des deux ou les deux membres du couple sont addicts à leur travail, le couple peut être fragilisé. « Pour certaines personnes, explique Sylviane Giampino[1], le travail représente quelque chose de passionnel qui est vital pour elles. Le travail les sauve de certaines fragilités d'identité mais surtout de leurs angoisses du vieillissement et… de la mort. Pour elles, travailler a quelque chose de thérapeutique. Mais même quand l'homme et la femme n'entretiennent pas ce type de rapport avec leur travail, la rivalité dans les couples est plus présente qu'on veut bien le dire. Elle ne prend pas les mêmes formes que dans la vie professionnelle. Dans la famille, c'est une guerre de la disponibilité aux enfants que se livrent certains parents. Il existe une lutte subtile entre les urgences professionnelles de l'un et de l'autre. Souvent, tout cela reste dans l'implicite, le non-dit, d'où des tensions, des angoisses qui basculent de l'homme à la femme et de la famille au travail. La guerre des nerfs produit beaucoup de ratés, de solutions d'urgence au dernier moment. La maison devient alors la caisse de résonance des pressions du travail sur la famille et de la famille sur le travail. Ces couples se retrouvent sans cesse pris par l'urgence. Or quand on est dans l'urgence, on est égocentré, on n'a pas d'autre alternative que d'aller à sa réunion. Et là, c'est le plus égoïste des deux qui gagne, celui qui est le moins dans l'empathie. C'est d'autant plus frustrant pour l'autre que l'idéologie dominante de l'autonomie s'accorde mal avec le rapport de dépendance que provoque la parentalité. Au bout d'un moment, l'un des deux renonce à ses objectifs professionnels, ce qui peut mettre le couple en péril, à plus ou moins long terme. Il est très difficile de sortir de ce mode de fonctionnement. Pour éviter d'en arriver là, il est préférable de mettre en place, en amont, une planification qui

1. *Ibid.*

tienne compte d'un partage des responsabilités professionnelles de l'un et de l'autre et des responsabilités familiales des deux membres du couple ». L'*executive coach* Gilly Weinstein précise : « Il faut avoir une vision holistique de la vie et la partager avec son conjoint pour ne pas vivre les décisions que l'on prend comme des renoncements qui exposent à la frustration, mais plutôt comme le moyen de réaliser ses objectifs. Je conseille aux femmes de faire des états des lieux tous les quatre à six mois avec leur mari, d'avoir une discussion sans critique ni reproche, en se posant juste quelques questions : qu'est-ce qui marche ? qu'est-ce qui ne marche pas ? que voulons-nous en plus ? en moins ? que changer pour l'obtenir ? de quoi on se félicite ? »

Que faire quand vous ne supportez plus d'en faire (beaucoup) plus ?

Souvenez-vous que le don est inhérent à l'amour. Si vous pensez trop souvent que vous donnez plus que votre conjoint, si dans votre tête, il y a désormais deux colonnes dans lesquelles vous tenez une comptabilité de qui a fait quoi, attention ! « Certes l'adage populaire proclame que quand on aime, on ne compte pas, mais la réalité d'un couple est nettement plus complexe, rappelle la psychologue Maryse Vaillant[1]. Car autant que l'amour, le don peut être paradoxal et ambivalent. Il est inextricablement incrusté dans l'histoire affective de chacun et trouve ses plus intenses résonances dans la rencontre amoureuse qu'il surcharge d'attentes anciennes. Personne ne sait vraiment ce qu'il donne et ce qu'il attend en aimant. L'amour se nourrit de ce flou, de cette riche incertitude. Le savoir, et pouvoir l'expliquer, c'est déjà commencer à moins aimer. Si l'un ou l'autre partenaire commence à tenir la gestion amoureuse des dons, caresses et mots d'amour, cela veut dire que la relation a basculé entièrement du commerce amoureux à l'échange comptable ou social, ou au règlement de comptes, autrement dit à la normalisation sociale de la relation, voire à sa transformation en guérilla. Car le don d'amour comporte une dimension que n'ont pas tous les dons. Pour qui aime, *donner* apporte plus de joie encore que *recevoir*.

1. Dans son livre *La Répétition amoureuses. Sortir de l'échec* (Paris, Albin Michel, 2010) coécrit avec la journaliste Sophie Carquain.

Le don est un cadeau pour celui qui donne. Si on a l'impression d'en faire plus que l'autre ou de donner plus qu'on reçoit, c'est que manque le bonheur du don. C'est que l'attente d'un retour a occulté le bonheur de donner. On est alors dans l'ordinaire du don où chacun donne pour recevoir [...]. Dans un couple qui tient la route longtemps, l'un des deux soutient souvent plus que l'autre la volonté de voir durer ou perdurer le couple. Au risque d'agacer par mon manque de romantisme, je dirai que le ciment d'un couple, ce n'est pas l'amour que deux personnes éprouvent l'une pour l'autre, c'est le désir et la volonté d'être ensemble. Sinon, les plus belles pierres d'amour ne tiennent pas. L'amour ne suffit pas pour affronter le quotidien, les petites et les grandes questions, le poids du passé de chacun et l'angoisse de l'avenir pour les deux. Il faut un bon mortier et ce mortier, c'est souvent la volonté farouche de l'un des partenaires. En dehors des moments de grande émotion ou des séquences érotiques, c'est-à-dire quand l'amour flamboie, le sentiment que chacun éprouve pour l'autre est mis à l'épreuve de la réalité. On voit vivre l'autre lorsqu'il est confronté aux responsabilités, à la souffrance, aux soucis. Le quotidien est un maître terrible. Et une personne très tendrement chérie peut s'avérer très difficile à vivre, à supporter, à porter. L'amour qu'on éprouve pour elle ne suffit pas toujours pour qu'on fasse couple ensemble [...]. Si on veut parler de l'amour tel qu'il s'éprouve dans la relation amoureuse et sexuelle entre adultes consentants, il nous faut être moins romantiques, moins idéalistes, plus prosaïques. Parler de désir, d'attachement, de besoin d'aimer et d'être aimé, de fantasmes inconscients et de reviviscences œdipiennes par exemple. Et reconnaître que l'amour ne suffit pas pour faire un couple. C'est pourquoi, il devient alors difficile d'aimer sans condition. Ce serait aimer celui qui nous méprise ou nous maltraite par exemple, que l'on méprise ou que l'on maltraite, qu'on met ou qui nous met en danger… Ce serait prendre le risque de se voir enfermé dans des schémas toxiques. Je dirai plutôt, en particulier dans le voyage du couple, qu'aimer *vraiment*, c'est aimer *quand même*. C'est aimer *encore* après les premières désillusions, les premiers désenchantements. C'est aimer *au-delà* du désir d'aimer et d'être aimé en miroir, au-delà des fantasmes, des images, des rêves d'enfant. C'est aimer l'autre dans ce qu'il *est* et non pas seulement dans ce qu'on attend de lui. »

Cumuler tous les rôles à la fois

Mère, professionnelle, amante... Le plus difficile, souvent, c'est le passage récurrent d'un rôle à l'autre. Quelques astuces pour rendre les transitions plus fluides.

Les conseils généraux

Adoptez une hygiène de vie

Pour évacuer le stress (*voir* « Réguler son stress », p. 351) et ne pas hurler sur tout le monde au bureau et à la maison, rien de tel que le sport. « Il n'est pas nécessaire de faire une heure de *running* par jour, précise Michel Binder[1], médecin du sport à la Clinique générale du sport de Paris. Il suffit, par exemple, de descendre trois stations avant son arrêt pour marcher jusqu'au bureau, d'opter pour l'escalier plutôt que pour l'ascenseur ou encore de choisir le vélo pour se déplacer plutôt que le métro ; 30 minutes d'exercice (vélo d'appartement devant votre série préférée, marche rapide en écoutant les infos sur un iPod...), trois fois par semaine, si on peut, c'est bien aussi. » Bien sûr, il y a des moments où vous vous sentirez trop fatiguée pour caser de l'exercice physique – en plus du reste – dans votre emploi du temps. Mais, réfléchissez bien, cela vaut peut-être le coup d'insister. L'activité physique a ceci de vertueux qu'elle redonne de l'énergie même à un corps très fatigué (comme une batterie de voiture vide se recharge en roulant). Une étude américaine récente[2] montre que la pratique d'une activité physique régulière permet de réduire la sensation de fatigue et d'augmenter le niveau d'énergie. Les chercheurs ont recruté 36 jeunes adultes en bonne

---

1. *In Elle*, 4 avril 2009, article de Julia Dion, « Maison-boulot : mieux vivre sa double journée », avec Laurence Einfalt, psychologue, fondatrice de l'agence Jara et auteure avec Stéphanie Bujon de *S'organiser, tout simplement !*, Paris, Eyrolles-Éditions d'Organisation, 2005, et Vanina Gallo, coach (http://vanina.typepade.fr).
2. W. P. Timothy, S. Sara S *et al.*, « A randomized-controlled trial of the effect of aerobic exercise training on feelings of energy and fatigue in sedentary young adults with persistent fatigue », *Psychother. Psychos.*, 2008, 77, p. 167-174.

santé se plaignant d'être constamment fatigués et les ont séparés en trois groupes. Les deux premiers ont été assignés à des séances d'activité physique à raison de trois fois 20 minutes par semaine tandis que les volontaires du troisième groupe sont restés inactifs. Bilan : au bout de six semaines ceux qui avaient fait du sport se trouvaient moins fatigués. Ils ont rapporté une diminution de 65 % des signes de fatigue combinée à une augmentation de 20 % de leur énergie. Alors, même si vous vous sentez au bout du rouleau, pensez-y. N'oubliez pas, non plus, les bienfaits psychologiques du sport : en libérant des endorphines dans votre cerveau, les hormones dites « du bonheur », l'activité physique vous procure un bien-être moral, qui permet de supporter plus facilement les difficultés, voire de surmonter les obstacles.

Restez concentrée en vous obligeant, par moments, à ne faire qu'une chose à la fois

Exemples : si vous accompagnez votre enfant à l'école en pensant à votre réunion budget, vous ne l'écouterez qu'à moitié vous parler des disputes avec ses copains dans la cour de récréation. Au bureau, plutôt que de commencer votre liste de courses sur Internet et de passer votre journée à la finir, à force d'être interrompue, bloquez-vous, chaque jour, un petit moment à heure fixe, pour vous occuper de vos problèmes personnels : coup de fil au pédiatre, feuille de Sécurité sociale à remplir…

Apprenez à mieux gérer votre temps

Voir « Organiser son temps », p. 361.

Tenez à distance vos smartphones, iPad et ordinateurs

Attention aux smartphones qui permettent d'être disponible 24 heures sur 24 et 7 jours sur 7. Mieux vaut vous isoler dans une pièce pour consulter votre BlackBerry ou iPhone plutôt que de passer le dîner familial l'œil en alerte sur l'icône de réception des mails et autres SMS… La frontière entre vie privée et vie professionnelle sera plus nette donc préservée. Essayez d'obtenir la même chose de votre conjoint et de vos ados, si vous en avez.

Aménagez-vous des sas de décompression

C'est essentiel pour ne pas débarquer soucieuse à la maison ou au bureau. Le matin, profitez de votre temps de transport pour écouter la radio ou lire un roman, vous ressasserez moins la prise de bec avec votre ado. Le soir, dans le bus ou la voiture, essayez de ne pas trop vous repasser le film de votre journée. Commencez déjà à vous reconnecter en « mode perso ».

Exprimez vos envies

Le soir, en rentrant, osez formuler votre besoin de vous changer ou de prendre une douche avant de vous occuper de vos enfants.

Les conseils particuliers

Selon votre histoire, votre personnalité, mais également la période que vous vivez, vous aurez plus ou moins de mal à passer de professionnelle à maman, de maman à amante, d'amante à maman et ainsi de suite. Pour comprendre les raisons de ces difficultés reportez-vous au chapitre « Surmonter la culpabilité », p. 296.

Libérez du temps pour vous

S'il y a un conseil à donner pour enfiler successivement ses différentes casquettes, c'est celui de s'occuper de soi, de son bien-être psychique et corporel, et ce, de façon non négociable. C'est en donnant à sa personne, qu'on peut redistribuer aux autres : son homme, ses enfants, son travail. Prendre un pot entre copines après le bureau vous semble inconcevable puisque votre famille vous attend ? Quitter le bureau un soir de semaine plus tôt pour aller à la gym ou vous faire masser, vous donne l'impression de « voler le bureau » ? Vous échapper une heure le samedi pour aller chez le coiffeur vous semble décalé alors qu'il y a les devoirs du petit à surveiller ? Stop ! C'est en vous ménageant des petits rendez-vous légers comme ceux-là, que vous pourrez tenir tous vos rôles à la fois, sur la durée. Organisez-vous avec votre conjoint pour que ces moments-là, ce soit lui qui assure en rentrant plus tôt. À charge de revanche, s'il veut de son côté faire du sport le soir en semaine.

Libérez du temps pour votre couple

- Pensez à fixer une soirée à deux de temps en temps pour débrancher. On lit souvent dans les magazines qu'il faut décider d'un soir fixe par semaine, quoi qu'il arrive. C'est un peu rigide puisqu'il y a des soirs où l'on sera si fatiguée qu'on aura qu'une envie : s'affaler devant la télévision avec une soupe, plutôt que de ressortir au cinéma ou au restaurant. Mais il est bon parfois de s'obliger à redémarrer après une bonne douche et de se rendre compte que la fatigue physique est chassée par la décompression psychologique. En fait, peu importe le rythme de ce genre de rendez-vous, à chaque couple de trouver le sien. Se ménager des moments à deux est important, puisque cela permet de retrouver l'intimité qui manque tant aux jeunes parents qui travaillent. Un dernier détail : au bout de quelques années de vie commune, les hommes ne prennent pas toujours l'initiative de trouver et de réserver une adresse pour dîner dehors à deux, voire de partir en week-end en amoureux… Les femmes trouvent alors qu'elles en ont déjà suffisamment sur le dos pour ne pas avoir à prendre, en plus, cela en charge. Ce n'est pas forcément un bon calcul. En effet, si vous aimez vous retrouver en tête à tête avec votre homme, pourquoi ne pas, égoïstement, en prendre vous-même l'initiative ? Du reste, même s'ils n'ont pas été à l'origine de ce genre de projets, rares sont les hommes à ne pas apprécier.
- Débrouillez-vous pour confier votre progéniture et partir en week-end à deux ou tout simplement travailler et vivre avec votre homme quelques jours pendant les vacances scolaires, sans horloge dans la tête, comme quand vous n'aviez pas d'enfants. Vous n'avez pas de famille disponible pour accueillir votre progéniture ? Arrangez-vous avec des amis ayant des enfants du même âge. Osez demander qu'on vous prenne vos enfants, même seulement un samedi après-midi, de temps en temps, à charge de revanche. Pensez aussi aux colonies de vacances, quand les enfants grandissent (tout de même pas avant 6-7 ans, conseillent les psys). Vous trouvez que vous ne voyez déjà pas beaucoup vos petits pour les confier ? Peut-être mais, d'une part, il ne s'agit pas de les confier sans arrêt et, d'autre part, ces moments de respiration maternelle sont précieux pour le couple. Il est

de l'intérêt de vos enfants d'avoir des parents heureux de se retrouver à deux. N'oubliez pas le précepte de Françoise Dolto : « L'enfant doit être à la périphérie du couple, non au centre. »

Faire un break pour mieux s'occuper de sa famille ?

Impression de faire « tout mal », dans votre famille, dans votre couple, mais aussi au bureau... Depuis quelque temps déjà, vous n'en pouvez plus. Vous vous interrogez à l'idée de vous arrêter de travailler quelque temps. Quelques vérités avant de vous décider.

Ce que dit la loi

Le principe du congé

Le Code du travail permet à la mère ou au père (4 % des bénéficiaires) de suspendre ou de réduire son activité professionnelle pour s'occuper des enfants. Il s'agit du congé parental d'éducation. Dans le cadre d'un contrat à durée indéterminée, l'employeur ne peut pas refuser le départ en congé parental. Le retour au travail est, en théorie, assuré. L'employé doit retrouver son poste ou un poste similaire, assorti d'une rémunération équivalente.

La rémunération

Contrairement au congé de maternité, le congé parental d'éducation n'est pas rémunéré. Tout au plus le salarié perçoit-il le « complément de libre choix d'activité », qui s'élève, pour un congé à temps plein, à 550 euros par mois.

Les bénéficiaires

Toute personne justifiant d'un minimum d'activité, dont au moins un an d'ancienneté dans l'entreprise à la date de naissance de l'enfant peut en bénéficier.

La durée

Pour un premier enfant, ce congé peut aller jusqu'à six mois. Mais dès la deuxième naissance, il peut atteindre trois ans (un an renouvelable deux fois).
Le droit au congé parental est ouvert durant les trois premières années de l'enfant. À n'importe quel moment pendant cette période, un parent peut décider de commencer un congé parental à taux plein ou à temps partiel. À l'inverse, il est possible de l'interrompre, en cas de difficulté financière. Enfin, la conversion du congé à taux plein en temps partiel est également permise. Durant ce congé, les formations professionnelles et bilans de compétences sont possibles.

La procédure à suivre

Le salarié se contente d'informer son employeur par lettre recommandée avec accusé de réception ou par lettre remise en main propre contre décharge précisant la date de départ et la durée du congé. Cette information doit intervenir un mois avant la fin du congé de maternité si la mère ou le père décide d'enchaîner le congé parental directement après le congé de maternité. Si celui-ci débute plus tard, l'employeur doit être averti deux mois avant le départ du salarié.

Comment ça se passe en pratique ?

Le congé proposé en France est trop long, pas assez rémunéré et insuffisamment partagé avec le père

- « Toutes les études montrent qu'en France, ce qu'on appelle le congé parental est défavorable à l'activité féminine, et plus encore à celle des femmes peu diplômées ou exposées au risque de la précarité dans l'emploi, regrettent les sociologues Dominique Méda et Jeanne Fagnani[1]. Long, rémunéré faiblement et de façon forfaitaire, ce dispositif incite en effet les femmes dont les salaires sont peu élevés

1. *Le Monde*, 4 mars 2009, « Évitons les pièges du congé parental ».

et l'emploi peu gratifiant à se retirer du marché du travail [...]. Rester à la maison pour s'occuper de son enfant est certes un plaisir, mais aussi une obligation, tant les conditions de travail sont mal adaptées aux contraintes de la vie familiale, poursuivent les sociologues. Dès lors, le congé parental, pris à 98 % par les mères, devient un cadeau empoisonné qui incite celles-ci à rompre les liens avec l'entreprise et pour la moitié d'entre elles à ne pouvoir revenir sur le marché du travail que sur des postes moins bien payés et/ou avec des conditions de travail dégradées par rapport à la situation antérieure à la naissance. » Les spécialistes estiment donc souhaitable de réduire la durée d'indemnisation du congé et de rendre l'allocation proportionnelle au salaire, comme c'est le cas dans les pays du Nord de l'Europe pour « éviter de n'inciter que les femmes les plus modestes à se retirer du marché du travail ». Mais, en parallèle, elles réclament la mise en place de mesures de soutien et d'accompagnement en développant un vrai droit de garde opposable, promesse de Nicolas Sarkozy durant la campagne présidentielle de 2007, loin d'être tenue. Enfin, le congé parental devrait pouvoir se partager totalement avec le père, ce qui constitue la seule manière d'impliquer vraiment les hommes dans la vie familiale et de permettre donc aux femmes de s'investir pleinement dans la vie professionnelle. Utopique ? « Ces propositions ont été détaillées et chiffrées dans *Le Deuxième Âge de l'émancipation*[1], rétorquent les sociologues : donner à tous les enfants de moins de 3 ans une place dans un mode d'accueil de qualité ou la possibilité d'être gardés par le père ou la mère grâce à un congé parental de 42 semaines entièrement partagé (la moitié non prise par l'autre parent étant perdue) conduirait à faire passer les sommes consacrées à l'accueil des jeunes enfants de 1,32 % à 1,65 % du PIB... alors qu'elles représentent 2,7 % du PIB au Danemark. Oui, nous savons ce qu'il faut faire. Mais tout se passe décidément comme si les bonnes idées venues du Nord ne pouvaient être transposées dans notre pays que d'une manière parcellaire et sans vision d'ensemble, alors que ces politiques n'ont de véritable portée que si elles sont menées de façon cohérente et globale. »

- Dans le rapport sur l'égal accès des femmes et des hommes aux responsabilités familiales et professionnelles en date du 7 juin 2011, il est suggéré de repenser

1. Seuil, « La République des idées », 2007.

complètement le congé parental. Brigitte Grésy, inspectrice générale des affaires sociales propose de le raccourcir à 1 an maximum en le rémunérant à 60 % du salaire antérieur et en isolant 2 mois non transmissibles à l'autre parent. De son côté, la ministre des Droits des femmes propose qu'une période de six mois soit réservée aux pères. Une bonification de l'indemnité serait accordée en cas de partage du congé[1].

En l'état actuel, s'arrêter pour s'occuper de ses enfants est donc risqué

Certes en mai 2005, une étude[2] a montré un important retour d'activité des femmes bénéficiaires de l'APE (aujourd'hui complément de libre choix d'activité) dans l'année qui suit les 3 ans de leur deuxième enfant. Quelques réserves cependant :

- Sur le plan privé rester à la maison, peut se révéler un vrai piège. Le mari en fait de moins en moins, se reposant entièrement sur sa femme pour tout (*voir* « Impliquer le père dans la maison », p. 311). Quant aux enfants… « Si une femme attend que ses bambins n'aient plus besoin de sa présence pour les "lâcher", elle peut attendre longtemps !, estime la psychanalyste Sylviane Giampino. Les enfants sont des petits vampires affectifs qui n'ont jamais leur comptant de disponibilité parentale et notamment maternelle[3]. »
- Une femme qui cesse de travailler même pour élever ses enfants hypothèque sérieusement sa retraite. « Les femmes qui n'ont pas travaillé ont certes des droits dérivés : quand le mari décède, elles touchent une pension de réversion, rappelle Brigitte Grésy, inspecteur général des affaires sociales[4]. Mais il n'est pas certain que ce régime soit éternel car il coûte très cher à la collectivité et la tendance est de plus

1. *Les Échos*, 31 janvier 2013, « Najat Vallaud-Belkacem : le congé parental devra être davantage partagé entre les deux parents ».
2. De la DREES (direction de la recherche, de l'évaluation, des études et des statistiques) du ministère de la Santé.
3. *Paris-Match*, 9-25 novembre 2009, article d'Anne-Cécile Beaudoin, « Après un congé parental, comment reprendre le travail ».
4. Auteure de *Rapport préparatoire à la concertation avec les partenaires sociaux sur l'égalité professionnelle entre les femmes et les hommes*, daté de juillet 2009, du livre *Petit traité de sexisme ordinaire*, Paris, Albin Michel, 2009 et du rapport de juin 2011 sur l'égal accès des femmes et des hommes aux responsabilités familiales et professionnelles.

en plus à la constitution de droits propres par les hommes et par les femmes. Ne pas se constituer de droits propres est dangereux pour les vieux jours. Les avantages conjugaux sont de moins en moins sûrs (*voir* « Réussir pour une femme, c'est quoi ? », p. 21). Quand une femme prend un congé parental, certes elle peut récupérer le temps, mais jamais le niveau de retraite auquel elle aurait pu prétendre si elle ne s'était pas interrompue. Bien sûr, il y a des moments de la vie où c'est trop dur de tout mener de front, où les femmes n'ont pas d'autre choix que celui de prendre un temps de respiration. Mais il faut s'efforcer de revenir au plus vite car tout arrêter est une folie. »

- Retrouver son poste est rarement possible en réalité. Déjà, il n'est pas toujours facile de refaire sa place après un congé de maternité de quelques mois (*voir* « Refaire sa place après un congé de maternité », p. 277), mais c'est encore pire après une interruption longue. On peut le comprendre : la femme a été remplacée et, parfois très bien. Quand elle revient, l'employeur n'a plus forcément besoin d'elle.

- Quand on retrouve un emploi, il est rarement de même niveau. Véronique Morali, chef d'entreprise, fondatrice de l'association Force Femme[1], du site Terrafemina[2] et présidente du Women's Forum explique : « Plus on se déconnecte du marché de l'emploi, plus c'est difficile de s'y refaire une place. Quand on s'arrête, on se coupe des réseaux propres au monde du travail. Mais ce n'est pas le seul obstacle. Les employeurs sont exigeants, ils cherchent des gens ultraqualifiés, instantanément opérationnels, qui maîtrisent l'outil technologique, ont l'habitude du rythme, de la pression… Et nous connaissons tous, dans notre entourage, des femmes restées sur le carreau à 45 ans ou plus, après un temps d'arrêt pour élever leurs enfants. C'est parce que la société ne s'occupe pas de ces femmes, victimes d'une double discrimination (celle de l'âge et du sexe), qu'à Force Femme nous menons une action concrète et spécifiquement féminine pour les aider à retrouver une activité professionnelle. Cependant, même si nous réussis-

1. Force Femme est une association qui accompagne et soutient les femmes de plus de 45 ans dans leur démarche de retour à l'emploi et de création d'entreprise.
2. *Terrafemina* est un magazine féminin en ligne principalement tourné vers la vie professionnelle des femmes, mais pas seulement : on y trouve aussi quantité de vidéos dédiées à la vie privée des femmes.

sons à retrouver du travail à nombre d'entre elles, c'est le plus souvent dans des postes très différents et de moindre niveau, que ceux qu'elles occupaient auparavant. »

Alors que faire ?

De l'avis général des spécialistes de la carrière au féminin, il n'y a pas trente-six stratégies possibles quand tout devient trop dur :

- Décélérer sans arrêter (*voir* « Décélérer au bureau sans arrêter », p. 340).
- Créer son entreprise (*voir* « Créer son entreprise ? », p. 407). En sachant tout de même, que ce n'est pas forcément la solution pour moins travailler, mais que cela peut permettre de travailler différemment, de trouver une souplesse dans l'organisation de son travail d'autant plus nécessaire qu'on cumule les contraintes familiales (plusieurs jeunes enfants, conjoint insuffisamment disponible, peu de relais familial...).

Décélérer au bureau sans arrêter

Élever deux ou trois enfants en bas âge tout en continuant à progresser professionnellement, le tout sans divorcer, certaines y arrivent. Comment font-elles ? « Elles ne font pas tout en même temps, mais ça ne se voit pas ! », rétorquent les spécialistes. Décryptage.

Pourquoi la trentaine est-elle une période délicate pour les femmes ?

C'est une période importante à plusieurs titres.

La construction de la famille

Aujourd'hui les femmes commencent à faire des enfants vers 30 ans à un moment où elles sont déjà bien « assises » professionnellement. Entre 30 et 40 ans environ, elles sont souvent prises par la création de leur famille. Elles enchaînent les grossesses et ont de jeunes enfants, avec tout ce que cela implique en termes d'organisation, de fatigue et d'émotions intenses.

La construction de la carrière

- Trop d'entreprises se fichent que leurs salariés soient aussi des parents

  C'est précisément lorsque leurs salariés (hommes ou femmes) ont entre 30 et 40 ans, que la plupart des employeurs leur demandent le plus pour repérer leur potentiel et éventuellement les faire monter dans la hiérarchie. Il n'est pas difficile de comprendre que les femmes – qui par ailleurs assument encore la majorité des tâches domestiques et familiales, *voir* « Impliquer le père dans la maison », p. 311 – ne soient pas le mieux placées dans cette course… « Nombreuses sont les diplômées des grandes écoles qui, ne voulant pas sacrifier ce qu'elles sont en train de vivre dans leur vie personnelle, se découragent en quittant carrément les entreprises trop violentes en termes de rythme », constate Véronique Morali, chef d'entreprise, fondatrice de l'association Force Femme et du site Terrafemina et du Women's Forum. Et c'est ainsi que plus on monte dans les strates de direction des entreprises, plus les femmes se raréfient. « Les femmes doivent comprendre que ce n'est pas elles qui doivent changer, mais les règles en vigueur dans le monde du travail qui doivent évoluer, elles doivent sortir de la responsabilité individuelle exclusive », martèlent Karine Armani et Marlies Gaillard du cabinet Équilibres.

▪ Heureusement, des entreprises font évoluer leurs politiques RH

De plus en plus, elles prennent conscience qu'en agissant comme on vient de le voir elles se privent des talents féminins. Voici leurs actions :

– ***Elles repoussent l'âge limite de repérage des femmes à potentiel*** de plusieurs années pour que grossesses et jeunes enfants ne soient plus pénalisants. C'est le cas notamment de Total, PSA, GDF-Suez, GE, Schlumberger et Schneider Électrique.

– ***Elles développent une culture de la parentalité***[1]. Environ 200 entreprises sont aujourd'hui signataires de la charte de la parentalité en entreprise lancée en 2008. La moitié de ces sociétés comptent moins de 1 000 salariés. Sur certains points, les PME et TPE se montrent bien plus actives que les grandes entreprises dans la prise en compte de la vie de famille de leurs salariés[2]. Elles sont notamment très dynamiques en matière d'organisation du travail. 72 % des TPE de moins de 10 salariés et 46 % des sociétés de 10 à 99 salariés pratiquent le travail à domicile et le télétravail. Dans les entreprises de plus de 1 000 salariés, ce chiffre tombe à 25 %. Lorsqu'elles ont signé la charte, ces grandes entreprises sont en revanche, très en avance sur les aides à la garde d'enfants (proposées par

1. Renseignements sur les sites de l'Observatoire sur la responsabilité sociale des entreprises (www.orse.org) et de l'Observatoire de la parentalité en entreprise (www.observatoire-parentalité.com).

2. C'est ce qui ressort de la deuxième édition du baromètre entreprises publié par l'Observatoire de la parentalité en entreprise (OPE).

71 % d'entre elles) ou les services d'aide à la vie quotidienne (pressing, plombiers à domicile…).

– ***Elles aménagent mieux leurs horaires.*** Ainsi, la société Maviflex, une PME qui fabrique des portes industrielles dans la région lyonnaise et qui est présidée par une femme, a mis en place une politique salariale particulière pour permettre à ses 84 salariés de mieux articuler leurs vies familiale et professionnelle. Sa présidente, Anne-Sophie Panseri, nous en trace les grandes lignes :

✓ ***Le temps choisi*** : « Les salariés ont une plage horaire d'arrivée et de départ. Le matin, ils peuvent arriver entre 8 heures et 9 h 30 et le soir ils peuvent quitter l'entreprise à 17 h 30 ou travailler plus tard s'ils doivent récupérer le temps du matin. Ils peuvent s'absenter dans la journée pour vaquer à une occupation personnelle sans avoir à donner de justification. En revanche, ils sont tenus de déclarer leurs absences pour pouvoir les rattraper. Les gens n'abusent pas du tout de cette souplesse. »

Le temps des cadres est-il le même ? « Les cadres s'organisent comme ils veulent, mais je me suis aperçue que lorsque j'étais contrainte de rester tard au bureau, les cadres hommes avaient tendance à attendre mon départ pour partir, plus pour échanger des idées entre eux ou avec moi que pour avancer vraiment sur leurs dossiers… Je leur ai donc fait passer le message qu'il n'y aurait pas de promotion au temps passé le soir, dans l'entreprise. Et, aujourd'hui, les cadres hommes et femmes quittent en moyenne nos bureaux vers 18 heures, 18 h 30 au maximum. Bien sûr, il peut arriver qu'en cas de gros dossier urgent ils restent plus tard, mais j'estime que cela doit rester exceptionnel. Je considère qu'un cadre qui passe ses soirées au bureau souffre d'un manque d'organisation, qui nécessite une formation en gestion du temps. »

✓ ***Les réunions*** : « Elles ne démarrent jamais à 8 heures ou à 17 heures. Je demande toujours un ordre du jour précis pour que les réunions se déroulent efficacement et ne soient pas trop longues. Si la réunion digresse vers un sujet périphérique, je fixe immédiatement une autre réunion pour travailler sur ce sujet qu'on aura, du coup, préparé. »

✓ ***L'adaptation des contrats de travail*** : « Chaque année, début septembre, j'organise un entretien avec chaque salarié pour aménager son contrat en fonction des contraintes (notamment liées aux enfants) qu'il va rencontrer durant l'année. Ainsi, plusieurs pères qui ont leurs enfants en garde alternée sont heureux de pouvoir adapter leurs obligations professionnelles en fonction de la présence ou non des enfants à leur domicile. »

– ***Pourquoi ces entreprises agissent-elles ainsi ?***
« Elles ont compris que, dans un contexte de guerre des talents, celles qui aident concrètement leurs salariés-parents attirent et fidélisent plus facilement leurs collaborateurs, qui se montrent, en outre beaucoup plus engagés dans la réussite de leur entreprise », affirme Jérôme Ballarin, président de l'Observatoire de la parentalité en entreprise et auteur de *Travailler pour vivre mieux. Comment concilier vie professionnelle et vie familiale ?* (Nouveaux Débat publics, 2010).
« Dans la plupart des cas néanmoins, poursuit-il, les motivations à signer la charte de la parentalité sont liées aux valeurs des dirigeants, d'autant plus lorsqu'il s'agit de PME et de TPE, où la traduction concrète des engagements de la charte ne se fait pas nécessairement à grand renfort d'argent dépensé, mais bien davantage par des choses simples, cruciales tout de même pour le bien-être des salariés concernés : souplesse des horaires, indulgence quand aux absences non anticipées, accès facilité au temps partiel, réunions non tardives, etc. »

Comment gérer au mieux cette période délicate ?

Les exemples cités plus haut sont trop rares et la période que vivent les femmes qui veulent tout mener de front, entre 30 et 40 ans, est souvent une épreuve. Mais, au lieu de tout envoyer promener, il est préférable d'être un peu stratégique. Les conseils de la consultante et conférencière internationale Avivah Wittenberg-Cox, directrice générale de 20-First[1]:

1. 20-First est l'un des premiers cabinets de conseil mondiaux en mixité, qui accompagne les entreprises à faire de la mixité un levier de croissance et de performance, tant du côté des talents que des marchés. Avivah Wittenberg-Cox est également l'auteur, avec Alison Mailtland, de *Womenomics. La croissance dépend aussi des femmes…*, Eyrolles- Éditions d'Organisation, 2008, et de *Mixité dans l'entreprise, mode*

- Détendez-vous : professionnellement, malgré les apparences, tout ne se joue pas avant 40 ans. La période que vous vivez est difficile pour toutes les femmes. Les enfants sont ce que l'on fait de mieux dans la vie, poser les bases d'une famille réussie est la priorité du moment pour vous. Et, de toute façon, ce sont les femmes heureuses en famille qui sont les meilleurs managers.

- Ne vous mettez pas la pression. Vous devez accepter de ne pas pouvoir tout faire en même temps, de vivre une période un peu confuse où les enfants malades et les galères de modes de garde vous plomberont parfois... Bien sûr, vous aurez le sentiment de stagner un peu tout en voyant des collègues hommes de votre âge (voire plus juniors) être promus, mais cela n'a aucune importance. La route professionnelle est longue et il est fréquent que la vraie carrière d'une femme commence plutôt après 40 ans. Déjà, d'ici cinq ans, quand vos enfants auront un peu grandi, tout ira beaucoup mieux et votre paysage professionnel s'éclaircira vraiment.

- Faites-vous aider le plus possible et ce, même si vous devez y consacrer une grande partie de votre salaire et qu'après calcul fiscal vous ayez l'impression que « cela ne vaut pas le coup de travailler ». Être bien soutenue à la maison et avec les enfants est un investissement, non une dépense à fonds perdus. Le fait de ne jamais avoir arrêté de travailler vous projette dans une situation économique et professionnelle bien supérieure (*voir* chapitre précédent).

- Évitez autant que possible de changer d'entreprise durant cette période, il vous faudrait reconstruire toute votre légitimité, cela ajouterait de la complexité dans une situation qui l'est déjà. Si vous avez construit une confiance réciproque avec l'entreprise dans laquelle vous vous trouvez, c'est plus facile de faire accepter une période un peu moins dynamique. L'idée est d'essayer de continuer à faire ce que vous savez faire avec les gens avec lesquels vous êtes habituée à le faire et ce, même si vous apprenez moins... Encore une fois, vous ne pouvez pas tout faire en même temps.

---

d'emploi. Femme + hommes : pour un management d'un nouveau genre, Eyrolles-Éditions d'Organisation, 2011.

Faut-il négocier un « quatre cinquièmes » ?

Ce n'est pas forcément une mauvaise idée, mais il vaut mieux connaître avant un certain nombre de vérités sur le temps partiel tel qu'il est pratiqué actuellement en France.

Votre charge de travail globale sera sans doute la même qu'avant

« Le plus souvent, les femmes cadres qui obtiennent un quatre cinquièmes continuent à travailler autant qu'avant, avertissent Karine Armani et Marlies Gaillard de l'agence Équilibres[1], mais elles gagnent moins. Elles sont disponibles par mail et téléphone quand elles sont physiquement absentes et continuent à assumer les mêmes responsabilités. De sorte qu'elles travaillent davantage à salaire partiel qu'à temps partiel ! »

Est-on obligé d'en passer par le temps partiel pour obtenir de la souplesse ?

- Cela ne devrait pas être le cas. Les femmes devraient pouvoir être libres d'organiser leur temps comme elles le souhaitent, pourvu qu'elles remplissent leur mission et leurs objectifs. D'ailleurs, certaines entreprises sont plus souples que d'autres[2]. Ainsi, au magazine *Elle*, par exemple, les journalistes n'ont aucune obligation de présence, hormis pour quelques réunions dans la semaine. L'essentiel est que les articles soient rendus – bien enquêtés et bien écrits – dans les délais. Évidemment, la hiérarchie est davantage soumise à des obligations de présence et les journalistes qui réussissent le mieux viennent quand même régulièrement à la rédaction, mais les horaires pratiqués sont compatibles avec une vie de famille et quand une collaboratrice a un problème de garde d'enfant, cela ne choque personne qu'elle travaille chez elle, ce jour-là. Mais ce type de culture d'entreprise – sans doute pour ce qui concerne *Elle*, parce que les salariés sont en quasi-totalité des femmes – est rare.

1. Voir note 1, p. 259.
2. Renseignements sur les sites de l'Observatoire sur la responsabilité sociale des entreprises (www.orse.org) et de l'Observatoire de la parentalité en entreprise (www.observatoire-parentalité.com).

- Mais, pour certaines femmes, c'est parfois la seule solution. Dans d'autres types d'organisations qui attachent encore trop d'importance à la présence physique, négocier un emploi à 80 % peut permettre de trouver la souplesse d'organisation qui aide à tout mener de front sans trop de casse. « Les femmes savent qu'elles gagneront moins mais elles achètent ainsi une flexibilité, une certaine liberté d'organisation, contre une diminution de salaire. Ce n'est pas du tout satisfaisant sur le plan des principes, mais c'est souvent le seul moyen de continuer à travailler dans certaines entreprises, constatent Karine Armani et Marlies Gaillard de l'agence Équilibres. D'autres optent pour une formule différente : elles travaillent comme des folles jusqu'au jeudi soir – au point de ne voir leurs enfants que très peu les quatre premiers jours de la semaine –, mais restent à la maison le vendredi pour s'occuper d'eux, aller les chercher à l'école, les emmener chez le pédiatre, etc. Variante : dans les grandes entreprises qui pratiquent l'annualisation du temps de travail, elles travaillent à 90 % ce qui leur fait perdre moins d'argent qu'un 80 % et convertissent ce temps en journées de vacances ou de RTT ce qui leur permet de respirer un peu. Mais tout le monde n'a pas la chance de bénéficier de RTT. »

- D'autres enfin, réussissent à « éduquer » leur chef et leurs collègues à une moindre présence physique de leur part en étant créatives : contre aucune réduction de salaire, elles négocient de rester travailler chez elles au calme (si les enfants sont à l'école) un jour par semaine ou alors elles obtiennent de partir à 16 heures un jour par semaine, etc. Ce genre de système peut très bien fonctionner, y compris dans les PME et TPE. Certains chefs d'entreprise le comprennent et savent le profit qu'ils peuvent en tirer. « Une salariée que vous laissez s'organiser comme elle veut pour lui permettre de mieux concilier vie familiale et vie professionnelle, vous le rend au centuple en termes de fidélité et de loyauté ! », assurent de nombreux chefs d'entreprise modernes. « L'entretien annuel constitue un excellent moment pour évoquer des problèmes d'articulation des temps de vie, poursuit Jérôme Ballarin. C'est le moment de demander des aménagements et de convaincre le responsable hiérarchique sur leur bien-fondé et leur faisabilité sans impact négatif sur la qualité du travail. Enfin, il faut profiter de tous les temps d'échange informels avec son responsable hiérarchique pour le sensibiliser à ses contraintes familiales. Contraintes que ce dernier connaît peut-être lui aussi et à propos desquelles il peut faire preuve d'empathie. Un déjeuner à la cantine, une pause-café, une réunion au vert peuvent être des occasions à ne pas manquer. » Si votre manager ne demande qu'à évoluer mais ne sait pas comment s'y prendre, peut-être pouvez-vous lui faire passer le *Guide du manager de proximité*, édité par l'Observatoire de la parentalité en entreprise. Ce support d'autoformation, élaboré par une quinzaine de grandes entreprises et validé auprès des partenaires sociaux est construit à partir de situations concrètes : salariée annonçant sa grossesse, collaborateur envisageant un quatre cinquièmes ou voulant essayer le télétravail. « Ce guide permettra de réfléchir sur les comportements à adopter ou à éviter, tout en rappelant les règles juridiques », explique Jérôme Ballarin[1].

1. *Le Figaro*, 25 octobre 2010, article de Caroline Beyer, « Les parents salariés sont plus choyés dans les PME ».

Septième partie

Le développement de soi

Réguler son stress

Cette fatigue récurrente, ces soucis qui tournent en boucle dans votre tête, il y a des jours où vous n'en pouvez plus. Stop ! Quelques pistes pour comprendre votre stress et le faire diminuer.

Les femmes sont plus stressées que les hommes

Une Française sur quatre est dans un état de stress dangereux pour sa santé

« Les femmes sont plus exposées au stress que les hommes, explique Anne-Françoise Chaperon, psychologue clinicienne[1]. Et ce, quelles que soient leur profession et la zone géographique dans laquelle elles se trouvent. Les médecins le constatent empiriquement. Et d'une grande enquête réalisée par le cabinet Stimulus et la Sofres pour le *Figaro Magazine* en avril 2006, il résulte que 11 % des hommes se situent à un niveau de stress très élevé contre 26 % des femmes. Conclusion : une femme sur quatre souffre d'un niveau de stress dangereux pour sa santé, avec des risques d'accident cardio-vasculaire[2], d'accident vasculaire cérébral et de troubles dermatologiques importants (eczéma, psoriasis, zona...), mais aussi de troubles digestifs (ulcères...) ou de troubles « musculo-squelettiques » (tendinite du poignet, mal de dos, douleurs...). Le stress fait également diminuer les défenses immunitaires et révèle nos fragilités (digestives, musculaires, dermatologiques...). »

1. Et consultante chez Stimulus, cabinet de conseil en prévention du stress dans les entreprises et auteur de *100 Réponses sur le stress,* avec Marie-Édith Alouf, Paris, Éditions Tournon, 2007.
2. Il résulte d'une étude danoise réalisée sur les infirmières que celles qui se plaignaient d'un stress professionnel trop élevé avaient une « majoration du risque coronarien » de 1,4 fois, par rapport à celles décrivant une pression tolérable. *Le Quotidien du médecin,* 7 mai 2010, « Stress professionnel, les femmes peuvent y laisser leur cœur ».

Le mal-être au travail est plus fréquent pour les femmes

« D'après les premiers résultats du programme Samotrace[1], le "mal-être" s'avère fréquent parmi les salariés, mais il prédomine chez les femmes (37 % *versus* 24 % chez les hommes), quels que soient le secteur ou la catégorie professionnels, affirme Fatma Bouvet de la Maisonneuve, médecin psychiatre[2]. Les femmes semblent aussi plus exposées aux faibles récompenses et au surinvestissement au travail. Par ailleurs, le comportement des femmes en termes de consommation de produits toxiques est en train de converger avec celui des hommes. Cet aspect est bien connu pour le tabac, il l'est moins pour les autres substances. D'après le baromètre santé de l'Inpes de 2005, 9,7 % des femmes de 18 à 64 ans boivent régulièrement de l'alcool. Chez les hommes les plus instruits, la consommation régulière est plus rare que chez les femmes diplômées, qui sont celles qui boivent le plus. En effet, d'après une autre étude menée en 2006 auprès de salariés en Midi-Pyrénées, du fait de raisons professionnelles, 20 % d'entre eux consommeraient des produits dans le but de se doper. Ce comportement est retrouvé chez les hommes qui consomment plus d'alcool, et chez les femmes qui consomment plus de médicaments. Néanmoins, les résultats montrent que les femmes consomment de plus en plus d'alcool lorsqu'elles exercent des fonctions managériales. » À quoi cela est-il dû ? « Aujourd'hui, poursuit la psychiatre, les femmes travaillent, mais elles assument aussi la quasi-totalité des responsabilités domestiques. Cette double responsabilité constitue un facteur évident de souffrance, qui pourrait être à l'origine de nouveaux troubles psychologiques. À cela s'ajoute la persistance des inégalités de traitement dans le monde professionnel et le manque de reconnaissance, comme en témoigne le dernier rapport sur les inégalités professionnelles. »

---

1. Mené par l'INVNS en mai 2007 auprès de 6 056 salariés, en régions Centre, Pays de la Loire et Poitou-Charentes.
2. Et auteur de *Les Femmes face à l'alcool. Résister et s'en sortir* (2010) et de *Le Choix des femmes* (2011), tous deux aux Éditions Odile Jacob.

Comment distinguer le bon stress du mauvais ?

Les explications d'Anne-Françoise Chaperon :

Le bon stress

C'est celui qui donne la capacité à réagir aux événements, à s'adapter. L'être humain est équipé pour faire face au changement. Prenons un exemple dans la vie professionnelle : un collègue est absent et je dois le remplacer au pied levé, cela déclenche en moi la libération d'hormones du stress (adrénaline, noradrénaline et cortisol) qui vont me permettre de tenir le coup sans être fatiguée et même de me sentir un peu dopée.

Le mauvais stress

C'est celui qui arrive quand nos capacités d'adaptation sont dépassées. Cela est lié à deux facteurs :

- L'intensité de l'événement stressant

  C'est le cas d'une femme dont la sœur travaillait dans le World Trade Center et qui, lorsqu'elle apprend les attentats, développe immédiatement un psoriasis géant.

- La durée de l'événement stressant

  C'est ce stress-là qui est le plus fréquent au travail. Si je suis seule à remplacer mon collègue quelques jours, ce n'est pas la même chose que si je dois assumer sa charge de travail plusieurs semaines de suite…

Comment repérer le bon stress du mauvais ?

On n'a pas tous les mêmes signaux, mais une image devrait permettre d'y voir plus clair

- Le bon stress : vous êtes à vélo avec un bon petit vent qui vous pousse à l'arrière et vous pédalez en étant sûre d'arriver à bon port.
- Le mauvais stress : vous pédalez de plus en plus fort, en vous fatiguant, vent contre face et sans être sûre d'arriver à bon port.

Quels sont les signes du glissement vers le mauvais stress ?

Il y a différents symptômes.

- Physiques

Troubles du sommeil, mal au ventre, à la tête, au dos… On dort mal parce qu'on cogite et on rumine, on se pose des questions, on s'interroge sur ses compétences et performances.

- Psychologiques

On éprouve des émotions négatives.

– ***Peur de ne pas y arriver*** : plus on a peur, plus on se sent anxieux.
– ***Colère contre soi et les autres, son chef par exemple*** : plus on est en colère, plus on est désagréable avec les autres.
– ***Tristesse de ne pas réussir malgré ses efforts*** : plus on est triste, plus on se sent déprimé.

- Comportementaux

– ***On devient hyperactif***, irritable, voire insupportable…
– ***On a de plus en plus besoin de « béquilles »*** : chocolat, café, tabac, puis alcool, tranquillisants…

Comment limiter le mauvais stress ?

Selon Anne-Françoise Chaperon, il y a trois types d'outils excellents.

Les outils physiques

- La respiration abdominale qui permet de ralentir le rythme cardiaque. C'est le même type de respiration que celle que l'on pratique quand on suit des cours de yoga ou de sophrologie. Mode d'emploi pour retrouver son calme en toutes circonstances, même en réunion, même en envoyant un mail :
  – Installez-vous le dos bien calé contre le dossier de votre chaise.
  – Posez votre main sur le diaphragme, cette partie du corps située entre les côtes et l'estomac.
  – Pensez à votre ventre comme à un petit ballon.
  – Prenez une grande inspiration par le nez en gonflant votre ventre.
  – Puis expirez tout l'air qui se trouve dans votre ventre par la bouche.
  – Recommencez plusieurs fois durant au moins 3 minutes. C'est le temps nécessaire pour récupérer. Si l'on prend votre tension artérielle, on constatera qu'elle aura baissé.

- Le sport

  En plus de réduire le stress et l'anxiété, le sport fait baisser le taux de cholestérol. À condition, toutefois, d'être pratiqué régulièrement (au moins deux fois une heure par semaine). Si votre emploi du temps ne vous le permet pas, une marche rapide de trente minutes trois fois par semaine (en allant au bureau par exemple) aboutit au même résultat.
  Vous vous sentez trop fatiguée pour vous lancer en plus dans une séance de gym ? Certes il y a des périodes de la vie où l'on est vraiment épuisée. Mais s'il demande un effort au démarrage, l'exercice physique a ceci de paradoxal qu'il redonne de l'énergie même quand on est très fatiguée. Un peu comme une batterie de voiture déchargée. Pour la recharger, il faut faire rouler la voiture. Faire de l'exercice permet à l'organisme de

fabriquer des endorphines et de la dopamine qui redonnent de l'énergie. À terme, le sport permet aussi de modifier l'état émotionnel et de booster le bien-être général. (*Voir* « Cumuler tous les rôles à la fois », p. 329.)

Les outils psychologiques

▪ Repérez les pensées négatives automatiques qui peuvent parfois vous envahir

Exemple : vous sortez de réunion, votre manager vous a dit que vous étiez un peu juste sur les délais de remise du dossier X. De retour dans votre bureau, voici les pensées qui peuvent surgir : « Je n'y arriverai jamais », « C'est trop difficile », « Je suis nulle », « Je suis trop mal organisée »…

Ces pensées automatiques sont appelées des « cognitions » par les psychothérapeutes comportementalistes. Non réfléchies, ultrarapides, elles sont très toxiques, car elles peuvent vous poursuivre pendant des heures, même la nuit, tant qu'on ne les stoppe pas. En tournant en rond dans votre tête, elles peuvent se transformer en véritables ruminations.

▪ Faites taire ces pensées automatiques

L'idée est de s'obliger à activer le cortex, le cerveau qui réfléchit, pour sortir du côté destructeur de ces pensées, de se démontrer à soi-même que ce système n'est pas fondé sur quelque chose de rationnel.

Mode d'emploi :

- Notez chacune de ces pensées sur une feuille.
- Interrogez-vous pour chaque pensée : « Est-ce vrai ? Y a-t-il d'autres façons de regarder cette pensée ? »
- Répondez honnêtement : « Oui, si on m'a confié cette mission, ça n'est pas pour rien », « L'an dernier, j'y suis arrivée »… Impossible ? Alors cherchez des solutions pour y arriver. Interrogez-vous à nouveau : « Quelles ressources j'ai pour réussir ? À qui puis-je demander de l'aide ? »

Cette technique qui s'apparente à une forme de « rééducation de la pensée » peut s'apprendre de façon plus approfondie dans une simple formation à la gestion du stress (*voir* « La formation professionnelle, mode d'emploi », p. 377), dans un coaching (*voir* « Le coaching, mode d'emploi », p. 381), voire, pour les cas plus handicapants, dans une thérapie. Mais on peut déjà essayer d'utiliser cet outil par soi-même.

Les outils comportementaux

■ Ni fuir ni attaquer

L'être humain est programmé pour fuir ou attaquer en cas de danger. Mais ni la fuite ni l'agression ne sont de bonnes réponses aux situations stressantes. La fuite équivaut à se laisser faire, ce qui est nuisible pour l'estime de soi. L'attaque est toxique, elle aussi, car l'agressivité entraîne l'agressivité et elle ne règle pas les problèmes (elle consiste à ne pas écouter l'autre du tout). L'agressivité ou la fuite engendre fatalement un déséquilibre. Si je réagis trop fort de façon inadéquate, je prends le pouvoir. Si je ne réagis pas, que je m'écrase, je laisse l'autre prendre le pouvoir. Dans les deux cas, je me retrouve dans des relations dominant/dominé qui ne sont pas efficaces dans le monde du travail.

■ Mais plutôt s'affirmer

Les spécialistes du stress aident leurs patients à travailler sur leurs comportements agressifs ou fuyants pour les remplacer par un comportement affirmé, qui est un mode de communication beaucoup plus efficace puisque respectueux de l'autre. Pour apprendre les techniques de base de l'affirmation de soi, reportez-vous aux chapitres « S'affirmer au bureau », p. 56, et « Gérer les comportements difficiles au travail », p. 81.

■ En pratique

Prenons un exemple : si un collègue vous accuse en réunion de planter tout le monde parce que vous n'avez pas assez travaillé, vous serez tentée, selon votre personnalité, soit de ne plus ouvrir la bouche jusqu'à la fin (comportement de fuite), soit de le renvoyer violemment dans ses buts (comportement agressif).

La meilleure réponse serait plutôt d'exprimer votre mécontentement, mais ni sur un mode passif ni sur un mode agressif.

Dans le monde du travail, le plus souvent, on s'efforce de contenir son agressivité. Résultat : on accumule des rancœurs qui se transforment ensuite en frustrations, puis en véritable mal-être.

Il n'y a rien de pire que d'intérioriser son stress.

Le mieux est plutôt d'évacuer le plus vite possible d'une manière qui soit respectueuse de l'autre.

La bonne façon de réagir dans l'exemple vu plus haut est de signifier sur le moment à celui qui vous agresse que vous souhaitez lui parler seul à seul dès la sortie de la réunion. Puis, d'utiliser les techniques d'affirmation de soi (*voir* « S'affirmer au bureau », p. 56). Pour suivre l'exemple pris plus haut, dites : « Quand tu m'as accusée en réunion de planter tout le monde par manque de travail, je me suis sentie agressée. La prochaine fois quand tu as quelques choses à me dire, je souhaiterais que ce soit en tête à tête. » Cela vous paraît peut-être simpliste, mais essayez : vous verrez que c'est très efficace. Cela pose une limite à votre interlocuteur et augmente votre estime de soi d'avoir osé.

Les modérateurs de stress

Il existe trois grandes sortes de modérateurs de stress qu'il convient de développer :

■ Le support social

La famille, les amis, les collègues sympas. L'idée est de ne pas se trouver seul face à l'adversité. S'entraider dans une équipe permet de réagir en cas de gros stress professionnel. Avoir de bons amis en dehors de l'entreprise permet de se ressourcer quand le climat est difficile au bureau.

■ Les émotions positives

Les hobbies, les passions… consacrer tous les jours quinze minutes de son temps à faire quelque chose qui vous plaise – boire un café au calme au bistrot du coin, vous offrir un bouquet, lire un journal au parc – peut vous aider.

■ Les comportements santé

Soigner son sommeil et son alimentation. Voici quelques conseils de base :

– ***L'alimentation*** : respectez une diversité alimentaire et retrouvez le sentiment de satiété en apprenant à écouter davantage votre corps. On est programmé pour avoir faim et soif et notre corps sait très bien de quoi il a besoin.

– ***Le sommeil*** : si au moment de vous mettre au lit, vous êtes au même niveau de stress que l'après-midi quand vous travailliez sur un gros dossier, vous risquez d'avoir du mal à trouver le sommeil. Le sommeil se prépare 1 h 30 avant l'heure théorique du coucher. Il est important de vous ménager un sas, un rituel, comme pour les enfants, durant lequel vous aurez cessé de travailler, éteint l'ordinateur et coupé le téléphone. À la place, vous aurez glissé vers une activité qui calme les neurones, lecture ou autre.
  Que faire en cas de réveil très précoce, vers 5 heures du matin ? Tout dépend de la situation. Si ces réveils sont associés à d'autres signes de mal-être (troubles de l'appétit, tristesse, diminution du désir…), il peut s'agir d'une dépression. Dans ce cas, il est préférable de consulter un médecin, voire un psychiatre. Mais si ce symptôme est isolé, il faut dédramatiser. Ces réveils très matinaux ne sont pas si graves car le sommeil du matin est un sommeil paradoxal, donc pas très réparateur. Si vous ne vous rendormez vraiment pas, mieux vaut vous lever et faire autre chose. Généralement, moins on se préoccupe de ces réveils matinaux, moins ils s'installent sur la durée.

Que faire quand le stress provient d'un environnement toxique ?

La situation n'a rien à voir avec celle décrite plus haut

Selon les spécialistes de la souffrance au travail, « proposer des techniques de gestion du stress pour s'adapter à un contexte toxique serait non seulement inutile, mais néfaste[1]. Dans ce cas, il faut rendre le patient plus lucide sur la cause de ses souffrances, indique Marie Pezé[2], docteur en psychologie et psychanalyste. Non pas ses possibles faiblesses, pas même son chef qui serait un pervers, un harceleur l'ayant pris en grippe (*voir*

1. *In Elle*, 6 novembre 2009, article de Patricia Gandin, « Souffrance au travail, les nouvelles façons de résister ».
2. Marie Pezé est à l'origine de la création, en 1994, à Nanterre, de la première consultation hospitalière consacrée à la souffrance au travail.

« Déjouer le harcèlement moral », p. 113). Mais tout un système pathogène sévissant dans son entreprise comme dans d'autres et qui réduit les salariés à une seule dimension : économique ».

Dans les situations très difficiles, on ne peut pas s'en sortir seule

Le mieux est de demander de l'aide à un professionnel. Marie Pezé poursuit : « Au cours de longs entretiens nous demandons à nos patients de décrire précisément leur métier du plus loin qu'ils l'ont exercé. Ce n'est pas facile pour eux : ils arrivent "assommés". Mais, pour évoquer le temps où tout allait bien, ils sortent de l'hébétude et peuvent mieux cerner la chronologie de la dégradation et son origine : une fusion acquisition de l'entreprise, un nouveau logiciel informatique auquel on ne les a pas suffisamment formés… ils admettent peu à peu que ce n'est pas leur fragilité structurelle, qui les a fait craquer. D'ailleurs, bien souvent nous constatons qu'ils n'avaient pas d'antécédents et que la détérioration de leur santé coïncide avec celle de leurs conditions de travail. Il faut aussi les déculpabiliser de n'avoir pas su se révolter tout comme, parfois, de n'avoir pas secouru un collègue malmené ou d'avoir même adhéré à des conduites déloyales pour l'enfoncer. La peur du chômage est un fort levier de consentement à la soumission ou à la domination. » Pour autant, le patient ne doit pas s'installer dans le statut de victime. « Le système actuel n'est pas une fatalité, poursuit Christophe Dejours, psychiatre et psychanalyste[1]. Puisque l'homme est au centre, il peut influer contre. » « Souvent, remarque Marie Pezé, il ne suffit pas que le lien symbolique avec le contexte pathogène soit dénoué, il faut aussi couper le lien réel, changer d'entreprise. Nous savons celles qui restent humaines ou qui sont en train de changer. »

1. Et auteur, avec Florence Bègue, de *Suicide et travail : que faire ?*, Paris, PUF, 2009, et de *Le Travail humain*, Paris, Payot, vol. 1 et 2.

Organiser son temps

Chacune de vos journées ressemble à un marathon. Et pourtant, vous vous retrouvez souvent, le soir, insatisfaite de ne pas avoir fait ce que vous auriez voulu… Conseils pour souffler un peu.

Les femmes gèrent-elles mieux leur temps que les hommes ?

« Dans les séminaires de gestion du temps que j'anime, répond Marie-Hélène Drouet, formatrice-consultante[1], je trouve qu'elles sont plus pragmatiques, plus preneuses d'outils. Elles ont une vraie volonté de gagner en efficacité, sans doute parce qu'elles ont le souci de tout concilier : vie professionnelle et vie personnelle. Or plus on a de choses à faire, plus il faut s'arrêter pour organiser, planifier, distinguer le principal de l'accessoire, éliminer ce qui est inutile, mais que l'on fait parfois de manière quasi réflexe. »

Qu'est-ce que mal gérer son temps ?

Vous attendez le dernier moment pour pondre le rapport qu'on vous a commandé il y a un mois, vous vous laissez interrompre tout le temps par le téléphone, les mails, vos collègues qui entrent dans votre bureau comme ils veulent… Votre journée est rythmée par les autres et les événements, vous gérez tout à la demande et passez des journées survoltées… Vous vivez trop dans l'instant présent. Votre temps est plus réactif qu'actif. Vous le subissez plus que vous n'agissez sur lui.

1. Marie-Hélène Drouet dispense des formations, notamment en gestion du temps, pour différents organismes, dont le Cegos, qui est l'un des organismes de formation professionnelle les plus importants de France.

Pourquoi ne gère-t-on pas toujours son temps de façon optimale ?

Vous avez du mal à renoncer aux bénéfices secondaires que vous procure cette mauvaise gestion du temps. Quels sont-ils ? Pour les spécialistes[1], il y en a plusieurs, qui ne se cumulent pas toujours :

- Vous êtes reconnue comme importante dans votre entreprise, vous jouez un rôle d'experte ou de mise en relation. D'où votre propension à être disponible pour tout et n'importe quoi, à n'importe quel moment…
- Vous aimez faire les choses vous-même et faire plaisir aux autres. D'où votre tentation d'assumer le travail des autres en plus du vôtre…
- Vous êtes rassurée sur vous-même par votre recherche de la perfection. D'où votre penchant à refaire et refaire sans cesse ce que vous avez à rendre…
- Vous êtes dopée, excitée par les poussées d'adrénaline que vous procure votre manière de travailler toujours dans l'urgence. D'où votre incapacité à planifier les choses suffisamment en amont. Agir ainsi vous permet de lutter contre votre peur – plus ou moins consciente – du vide.

Comment mieux gérer son temps ?

Les conseils de Marie-Hélène Drouet[2], formatrice-consultante :

Acceptez de changer vos réflexes

Posez-vous et listez tout ce qui vous fait perdre un temps précieux puis essayez d'identifier des solutions à ces croque-temps. Quelques exemples :

1. Voir Anne Launay-Duhautbout, Jean-Louis Muller et Jean-Pierre Testa, *Managez votre temps et vos priorités*, Cegos, Paris, ESF Éditeur, « Les guides pratiques », 2011.
2. Voir note 1, p. 361.

- Si votre bureau sert de couloir à toute votre entreprise, parce qu'il permet à tout le monde de prendre un raccourci pour rejoindre la salle de réunion, fermez votre porte et collez dessus une gentille affichette invitant les autres à faire le tour. Dans un premier temps, les gens vont peut-être râler un peu, mais si vous leur expliquez gentiment, ils comprendront.
- Si vous ne pouvez vous empêcher de jeter un œil à chaque fois qu'un mail arrive, désactivez la réception automatique avec alarme sonore (*voir* aussi « Mieux gérer ses mails », p. 367).
- S'il vous arrive de vous déplacer au bout du couloir pour rencontrer une collègue et vous casser le nez en arrivant parce qu'elle est occupée, décidez désormais d'appeler systématiquement avant de vous déplacer. Cela semble évident mais la fatigue et le stress nous font parfois faire des choses stupides.
- Si l'un de vos collègues vous transmet toujours les informations au dernier moment, trichez sur la *deadline*.
- Si, à la maison, le matin est une course contre la montre, dans le stress et les cris, préparez la table du petit déjeuner la veille et mettez votre réveil plus tôt pour traîner un peu au lit et vous préparer avant le réveil des enfants.
- Si caser vos rendez-vous d'épilation est toujours un casse-tête infernal, planifiez de vous faire épiler définitivement au laser par un dermatologue. C'est un investissement de temps et d'argent parmi les plus rentables pour les femmes.

Et ainsi de suite.

Respectez les « lois du temps » identifiées par les spécialistes en gestion du temps

- Prenez en compte vos rythmes personnels et ceux des gens qui travaillent avec vous. Identifiez vos moments d'énergie et de fatigue et organisez votre temps en fonction. Si vous êtes plus créative la nuit, n'excluez pas forcément quelques séances de travail nocturne. Acceptez la nécessité absolue pour votre efficacité de respecter quelque temps de pause ou de détente en passant d'une activité de concentration à une activité plus légère, toutes les heures et demie à deux heures par exemple.

- Affectez un budget temps, donc une limite à toute chose. Faute de quoi, toute activité se dilate jusqu'à occuper la totalité du temps disponible. Fixez-vous des rendez-vous juste avant et juste après le déjeuner avec une relation de travail ou même une amie. Comme ça, vous serez « obligée » de faire vite.

- Apprenez à distinguer l'urgence de l'importance. Les choses urgentes, même complètement inutiles, ont tendance à prendre le pas sur les choses vraiment importantes… Exemple ? Alors que vous êtes en train de finir la rédaction d'un rapport important à rendre la semaine prochaine, un collègue vous demande en urgence les coordonnées de l'hôtel dont vous lui aviez parlé pour ses vacances… Chaque fois que vous vous apprêtez à agir, interrogez-vous : est-ce vraiment important pour mon travail ? Si la réponse est non, abstenez-vous ou alors différez votre réponse à un moment plus approprié pour vous (*voir* aussi « S'affirmer au bureau », p. 56).

- Regroupez les activités homogènes afin de vous concentrer sur le même type d'activités intellectuelles en même temps. Si vous passez tous vos coups de fil au même moment, vous économisez votre énergie. De même, si vous décidez de consacrer deux heures à la relecture de travaux écrits, sans téléphone et porte fermée, vous êtes beaucoup plus concentrée.

- Évitez les interruptions. Le temps perdu à cause d'une interruption est plus long que la durée de cette interruption. Pour cela, protégez-vous des sollicitations extérieures en fermant votre porte ou en installant ostensiblement un casque sur vos oreilles si vous travaillez en *open space* et en prévenant que vous ne souhaitez pas être dérangée. En revanche, prévoyez (et planifiez même) des temps de « porte ouverte » où vous serez disponible. Si malgré tout on vous dérange, apprenez à dire « non » à la demande et « oui » à la personne (*voir* « S'affirmer au bureau », p. 56). Exemple ? « Je ne peux pas te répondre maintenant car je suis occupée, mais demain, à 17 heures, je pourrai te satisfaire. » Variante : « Je ne peux pas te répondre, car je n'ai pas le temps, mais tu pourras trouver la réponse en t'adressant au service comptabilité. »

- Fermez tout cycle que vous avez ouvert. Ne commencez pas dix activités en même temps, sinon vous vous épuiserez à les fermer. Ou bien vous les laisserez ouvertes, ce qui sera pire. C'est une qualité très féminine de mener plusieurs activités en même temps, mais elle se paie cher en termes de culpabilité et de stress. Il est bon parfois de revenir à plus de linéarité. Par exemple, avant de quitter le bureau, notez sur un Post-it les priorités du lendemain. Vous partirez l'esprit plus léger et serez moins tentée de parler boulot le soir en rentrant. De même, au lieu de récupérer votre enfant à toute vitesse à la crèche, prenez dix minutes pour écouter la puéricultrice vous raconter sa journée.

Planifiez davantage

- Distinguez l'essentiel de l'accessoire. Demandez-vous chaque jour ce qui est vraiment important pour votre travail. En général, il y a rarement plus de deux choses vraiment importantes dans la journée. Mais cela suppose d'éliminer le reste de façon impitoyable. Sinon, vous papillonnerez beaucoup trop, vous vous perdrez dans vos activités et brûlerez votre énergie à mauvais escient.

- Choisissez le meilleur outil pour planifier votre temps. Perso et boulot, notez tout sur un seul agenda, sinon vous n'aurez pas une vision d'ensemble de vos journées et risquez de louper des rendez-vous professionnels et personnels. L'outil basique de la plupart des femmes est celui qui permet une visibilité hebdomadaire de l'emploi du temps, avec des rendez-vous récurrents pour les enfants et pour vous (gym, etc.). Le smartphone, et notamment le BlackBerry, est idéal à cette réserve près, qu'il ne permet pas de voir sa semaine d'un coup d'œil, l'écran étant trop petit. Pour ce faire, il faut ouvrir son planning sur l'ordinateur. C'est pourquoi, si vous trouvez que vous manquez de visibilité, ne renoncez pas forcément à l'agenda papier, au crayon et à la gomme, qui permettent davantage de penser le temps que de le vivre.

- Acceptez de perdre un peu de temps chaque semaine pour en gagner beaucoup. Prenez une demi-heure (au début, ce pourra être un peu plus…) le vendredi soir ou le lundi matin pour planifier votre semaine à venir et notamment les temps où vous n'avez pas de rendez-vous. C'est le meilleur moyen d'optimiser votre temps, en appliquant tout ce qui précède.

- Ayez toujours sur vous un « carnet de bord » dans lequel vous notez toute demande que l'on vous fait, avec la date et aussi la personne qui vous sollicite. Biffez au fur et à mesure les tâches réalisées. Découper ce carnet en deux parties : une partie vie professionnelle et une autre vie privée. Dans la partie personnelle, vous pouvez ajouter à vos listes de choses à faire, les notes que vous pouvez être amenée à prendre dans votre rôle de mère par exemple : réunion de parents d'élèves, entretien avec l'orthophoniste, coup de fil avec la CAF, etc. Ainsi, vous ne perdrez plus ces informations et pourrez vous y reporter plusieurs semaines plus tard si vous avez oublié certains détails. Les carnets Moleskine à élastiques en format 13 × 21 font de bons outils. Cela vous permettra de noter tous les « Il faut que » qui vous empêchent de profiter de l'instant présent en remplissant votre cerveau d'une multitude de Post-it mentaux. Le carnet a aussi l'avantage de ne pas se perdre, contrairement aux listes qu'on retrouve toutes chiffonnées au fond de ses poches après les avoir cherchées partout et alors qu'elles ne servent plus à rien…

Vous craignez, en appliquant ces conseils, de vous transformer en « robot » ?

« Cette crainte est très française, s'amuse l'*executive coach* et consultante de 20-First Gilly Weinstein. Les Américaines sont convaincues par les techniques permettant de retrouver le leadership de son temps. Mais en France, une "vraie femme" se laisse souvent un peu guider par les aléas, l'inconnu. Les Françaises se sentent supérieures comme ça. Pourtant elles gagneraient beaucoup à apprendre à garder leur fantaisie dans la structure, quitte à planifier la fantaisie. On peut aussi créer des structures dans son emploi du temps pour laisser venir l'imprévu. »
Ces conseils n'ont en aucun cas pour but de vous assaillir. À vous d'y piocher ceux qui vous semblent les plus adaptés à votre personnalité. Essayez-les et gardez ceux qui vous aident vraiment, il y en a sûrement.

Mieux gérer ses mails

Il y a des jours où vous avez l'impression de passer votre temps sur votre messagerie électronique. Cela n'a rien d'étonnant : les mails sont si chronophages que certaines entreprises les ont même supprimés. Quelques pistes pour que ça change.

Nettoyez votre boîte mail

- Supprimez ou archivez dans des dossiers thématiques les messages déjà lus ou auxquels vous avez répondu.
- Désabonnez-vous aux newsletters que vous ne lisez pas et aux forums de discussion auxquels vous ne participez plus.

Réorganisez la réception de vos mails

- Créer des boîtes spécifiques pour vos interlocuteurs privilégiés – en interne (votre hiérarchie, vos collaborateurs directs) et en externe (vos clients, vos fournisseurs...). Ainsi, quand ceux-ci vous écriront, vous le saurez beaucoup plus vite et leurs mails ne seront pas noyés dans le flot. Quand on a beaucoup d'interlocuteurs auxquels on est censé répondre vite, c'est vraiment la base.
- Déprogrammez l'alarme sonore et l'icône automatique de réception qui vous interrompent sans cesse.
- Choisissez de ne regarder vos mails que deux ou trois fois par jour maximum : en arrivant le matin, avant de partir déjeuner et en fin de journée, par exemple. Le reste du temps, fermez votre boîte. Vous serez libre de vous concentrer sur un travail plus profond. Le plus grand piège est de rester l'œil rivé sur sa boîte de réception. Vous n'êtes pas censée répondre en temps réel, il faut résister à la dictature de l'émetteur.

- Mettez en place des règles de tri, en fonction de l'urgence et de l'importance. En effet, tous les mails ne sont pas à mettre sur le même plan. Un mail de votre N+1 n'a pas la même valeur que la blague du jour reçue par un copain. Répondez au plus vite à vos interlocuteurs privilégiés, sauf si leurs mails font état de problèmes ou de remarques. En effet, dans ce cas, prenez votre téléphone ou provoquez un face-à-face rapide. Le mail n'est pas le bon outil pour les questions sensibles ou délicates (résultats, évaluation, critiques…). C'est valable aussi quand vous êtes l'émetteur du mail. Pour les autres mails, placez les newsletters dans un dossier spécial et ne laissez dans la boîte de réception que les mails que vous estimez prioritaires : ceux qui nécessitent un traitement rapide. Pour ne pas oublier, marquez-les d'une couleur particulière.
- Ne répondez pas à un mail sans passer en revue tous vos messages : votre interlocuteur a pu vous envoyer un nouveau mail pour préciser ou annuler sa demande. Vérifiez aussi que le mail vous est bien adressé et que vous n'êtes pas seulement en copie.
- Ne répondez pas sous le coup de la colère à des provocations. Ignorez-les ou, si vous décidez d'y répondre, préférez le coup de fil ou le face-à-face.

Réorganisez l'émission de vos mails

- Créer et mettez régulièrement à jour des listes de destinataires en fonction de vos besoins : membres de votre équipe, bien sûr, mais aussi intervenants sur tel projet ponctuel.
- Précisez au mieux le sujet du message dans la case objet.
- N'abusez pas des mentions urgent ou haute priorité.
- Utilisez la fonction « absence du bureau » ou autre.
- Rédigez des messages courts et concis. Allégez la formule de politesse. « Cordialement » ou « Bien à vous » suffisent.
- Évitez d'écrire en majuscules, cela donnerait l'impression que vous criez…

Restez prudente

- Renseignez-vous sur les règles d'utilisation des mails dans votre entreprise. Si une charte Internet existe, comme c'est le cas dans certaines entreprises, lisez-la attentivement.

- Quand vous utilisez votre mail à des fins personnelles, évitez de communiquer des données que vous souhaiteriez garder confidentielles. Le mail n'est pas plus sûr qu'une carte postale. En France, l'employeur peut installer des logiciels de filtrage et surveiller les moindres écarts de souris de ses salariés. Comme le souligne Jean-Emmanuel Ray, professeur de droit à l'université Paris-I, dans la revue *Droit social*, « l'employé deviendrait technophobe s'il savait tout ce qu'on peut trouver dans son dossier électronique : courriels envoyés et reçus ; volume et nature des dossiers joints, connexions à l'intranet et à Internet, pages lues, imprimées[1] »… « La jurisprudence considère que les mails envoyés par les salariés sur leur lieu de travail sont présumés avoir un caractère professionnel, explique l'avocate Christiane Féral-Schuhl[2]. L'employeur a le droit d'en prendre connaissance sauf si le salarié démontre le caractère privé du message. Par ailleurs, l'employeur peut également sanctionner le salarié sur le fondement d'un usage privé de l'outil de travail. » En résumé, s'il n'est pas interdit d'utiliser son mail à des fins personnelles, mieux vaut le faire avec tact et mesure.

---

1. *In Le Monde*, 3 novembre 2009, « Surfer sur son lieu de travail, une activité à haut risque ».
2. Christiane Féral-Schuhl, avocate, a été élue bâtonnier du barreau de Paris. Elle est à la tête du cabinet Féral-Schulhl/Sainte-Marie, l'un des premiers cabinets français de nouvelles technologies. Elle a publié *Cyberdroit. Le droit à l'épreuve de l'Internet*, Paris, Dalloz, 2006.

Faire (enfin) ce qu'on dit

Remettre au lendemain la paperasse de la maison, c'est embêtant mais pas très grave. Ne pas tenir parole au bureau peut vous nuire, voire abîmer sérieusement votre image. Les explications et suggestions de Bruno Koeltz, médecin et thérapeute comportementaliste[1].

Remettre au lendemain est-ce si grave ?

Non pas forcément, ce peut être même une très bonne idée quand cela obéit à une bonne gestion du temps. Ne pas le faire peut même parfois nous mettre en danger. Ce qu'on appelle la « procrastination » a parfois des vertus.

Dans quel cas remettre au lendemain est-il problématique ?

Quand on le fait malgré soi, de façon totalement irrationnelle. Il faut apprendre à distinguer la procrastination qu'on a décidée, car elle est utile et n'a pas un coût psychologique et physiologique excessif pour soi, de celle qui conduit à quelque chose de préjudiciable.

1. Auteur de *Comment ne pas tout remettre au lendemain*, Paris, Odile Jacob, 2006.

Qui procrastine ?

Les vrais malades

Attention : la procrastination n'est pas une maladie en soi et demeure le plus souvent un comportement isolé. Mais, elle peut parfois être le signe d'une véritable maladie : dépression, phobie, TOC… Dans ce cas, elle s'accompagne souvent d'autres signes souvent plus visibles qui permettent de faire la différence entre une procrastination isolée et une maladie s'accompagnant d'un comportement procrastinateur. Si la procrastination s'ajoute à d'autres souffrances, il est préférable de demander conseil à un médecin, voire à un psychiatre.

Et les autres

Parmi les quelques études qui ont été réalisées aux États-Unis, aucune ne démontre une quelconque différence hommes/femmes sur le sujet. En revanche, il existe deux grands profils de procrastinateurs.

- Les « unconsciousness ». Ce mot américain ne se traduit pas par « inconséquent ». Il s'agit plutôt de personnes qui n'ont pas bien conscience du temps nécessaire à la réalisation des tâches. Elles sont souvent perçues comme des « je-m'en-foutistes », mais en réalité elles n'ont pas la même mesure de l'urgence que les autres. Elles ont l'impression qu'il leur faut beaucoup moins de temps que nécessaire pour remplir telle ou telle tâche. À celles-là il est conseillé de doubler systématiquement le temps prévu pour la réalisation des tâches à venir. Cela leur permettra d'aller vers une planification plus réaliste de leurs activités.

- Les perfectionnistes excessifs. On peut être perfectionniste sans être procrastinateur (certains sont boostés par leur volonté de perfection), mais les procrastinateurs sont souvent des perfectionnistes excessifs (ils sont alors inhibés par leur désir de perfection). Exemple : en souhaitant rédiger un rapport irréprochable, je finis par me décourager, puis par remettre, de jour en jour, la rédaction de celui-ci. Je m'impose un niveau d'excellence trop difficile à atteindre. Ma préoccupation du détail se fait au détriment de l'essentiel. À vouloir que tout soit parfait il ne reste jamais de temps. Clairement, je mets la barre trop haut. Cette attitude, qui ne paraît ni très logique ni très raisonnable, vise à protéger mon estime de soi. En effet, si le moindre échec a tendance à remettre en cause la globalité de ma valeur personnelle, il est moins douloureux, pour moi, d'imputer cet échec à la hauteur de la barre plutôt qu'à moi-même.

Quels sont les mécanismes de la procrastination ?

Il en existe trois grands :

- L'intolérance à la frustration : je reporte car cette activité est ennuyeuse et dérangeante, qu'elle m'empêche de faire quelque chose de plus ludique.
- Le comportement passif-agressif : je reporte pour résister – sans dire non – à l'autorité de celui qui me demande de faire. C'est ce qu'on appelle la résistance passive. Une façon de résister à l'autre sans conflit apparent.
- La protection de l'image de soi : je reporte pour ne pas prendre de risque. En effet, faire quelque chose, c'est toujours prendre un risque : celui d'échouer et d'être évalué négativement, ce qui est facile à comprendre. Mais ce qui peut nous faire remettre au lendemain, c'est aussi d'éviter de prendre le risque de réussir. Pourquoi ? Parce que plus on avance, plus on se rapproche de ses limites. La route de l'échec est pavée de succès. Dès lors, plutôt que d'être confrontée un jour à ces limites, je préfère ne pas prendre de risque, donc ne pas avancer. L'une des manifestations principales de cette façon d'être est le perfectionnisme excessif, qui nous pousse à refaire et refaire pour reculer le moment de remise de notre travail. Le mécanisme est très tordu parce qu'on a deux excuses : la barre est très haute, trop peut-être… et si je m'y étais prise plus tôt, j'y serais arrivée… Résultat : on ne se juge pas par rapport à ce qui se serait passé si on s'y était pris à temps, ce qui est plus rassurant. Seulement voilà : si dans un premier temps, ce mécanisme donne l'illusion de protéger son estime de soi,

dans un second temps, il grignote un capital d'estime de soi déjà fragile.

Mais tout le monde a peur de l'échec sans pour autant procrastiner ?

Oui. Les études montrent que tout le monde a peur de l'échec : les procrastinateurs, mais aussi ceux qui agissent. En revanche, c'est la notion d'espoir de succès qui fait la différence entre les procrastinateurs et les autres. Si j'ai peu d'espoir de succès et que j'ai peur de l'échec, je ne passe pas à l'action. Mais si j'ai peur de l'échec en ayant de l'espoir de succès, je procrastine moins.
Citons le cas d'une jeune femme qui dit oui à tout dans son travail et se trouve totalement débordée. Un jour, son patron décide de la libérer des tâches ingrates qu'elle a en charge pour lui en confier d'autres, plus nobles, mais aussi plus difficiles. Elle refuse cette aide et préfère donc continuer à être débordée… Sa surcharge la protège de ne pas tout faire, puisqu'elle est débordée… L'aide qu'on lui apporterait serait menaçante : elle serait obligée de faire ses preuves dans ces nouvelles missions plus compliquées.

Comment se sort-on de la procrastination ?

Tout dépend du cas.

- L'élève ou l'étudiant qui a une fâcheuse tendance à remettre au lendemain évolue spontanément très souvent. Si vous êtes mère d'ados procrastinateurs, rassurez-vous, donc !
- Le cas sérieux, dont la vie est vraiment handicapée par la procrastination est obligé de passer par la case thérapie pour s'en sortir. Au sein de cette catégorie, il y a principalement deux cas de figure :

– ***La personnalité anxieuse*** qui souffre d'inhibitions. Celle qui cherche des faux-fuyants, qui repousse sans cesse par peur de ne pas bien faire, d'être mal jugée, mal appréciée, de dévoiler ses insuffisances (ou ce qu'elle croit être des insuffisances). Cette anxiété excessive justifie de se faire aider par un professionnel.
– ***La personnalité passive-agressive.*** Il est rare que la personne se rende compte par elle-même qu'elle remet au lendemain pour résister à la personne qui lui demande ce travail. Cependant, si c'est le cas, une thérapie qui enseigne quelques techniques d'affirmation de soi peut s'avérer très utile. En effet, souvent, la personne résiste inconsciemment à l'autre par défaut d'affirmation de soi. (*Voir* « S'affirmer au bureau », p. 56.)

- Le cas le plus fréquent : la procrastination ne lui cause pas trop de soucis dans sa vie. Ce dernier cas a deux options : continuer à procrastiner ou décider de s'améliorer en s'aidant un peu lui-même.

Trois techniques pour s'aider soi-même

Apprenez à être conscient du moment où vous prenez la mauvaise direction

Vous savez pertinemment ce que vous avez à faire à l'instant *t* et pourtant vous faites autre chose.

Comment en prendre conscience ?

- Identifiez votre discours intérieur : en général, celui-ci est permissif (« Tu as bien le temps ») ou décourageant (« Tu n'y arriveras pas », « Tu es trop fatiguée », « Tu n'es pas motivée »).

- Soyez critique par rapport à ce discours, repérez son côté fallacieux : « Certes, je ne suis pas motivée pour remplir ma déclaration d'impôt, mais demain, il n'y a aucune chance que je le sois plus. » Il n'y a jamais de « miracle motivationnel », alors autant s'y mettre tout de suite.

- Préparez un jeu de pensées alternatives : « Un truc enquiquinant le sera toujours demain », « Après l'avoir fait qu'est-ce que je serai soulagée ! », « Qu'est-ce que je me sentirai bien après cette séance de sport ! Je dormirai mieux. »

La technique du salami

■ En quoi ça consiste ?

Cette technique consiste à saucissonner les activités qu'on a à réaliser. Le principe est simple : s'attaquer non pas à une montagne, mais à une partie de la montagne. Ça paraît simpliste, mais ça marche : accepter de fractionner une tâche la rend moins impressionnante et plus accessible. À chaque tranche, on a non seulement le droit mais le devoir d'être satisfait. Pour les perfectionnistes, cette technique a l'avantage de les aider à accepter que leur travail ne soit pas nickel du premier coup, ce qui est moins décourageant et inhibant. Certains auteurs font cette confidence : « Personnellement, je n'ai jamais écrit de livre, mais une succession de chapitres, voire de paragraphes. Quand on se lance dans un tel ouvrage, il ne faut jamais se dire qu'on écrit un livre, sinon autant aller regarder la télé ! »

■ Comment saucissonner ?

L'idéal est de couper son travail en tranches indépendantes les unes des autres pour se donner un sentiment de réalisation, à chaque tranche, même la plus insignifiante en apparence. Par exemple, si je dois écrire un rapport pour le bureau, le simple fait de créer le fichier sur mon ordinateur est une étape. Bâtir un plan sera une étape supplémentaire, etc. L'idée est de procéder par petites touches et de se féliciter à chaque fois.

Le plan de cinq minutes

■ C'est quoi ?

Quand je me mets à la tâche, je m'engage pour cinq minutes sans faire autre chose.
Au bout de ce temps, j'évalue ce qui s'est passé pendant ce court temps. Si je n'étais pas dans le coup, je plie bagage en me félicitant quand même d'avoir essayé : la prochaine fois j'y arriverai mieux. Si ça a marché, je rempile pour cinq minutes et je refais le point après.

- **Quel est l'avantage de cette technique ?**

Elle permet de se lancer dans une séance de travail pas trop effrayante pour soi. Parfois, la mayonnaise prend et trois heures plus tard, j'y suis encore.

La formation professionnelle, mode d'emploi

Si les hommes ne sont que 45 % à accéder à la formation professionnelle dans le secteur privé, les femmes, elles, sont 32 %[1]. C'est dommage, car cette démarche est très utile pour progresser et évoluer professionnellement. Décryptage et mode d'emploi.

Formations longues ou courtes ?

Les formations longues

Il existe plusieurs dispositifs assez compliqués et très spécifiques selon les cas, renseignez-vous auprès de votre direction des ressources humaines et/ou sur le site « pourseformer.fr » pour connaître le plus adapté à votre situation professionnelle.

Les petites formations

Ce sont des formations qui durent une journée ou deux ou quelques heures par semaine et qui sont faciles à caser dans un emploi du temps. Leur régime varie selon qu'elles sont :

- De l'initiative de l'employeur

  Financées par le plan de formation de l'entreprise, ces formations (en management, en informatique, etc.) visent une meilleure adaptation du salarié à son poste, ou l'apprentissage d'un nouvel outil. Le salarié est tenu de suivre ce type de formation, s'il s'abstient, il commet une faute.

1. Voir *Rapport préparatoire à la concertation avec les partenaires sociaux sur l'égalité professionnelle entre les femmes et les hommes,* daté de juillet 2009, de Brigitte Grésy, inspectrice générale des affaires sociales.

- De l'initiative du salarié

  Dans ce cas :

– ***Soit cette formation est financée par l'entreprise sur les fonds de son plan de formation.***

– ***Soit cette formation est financée*** via ***ce que l'on appelle un DIF*** (droit individuel à la formation). Le DIF offre 20 heures de formation par an au salarié, à partir de 2004, mais si ce dernier n'a pas consommé son quota d'heures au bout de six ans, celui-ci ne se renouvelle plus : il reste bloqué à 120 heures. D'où l'intérêt de consommer son DIF au fur et à mesure.
À l'employé de demander à son patron de suivre une formation dans le cadre du DIF. Il faut quand même que la formation demandée ait un rapport avec l'entreprise, même indirect, qu'elle serve celle-ci, voire ouvre son champ.

Pourquoi suivre une formation ?

- « Pour continuer à apprendre et à avancer », affirme Mathilde Bourdat, responsable de l'offre de formation de la Cegos[1]. « L'esprit est comme le corps, si on cesse de le faire travailler, il rouille, poursuit-elle. Or, de plus en plus et tout au long de notre vie, nous devrons maintenir une flexibilité par rapport au travail. Suivre des formations c'est se donner plus de chances pour développer sa carrière et s'adapter au changement. Il existe une corrélation mathématique entre le niveau de formation et le taux d'employabilité et de progression d'un individu. »

- « Pour rester adaptée à une carrière qui ne sera pas forcément linéaire, renchérit Christina Gierse[2]. Avec le temps, on évolue, on change, on n'a plus forcément les mêmes priorités et donc les mêmes projets. C'est souvent le cas au bout de dix ans, on se demande alors : est-ce que mon métier

1. La Cegos est, avec Demos et EFE, l'un des organismes de formation professionnelle les plus importants de France.
2. Christina Gierse est rédactrice en chef chez Vocatis Studyrama, un groupe de presse spécialisé dans l'évolution professionnelle.

me convient toujours ? suis-je à jour de mes connaissances ? où j'en suis ? qu'est-ce que j'ai appris ? est-ce que j'apprends toujours ? ai-je envie de créer ma boîte ? La formation aide alors à mieux se connaître et à évoluer. Apprendre de nouvelles choses et progresser ne sert pas seulement à l'entreprise. » (*Voir* « Créer son entreprise ? », p. 407, « Se reconvertir ? », p. 413.)

- « Pour développer son influence et sa visibilité, conseille Véronique Préaux-Cobti, présidente de Diafora[1]. Bien que les femmes continuent leur progression dans le monde de l'entreprise, elles sont encore peu nombreuses dans les postes de décision. Les formations dédiées aux femmes leur permettent de prendre du recul, de partager leurs expériences et savoir-faire, et exercer leurs compétences en toute confiance. Les entreprises désireuses de renforcer leur vivier de talents féminins, reconnaissent l'impact de ces programmes. Les participantes reviennent plus motivées, confiantes, pleine d'énergie et prêtes à se concentrer sur les priorités clés. Ayant mis en pratique les techniques d'influence au cours de la formation, elles les mettent immédiatement en œuvre à leur retour en entreprise. »

Quel type de formation choisir ?

Les formations classiques

Les organismes de formation proposent quantité de sessions sur des sujets très variés. Cela va du management de projet à la gestion du temps, en passant par les techniques de résolution des conflits. Allez surfer sur les sites de la Cegos, de Demos et d'EFE qui dispensent de bonnes formations, même si, bien sûr, la personnalité et les qualités pédagogiques du formateur sont très importantes.

Les formations spéciales femmes

De plus en plus de cabinets proposent des formations réservées aux femmes pour leur apprendre le leadership et le marketing

1. Diafora est un cabinet de conseil, formation et coaching, qui accompagne les entreprises désireuses de maximiser les bénéfices d'une plus grande mixité au sein de leur management.

de soi. Au catalogue de Diafora, on trouve également une formation destinée aux jeunes femmes (âgées de 25 à 35 ans), pour les aider à clarifier leurs priorités, à anticiper et préparer leur cycle de carrière, notamment identifier les enjeux et choix de la « trentaine », période de forte concurrence professionnelle et de pressions personnelles. On leur enseigne également à gérer leur image dans la durée et à bâtir leur réseau. « Très souvent, ce sont leurs entreprises qui les envoient suivre cette formation et, au départ, elles viennent avec des pieds de plomb, poursuit Véronique Préaux-Cobti. Elles ne sont pas du tout conscientes des difficultés rencontrées par les femmes dans leur carrière, elles sont convaincues que le monde a changé, elles ne voient pas ce qu'elles font dans un truc de femmes dont le principe même les dégoûte un peu… Mais, à la fin de la session, elles se disent : "Heureusement que je suis venue !" » La coach Chine Lanzmann[1] dispense quantité de formations destinées à aider les femmes à assumer leur position de leadership, mais également à leur apprendre à parler d'argent, à prendre la parole en public, etc. Sur son site, vous trouverez de nombreux témoignages de femmes ayant suivi ces formations.

1. Plus d'infos sur www.chinelanzmann.com.

Le coaching, mode d'emploi

Phénomène de société et traduction d'un certain malaise de notre époque, les coachs sont partout, notamment dans la vie professionnelle. Pourquoi faire appel à un coach ? Comment ça se passe ? Éléments de réponse.

Pourquoi tant de coachs ?

Selon la Société française de coaching, l'un des premiers organismes qui s'est employé à élaborer des chartes déontologiques et à mettre au point des formations sérieuses en France, « le recours au coaching s'inscrit, d'une part, dans l'effondrement des institutions tutélaires telles que la famille, l'État, l'Église, l'armée, les syndicats et, d'autre part, dans l'injonction faite à l'individu de devenir lui-même en dehors de ces institutions tutélaires et des constructions collectives. Dans une société en mal de repères symboliques, l'entreprise occupe souvent le terrain du sens et des valeurs. Il n'est donc pas étonnant que le coaching s'y développe d'une façon très significative ».

Pourquoi faire appel au coaching ?

Pour progresser

« Le coaching est une démarche de progrès qui permet à un manager ou à un professionnel, à partir de sa situation professionnelle concrète, d'améliorer ses performances, d'intégrer plus efficacement un nouveau poste, de résoudre d'éventuels conflits de communication, ou de franchir une étape décisive dans sa vie professionnelle », peut-on lire sur le site Internet de la Société française de coaching[1].

Pour s'adapter à un monde du travail complexe

« Aux États-Unis[2], 80 % des demandes proviennent de cadres, qui font une démarche personnelle, parce que l'exigence de résultats et de performances leur fait subir une pression extrême. [...] En France, la demande personnelle est moins fréquente, et le coaching est principalement financé par les entreprises [note de l'auteur : il s'agit bien entendu de grandes entreprises, la pratique est beaucoup moins répandue dans de petites entreprises]. Le besoin s'en est fait sentir avec l'accélération des technologies, la multiplication des informations, la ramification des postes, qui rendent l'entreprise de plus en plus complexe. Complexité doublée d'une instabilité globale, économique, géographique, qui exacerbe les tensions. "Cette instabilité – qu'on retrouve dans la vie sociale – isole et crée une situation de compétition généralisée des individus, observe Nicolas de Kermadec[3]. On ne travaille plus en équipe, on vit au milieu de concurrents. C'est l'esprit d'équipe qui liait le polytechnicien loufoque et l'ingénieur rigoureux, en conjuguant au mieux les qualités et les défauts de chacun. Cet équilibre naturel a disparu, obligeant à recourir à des gens extérieurs." [...] Le recours au coaching apparaît donc dans une société aux relations malades, où l'on est seul et sans repères, mais où il est impératif d'aller bien, d'être performant et séduisant. »

Pour améliorer ses relations avec les autres

La coach Annie Cottet[4] a une vision moins sombre de son métier que celle développée précédemment, même si elle la complète. « Dans le cas d'un coaching prescrit par l'entreprise, explique-t-elle, on travaille essentiellement sur les conflits, les jeux de pouvoir, les relations d'influence : qui dans l'organisation a plus de poids, qui en avait, qui n'en a plus, qui en a retrouvé et com-

1. www.sfcoach.org.
2. *In Le Figaro*, 2 septembre 2009, article de Marie-Noëlle Tranchant, « Le filon juteux de la mode des coachs ».
3. Auteur de *Doper votre efficacité*, méthode de pilotage individuel par check-list visant à s'autocoacher (www.check-lists.org).
4. Psychologue et coach, Annie Cottet est également la présidente du comité d'accréditation et de déontologie de la SFcoach.

ment ? Le but ultime étant, en cas de relation de travail qui fonctionne difficilement, de modifier celle-ci. C'est peu, mais c'est énorme. Ce travail sur soi aide à comprendre son adversaire, voire son ennemi, à modifier sa manière de communiquer avec lui et à trouver des modes de fonctionnement assez fluides qui permettent de travailler ensemble, sans pour autant devenir amis. Lorsqu'il y a des luttes de prérogatives, on aide la personne coachée à s'affirmer de façon neutre, c'est-à-dire sans colère. »

Un exemple pratique

Prenons le cas de Françoise, cadre supérieure dans la filiale française d'une multinationale américaine. Il y a six ans, elle s'est retrouvée en grande difficulté et son entreprise lui a proposé de suivre une démarche de coaching. « Il y avait eu des changements de direction, se souvient-elle. Au-dessus de moi, on avait nommé un chef, qui ne connaissait rien à rien, mais qu'il fallait recaser car il rentrait d'expatriation. Je me suis retrouvée dans une situation de compétition très dure avec ce nouveau manager qui détestait ce métier, était hyperintroverti, mais avec lequel il fallait que je travaille. Ce fut un vrai choc pour moi, une violence inouïe. J'ai décidé de travailler avec un coach de l'IFAS, l'Institut français d'action sur le stress[1]. Je pense que cela m'a aidée à me poser, à faire le point et surtout à ne pas douter de mes compétences. Cela a duré environ six mois et m'a permis, non seulement de protéger mon équilibre familial de cette situation professionnelle horrible, mais aussi de me réassurer dans mon poste et dans mon entreprise. Je me suis dit que si l'entreprise était prête à m'aider, c'est qu'elle tenait à moi. Et puis, un beau jour le monsieur a fait la preuve de son incompétence et on m'a nommée à sa place ! »

1. Fondé en 1990, l'Institut français d'action sur le stress est un cabinet spécialisé dans l'accompagnement du changement comportemental en entreprise (conseil, coaching, formation, mesure du stress). Ses consultants ont une compétence en psychologie comportementale et cognitive qui leur permet de favoriser et d'accompagner les changements individuels, mais ils sont également des praticiens de l'entreprise. Ils connaissent les entreprises dans leur réalité, en particulier au niveau des jeux relationnels qui s'y déroulent.

Comment distinguer le coaching du conseil, de la formation ou du tutorat ?

« Le coach ne “sait” pas et n’a pas “la” solution à la place de son client ; par son écoute et ses questions, il agit comme un “révélateur” des capacités et du potentiel latents chez le coaché. Sa valeur ajoutée tient à sa capacité de stimuler chez le coaché la découverte et la mise en œuvre de solutions créatives, adaptées à sa situation professionnelle, à partir de ses propres capacités », ajoute la SFcoach.

Comment distinguer coaching et thérapie ?

« Tout en prenant en compte la personne dans sa globalité, le coach aide le coaché à découvrir comment mieux utiliser ses ressources dans sa situation professionnelle présente et future, et non pas à chercher dans son histoire personnelle le pourquoi de ses éventuelles difficultés. Sa formation et son propre travail de développement personnel mettent le coach professionnel à l’abri de toute confusion des rôles », poursuit la SFcoach. « Dans la formation des coachs, il existe des limites à ne pas franchir, précise le docteur Sylvie Angel, psychiatre et coauteure de *Bien choisir sa psychothérapie, s’y retrouver dans la galaxie psy*[1]. La plus importante est peut-être de savoir recadrer l’entretien quand les propos qui s’y tiennent deviennent trop personnels. » Même si, bien sûr, il est fréquent que les problèmes que l’on rencontre dans le cadre professionnel aient des résonances personnelles. « Dans, ce cas, explique Annie Cottet, je prends le temps de pointer le lien qui peut exister entre l’histoire personnelle de la personne et sa difficulté professionnelle parce que cet

1. Coauteure de *Bien choisir sa psychothérapie. Comment s’y retrouver dans la galaxie psy* (Paris, Larousse, 2010), le docteur Sylvie Angel est l’auteur de nombreux ouvrages « psy » très sérieux. Elle a fondé avec son mari, le docteur Pierre Angel, également psychiatre, le centre Pluralis, à Paris, qui propose une offre psychothérapeutique très large allant de la psychothérapie d’inspiration analytique, au coaching professionnel, en passant par la thérapie familiale et les thérapies cognitivo-comportementales. www.pluralis.org.

éclairage peut être nécessaire, mais je reste centrée sur la problématique professionnelle. »

Quelles sont les conditions de succès d'un coaching ?

« Une demande personnelle explicite du bénéficiaire, sa volonté de s'engager dans une démarche de progrès, le libre choix de son coach. L'approbation et le soutien de la démarche par son manager si le coaching fait l'objet d'une démarche conjointe entre l'organisation et la personne. Enfin, le choix d'un coach qualifié et un contrat définissant un cadre de travail clair et adapté à la situation », conseille la SFcoach.

Dans quelle mesure le coaching peut-il être prescrit par l'entreprise ?

« Le manager ou le responsable RH peuvent suggérer – voire tenter d'imposer un coaching – à une personne soit parce qu'elle est en difficulté professionnelle, soit parce que son développement est jugé important pour l'organisation. Ils participent dans ce cas à la définition des objectifs du coaching, mais celui-ci ne peut être mis en place que dans la mesure où la personne concernée s'en approprie l'idée et exprime sa propre demande », explique la SFcoach.

Peut-on s'engager dans un coaching professionnel sans en parler à son entreprise ?

Oui, bien entendu, même si certains puristes vous disent qu'il ne s'agit alors pas réellement de coaching, au sens professionnel du terme, mais plutôt de « life coaching », voire de « psychothérapie déguisée »... Mais peu importent les mots, il s'agit d'être pragmatique. D'une part, toutes les entreprises ne proposent pas à leurs salariées de leur offrir un coach, loin de là ! Sauf rares exceptions, cette possibilité ne se développe que dans les très grandes entreprises, qui représentent une minorité des employeurs français. D'autre part, pour un salarié qui se sent en difficulté, voire menacé dans son travail, il n'est pas toujours opportun de le faire savoir à sa hiérarchie et à ses collègues. Autant dans une très grande entreprise habituée à ce type de démarche, cela peut être bien vu de solliciter ce type d'aide, autant dans des organisations plus petites, demander un coaching peut être perçu comme un besoin d'aide, donc un aveu de faiblesse. Or, on l'a vu, l'entreprise d'aujourd'hui réclame des salariés « performants et séduisants »…

Enfin, de plus en plus de coachs, en général par l'entremise des réseaux féminins (*voir* « Se constituer un réseau », p. 143), se spécialisent dans l'accompagnement des femmes cadres pour leur apprendre à s'affirmer et à faire avancer leurs idées, toutes choses qu'elles ne maîtrisent pas toujours spontanément. Dans ce cas encore, les femmes qui ont recours à ce type de coaching n'ont pas forcément envie que cela se sache dans leur entreprise. Stéphanie, cadre dans une entreprise où les femmes sont rares, en a fait l'expérience. « L'an dernier, raconte-t-elle, je me suis sentie démotivée. J'étais la seule femme de mon équipe et, dans ce monde d'hommes, je n'arrivais pas à faire passer mes idées. Mes collègues n'étaient pas forcément des machos, mais j'avais l'impression que mon discours ne leur arrivait pas au cerveau. J'ai suivi un coaching avec une coach spécialisée dans la carrière au féminin. Et je dois dire que j'ai beaucoup appris. Déjà, j'ai cessé de personnaliser les choses et de mettre de l'affect partout (exemple : « S'ils ne m'entendent pas, c'est qu'ils ne m'aiment pas »). J'ai compris que je ne pouvais pas faire changer ces hommes et que si je voulais peser sur cette entreprise, devenir plus crédible, je devais m'adapter et faire progresser mes idées autrement. Ma coach m'a appris, entre autres, à trouver d'autres chemins que ceux que j'empruntais jusque-là, à communiquer autrement et à identifier les moments les plus propices. Aujourd'hui, force est de constater que ça marche. »

Comment choisir un coach ?

- **C'est la grande question.** « Parmi les coachs, il y a le meilleur, comme le pire, met en garde la psychiatre Sylvie Angel. En effet, le métier n'est pas encore vraiment codifié, même si des associations, comme la SFcoach adoptent des chartes de déontologie et mettent en place des procédures d'agrément. » Dans le livre qu'il a coécrit avec cette dernière[1], le professeur Pierre Angel, psychiatre, précise : « Une part importante des intervenants vient des ressources humaines (consultant, formateur, recruteur, ancien poste RH). Des reconversions professionnelles voulues ou précipitées par des changements de conditions de travail ou une perte d'emploi peuvent susciter aussi cette vocation. Des personnes en poste peuvent souhaiter également acquérir une approche de ce métier de coach pour un rôle interne élargi (formation, ressources humaines, “manager coach”, etc.). » Par ailleurs, de nombreux coachs ont une formation de psychologue clinicien ou de psychiatre, ce qui permet un travail un peu plus approfondi, qui se rapproche alors de la psychothérapie.

- « **Parmi une liste de professionnels accrédités**, conseille la SFcoach, qui en présente sur son site Internet. Après un premier tri sur CV, le bénéficiaire rencontre un ou plusieurs coachs pour vérifier leur capacité à s'adapter à sa problématique et situation spécifiques, et apprécier les chances d'établir une relation de confiance mutuelle de qualité. » Présidente du comité d'accréditation et de déontologie de la SFcoach, Annie Cottet assure que tous les coachs de cette association ont l'expérience du monde des organisations, ont démarré ou effectué un travail personnel et ont suivi des formations spécifiques au coaching et/ou aux techniques de relation d'aide et d'accompagnement. Cependant, elle conseille de choisir plutôt un membre titulaire (confirmé) qu'un membre associé (débutant) de cette association.

  Mais, si elle est la plus ancienne en France, la SFcoach n'est pas l'unique organisation. Il existe aussi l'International Coach Federation (ICF), qui est une association internationale de

1. *Bien choisir sa psychothérapie. Comment s'y retrouver dans la galaxie psy ?*, Paris, Larousse, 2010.

coachs, d'origine américaine, et l'Association européenne de coaching (AEC).

- « Par le bouche-à-oreille, le réseau, la recommandation de quelqu'un que l'on connaît et en qui on a confiance, c'est encore le mieux, suggère Véronique Préaux-Cobti, présidente de Diafora[1]. Dernière chose : sans réaliser un casting d'enfer, je conseille de rencontrer deux ou trois coachs avant de se lancer, il faut se sentir à l'aise avec cette personne avant de s'engager. »

1. Diafora est un cabinet de conseil, formation et coaching, qui accompagne les entreprises désireuses de maximiser les bénéfices d'une plus grande mixité au sein de leur management.

Le mentoring, mode d'emploi

Derrière les carrières à succès, surtout dans les grands groupes, se trouvent un ou plusieurs mentors qui ont mis leur expérience au service d'un *mentee*, « mentoré » ou « protégé » plus jeune pour l'aider à progresser. De quoi s'agit-il exactement ? Comment ça marche ? Quelques réponses.

Qu'est-ce que le mentoring ?

Définitions du mentor

- « Le mot "mentor" trouve son origine dans la mythologie, explique Martine Van Went[1], responsable bénévole du programme de mentoring du réseau de femmes cadres EPWN. En l'absence d'Ulysse, parti pour la guerre de Troie, l'éducation de son fils Télémaque fut confiée à l'un de ses amis, dénommé Mentor. Aujourd'hui, le mot "mentor" est utilisé dans son sens le plus sommaire, pour désigner une personne qui partage son expérience, ses connaissances, avec quelqu'un de plus novice. Le mentoring est un outil absolument fabuleux pour des problématiques de carrière à long terme. Le mentoring est totalement gratuit, c'est vraiment un échange d'expériences. »
- « Le mentor transmet la culture, la politique de l'entreprise afin de mieux décoder les règles, poursuit Aude Bohu, *executive coach* chez Talentis[2]. Il ouvre son réseau. Il conseille, guide, parle de son expérience. » Cette dernière définition s'applique à un mentor faisant partie de la même entreprise que son « mentoré » (on dit aussi *mentee*, en anglais), ce qui n'est pas toujours le cas en pratique. S'il travaille dans une

1. Martine Van Went est également coach, formatrice et créatrice de la société AMV-Talents.
2. *In L/on top*, février 2011, article de Charlotte Charbonnier et Emmanuelle Gagliardi, « Mentoring, le passeur des temps modernes ».

autre société, le mentor transmet alors son expérience du monde professionnel en général.

Le mentor ne se confond pas avec d'autres

- Le formateur, qui lui « fait du transfert de savoir et de compétences, donne des apports théoriques et propose des solutions », précise Martine Van Went.
- Le coach, qui lui « se focalise sur l'usage de compétences existantes et le développement de nouvelles compétences pour la tâche à accomplir, poursuit Martine Van Went. Le coaching est utile quand la personne a la connaissance requise, mais ne fournit pas les résultats escomptés, quand elle veut travailler sur sa communication avec les autres par exemple, c'est un travail plus à court terme. »
- Le manager qui lui « peut avoir une posture de coach de temps en temps, mais est surtout là pour évaluer, fixer des objectifs de business », explique Aude Bohu[1].
- Le sponsor. Selon Stéphanie Mitrano-Méda, *associate consultant* chez Merkapt[2], il faut aussi distinguer le sponsoring du mentoring, notamment aux États-Unis. « Dans la démarche du sponsorship, le mentor qui agit en sponsor essaie de promouvoir sa "mentorée", de la pousser, de la mettre en avant dans l'entreprise pour la faire évoluer. Alors qu'en France le mentoring est davantage basé sur le développement de la personne. Celle-ci n'est pas forcément pistonnée ni poussée dans les postes, mais elle est accompagnée pour évoluer. »

Pourquoi le mentoring ?

« En dehors des stéréotypes et de la culture masculine des organisations, le manque de parrainage fait partie des obstacles le plus souvent mentionnés à la carrière des femmes », peut-on lire dans une étude sur le plafond de verre[3]. On y apprend aussi que

---

1. *Ibid.*
2. *Ibid.*
3. *Les Cahiers du Cergor*, janvier 2003, n° 03/01, article de Sophie Landrieux-Kartochian, « Au-delà du plafond de verre ? L'introduction de la dimension genre dans

le parrainage serait un accélérateur de carrière, notamment pour les femmes.

Le mentoring est-il accessible aux femmes ?

Les femmes ont plus de mal que les hommes à trouver des marraines. « Dans la mesure où le parrainage implique des relations entre un employé jeune à la recherche de soutien pour sa carrière et une personne plus âgée et expérimentée qui a un certain pouvoir dans l'organisation, ce sont généralement des hommes qui occupent le rôle de parrain, car peu de femmes ont de tels postes ou osent prendre le risque de devenir “marraine”. Comme il est plus facile de nouer des relations avec des personnes proches qui nous ressemblent, les femmes sont d'emblée désavantagées quand elles se cherchent un parrain ou une marraine. En outre, on peut supposer qu'il est moins intéressant d'avoir une marraine qu'un parrain, que l'on soit un homme ou une femme, car les femmes auraient des positions de moindre influence[1]. »

Comment trouver un ou une mentor ?

- « Entre hommes, cela s'est toujours fait naturellement, affirme Jacqueline Laufer, sociologue et professeur émérite à HEC. Un cadre senior qui soutient un cadre junior diplômé de la même école que lui, c'est fréquent, car les hommes ont tendance à se choisir entre eux, mais on n'en parle pas beaucoup. Pour les femmes, c'est différent : les entreprises sont obligées de mettre en place des programmes de mentoring, de façon plus formelle. Ce cadre contractuel permet aux femmes de trouver un mentor sans avoir à le chercher elles-mêmes. Cela leur évite également une certaine ambiguïté, qui les expose aux suspicions classiques. »

---

les politiques de gestion des ressources humaines ».

1. *Ibid.*

- **De plus en plus de grandes entreprises organisent des programmes de mentoring** pour aider leurs salariées à progresser dans leur carrière. Le magazine *L/on top* qui a consacré un numéro entier au mentoring[1] a recensé six grandes entreprises ayant des programmes de mentorat. Il s'agit d'Areva, Axa, Danone, Deloitte, GDF Suez, Sodexo. « S'il existe des similitudes dans la mise en place de programmes de mentoring, chaque société a une vision, une façon de faire qui lui est propre, peut-on lire. Tandis que Deloitte opte pour une méthode sans suivi et très libre, Areva choisit la liberté d'échanges en dehors de tout *process* RH, à l'inverse de Danone chez qui le projet est directement chapeauté par les RH. Et chez GDF-Suez, tout comme chez Axa ou Sodexo, on fait appel à des coachs professionnels pour instaurer un programme structuré et un suivi strict. »
- **Certains réseaux féminins en mettent également en place.** C'est le cas, notamment, du réseau European Professional Women's Network (EPWN[2]). « Au départ, le principe de notre réseau est d'aider les femmes à accéder à des postes plus élevés dans l'entreprise, raconte Martine Van Went. Or, pour les raisons que l'on connaît, les jeunes femmes ont du mal à trouver des mentors. C'est pour ça que nous avons monté ce programme au sein d'EPWN, en mars 2006. Après avoir étudié les profils et motivations des candidates mentor et "mentorée" de notre réseau, nous les mettons en contact. On ne cherche pas forcément à mettre ensemble des gens du même secteur d'activité, mais on y réfléchit beaucoup. Et je dois dire que nous pouvons être fiers : en cinq ans, sur les deux cent cinquante paires que nous avons formées, seulement quatre n'ont pas fonctionné ! »

1. « Chacun cherche son mentor », numéro de février 2011. Dans ce numéro, les programmes de mentoring existant dans les sociétés citées sont comparés sous forme de banc d'essai.
2. 3 500 membres et plus de 90 nationalités. www.europeanpwn.net.

Que cherche-t-on dans cette relation ?

La mentorée

- Apprendre de ses aînés

« Il existe trois types de motivations pour celle-ci : apprendre auprès d'une femme plus senior à mieux concilier vie professionnelle et vie privée ou à booster sa carrière pour évoluer ou encore être accompagnée dans une création d'entreprise », poursuit Martine Van Went.

Dans le livret[1] remis par le service des ressources humaines de Danone aux participants à son programme, on apprend que le « mentoring permet de trouver sa voie, de développer sa personnalité en entreprise, et donne des sources de motivation et d'inspiration ». Isabelle, 48 ans, cadre chez Danone, a souhaité être « mentorée », car elle n'arrivait pas, dit-elle, à clarifier son projet professionnel. « J'avais un mal fou à me projeter dans un autre job que le mien, je ne savais pas où j'allais et je sentais bien que pour le service des Ressources humaines cette attitude avait ses limites. Dans le cadre du programme mis en place par Danone, j'ai choisi un mentor homme que je ne connaissais pas du tout. Nous avons travaillé pendant neuf mois, à raison d'un rendez-vous par mois, qui se déroulait en deux temps : une heure dans une salle de réunion pour échanger de façon professionnelle sur nos parcours, puis un déjeuner ensemble pour la convivialité et la confiance. Au début, mon mentor m'a beaucoup laissé parler en me donnant du feed-back. Puis, il a commencé à me livrer des étapes de sa carrière, qui n'a pas forcément toujours été facile. Il y a eu des moments où j'ai eu l'impression de tourner en rond. Mais ça m'a un peu obligée à chercher en moi-même vers où je voulais aller. Et, finalement, c'est moi qui ai trouvé. Maintenant, comme je ne suis pas la seule à viser le poste qui m'intéresse, je vais m'attacher à démontrer que je suis la mieux placée. »

1. Danone Women Leadership Lab, *How Mentoring Can Help You to Grow ?*

■ Dépasser l'autocensure

C'est ce qui est arrivé à Marion, de chez Deloitte, qui a été mentorée par Véronique[1]. « Véronique a développé en moi l'assurance, dit-elle. Notre premier travail a été de réfléchir à ce que j'avais envie de faire, comment je pouvais me positionner et cela de façon très libre. À la fois au cabinet ou en dehors du cabinet. J'avais envisagé un certain nombre de postes ou de fonctions qui me semblaient relativement faciles à atteindre et j'avais mis de côté ceux qui me semblaient hors d'atteinte. En travaillant avec Véronique, je me suis rendu compte que je pouvais prétendre à des types de fonctions qui étaient un peu plus stratégiques ou politiques. Je ne les avais pas envisagées car je ne me pensais pas apte. J'étais un peu en autocensure. Cette relation a élargi mon champ de possibilités. Véronique a mis en lumière des qualités en moi que je n'osais pas forcément mettre en valeur, ou que je ne considérais pas comme des qualités spécifiques. Des qualités de prise de recul, d'analyse de situations, de stratégies. Alors que je m'étais toujours considérée comme une experte, j'ai découvert que, finalement, j'avais aussi la capacité d'être chef d'orchestre et de faire travailler différents experts, y compris ceux plus gradés que moi. »

Le mentor

Dans le livret[2] remis par le service des ressources humaines de Danone aux participants à son programme, on apprend que « le mentoring :

- améliore les capacités d'écoute et de leadership ;
- augmente l'ouverture vis-à-vis d'expériences culturelles différentes ; pour un homme d'appréhender le statut de la femme en entreprise et réciproquement, etc. ;
- permet de garder le contact avec le terrain ;
- développe les réseaux de contacts ;
- crée la fierté quand le *mentee* évolue et fait des progrès ;
- procure le plaisir de parler de sa propre expérience. »

Françoise, directrice chez Danone, a été mentor de femmes plus jeunes qu'elle à deux reprises. Elle confirme que cela lui a

1. *L/on top*, numéro de février 2011, « Chacun cherche son mentor ». Dans ce numéro, les programmes de mentoring existant dans les sociétés citées sont comparés sous forme de banc d'essai.
2. Danone Women Leadership Lab, *How Mentoring Can Help You to Grow ?*

apporté un degré de transparence avec le terrain bien supérieur à celui qu'elle avait de la part de ses N–1. « Je ne me rendais pas compte que les gens de mon équipe pouvaient ne pas oser me dire qu'ils ne savaient pas certaines choses qui étaient pour moi évidentes. Du coup, maintenant, je me mets davantage à leur place et cela me rend plus humaine. Par ailleurs, quand l'une de mes "mentorées" a été nommée au poste qu'elle visait, j'ai été supercontente pour elle et je crois que j'aurais été très déçue si elle n'avait pas réussi. »

Comment doit se passer une relation mentor/mentee ?

La formation des binômes

Que ce soit dans un réseau féminin ou dans une entreprise, ce sont les personnes en charge du programme qui se chargent de choisir les mentors (en général de hauts dirigeants) et *mentee* (en général des talents, des hauts potentiels...). Le mentor doit recevoir une petite formation préalable pour savoir quelle distance adopter avec sa *mentee* et apprendre quelques méthodes pour la faire travailler. Puis, pour réaliser les binômes, plusieurs techniques existent pour « marier » des personnes ayant des objectifs et intérêts communs.

Le cadre

Pour se dérouler de façon sérieuse et efficace, une relation de mentoring comporte des engagements à tenir par la *mentee* et le mentor. Dans le document remis à ses « couples », le réseau EPWN détaille ceux-ci avec précision.

D'une manière générale, le mentoring doit être une démarche structurée avec une déontologie pour éviter par exemple les conflits d'intérêts. Par exemple, quand le mentoring se déroule au sein de la même entreprise, le mentor ne doit pas avoir de lien hiérarchique avec sa *mentee*. Quand il se déroule, *via* un réseau de femmes comme EPWN, entre deux personnes de deux entreprises différentes, le mentor ne doit pas débaucher sa *mentee*. Dans tous les cas, mentor et *mentee* s'engagent à garder la confidentialité de leurs échanges.

Le temps

« Une démarche de mentoring nécessite au moins un rendez-vous par mois sur une période de six mois », recommande Danone. Cela peut durer plus longtemps. Ainsi, Françoise, de Danone, raconte que les deux relations de mentoring qu'elle conduit, en tant que mentor, durent depuis deux ans. « Mes deux *mentee* m'ont toutes les deux demandé de continuer. Je pense que je joue aussi un rôle de soupape pour ces jeunes femmes qui ont des jobs prenants, des enfants et des maris ambitieux. Mais, pour revenir au mentoring à proprement parler, il me semble que désormais, quelqu'un d'autre leur apporterait davantage. Avoir affaire à un nouveau mentor les sortirait de leur zone de confort relationnel. Je pense que je vais bientôt dire stop à l'une et à l'autre. » En effet, pour rester efficace, le mentoring doit pouvoir s'arrêter. Quitte à reprendre, plus tard, à un autre moment de la carrière, avec un autre mentor.

Huitième partie

Le changement

Changer d'entreprise ?

Vous avez passé les vacances à vous interroger ou alors vous êtes approchée par un autre employeur potentiel. Avant d'aller plus loin, voici les éléments pour prendre la bonne décision et adopter la meilleure stratégie.

Si on vient vous chercher

Vous êtes contactée par un chasseur de têtes ou une entreprise concurrente. « Si vous recevez l'appel au bureau et que vous êtes occupée à autre chose, voire que vous vous trouvez au milieu d'un *open space*, répondez simplement : "J'entends bien votre demande mais je ne suis pas en condition de vous répondre, donnez-moi un numéro où je puisse vous rappeler, conseille le coach et consultant Gérard Rodach[1]. Même si ce n'est pas un principe absolu, un chasseur de têtes vous appelle souvent pour un poste similaire au vôtre et un DRH pour un job différent." »

Les questions à vous poser[2]

Aimez-vous ce que vous faites ?

Le principal moteur de son travail doit rester le désir, l'envie de faire avancer ses idées. Plus on travaille dans un domaine qui nous plaît, plus on est productif, efficace. C'est une question de motivation et d'épanouissement personnel. Êtes-vous heureuse dans votre job ? Il faut faire le point avec vous-même plusieurs fois par an et pas seulement au moment de l'entretien annuel (*voir* « Réussir son entretien annuel », p. 156).

1. Directeur du cabinet de conseil Dalett et auteur de *Trouver sa voie. Réorienter sa carrière et sa vie en accord avec ses motivations*, Paris, ESF, 2009.
2. *In Elle*, 8 septembre 2009, article de Julia Dion, « Boulot, je reste ou je bouge ? », avec Chine Lanzmann, coach et fondatrice de Woman Impact (www.chinelanzmann.com) et Paul Vanderbroeck, coach basé à Genève, spécialisé dans la gestion de carrière et la réussite des femmes.

Êtes-vous sur la même longueur d'onde que votre manager ?

Une entreprise est un ensemble de valeurs, de codes et un vrai état d'esprit. Si vous vous sentez de plus en plus en décalage, voire en désaccord avec le projet de l'entreprise, et si, *a fortiori*, vous n'avez plus confiance en votre hiérarchie, il est temps d'aller voir ailleurs. « Mais attention à l'état émotionnel dans lequel vous vous trouvez au moment où vous vous interrogez, nuance Gérard Rodach. Si vous venez de vous faire passer un savon exceptionnel par votre chef, vous avez peut-être envie de changer en raison de votre colère et pourriez ensuite le regretter. Il est important de procéder à une petite introspection sincère pour être sûre de votre désir de changement. »

Êtes-vous reconnue dans votre job ?

Il suffit d'observer la manière dont vos actions, vos idées sont perçues par vos collègues et vos chefs. Vous a-t-on félicitée pour votre contribution à la réussite de tel lancement de produit ? Si, au bout de deux ans, vous ne décrochez ni promotion, ni prime, ni augmentation de salaire demandées, ni même encouragements, et que l'on ne vous confie pas de dossiers captivants, c'est peut-être que votre valeur ajoutée n'est pas suffisamment appréciée.

Une enquête publiée le 10 mars 2011[1] par Accenture et réalisée dans 29 pays auprès de 3 400 salariés liste les principales sources d'insatisfaction professionnelle : le salaire insuffisant arrive logiquement en tête après plusieurs années de disette, pour 47 % des femmes interrogées et 44 % d'hommes. L'absence de perspective d'évolution de carrière est un autre élément fort pour 33 % des femmes et 34 % des hommes. En France, 50 % des femmes interrogées avancent le « sentiment d'être prise au piège ».

Est-ce que vous apprenez encore quelque chose ?

Autrement dit, votre poste vous permet-il de progresser, d'acquérir de nouvelles compétences ? Êtes-vous motivée par les objectifs fixés ? Votre chef vous coache-t-il suffisamment ? Avez-vous accès à des formations en interne ? Tout le monde a besoin d'un minimum de challenge pour avancer.

1. *Le Figaro*, 14 mars 2011, article « Les salariés insatisfaits jouent la prudence ».

Pouvez-vous évoluer en interne ?

C'est le B.A.-BA. Avant de plier bagage, il faut explorer les opportunités de mobilité interne. Car, sait-on jamais, le poste de vos rêves va peut-être se libérer ou votre chef caractériel être sur le point de partir… Soyez à l'affût des informations sur les postes vacants, mobilisez votre réseau interne pour en savoir plus, demandez conseil à des personnes en qui vous avez confiance, parlez de votre besoin d'évoluer à votre DRH.

Que perdez-vous en partant ?

Le salaire, les primes, les relations avec les collègues, la réputation d'une boîte prestigieuse, une proximité géographique avec votre domicile… Le job, c'est un « package », qu'il faut peser avec précaution avant de partir. Si on a le sentiment que le risque est trop grand et que le jeu n'en vaut pas la chandelle, il est préférable de patienter. Attention aux passages à l'acte suicidaires… Mais attention aussi à ne pas vous autocensurer au point de rater l'occasion de votre vie ! (*Voir* « Dépasser l'autocensure au féminin », p. 209.)

Est-ce le moment de partir ?

Cela revient à s'interroger sur l'état du marché de l'emploi en général et sur celui de son secteur en particulier. La conjoncture est-elle favorable ? L'enquête Accenture citée plus haut[1] montre que « plus de la moitié des salariés dans le monde ne sont pas satisfaits de leur vie professionnelle actuelle, mais ils prévoient tout de même de rester fidèles à leur employeur ». « On ne s'aime plus vraiment mais on reste malgré tout ensemble, faute de mieux ! Même s'ils se disent insatisfaits, les salariés ne sont pas prêts à changer d'employeur. Ils préfèrent renforcer leurs compétences en s'appuyant sur les formations, les ressources et les personnes susceptibles de les aider », explique Armelle Carminati-Rabasse, directrice générale capital humain et diversité chez Accenture monde.

1. *International Women's Day Survey*, novembre 2010, Global results, Copyright. Cette enquête a été réalisée en novembre 2010 auprès de 3 400 professionnels (hommes et femmes) de 29 pays et de tous niveaux.

De quoi ai-je vraiment envie ?

Où vous voyez-vous dans deux ans ? Voulez-vous accélérer le rythme en prenant davantage de responsabilités ou ralentir un peu en ayant plus de temps pour votre famille ?

Si vous n'avez pas envie de quitter votre entreprise

Faut-il vous rendre quand même à l'entretien ?

« Si ni la boîte ni le domaine d'activité ne vous tentent, inutile de perdre votre temps, répond Gérard Rodach. Mais si vous voulez vous rassurer sur votre valeur, comparer votre salaire à celui qu'on va vous proposer, tester votre projet d'évolution vers des sujets différents, allez-y avec cette idée précise en tête. »

Faut-il faire savoir à votre hiérarchie que vous avez été approchée ?

« Tout dépend quel but vous poursuivez, répond Gérard Rodach :

- Si vous souhaitez obtenir de votre employeur un avantage (promotion, augmentation, etc.) en échange de votre choix de rester dans votre entreprise, mesurez bien le risque que vous fait prendre un tel jeu, qui peut passer pour du chantage. Tout d'abord, vous devez avoir en main une proposition d'emploi écrite de l'employeur qui vous courtise afin de vous sécuriser. Ensuite, vis-à-vis de votre boss actuel, vous devez être certaine de votre valeur, du fait que vous êtes vraiment indispensable à l'entreprise, en sachant, malgré tout, que personne n'est irremplaçable[1]. Entrer dans ce jeu, c'est vraiment la partie de poker car on peut très bien vous dire : "Eh bien, allez-y !" Et si votre job est un peu stratégique, vous devez être prête à quitter l'entreprise sur-le-champ : en

1. Dans les entreprises qui pratiquent le système du « up or out » (tu progresses ou tu t'en vas), on estime qu'il y a environ 15 % de personnes indispensables, 60 à 70 % de personnes facilement remplaçables et 15 % qui sont en décalage par rapport à leur poste. Lors de l'entretien annuel, chaque employé est « rangé » dans l'une de ces trois catégories… Si vous vous retrouvez dans la dernière colonne deux ans de suite, vous êtes priée de partir…

apprenant votre départ chez un concurrent votre boss peut décider de vous dispenser d'effectuer votre préavis et vous empêcher d'accéder à votre bureau. Il est donc important d'avoir préparé cette éventualité en amont en récupérant la copie des documents dont vous revendiquez la paternité, mais aussi les coordonnées de tous vos contacts internes et externes et en nettoyant vos propres fichiers. Il est également fondamental d'arriver à cet entretien avec une contre-proposition très claire, au cas où votre employeur déciderait de faire un effort pour vous garder. Il faut être prête à répondre à la question : "Qu'est-ce que vous voulez exactement ? Le même salaire que celui que vous propose cet autre employeur ? Ou bien êtes-vous prête à accepter un peu moins ? Ou d'autres avantages ?"

▪ Si vous êtes contente de votre situation et ne souhaitez rien demander

Je vous déconseille de faire savoir à votre chef que vous avez été approchée et avez finalement décidé de rester, ajoute Gérard Rodach. Vous pouvez penser qu'il vous saura gré de votre loyauté. En réalité, vous enverrez comme message que vous n'avez pas envie de bouger (donc que vous n'êtes peut-être pas très ambitieuse) et qu'il n'est pas nécessaire à votre entreprise de faire d'effort avec vous… »

Si vous décidez de partir

Les conseils de Gérard Rodach pour partir en bons termes :

Soyez très discrète tant que rien n'est signé

Évitez d'en parler à quiconque (collègues, clients, fournisseurs…), cela pourrait vous mettre en porte-à-faux vis-à-vis de votre entreprise. En l'apprenant par la bande, votre N+1 pourrait se retrouver coincé s'il voulait vous faire une contre-proposition. Et même si ce n'était pas son souhait, il aurait raison de mal le prendre car agir ainsi n'est pas professionnel. Il faut laisser à votre boss le contrôle de l'annonce en interne mais surtout en externe (vis-à-vis de vos clients) de votre départ. Si vous souhaitez négocier un peu les conditions de votre départ, notamment concernant votre préavis, pensez-y… Il pourrait vous faire payer une attitude désinvolte en étant rigide. N'oubliez pas : vous avez le droit de partir, mais vous êtes tenue de respecter les intérêts de l'entreprise qui vous a nourrie jusque-là. Il est important de soigner votre départ, car c'est la dernière image que les gens garderont de vous dans ce poste. Or, dans le business, quel qu'il soit, le monde est très petit, vous pourrez recroiser, même des années plus tard, des gens qui ont assisté à votre départ. De même, vous serez peut-être un jour amenée à retravailler avec vos collègues actuels. Qui sait, si votre nouvelle boîte ne sera pas absorbée par l'ancienne ? De même, être correcte avec votre futur ex-boss est important pour l'image que vous renvoyez à vos futurs patrons.

Avertissez vos chefs en premier

Annoncez à votre manager de vive voix votre départ et ce, même si vous estimez qu'il s'est mal conduit avec vous. Respectez la hiérarchie, d'abord votre N+1, puis votre N+2. Mettez un mouchoir sur vos éventuelles rancœurs et positivez au maximum votre départ : « J'ai appris beaucoup de choses ici, mais je me sens un peu à l'étroit, on m'a offert des opportunités qu'il était difficile de refuser. »
Ce sont vos chefs qui contacteront la DRH. Envoyez dans la foulée une lettre recommandée AR que vous rédigerez en langage neutre : « Je suis arrivée à la fin d'un cycle et ressens le besoin d'évoluer. » Ce courrier fixe la date du début de votre préavis, dont la durée, d'un à trois mois est réglementée par la loi, la convention collective, les usages de votre profession ou votre contrat de travail. Sauf accord contraire avec votre boss, vous êtes obligée de le respecter. Une fois votre départ fixé, demandez un autre rendez-vous avec vos supérieurs pour débriefer et dégager les points positifs de votre travail comme ceux qui méritent d'être améliorés. Le départ d'une entreprise est l'occasion rêvée d'obtenir des messages inattendus sur la façon dont vous êtes perçue, messages tant positifs que négatifs. Ceux qui vous les délivrent sont d'autant plus francs et sincères qu'ils sont libérés d'une certaine retenue du fait de votre départ. Bien sûr, si vous partez fâchée avec votre manager, ce n'est peut-être pas lui qu'il faut rencontrer, mais plutôt son N+1 ou un autre manager. À vous de voir.

Soyez professionnelle jusqu'au bout

- Ne soyez pas tentée de vous relâcher comme cela arrive parfois quand on s'apprête à partir… Bouclez bien vos dossiers, rappelez vos clients pour régler le plus possible de dossiers avant votre départ, désamorcez les bombes à retardement en prévenant votre N+1 des dossiers chauds qu'il faut surveiller.
- Proposez de former votre successeur.
- Ne vous autorisez pas à médire autour de la machine à café. N'oubliez pas : ce sont vos derniers jours dont on se souviendra en priorité. Partir remplie d'émotions négatives (colère, amertume…) laisse toujours des traces. Au besoin, allez vider votre sac auprès d'une oreille compatissante, un coach, un thérapeute ou même votre mari ou votre meilleure amie, mais à l'extérieur de l'entreprise.

Informez vos partenaires et clients

- Entendez-vous avec votre N+1 sur la manière de leur annoncer votre départ. Si vous partez pour une entreprise concurrente ou vous installez à votre compte, remerciez vos interlocuteurs habituels pour leur aide sans plus de précisions. Vous ne leur direz chez qui vous partez qu'une fois installée dans votre nouveau job. Encore une fois, être éthique est important pour gérer votre image dans la profession.
- Si vous changez de voie, réfléchissez aux éventuelles possibilités de collaborer avec vos anciens partenaires et informez-les une fois partie.
- Dans tous les cas, indiquez à vos interlocuteurs habituels à qui s'adresser après votre départ et laissez vos nouvelles coordonnées. Pour les plus importants, organisez un déjeuner ou envoyez-leur un petit mot personnalisé pour les avertir.

Faites un pot de départ

- Qui inviter ?

Tout dépend des usages en vigueur dans votre entreprise, mais dans la mesure du possible, organisez un pot le plus large possible. Invitez tous les gens avec lesquels vous vous trouvez en contact au bureau. En général, vous avez trois cercles : les gens que vous voyez et auxquels vous parlez tous les jours, ceux que vous rencontrez régulièrement dans les réunions et enfin ceux qui sont au courant de ce que vous faites parce qu'ils sont en copie de vos mails, mais avec lesquels vous n'êtes pas souvent en contact direct. À votre pot de départ, il est conseillé d'inviter les deux premiers cercles. L'idée est de ne pas partir comme une voleuse. Au troisième cercle, vous pouvez envoyer un petit mail d'au revoir sympathique.

■ Comment s'y comporter ?

Il faut remercier tout le monde chaleureusement dans un esprit « Tout le monde il est beau, tout le monde il est gentil ». Là encore ce n'est pas le moment de se rappeler les souvenirs désagréables. Inutile, également, de vous étendre sur ce que vous allez faire ensuite.

Gardez le contact avec vos anciens collègues

La plupart des grandes entreprises possèdent des sites d'anciens salariés sur Facebook, Linkedin ou Viadeo. En principe, ces réseaux réclament une ancienneté de trois ans dans l'entreprise pour être membre, renseignez-vous, c'est toujours intéressant. (*Voir* « Se constituer un réseau », p. 143.)

Si vous créez une entreprise dans un domaine proche de celui de votre employeur

Votre entreprise peut faciliter ce genre de projet en vous donnant un coup de pouce si votre création lui permet de vous sous-traiter un domaine qu'elle n'arrive pas à développer en interne faute de temps. À vous de bien y réfléchir. (Reportez-vous au chapitre « Créer son entreprise ? », p. 407.)
Si, en revanche, vous projetez d'entrer en concurrence frontale avec votre entreprise, regardez bien votre contrat de travail avec l'aide d'un avocat spécialiste en droit social pour mesurer vos droits et obligations.

Créer son entreprise ?

Ne plus avoir de compte à rendre à un patron, gérer votre temps comme vous l'entendez, mieux concilier travail et vie privée ou tout simplement créer votre emploi dans un marché professionnel tendu… Vous en rêvez ? Quelques conseils pour clarifier ce désir.

Qui sont les femmes chefs d'entreprise en France ?

Selon les derniers chiffres de l'Agence pour la création d'entreprise, 29 % des créateurs d'entreprise sont des femmes. Parmi elles, 71 % ont monté leur structure pour créer leur propre emploi : 41 % étaient demandeuses d'emploi et 14 % femmes au foyer.

Pourquoi les femmes sont-elles tentées par la création d'entreprise ?

Il existe différents types de profils.

Les chefs d'entreprise nés

Certaines personnes, qu'elles soient femme ou homme d'ailleurs, ont une âme d'entrepreneur. Elles ne passent pas forcément par une société avant et peuvent se lancer sitôt leur diplôme en poche. C'est ce qui est arrivé à Stéphanie Pelaprat qui, à 22 ans, une fois diplômée de l'ESCE, à la Défense, n'a eu qu'un objectif : monter son business[1]. « Je ne connaissais rien, raconte-t-elle. Mais j'avais envie de foncer, de l'énergie à revendre. Je préférais créer ma boîte que d'envoyer mon CV à 150 entreprises qui ne me répondraient pas. » Aujourd'hui, à 25 ans, elle est l'une

1. *Le Figaro*, 3 février 2011, article de Marie-Cécile Renault, « Stéphanie Pelaprat, l'élue des patrons du Net ».

des chouchous des patrons de l'Internet français qui ont investi 1 million d'euros dans sa start-up spécialisée dans la réservation de restaurants en ligne. En trois ans, Restopolitan a créé 17 emplois. Mais ce genre de cas, même s'il n'est pas unique, reste tout de même assez exceptionnel.

Les déçues de la vie de salariée en entreprise

Dans cette catégorie, on trouve deux catégories de femmes :

- Les « mompreneurs » : littéralement les « mamans entrepreneurs ». « Ces femmes, tiraillées entre leurs enfants et leur carrière, ont fait le choix de la création d'entreprise pour mieux concilier leur vie professionnelle et leur rôle de maman, explique Valérie Froger, journaliste et auteur du *Guide des mompreneurs*[1]. Beaucoup ont trouvé leur idée de business pendant leur congé de maternité, d'autres n'ont pas retrouvé leur place dans le salariat à la naissance de leurs têtes blondes. Toutes ont en tout cas décidé de réagir en devenant mompreneurs. »
- Les ambitieuses bloquées dans leur boîte. « Ce sont des femmes qui ont 45 ans environ et qui n'arrivent plus à progresser dans leur entreprise, analyse Frédérique Clavel, présidente de Paris Pionnières et de Mix for Value[2]. Elles ont réussi à grimper les échelons jusque-là, mais elles se sentent empêchées d'aller plus loin dans l'entreprise en raison du plafond de verre qu'elles sentent au-dessus de leur tête. »

Les ex-mères au foyer qui veulent ou doivent retravailler

Plus qu'une création d'entreprise à proprement parler, ces femmes, souvent âgées de plus de 45 ans, cherchent plutôt à créer leur propre emploi qu'à se lancer véritablement dans le business. Elles sont dans une démarche comparable à celle de femmes au chômage qui ne retrouvent pas d'emploi salarié.

---

1. *Le Guide des mompreneurs, Ma boîte et mes enfants d'abord*, Paris, Eyrolles, 2010.
2. www.parispionnieres.org et www.mixforvalue.com.

Comment savoir si l'on est faite pour la création d'entreprise ?

Vrai ou faux désir ?

▪ Si vous sortez de l'école

Bien sûr, vous êtes peut-être une entrepreneuse-née, mais attention à ce que ce désir de créer votre boîte ne soit pas une fuite. Il arrive que certaines jeunes diplômées, effrayées par ce que peut représenter une carrière en entreprise en termes de lutte de pouvoir et de contraintes personnelles, n'essaient même pas d'investir ce monde. C'est parfois dommage car, si la vie en entreprise est difficile, elle peut offrir aussi de grandes joies, des opportunités formidables et surtout un apprentissage incomparable pour devenir ensuite son propre patron. Enfin, faire ses enfants en entreprise, avec le régime du salariat, certes est difficile (voir chapitres concernés), mais offre une sécurité appréciable.

▪ Si vous êtes déçue par la vie de salariée en entreprise

– *Vous vous sentez bloquée*

« Aux femmes d'environ 45 ans qui se sentent bloquées par leur hiérarchie, je conseille souvent de s'accrocher, raconte Frédérique Clavel. Je leur dis que si elles ont tenu jusque-là, il vaut peut-être mieux qu'elles persévèrent et essayent de prendre leur part de pouvoir dans leur entreprise en trouvant des chemins pour le faire, en étant plus proactives. En effet, quitter l'entreprise après de nombreuses années, cela implique de perdre son statut, son salaire à date fixe et éventuellement son téléphone portable, voire son assistante, etc. Cela implique d'être capable de se retrousser les manches, pour mettre à nouveau les mains dans le cambouis… Passé un certain âge, je ne dis pas que personne ne peut y arriver, mais je sais que tout le monde n'en est pas capable. Si vraiment le charme est rompu avec leur hiérarchie, je conseille à ces femmes de négocier leur départ au mieux de leurs intérêts et de ne surtout pas tout envoyer promener comme ça. Enfin, certaines femmes pensent que créer leur boîte va régler le mal-être persistant qu'elles ressentent. C'est une erreur. Je leur conseille au contraire de se faire aider pour mettre de la distance entre elles et leur projet. Il ne s'agit pas de s'allonger sur un divan pendant dix ans, mais de faire un travail sur soi, éventuellement avec un coach » (*voir* « Le coaching, mode d'emploi », p. 381).

– ***Vous venez d'accoucher ou de rentrer de congé de maternité*** et ne vous voyez pas continuer comme ça toute votre vie. « Si l'aventure vous tente et si une idée trotte dans un coin de votre tête, il est peut-être temps de franchir le pas conseille Valérie Froger. Mais attention, si une mompreneur est avant tout une maman, c'est aussi et surtout une créatrice d'entreprise. Il serait faux, pour ne pas dire dangereux, de vous laisser croire que la tâche sera facile. Car on ne crée pas une entreprise sur un coup de tête. Vous devez vous poser un certain nombre de questions : êtes-vous prête à quitter le salariat et son confort ? Êtes-vous disposée à travailler, beaucoup, surtout le soir ou la nuit quand le reste de la famille est au lit ? Êtes-vous consciente que vous n'aurez pas de salaire pendant plusieurs mois ? Votre conjoint est-il prêt à vous soutenir, moralement et financièrement ? Êtes-vous de votre côté certaine de supporter cette situation ? De pouvoir travailler de chez vous, seule et isolée ? Oui ? Vous êtes en bonne voie. »

Les qualités requises

S'il n'y a pas de profil type de créatrices d'entreprise, la plupart doivent être dotées de qualités similaires[1] :

- Être dotée de certaines aptitudes : indépendance, curiosité, capacité à se projeter dans l'avenir, à prendre des risques, optimisme, aptitude à la remise en question, sens commercial… Les Anglais nomment cela « *Think out of the box* », c'est-à-dire être capable de penser différemment. Frédérique Clavel parle de « souplesse d'esprit », savoir écouter pour comprendre pourquoi ça ne marche pas et trouver un autre chemin pour que ça marche. Cela demande aussi une grande ténacité. « Pour créer une entreprise, il ne faut surtout pas avoir des penchants velléitaires… », conclut-elle.

1. *In Elle*, 13 octobre 2008, article de Danièle Gerkens, « Créer mon business, c'est pour moi ? », avec Marie Granger du cabinet Epigo (www.epigo.fr) et Margaret Milan, fondatrice d'Éveil et Jeux.

- **Avoir une vision**, c'est-à-dire savoir exprimer ses rêves les plus fous tout en ayant le sens des réalités, savoir se situer dans un projet et quelle direction on veut lui donner. Pour réussir, il faut être convaincue de son activité, croire en ce que l'on vend. Si vous souhaitez vous lancer mais que vous n'avez pas une idée précise, prenez votre temps. Démarchez, multipliez les rendez-vous, regardez ce qui marche à l'étranger…

- **Savoir se discipliner et s'organiser** : l'indépendance nécessite une autodiscipline stricte puisqu'il n'est plus question d'attendre les ordres et les rappels d'une hiérarchie. Tout le monde n'en est pas capable.

- **Avoir un comportement affirmé** : vous devrez inventer votre propre autorité ce qui implique de vous défaire des liens de subordination classiques.

- **Être maîtresse de son temps** : un chef d'entreprise a des obligations de résultats plus que de présence. Vous pourrez caser des rendez-vous personnels dans votre emploi du temps, mais ne pensez pas que vous travaillerez moins en volume. Les premières années d'une nouvelle entreprise sont très chronophages. La plupart des jeunes créatrices d'entreprise recommencent à travailler le soir, une fois les enfants couchés et y passent de nombreux week-end…

- **Savoir gérer un budget**. Dans la vie des affaires, les délais de paiement des factures s'étalent sur plusieurs semaines, à des rythmes totalement différents de ceux que l'on connaît quand on est salarié. Cela demande un sens de l'anticipation.

- **Ne pas avoir peur du lendemain**. Il ne faut pas oublier que le taux de survie à cinq ans d'une entreprise est toujours en moyenne de 50 %. Si vous êtes un peu angoissée et pessimiste de nature, la création d'un business n'est sans doute pas pour vous.

- **Accepter le risque**. Si vous êtes du genre à vouloir tout contrôler avant de vous lancer, sachez que c'est impossible. Certes, il est très important d'anticiper au maximum, mais il faut accepter aussi l'idée qu'il y aura des imprévus. « Une certaine confiance en l'avenir est nécessaire pour créer son entreprise », assure Véronique Morali, fondatrice de Forces

Femmes et de Terrafemina et présidente du Women's Forum de Deauville.

Les conditions requises

- Avoir quelques économies. Monter son business implique des débuts de vaches maigres qui peuvent durer plusieurs années. Si vous n'avez pas d'argent devant vous, il est préférable de repousser votre projet.
- Être soutenue par son entourage. C'est indispensable car la création d'entreprise est un parcours du combattant qui aura des conséquences sur la vie de la famille tout entière.
- Ne pas se lancer seule. La création d'entreprise exige une préparation soigneuse, ne serait-ce que pour faire son étude de marché et monter son business plan. Il existe aujourd'hui quantité d'aides et de réseaux d'accompagnement pour les femmes. Passer par une formation à l'entreprenariat comme celle dispensée par Advancia[1] (entre autres) est un excellent moyen de valider son envie de créer et de la concrétiser (*voir* « La formation professionnelle, mode d'emploi », p. 377). Mais, avant cela, allez surfer sur les sites Internet www.terrafemina.com et www.forcefemmes.com. Et consultez *Le Guide des mompreneurs* (Eyrolles, 2010) de Valérie Froger, qui recense toutes les adresses utiles.

1. Renseignements : Entrepreneuriat-feminin@advancia-negocia.fr.

Se reconvertir ?

Vocation contrée ou façon de rebondir ? La reconversion professionnelle tente de plus en plus de Français. Vous aussi vous caressez cette idée ? Ce qu'il faut savoir avant de vous lancer.

Sondez votre motivation

« Est-ce une décision contrainte par le contexte économique ou est-ce une véritable envie personnelle ? Cette envie est-elle latente depuis un bon moment ou est-elle liée à une démotivation passagère liée au travail », interroge Gérard Rodach, coach et consultant[1]. « S'agit-il d'un vrai désir, d'une envie profonde ou la traduction d'un mal-être dont l'origine n'est pas forcément dans le travail lui-même ?, renchérit Yves Deloison, spécialiste des questions liées au changement[2]. En effet, il y a parfois confusion dans le désir de changement de métier. Le travail apparaît comme la source d'un mal-être, alors qu'en fait le problème est ailleurs, dans la vie privée, par exemple. » Qu'est-ce qui ne va pas dans votre job actuel ? Le job lui-même ? Un chef caractériel ? Les collègues ? Un temps de travail trop important ? Des trajets trop longs ? Dans toutes les zones urbaines, ces facteurs peuvent vous dégoûter de votre travail, alors que c'est ce qui entoure votre job (les trajets, la durée…) qui ne va pas. Attention à ne pas jeter le bébé avec l'eau du bain. En revanche, si c'est l'ennui qui vous habite et/ou un vieux rêve inassouvi qui vous taraude, c'est le signe d'un désir plus profond.

---

1. Directeur du cabinet de conseil Dalett et auteur de *Trouver sa voie. Réorienter sa carrière et sa vie en accord avec ses motivations*, Paris, ESF, 2009. Voir aussi *Elle*, 18 septembre 2009, article de Myriam Levain « Je veux me reconvertir ».
2. Et auteur de *Je veux changer de job*, Paris, Hachette Pratique Vie pro, 2011.

Réfléchissez à ce que vous aimeriez faire

« Il faut souvent remonter loin pour discerner ce qui nous attire intrinsèquement, indépendamment de notre parcours professionnel, indique Gérard Rodach. Réveiller ses rêves d'enfant est un bon moyen d'identifier des aspirations profondes que l'on a enfouies en vieillissant. » Yves Deloison confirme le conseil : « Laissez place à l'imaginaire et au rêve pour élargir votre sphère d'exploration. Essayez de formuler le plus d'hypothèses possibles, même les plus absurdes et caricaturales, avant de resserrer vos choix. Formulez les choses en termes de contexte et type d'activité (dehors ou dedans ? salariat ou libéral ?). »

Interrogez vos proches

« Que ce soit un membre de votre famille, un ami, un collègue, les personnes qui vous connaissent bien sont un miroir efficace, elles peuvent vous suggérer un domaine dans lequel elles vous verraient bien évoluer », avance Gérard Rodach.

Définissez votre système de valeurs

« Aider les autres, privilégier votre vie privée, être indépendante : autant de critères qui peuvent orienter votre choix, explique Gérard Rodach. Changer de métier, c'est avant tout adopter un style de vie qui nous ressemble plus. C'est aussi savoir s'affranchir de l'éducation que l'on a reçue, qui façonne fréquemment une trajectoire. » Mais attention aux fausses bonnes idées, avertit Yves Deloison : « Si, comme de nombreux Français, vous rêvez d'ouvrir des chambres d'hôtes en pensant joindre l'utile à l'agréable, sachez que vous devrez – comme pour toute création d'entreprise – monter votre projet dans sa globalité avec un business plan, une étude de marché, etc. Sachez aussi que ceux qui réussissent dans cette activité se défoncent autant que dans un “vrai” job, car c’est un vrai job » (*voir* « Créer son entreprise ? », p. 407).

Listez vos atouts

Une fois que votre projet commence à se dessiner, pensez au bilan de compétence. C’est un bon outil pour faire le point avec l’aide de consultants, sur votre parcours, vos aptitudes et votre projet futur. Le financement peut être pris en charge par votre employeur[1]. « Le bilan de compétence vous aidera à prendre conscience des métiers qui correspondent à votre parcours et à votre personnalité », poursuit Gérard Rodach. « Cependant, la réussite d’un tel bilan dépend vraiment de ce que vous en attendez, précise Yves Deloison. Si vous espérez un mode d’emploi clair et précis qui vous prenne par la main dans votre reconversion, vous serez sans doute déçue. En effet, le but du bilan de compétence est moins de vous donner les informations que l’énergie nécessaire à votre changement de vie. Dans toute reconversion, on passe par des étapes euphoriques, puis dépressives, puis à nouveau euphoriques, c’est normal, le bilan est précieux pour vous accompagner dans ces phases délicates. Une autre solution, si cela est possible financièrement pour vous, est de prendre un congé sabbatique en ayant économisé une somme d’argent nécessaire avant. »

Préparez le terrain

« Qui dit reconversion dit souvent formation, voire diplôme à obtenir, ajoute Gérard Rodach. Devrez-vous retourner à la fac et passer un diplôme avant d’exercer votre passion ? Une formation professionnelle suffirait-elle ? Si oui, votre entreprise serait-elle d’accord pour vous aider à la suivre ? (*Voir* « La formation professionnelle, mode d’emploi », p. 377.) Vous inscrire à des cours du soir, effectuer des stages, construire votre réseau, la préparation peut être longue. Tout plaquer sur un coup de tête peut s’avérer très angoissant, autant assurer vos arrières. »

---

1. Renseignements : www.fongecif-idf.fr.

Évaluez vos ressources

« Avant de vous lancer, mesurez bien vos contraintes de budget et de temps, met en garde Gérard Rodach. Les enjeux ne sont pas les mêmes quand on a la trentaine et des enfants en bas âge que lorsque les ados sont sur le point de quitter la maison, voire qu'on approche de la retraite. » Yves Deloison ajoute ce conseil : « Demandez-vous combien de temps vous vous donnez au maximum pour vivre de votre activité. Réfléchissez en fonction de vos habitudes de train de vie, mais aussi de votre conjoint : gagne-t-il suffisamment sa vie pour vous permettre un démarrage peu rentable ? Est-il prêt à vous soutenir dans votre démarche ? »

Gérez les freins

« Essayez de chasser la culpabilité qui pourrait vous faire reculer ou la peur du jugement des autres, l'important est d'oser aller au bout de votre envie », conseille Gérard Rodach. « Famille et amis jouent le plus souvent un rôle de soutien et de réconfort, poursuit Yves Deloison. Mais les rapports familiaux ou amicaux se révèlent parfois plus complexes qu'ils n'y paraissent. Aussi bien intentionnés soient-ils, vos proches expriment leur opinion, en fonction de motivations qui sont les leurs. L'instinct des parents peut par exemple les pousser à inciter leur enfant à suivre un parcours plus rassurant financièrement, même s'il ne convient pas à son profil. Un proche peut avoir le sentiment que vous lui échappez, ce qui risque de le dissuader de soutenir vos initiatives. Enfin une amie peut se sentir en rivalité avec vous parce que ce que vous osez faire, elle n'en aurait pas le courage pour elle-même… Soyez donc bien conscient des phénomènes qui régissent des relations interpersonnelles, lors de tout processus de changement, pour prendre la distance qui s'impose et faire le tri parmi les commentaires et les remarques de chacun. »

Lancez-vous

« Si vous décidez de vous jeter à l'eau, il faut y croire !, conseille Gérard Rodach. Évitez de vous fixer des objectifs trop ambitieux et pensez moyen terme plutôt que long terme. La politique des petits pas permet d'aller de petit succès en petit succès et de prendre confiance en vous. »

Gardez le cap

« Dans une reconversion, rien ne se passe jamais comme prévu, avertit Gérard Rodach. Il ne faut pas hésiter à être souple en réaménageant son plan. Et toujours garder en tête que même si vous échouez, votre CV sera forcément enrichi de cette expérience. »

Bibliographie

ALLARD Caroline, *Les Chroniques d'une mère indigne,* Paris, Porc-épic, 2009.

ANDRÉ Christophe et MUZO, *Je dépasse mes peurs et mes angoisses,* Paris, Seuil, 2002.

ANDRÉ Christophe et LELORD François, *Comment gérer les personnalités difficiles,* Paris, Odile Jacob, 1996.

ANDRÉ Christophe et LELORD François, *L'Estime de soi. S'aimer pour mieux vivre avec les autres,* Paris, Odile Jacob, 1999.

ANDRÉ Christophe et LELORD François, *La Force des émotions*, Paris, Odile Jacob 2001.

ANGEL Pierre, *Le Bonheur en famille. Psychologie de la vie familiale,* Paris, Odile Jacob, 2005.

ANGEL Sylvie et ANGEL Pierre, *Bien choisir sa psychothérapie. Comment s'y retrouver dans la galaxie psy,* Paris, Larousse, 2010.

ARCIER Agnès, *Le Quotient féminin de l'entreprise,* Paris, Village Mondial, 2002.

BABCOCK Linda et LASCHEVER Sara, *Ask for it : How Women can Use The Power of Negociation to Get What They Really Want*, Londres, Piatkus Books, 2008.

BADINTER Elisabeth, *Fausse route,* Paris, Odile Jacob, 2003.

BADINTER Elisabeth, *Le Conflit. La femme et la mère,* Paris, Flammarion, 2010.

BALLARIN Jérôme, *Travailler mieux pour vivre plus. Comment concilier vie professionnelle et vie familiale ?,* Paris, Nouveaux Débats publics, 2010.

BARRÈRE-MAURISSON Marie-Agnès, *Travail, famille : le nouveau contrat,* Paris, Gallimard, 2003.

BARRÈRE-MAURISSON Marie-Agnès et TREMBLAY Diane-Gabrielle, *Concilier travail et famille,* Presses de l'Université du Québec, 2009.

BERREBI-HOFFMANN Isabelle, *Politique de l'intime. Des utopies sociales d'hier aux mondes du travail d'aujourd'hui,* Paris, La Découverte, 2009.

BOUVET DE LA MAISONNEUVE Fatma, *Les Femmes face à l'alcool. Résister et s'en sortir,* Paris, Odile Jacob, 2010.

BUJON Stéphanie et EINFALT Laurence, *S'organiser c'est facile ! Guide pratique à l'usage des femmes,* Paris, Eyrolles Pratique, 2005.

BUJON Stéphanie et EINFALT Laurence, *S'organiser tout simplement !,* Paris, Eyrolles, 2009.

CADALEN Sophie, *Les Femmes de pouvoir, des hommes comme les autres ?*, Paris, Seuil, 2008.

CAILLAUD Carole, *Concilier travail et vie privée*, Paris, Eyrolles, 2008.

CANDEAU-BELLANGER Laurence, *Femmes au travail. Comment concilier vie professionnelle et vie familiale*, Paris, Armand Colin, 2011.

CARACALLA Laurence, *Le Carnet du savoir-vivre au bureau*, Paris, Flammarion, 2009.

COLLANGE Christiane, *Madame et le management*, Paris, Fayard, 2002.

CORDELIER Suzanne F., *Femmes au travail*, Paris, Librairie Plon, 1935.

DAUMAS Cécile, *Qui a peur du deuxième sexe ?*, Paris, Hachette littérature, 2007.

DEJOUANY Laurence, *Alice au pays de l'entreprise. Petit manuel de la mixité*, Paris, EPWN, 2006.

DELAUNAY Raphaëlle et MORET Jean-Marc, *Manager une équipe*, Paris, Nathan, 2009.

DELOIRE Christophe, *La Tragédie de la réussite*, Paris, Albin Michel, 2009.

DEVAL Philippe, *Comment manager son chef*, Éditions d'Organisation, Paris, 2005.

DEVIENNE Émilie, *Savoir gérer sa vie quotidienne au travail*, Paris, Larousse, 2009.

EDEL Laurent et LANZMANN Chine, *Gagner sa vie en se faisant plaisir. 200 nouvelles idées de business pour devenir entrepreneur de sa vie*, Paris, J.-C. Lattès, 2006.

FANGET Frédéric, *Oser la vie à deux*, Paris, Odile Jacob, 2010.

FANGET Frédéric, *Affirmez-vous ! Pour mieux vivre avec les autres* (nouvelle édition), Paris, Odile Jacob, 2011.

FATOUX François, GAILLARD Marlies et ROQUES Hélène, *Patrons papas*, Paris, Le Cherche Midi, 2010.

FITOUSSI Michèle, *Le Ras-le-bol des superwomen*, Paris, Calmann-Lévy, 1997.

FRANKEL Lois, *Ces filles sympas qui sabotent leur carrière. Les 101 pièges à éviter*, Paris, Pearson Éducation, 2004.

FROGER Valérie, *Le Guide des mompreneurs. Ma boîte et mes enfants d'abord… !*, Paris, Eyrolles, 2010.

GAGLIARDI Emmanuelle et MONTAY Wally, *Guide des clubs et réseaux au féminin*, Paris, Le Cherche Midi, 2007.

GAMELIN Carole, *Manager au féminin. Pour assumer avec confiance ses responsabilités*, Paris, Vocatis, 2010.

GRÉSY Brigitte, *Petit traité contre le sexisme ordinaire*, Paris, Albin Michel, 2009.

GUÉRITAULT Violaine, *La Fatigue émotionnelle et physique des mères. Le burn-out maternel*, Paris, Odile Jacob, 2004.

HAAG Christophe et SÉGUÉLA Jacques, *Génération Q.E. Le quotidien émotionnel, arme anticrise*, Paris, Pearson, 2009.

HAMET Emmanuelle, *Maman organisée*, Paris, First Éditions, 2008.

Hirigoyen Marie-France, *Malaises dans le travail. Harcèlement moral, démêler le vrai du faux*, Paris, Syros, 2001.

Knibiehler Yvonne, *La Révolution maternelle depuis 1945*, Paris, Perrin, 1997.

Koeltz Bruno, *Comment ne pas tout remettre au lendemain*, Paris, Odile Jacob, 2008.

Lafon Dominique, *Grossesse et travail. Quels sont les risques pour l'enfant à naître ?*, Paris, EDP Sciences, 2010.

Laufer Jacqueline, « La construction du plafond de verre : le cas des femmes cadres à potentiel », *Travail et emploi*, n° 102, avril-juin 2005.

Laufer Jacqueline, « Les femmes cadres entre le pouvoir et le temps », *Revue française des affaires sociales*, n° 3, juillet-septembre 1998.

Launay-Duhautbout Anne, Muller Jean-Louis, Testa Jean-Pierre, *Managez votre temps et vos priorités*, Paris, ESF, 2005.

Le Grand Sandra, *Entreprendre : un peu, beaucoup passionnément*, Paris, Télémaque, 2010.

Maier Corinne, *Bonjour paresse*, Paris, Michalon, 2004.

Méda Dominique, *Le Temps des femmes*, Paris, Flammarion, 2001.

Méda Dominique, *Le Travail*, Paris, PUF, 2004.

Méda Dominique et Périvier Hélène, *Le Deuxième Âge de l'émancipation. La société, les femmes et l'emploi*, Paris, Seuil, 2007.

Méda Dominique, *Travail : la révolution nécessaire*, La Tour-d'Aigues, Éditions de l'Aube, 2010.

Mermet Gérard, *Francoscopie. Tout sur les Français*, Paris, Larousse, 2010.

Molinier Pascale, *L'Énigme de la femme active. Égoïsme, sexe et compassion*, Paris, Payot, 2003.

Molinier Pascale, *Les Enjeux psychiques du travail*, Paris, Petite bibliothèque Payot, 2006.

Pailhé Ariane et Solaz Anne, *Entre famille et travail. Des arrangements de couples aux pratiques des employeurs*, Paris, La Découverte, 2009.

Roche Loïck, *Cupidon au travail*, Paris, Éditions d'Organisation, 2006.

Rocoplan Valérie, *Oser être la chef*, Paris, Leduc, 2009.

Samson Alain, *Sexe et flirt au bureau*, Paris, First Éditions, 2002.

Saunder Laurence, *L'Énergie des émotions*, Paris, Eyrolles, 2009.

Schneider Michel, *La Confusion des sexes*, Paris, Flammarion, 2007.

Silvera Rachel, Buseyne Nadja et Donlevy-Gomes Vicky, *Articuler vie professionnelle et vie personnelle*, Paris, Racine, 2004.

Teboul Jacques, *L'Entretien d'évaluation*, Paris, Dunod, 2005.

Tirmarche Olivier, *Au-delà de la souffrance au travail. Clés pour un autre management*, Paris, Odile Jacob, 2010.

Tisseron Serge, *L'Empathie au cœur du jeu social*, Paris, Albin Michel 2010.

TORANIAN Valérie, *Pour en finir avec la femme*, Paris, Grasset, 2004.

VEENHUYS David, *Femmes ! Emploi et marketing de soi*, Lausanne, Favre, 2004.

VINCENT Aymeric, *Réussir son entretien d'embauche*, Paris, Hobsons, 2009.

VINCENT Aymeric, *Répondre aux questions des recruteurs*, Paris, Vocatis, 2010.

VIOT Catherine, *Remettre le travail à sa (juste) place*, Paris, Hachette Pratique, 2009.

WARNER Judith, *Mères au bord de la crise de nerfs. La maternité à l'ère de la performance*, Paris, Albin Michel, 2006.

WITTENBERG-COX Avivah et MAILTLAND Alison, *Womenomics. La croissance dépend aussi des femmes*, Paris, Eyrolles-Éditions d'Organisation, 2008.

WITTENBERG-COX Avivah, *Mixité sans l'entreprise, mode d'emploi. Femmes + hommes : pour un management d'un nouveau genre*, Paris Eyrolles-Éditions d'Organisation, 2011.

Remerciements

En plus des autres experts cités dans ce livre, je remercie tous ceux qui m'ont accordé des entretiens, encouragée et soutenue tout au long de ce travail :

Frédéric Adida, coach en management et carrière et président d'Assaté.

Éric Albert, psychiatre, fondateur de l'Institut français d'action sur le stress.

Jean-François Amadieu, sociologue, professeur à l'université Paris-I, fondateur de l'Observatoire des discriminations.

Christophe André, psychiatre à l'hôpital Sainte-Anne.

Sylvie Angel, psychiatre et cofondatrice de Pluralis, centre de consultation pluridisciplinaire.

Agnès Arcier, haut fonctionnaire, présidente de l'Adetef au ministère de l'Économie et des finances.

Karine Armani, fondatrice et codirectrice d'Équilibres.

Sandra Basch, chef d'édition au magazine *Elle*.

Anne-Sophie Béraud, consultante, responsable du programme Accent sur elles d'Accenture.

Isabelle Berrebi-Hoffmann, sociologue, chargée de recherche au CNRS, Laboratoire interdisciplinaire pour la sociologie économique (LISE), CNAM, Paris.

Sylvie Bernard-Curie, directrice des ressources humaines et associée de KPMG.

Isabel Boni-Le Goff, sociologue.

Fatma Bouvet de la Maisonneuve, psychiatre à l'hôpital Sainte-Anne.

Norah Bordajh, rédactrice en chef adjointe au magazine *Elle*.

Mathilde Bourdat, responsable de l'offre de formation de la Cegos.

Sophie Cadalen, psychanalyste et comédienne.

Armelle Carminati-Rabasse, directrice générale capital humain et diversité chez Accenture monde, fondatrice du programme *Accent sur elles*, confondatrice du Laboratoire de l'égalité.

Anne-Marie Cariou, psychologue clinicienne et directrice associée de Stimulus.

Anne-Françoise Chaperon, psychologue clinicienne et consultante chez Stimulus.
Frédérique Clavel, présidente de Paris Pionnières et de Mix for Value.
Annie Cottet, psychologue, coach, présidente du comité d'accréditation et de déontologie de la SFcoach.
Yves Deloison, spécialiste des questions liées au changement.
Julia Dion, journaliste au magazine *Elle*.
Erin Doherty, rédactrice en chef au magazine *Elle*.
Marie-Hélène Drouet, formatrice, consultante.
Frédéric Fanget, psychiatre, psychothérapeute.
Caroline de Fayet, rédactrice en chef adjointe au magazine *Elle*.
Christiane Féral-Schuhl, avocate associée, bâtonnier désigné du barreau de Paris.
Michèle Fitoussi, éditorialiste au magazine *Elle*.
JoAnne Freeman, coach et consultante, notamment chez Diafora.
Emmanuelle Gagliardi, journaliste, rédactrice en chef de *L/on top*.
Marlies Gaillard, codirectrice d'Équilibres.
Isabelle Germain, journaliste, fondatrice du site Internet *Les Nouvelles News, l'autre genre d'info*.
Sylviane Giampino, psychologue et psychanalyste.
Christina Gierse, rédactrice en chef chez Vocatis Studyrama.
Brigitte Grésy, inspectrice générale des affaires sociales.
Olivia de Lamberterie, rédactrice en chef adjointe au magazine *Elle*.
Bruno Koeltz, médecin, thérapeute comportementaliste.
Chine Lanzmann, coach en leadership féminin, créatrice de Women Impact.
Delphine Lapeyrère, coordinatrice de la rubrique « Vie privée » au magazine *Elle*.
Jacqueline Laufer, sociologue et professeur émérite à HEC.
Monique Le Doledec, rédactrice en chef adjointe au magazine *Elle*.
François Lelord, psychiatre.
Catherine Le Magueresse, juriste et ancienne présidente de l'Association européenne contre les violences faites aux femmes au travail (AVFT).
Laure Leter, journaliste au magazine *Elle*.
Elisabeth Martorell, rédactrice en chef adjointe au magazine *Elle*.
Dominique Méda, philosophe, sociologue, cofondatrice du Laboratoire de l'égalité.
Fabrice Midal, philosophe et éditeur.

Véronique Morali, chef d'entreprise, fondatrice de l'association Force Femme et du site Terrafemina et présidente du Women's Forum.

Éliane Moyet-Laffon, ancienne chasseuse de têtes, fondatrice du Club HRM Women et première lectrice.

Valérie Ngom, formatrice et consultante, notamment chez Diafora.

Antoine Pelissolo, docteur en médecine, professeur de psychiatrie à l'université Pierre-et-Marie-Curie, praticien hospitalier à la Pitié-Salpêtrière, chercheur au CNRS.

Dominique Piwnica, avocate au barreau de Paris, spécialiste en droit de la famille.

Véronique Préaux-Cobti, formatrice et présidente de Diafora.

Clarisse Reille, présidente du réseau Grandes écoles au féminin (GEF).

Loïck Roche, docteur en psychologie et directeur de l'école de management de Grenoble.

Gérard Rodach, coach, consultant, directeur du cabinet de conseil Dalett.

Caroline Rolland, éditrice chez Odile Jacob.

Alain Samson, conseil en management au Canada.

Sylvie Sanchez-Forsans, psychologue du travail, responsable du Capap, Centre d'applications psychologiques et d'accompagnement professionnel et chargée d'enseignement en psychologie à l'université Lyon-II.

Marc Sarfati, lycéen et expert en bibliographie.

Leila Selimbegovic, assistante de recherche en psychologie à l'Université de Genève.

Claire Soper, consultante en image professionnelle.

Évelyne Stawicki, coach, formatrice et créatrice de la société Croissance RH.

Myriam Szejer, psychanalyste, pédopsychiatre et fondatrice de l'association La Cause des bébés.

Anne Thevenet, directrice de la prospective et des nouveaux concepts, chez Danone.

Catherine Thibaux, directrice de l'employabilité et de la diversité chez Danone.

Valérie Toranian, directrice de la rédaction du magazine *Elle*.

Maryse Vaillant, psychanalyste.

Martine Van Went, coach, formatrice et créatrice de la société AMV-Talents et responsable du programme de mentoring d'EPWN.

Aymeric Vincent, directeur des ressources humaines adjoint, pôle littérature d'Éditis.

Gilly Weinstein, *executive coach* et consultante de 20-First.

Avivah Wittenberg-Cox, consultante, conférencière internationale, directrice générale de 20-First.

Olivier Zara, consultant.

Ouvrage proposé
par Christophe André

Cet ouvrage a été transcodé et mis en pages
chez Nord Compo (Villeneuve-d'Ascq)

Impression réalisée par

BRODARD & TAUPIN

La Flèche (Sarthe), le 24-01-2014
N° d'impression : 3004033
N° d'édition : 7381-3083-X
Dépôt légal : février 2014

Imprimé en France